21인의
음악치료사가 들려주는
임상이야기

음악치료 임상사례집

21인의 음악치료사가 들려주는 임상이야기

이난복 · 강민정 · 고범석 · 곽은미 · 김명신 · 김성애 · 김성희 · 김소진
김은정 · 김지현 · 나윤정 · 남궁지숙 · 박혜영 · 양윤정 · 음승희
이드보라 · 이지우 · 장문정 · 지은미 · 황성하 · 황지연 공저

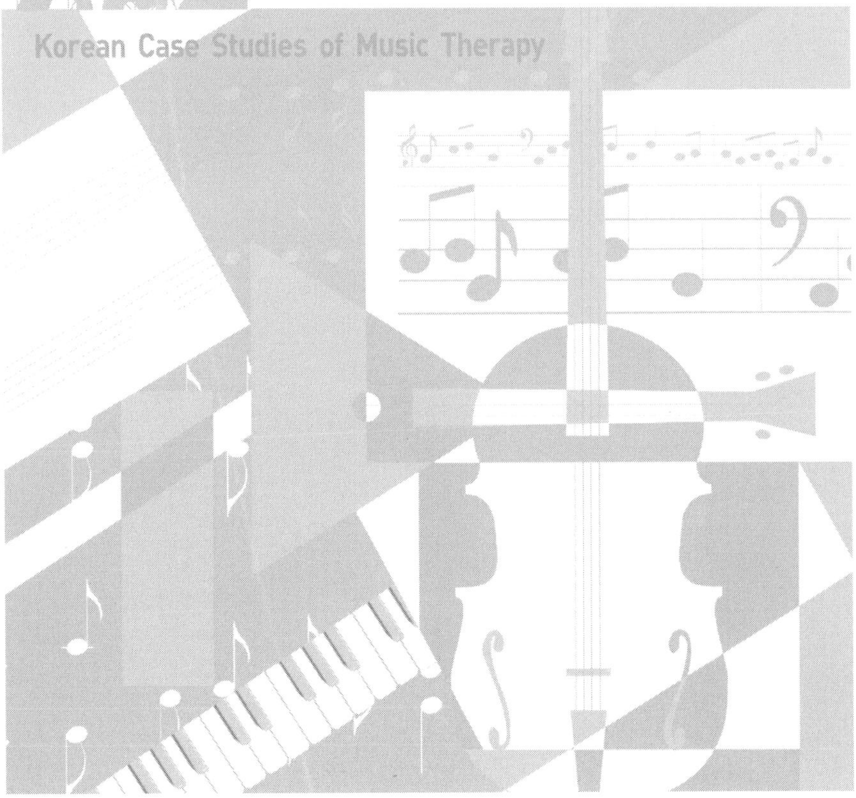

학지사

머리말

한국에서 최초로 발간되는 이 음악치료 임상사례집은 2016년 초에 음악치료가 어떻게 시행되는지 알고 싶다며 음악치료 임상에 대해 알 수 있는 임상사례집을 소개해 달라는 특수교육 분야의 한 선생님에게 연락을 받으면서부터 시작되었다. 1997년에 숙명여자대학교 음악치료대학원에서 임상음악치료 전공학과가 개설되었고, 이후에 음악치료 관련 학과가 개설된 대학원이 점점 증가해 오고 있으며, 학부에서도 음악치료 전공학과가 개설되어 지금에 이르고 있는 한국은 아시아에서 음악치료가 가장 발전된 나라이다. 그러나 음악치료 임상사례만을 소개하는 책은 아직 없는 실정이다. 임상사례 연구는 음악치료의 과정을 전체적으로 더 잘 이해하게 돕는다는 것을 알기에 필자는 여러 해 전부터 음악치료의 효과성을 소개할 임상사례집의 필요성에 대해 인식하고 있었으나, 전문적 깊이가 있는 음악치료 사례들을 확보하는 것의 가능성에 대해 확신이 없어 망설이고 있던 터였다. 그러다가 필자가 지속적으로 음악치료 임상을 해 오며 보아 온 음악치료의 효과성에 대해 이야기를 나눈 적이 있었던 특수교육 선생님의 연락을 받은 후 얼마 되지 않아 한국에 음악치료 학위 과정이 개설되어 음악치료사가 배출된 지 20년이 되었음을 깨닫게 되었고, 이제 임상사례집이 발간될 때가 되었다는 확신과 사례집의 필요성에 대한 신념에 따라 이 작업을 시작하게 되었다.

이후 15년 이상 임상을 지속적으로 시행해 온 각 분야의 대표적인 음악치료사들에 대해 알아본 다음, 드디어 2016년 여름에 뜻을 같이하기로 한 27명의 음악치료사와 사례연구를 시작하였다. 그러나 각 사례연구에 대한 동의서를 환자, 내담자 및 보호자들에게 받는 과정에서 내담자들이 동의하지 않거나, 환자가 갑자기 퇴원하여서, 혹은 치료사가 직장을 휴직하거나 이직하는 등의 여러 문제로 21명의 치료사가 최종적으로 본 사례집에 참여하게 되었다. 또한 다양한 치료 분야에서 시행되는 음악치료를 소개하기 위한 필요성에 의해 10년 이상 해당 분야에서 임상을 해 오고 있는 소수의 치료사도 추가로 참여하였다. 21명의 저자는 모두 국내외 여러 대학교의 대학원에서 음악치료 전공으로 석사학위를 받은 후 음악치료사 자격을 취득하고, 오랫동안 자기 분야에서 임상을 지속해 온 전문가들이다. 사례 내용에서 볼 수 있듯이 서울을 비롯한 수도권뿐 아니라 일부 지방에서 일하고 있는 치료사도 포함되어 있다.

집필진은 독자에게 음악치료가 어떤 형태로 시행되는지를 쉽게 보여 주기 위해 자세하면서도 논리적인 설명이 되도록 많은 노력을 기울였다. 또한 Bruscia(1991)가 편집한 『Case Studies in Music Therapy』 및 Hadley(2008)가 편집한 『정신역동 음악치료: 사례 연구』와 유사하게 독자가 직접 치료가 진행되는 과정을 지켜보고 있는 것처럼 느끼도록 이야기 방식으로 구성한 사례들도 포함되어 있다. 대상별로 치료분야를 구분하였지만 각 사례는 다양한 음악치료 방법으로 진행된 것을 확인할 수 있을 것이다. 그리고 동일한 음악치료 기법이나 방법을 사용한 경우에도 내담자뿐 아니라 각각의 사례에 대한 접근법도 중복되지 않도록 구성하였다. 따라서 독자들은 사례마다 서로 다른 관점으로 연구한 것을 볼 수 있을 것이다. 현재 한국에는 세계적으로 유명한 대표적 음악치료 방법이나 기법에 대한 전문 교육을 받은 음악치료사들이 임상에 임하고 있다. 이 책에서 독자들은 창조적 즉흥연주(Nordoff-Robbins Music Therapy: N-R), 심상음악치료(Bonny Method of Guided Imagery and Music: GIM), 성악심리치료(Vocal psychotherapy), 신경학적 음악치료(Neurologic Music Therapy: NMT) 외에 여러 방법이 적용된 것을 확인할 수 있을 것이다. 물론 이들 중에는 임상적 전문용어뿐 아니라 음악을 치료의 도구로 사용하는 각각의 사례가 음악을 통해 발생하는 섬세하고 민감하며 오묘한 순간과 현상의 내용들을 지면으로 모두 표현하기에는 불가능할 것이므로 일반 독자들이 이해하기 어려운 내용도 있을 것이다. 이에 일반 독자들의 이해를 조금이라도 돕기 위하여 음악치료에 대한 간략한 소개를 곁들였다.

본 사례집은 1명의 치료사가 1개의 사례를 소개하고 있는데, 단 한 분만이 예외로 2개의 사례를 제공해 주어 모두 22개의 사례연구를 수록하고 있으며, 각 사례는 해당 치료사의 특성이 반영된 독특한 구조를 바탕으로 음악치료 과정을 설명하고 있다. 소개하는 사례들은 개인센터, 사설기관, 복지관, 병원 등에서 개별 치료, 혹은 집단음악치료를 받은 아동, 청소년, 성인, 노인, 그리고 환자의 연령이 혼합되어 있는 호스피스를 따로 구분하여 환자와 내담자들의 이야기를 담고 있다. 연구 대상자의 나이가 어린 순서부터 많은 순서로 사례를 수록하였으며, 치료 대상은 만 4세 5개월 아동부터 92세의 노인까지 포함되어 있고, 치료 기간은 몇 개월부터 10년이 넘는 사례의 경우까지 다양하다. 그리고 각 사례의 내담자 정보, 치료 방법, 치료 과정을 통해 어떤 변화를 보여 주는지 볼 수 있을 것이다. 각 사례에서는 환자 및 내담자의 정보를 먼저 설명한 다음, 사용한 치료 방법 및 치료 과정에 대해 소개하고, 맺음말에서 각 연구자가 자신의 사례연구에 대해 논의를 하고 난 다음 용어 설명과 참고문헌의 순서가 되도록 동일한 형식으로 구성하였다. 모든 사례 연구는 같은 형식을 택하였지만 각 사례가 갖고 있는 독특함에 따라 조금씩 다르게 정리된 것을 볼 수 있을 것이다. 이 책에 소개된 사례들은 음악이 얼마나 강력한 치료의 도구인가를 확인하게 할 것이다.

모든 저자는 이 책에 수록된 사례에 대한 연구 동의서를 환자와 내담자, 그들의 보호자와 해당 기관으로부터 받았다. 치료 과정의 내용이 출판된다는 것은 그들의 직업, 치료사와 환자나 내담자 간의 비밀관계가 공개되는 것이므로 동의서 없이 연구에 사용되는 것은 윤리적이지 않기 때문이다. 이 사례집의 저자들은 모두 환자와 내담자들의 신변보호를 위해 가명을 사용하였으며 그들의 개인정보를 조절하여 사용하였다.

임상사례는 다양한 치료 형태가 어떻게 이루어지고 있는지, 환자나 내담자가 그 치료와 치료사에게 어떻게 반응하는지를 잘 보여 준다. 한국음악치료 최초로 발간되는 이 임상사례집이 음악치료를 전공하는 학생들과 전문가들뿐만 아니라 일반인들에게도 음악치료에 대한 소개서, 참고서로 사용되길 희망한다. 특히 음악치료 전공 학생들과 전문가들이 Bruscia가 GIM 사례집에서 설명한 것처럼 이 책을 읽을 때에는 다음의 내용을 참고하길 권한다. “독자가 사례를 이해하는 가장 유익한 방법은 어떤 특정한 관점에서 사례를 읽고, 그 관점에서 그 사례를 보는 것이다. 특별한 시각이나 관점을 택하여 그 사례를 탐구하고, 그 결과 발생되는 의문을 갖는 것이 중요하다. 읽기 관점 중 가장 도움이 되는 세 가지는 과학적 · 개인적 · 임상적 관점에서 각각 깊이 생각해 볼 매우 다른 의문점을 제기하는 것이다.”

본 사례연구의 저자들 모두 매우 바쁜 상황에서도 음악치료를 소개한다는 사명감으로 긴 시간 동안 사례에 대한 소개를 위해 얼마나 많은 시간을 할애하고 노력했는지 너무나 잘 알고 있기에 특히 더 감사한 마음이다. 이 책은 총 5부로 구성되어 있으며, 각 사례를 수록한 순서는 대상별 연구자 이름의 가나다순으로 정하였다. 저자들의 크나큰 수고에 감사를 전하며 대상별로 소개를 하면 다음과 같다.

- 제1부 아동 대상 사례연구는 지적장애, 윌리엄스 증후군, 자폐성 장애, 복합발달장애, 애착장애, 뇌병변 장애, ADHD, 난청아동, 아스퍼거 증후군, 일반 아동 등을 대상으로 하여 강민정, 곽은미, 김명신, 김성희, 김지현, 나윤정, 박혜영, 이드보라, 황성하 치료사께서 수고해 주었다.
- 제2부 청소년 대상 사례연구는 트라우마, 말더듬, 학교 부적응 청소년을 대상으로 하여 김소진, 이지우, 지은미 치료사께서 수고해 주었다.
- 제3부 성인 대상 사례연구는 반혼수-혼미 상태의 교통사고 환자, 뇌수막염으로 인한 인지장애 환자, 가정폭력 여성, 공황장애, 대인관계 문제 여성, 뇌출혈로 인한 실어증 환자를 대상으로 곽은미, 김성애, 음승희, 이난복, 장문정, 황지연 치료사께서 수고해 주었다.
- 제4부 노인 대상 사례연구는 주관적 기억장애 노인, 치매노인을 대상으로 고범석, 양윤정 치료사께서 수고해 주었다.
- 제5부 호스피스 대상 사례연구는 폐암 말기의 중년 남성 환자, 80세의 림프종 암환자, 16세의 간암 말기 호스피스 환자의 개별음악치료 및 가족음악치료에 대해 김은정, 남궁지숙 치료사께서 수고해 주었다.

본 사례집은 2016년도에 집필을 시작하였으나 많은 치료사가 참여하는 데 따르는 어려움으로 인해 4년여 만에 결실을 맺게 되었다. 4년이라는 짧지 않은 시간 동안 만들어지다 보니 각 사례연구를 위한 원고 작성 시기가 2016년도인 것부터 2019년도로 수정하여 재작성한 것까지 일정하지 않다. 또한 긴 시간이 소요되다 보니 뜻하지 않게 사례연구를 시작할 때의 직장이 변경되어 현재는 임상만을 하는 위치가 아니라 가르치는 위치에 있는 분들도 있어 저자 소개에 대한 내용을 변경해야 하는 경우도 있었다. 모든 음악치료사는 교수님들께서 훌륭하게 잘 가르쳐 주신 덕분에 지금의 음악치료 전문임상가로 일할 수 있음을 잘 알고 있을 것이다. 또한 음악치료 전공학과의 특성상 모두 규정되어 있는 임상실습을 해야만 졸업 및 자격증 취득이 가능하므로 임상이 없이는 가르칠 수 없음을 우리는 잘 알고 있다. 그러나 본래 이 사례집을 시작하였을 때 임상을 소개하고자 했던 의도에 따라 시작할 당시인 2016년도에 임상보다는 가르침이 우선되어야 하는 초빙교수 이상의 보직으로 학교에서 근무하시는 교수님들은 모두 제외하였음을 밝힌다. 임상사례집이라는 목적을 이유로 그 당시에 가르치기도 하지만 임상을 시행하는 것이 주가 되는 음악치료사들로 구성하였다.

또한 음악치료학과가 개설된 다양한 학교를 포함하려 했으나 10년 이상의 임상을 시행하고 있는 음악치료사를 배출한 학교들이 많지 않은 이유로, 또 지속적으로 임상을 해 오고 있지만 소속된 기관이 없거나 사례 제공자가 없어서, 그리고 이 사례집을 준비한 필자가 다양한 음악치료사를 알지 못하는 이유 등으로 인해 더 많은 치료사가 참여하지 못한 것은 못내 아쉬움으로 남는다. 가장 아쉬운 점은 정신과 환자의 사례를 소개하기 위해 병원 의사들의 연구동의도 받았지만 환자가 거부하여 정신과 환자의 사례가 없는 것이다. 이 사례연구에 참여하기 위해 수고하였으나 환자들이 허락하지 않아, 혹은 상황이 되지 않아 참여하지 못한 치료사들께도 감사의 인사를 전한다. 특히 음악치료 효과가 좋았던 정신과 조현병 환자의 사례를 소개하려고 병원 의사들의 동의를 얻느라 고생하였음에도 퇴원한 환자와 성격장애 환자가 이를 거부하여 결국에는 함께할 수 없었던 치료사들께도 고마움을 전한다.

필자가 이 사례집을 엮으며 특히 인상적이었던 것은 동료 저자들에게서 많은 것을 배운 것이었는데 이는 매우 값진 경험이었다. 그리고 이 책이 나오기까지 현장에서 음악치료 임상을 지속해 오고 있는 전문직업인으로서 일하며 집필해야 하는 힘듦을 기꺼이 감수하며 수고해 준 저자들에게 다시 한번 깊은 감사의 인사를 드린다. 또한 이 음악치료 임상사례집의 출판을 흔쾌히 허락해 주신 학지사 김진환 사장님과 정승철 상무님, 그리고 이 책의 작업을 세심하게 도와주신 편집부 최주영 과장님께도 깊은 감사의 마음을 전하며 이 책에 대한 소개를 마치고자 한다.

대표저자

이난복

차례

제3부 • 성인 사례연구

제5부 • 호스피스 사례연구

음악치료 개관

"음악은 영혼의 객관화로서 이해할 수 있다. 아마 우리의 가장 깊은 곳에 있는 관계와 확고한 법칙성을 감각적으로 표현하는 것이 음악일 것이다. 이러한 의미에서 음악은 영혼이다. 영혼이란 의식으로 통과할 수 없는 곳에 있어서 그 내용을 언어로 파악할 수 없고 감각과 감정으로 받아들여 질 수 있다. 음악은 정신과 자연이 그곳에서 여기까지, 혹은 다시 하나로 만들어 주는 깊은 곳으로 향할 수 있도록 매개해 주는 통로일 수 있다. 그런 까닭에 음악이야말로 우리가 정신일반을 경험하는 데 최고로 뛰어난 근원적 형식의 하나다."

—Emma Jung (1957)—

음악치료란

앞에서 소개한 Emma Jung의 음악에 대한 설명은 비언어적인 음악이 인간의 감각과 감정을 통해 얼마나 인간 영혼의 깊은 곳까지 다다를 수 있게 하는지, 언어로는 할 수 없는 치료를 음악이 어떻게 가능하게 하는지 잘 설명해 주고 있다. 음악은 고대로부터 인류에게 치유를 위한 도구로 사용되어 왔으며, 정도는 다르지만 대부분의 사람들은 음악에 어떠한 형태로든 반응하게 되고 인간의 일상생활과 밀접한 관계를 가지고 있다. 또한 음악은 우리의 감정을 불러일으키고 사고방식을 형성하고 구체화시키는 기능을 가지고 있으므로 인간의 일상생활을 풍요롭게 해 주며 때와 장소에 따라 생활에 많은 도움을 준다. 그러나 이러한 음악이 우리의 삶을 풍요롭게 해 주고 건강하게 해 준다 해도 치료라고 부를 수는 없다.

음악치료를 한 마디로 설명하는 것은 간단하지 않다. 음악치료를 가장 간단하게 정의한다면 '치료의 도구로 음악을 사용하는 것'이라고 할 수 있을 것이다. 그러나 음악치료가 시행되는 환자 및 내담자의 영역은 특정한 영역의 장애나 환자뿐만 아니라—인간 전체에게 영향을 미치는 것으로 고대부터 인류에게 사용되어 온—음악을 치료의 도구로 사용하는 특성상 태어나기 전인 엄마 배 속의 태아에서부터 임종 환자에 이르기까지 적용 대상은 매우 다양하고 광범위하다.

음악치료는 예술(art)인 '음악(music)'과 과학적(science) 입장을 가지는 '치료(therapy)'가 복합된 용어이기 때문에 이해가 쉽지 않다. 즉, 음악치료에서 '음악'은 본질적으로 주관성과 개인성, 그리고 창조성에 바탕을 두고 미(美)를 궁극적인 대상으로 하는 예술에 속하는 반면에 '치료'는 객관성과 보편성, 재현성을 바탕으로 하며 내재되어 있는 원리나 지식으로 이루어지는 과학에 속해 있다. 그러므로 음악치료는 예술이 가진 영향력을 과학이라는 그릇을 통해 담아내고 있다고 할 수 있다. 그렇기 때문에 논리적으로 기존의 방법으로는 전혀 가능하지 않은 대상에게도 예술의 힘, 즉 음악의 힘으로 어떤 변화들이 일어나도록 해 주며, 이러한 변화는 과학이라는 그릇을 통해 예측 가능한 변화로 이끌어 주기 때문에 치료가 되는 것이다(Bruscia, 1998).

앞에서 설명하였듯이 음악과 치료라는 복합된 단어로 이루어진 음악치료의 정의는 어떤 철학과 접근법을 가지고 있는가에 따라서 달라질 수 있는데, 세계의 음악치료 학자들은 각자 자신의 고유한 철학에 따라 다양한 정의를 하고 있다. 다양한 정의에서 '음악치료는 음악적 경험 안에서 음악을 통해 이루어지는 체계적인 과정'이라는 공통성을 가지고 있다. 사단법인 한국음악치료학회(1997)에서는 "음악치료는 음악활동을 체계적으로 사용하여 삶의 질을 추구하고 행동의 변화를 가져오게 하는 음악의 전문분야이다."로, 사단법인 전국음악치료사협회(2008)에서는 "음악치료는 음악을 치료의 매개체로 사용하여 인간의 정신적 · 사회적 · 신체적 건강의 향상과 재활을 돕는 임상적 기법으로서 서구에서는 지난 60여 년간 체계적인 연구와 교육과정을 통해 신뢰받는 임상기법으로 자리 잡은 전문분야이다."라고 설명하고 있다(www.nakmt.or.kr). 그리고 미국음악치료협회에서는 "음악치료는 전문 치료사가 임상상황에서 개별화된 치료목적에 도달하기 위해 근거에 기반하여 임상적 음악중재방법을 활용하는 것"이라고 정의하고 있다(www.musictherapy.org). Bruscia(1998)는 "음악치료는 치료사가 내담자의 건강증진을 돕기 위해서 음악적 경험과 그 과정에서 나타나는 치료적 관계를 통해 역동적인 변화를 이끌어 내는 체계적인 치료의 과정이다."라고 정의 내리고 있다. 즉, 치료적인 목적, 정신과 신체의 건강을 복원(rehabilitation) 및 유지(maintenance), 향상(habilitation)을 위해 음악을 사용하는 것이다(최병철, 2006).

다시 말해 정신과에서는 정신질환으로 잃어버린 사회적 기능이나 직업능력을 회복시켜 주는 재활의 목적을 가진다는 것으로, 예를 들면 심한 우울증으로 대인관계를 유지하거나 집중력이 현저히 떨어져 직장생활을 영위할 수 없는 사람에게 우울증으로 기인한 여러 기능을 음악치료를 통해 이전의 기능으로 회복시켜 주어 사회로 복귀하도록 하는 것이 치료목적이 되는 것이다. 신체건강을 복원(재활) 한다는 것은, 예를 들면 뇌졸중(stroke)으로 잘 걷지 못하는 사람의 보행능력을 음악의 리듬을 사용하여 회복하도록 도와주고, 또한 언어중추의 손상으로 말을 잃어버린 실어증(失語症, aphasia) 환자의 언어능력을 노래와 리듬 등을 사용하여 회복하도록 돕는 것을 말한다. 유지는 특히 노인 환자들의 정신과 신체 건강을 도와 삶의 질을 유지시키는 것이 치료목적이 된다. 또한 재활이 필요한 여러 장애인에게는 새로운 적응기술, 즉 기초생활을 위한 기술, 학습을 위한 기초적인 기술, 사회기술, 신체적응기술 등을 가르쳐 기능을 향상시키기 위한 목적으로 음악을 치료의 도구로 사용하는 것이 바로 '음악치료'이다.

앞의 설명에서 볼 수 있듯이 음악치료는 환자(내담자)의 신체적 · 정신적 · 사회적 건강을 돕기 위해 음악치료 전문가(치료사)가 음악을 사용하여 치료하는 체계적이고 전문적인 과정이며, 음악활동을 치료적 수단으로 사용하는 것을 강조하고 있다. 음악활동을 통해 표출되는 '음악외적인 행동'을 치료 목적으로 하여 문제성 있는 행동을 바람직하게 변화시키는 것이다. 음악활동은 적극적인 음악활동과 수용적인 음악활동으로 구분하게 되는데, 먼저 적극적인 음악활동에는 연주나 작곡, 노래를 부르거나 노래에 맞춰 몸을 움직이는 활동을 포함한다. 수용적인 음악활동으로는 감상을 들 수 있다. 음악치료의 가장 큰 장점인 즐거움 속에서 실시하는 음악활동을 통해 치료대상자는 자신의 문제와 연관된 행동의 변화를 경험하게 되는데, 이때 치료대상자는 의미 있는 음악적 경험을 통해 변화가 일어나며 치료목적을 달성하게 된다.

음악치료 활동에는 네 가지 뚜렷한 경험의 종류가 있으며, 의미 있는 음악적 경험은 대개 다음의 네 가지로 구분할 수 있다(Bruscia, 1998). 음악경험의 종류에는 각각 고유한 특성이 있다. 각 음악경험의 유형은 고유한 치료적 잠재성과 적용을 갖는다. 음악치료사는 치료 대상자인 환자(내담자)의 필요를 충족시키기 위해 음악치료가 어떻게 작용하는지 이해해야 하므로 다음의 네 가지 음악경험에 대해 아는 것이 필요하다.

첫 번째는 즉흥연주의 경험으로 기악연주나 즉흥적 성악 또는 몸동작을 사용하는 것으로 이루어지며, 치료목적은 다음과 같다.

- 언어적 의사소통을 위한 비언어적 의사소통의 채널을 형성시킨다.
- 자기표현과 정체성 확립을 충족시키는 방법을 제공한다.
- 다른 사람과 연관되는 다양한 양상을 탐구하도록 한다.
- 상호 간의 친근감을 발달시킨다.
- 집단에서 함께하는 기술을 발달시킨다.
- 창의력, 표현력, 그리고 즉각성 등의 기술을 발달시킨다.
- 지각 및 인지 기술을 발달시킨다.
- 감각센스를 자극시키고 발달시킨다.

두 번째는 재창조의 경험으로 전통적인 노래나 음악을 기악 또는 성악으로 연주하는 것을 의미하며, 클라이언트가 이미 알고 있는 노래나 음악을 연주하는 경험을 통해 치료 목적을 달성하는 것으로 치료 목적은 다음과 같다.

- 감각운동기술을 발달시킨다.
- 시간에 입각한 행동과 적응양식 행동을 발달시킨다.
- 집중력과 현실감각을 향상시킨다.
- 기억능력을 발달시킨다.
- 다른 사람과의 감정이입 및 정체성 기술을 발달시킨다.
- 자신의 생각이나 느낌을 다른 사람과 의사소통하도록 하며 다른 사람의 생각이나 느낌을 받아들이도록 한다.
- 상호교류가 필요한 다양한 상황에서 특정한 행동을 배우도록 한다.

세 번째는 창작적 경험으로 클라이언트들이 노래 가사를 개사하여 부르거나 직접 노래를 만들어 가는 경험을 하는 것으로 치료 목적은 다음과 같다.

- 기획력과 조직력을 발달시킨다.
- 창의적 문제해결 기술을 발달시킨다.
- 책임감을 증진시킨다.
- 기억기술을 발달시킨다.
- 내면의 경험으로부터 의사소통 기술을 발달시킨다.
- 노래 가사를 통한 치료적 주제를 탐구하도록 한다.
- 부분을 전체로 연합시키고 통합하는 능력을 발달시킨다.

네 번째는 감상적 경험으로 들려지는 음악자극에 대해 클라이언트들이 어떤 작업이나 행동을 하게 되는데, 이런 감상의 음악적 경험은 몸의 반응은 물론 정신적인 반응까지 일깨워 대단히 적극적인 행동으로 연결되도록 돕는다. 치료 목적은 다음과 같다.

- 수용능력을 향상시킨다.
- 특정한 몸의 반응을 유발시킨다.
- 활성화시키거나 또는 진정시킨다.
- 청각/운동 기술을 발달시킨다.
- 정서적 상태나 경험을 일깨워 준다.
- 다른 사람의 생각을 탐색하여 고려하는 능력을 발달시킨다.
- 기억 · 회상 · 회귀(regression) 능력을 유발시킨다.
- 심상(image)을 유발시킨다.
- 감상자로 하여금 지역사회와 소속 그룹에 연결되도록 한다.
- 절정의 경험, 영적인 경험을 하도록 자극시킨다.

이론적 배경에 따른 음악치료의 적용

음악은 인간의 생리적(physiological), 심리적(psychological), 사회적(social) 반응을 유발시킨다.

1. 생리적 반응

음악경험은 혈압, 심장박동, 호흡수, 뇌파, 피부반응 등에 영향을 미친다.

2. 심리적 반응

음악은 인간에게 감정적, 정서적 반응을 일으킨다.

3. 사회적 반응

음악이 다양한 치료 목적에 매우 효과적으로 사용될 수 있는 또 다른 이유는 우리 사회에서 음악이 다양하게 사용되고 있기 때문이다.

음악을 치료에 사용하는 원리

음악을 치료의 도구로 사용하는 원리에 대해 간단하게 살펴보면 다음과 같다(최병철, 2006).

1. Gaston(관련적 접근)

관계의 확립 내지는 재확립

- 음악은 비언어적 교류수단으로서 언어로서 표현할 수 없는 것을 자연스럽게 표현하도록 도와준다.
- 음악은 사회적인 상황을 묘사하거나 미래의 방향을 예견하는 도구의 역할을 한다.
- 음악의 힘은 개인보다는 집단을 통해 극대화된다.

자기성찰을 통한 자긍심의 증진

- 음악은 즐거움과 자기만족의 원천이다.
- 음악은 비경쟁적 성취를 허용한다.

에너지와 질서의 원천으로서의 리듬

- 음악은 구조적인 현실이다.
- 리듬은 조직자이며 에너지원이다.

2. Sears(경험적 접근)

구조 속에서의 경험(Music)

- 음악은 시간에 입각한 행동을 요구한다.
- 음악은 능력에 따른 행동을 허용한다.
- 음악은 정서적인 행동을 불러일으킨다.

- 음악은 감각과 관련된 행동을 이끌어 낸다.

자신을 조직화하는 경험(Me)

- 음악은 자기표현을 하도록 한다.
- 음악은 장애인을 위한 보상적 행동을 제공한다.
- 음악은 사회적으로 허용되는 상을 제공한다.
- 음악은 자신의 자랑을 증대시키도록 한다.

다른 사람과 관련된 경험(You & Me)

- 음악은 사회적으로 허용되는 자기표현의 방법을 제공한다.
- 음악은 그룹에서 개인적 반응의 선택의 기회를 제공한다.
- 음악은 자신과 다른 사람에 대한 책임감을 받아들이는 기회를 제공한다.
- 음악은 언어 및 비언어 사회교류와 의사소통을 강화시킨다.
- 음악은 사회적으로 허용되는 형태 속에서 협동과 경쟁의 경험을 제공한다.
- 음악은 일반적인 치료적 환경에 필요한 즐거움과 오락을 제공한다.
- 음악은 기관과 동료 지역사회에서 허용되는 현실적인 사회적 기술과 개인적 행동의 패턴을 학습토록 한다.

3. 음악이 치료의 도구로 사용되는 원리와 역할

음악이 치료에 사용되는 원리

- 음악의 편만성(pervasiveness of music): 세계 어느 나라이든 음악이 존재하지 않는 곳은 없다.
- 음악의 선호성(music preference): 모든 사람은 각자가 선호하는 음악이 있다.

치료적 목적을 위한 음악의 역할

- 음악은 신체활동을 야기한다.
- 음악은 사람에게 상징성을 제공한다.
- 음악은 사람에게 만족을 준다.

- 음악은 환경과 접촉시킨다.
- 음악은 의사소통의 기능을 가지고 있다.
- 음악은 감정을 표출하도록 한다.
- 음악은 기억을 자극한다.
- 음악은 내외부적 동기제이다.
- 음악은 개인을 집단으로 통합시킨다.
- 음악은 사람에게 즐거움을 준다.

음악이 치료적 도구로 사용되는 이유

- 음악성은 인간에게 선천적으로 내재되어 있다.
- 음악적 환경에서 보인 행동은 음악 외적 환경에 전이된다.
- 음악은 인간의 기본적인 욕구를 다루고 표출하게 하는 힘이 있다.
- 음악적 활동에는 인간의 모든 측면이 관여된다.
- 음악적 작업은 내재적 동기를 바탕으로 한 인식의 연속성을 유도한다.
- 음악은 인간행동이다.
- 음악은 시간의 흐름 속에 존재하는 구조적인 현실이다.
- 음악은 장소와 사람의 수에 크게 구애받지 않으며 자유롭게 적용될 수 있다.
- 음악은 미(美)적 경험과 직접적인 관련을 짓는다.
- 음악은 신(神)이나 자연에서 만들어진 것이든 상관없이 필수적으로 인간의 작업이다.
- 음악은 다른 예술처럼 지역사회가 공유하고 그 사회의 특정한 기능, 목적, 관습, 전통, 규칙과 상호작용하는 가치 단위를 중심으로 조직되고 인간의 교류가 함께한 패턴이다.
- 음악을 만드는 사람은 개인이다. 그래서 그 의미와 미(美)는 각 개인에게서 비롯되고 언제나 독특한 새로운 발견이다.
- 음악예술은 적극적(역동적)이며 수용적이다. 작곡, 즉흥, 연주, 감상이 동등하게 중요한 역할을 한다. 그래서 음악의 의미와 미(美)는 작곡가, 즉흥연주가 또는 연주가가 실제로 만들어 내는 소리의 실세계와 감상자의 상상적 세계에 모두 존재한다.

- 음악은 그 자체와 그것을 초월한 세계에 의미와 미(美)를 표현한다.
- 음악은 생산물이면서 과정, 재료이자 경험이고, 실제이면서 상상이며, 개인적이면서 대인관계적이다.

음악치료 과정

음악치료 계획의 과정에는 기본적으로 다음의 네 가지 단계를 통해 이루어진다(최병철 외, 2015).

① 환자(내담자)의 문제 및 진단평가가 필요한 영역을 규명하는 일
② 환자(내담자)가 가진 문제를 해결하고 필요를 충족시키기 위해 목적을 설정하는 일
③ 환자(내담자)에게 설정된 목적을 달성하기 위해 음악활동을 계획하는 일
④ 환자(내담자)에게 치료를 위한 음악활동을 적용하고 그들의 반응을 평가하는 일

이때 음악치료사들은 다양한 이론적 배경에 따라 음악치료를 시행한다. 음악치료사의 이론적 배경은 치료사의 임상적 작업을 위한 진단평가, 목적 설정, 목적 달성을 위한 활동 계획 및 치료전략 수립, 치료사-환자(내담자) 관계의 본질, 음악의 역할, 사후평가 등 치료 과정을 결정하는 데 큰 영향을 미친다.

음악치료사의 교육과정 및 자격관리

현재 국내에서 음악치료 전문가가 되기 위해서는 대학교와 대학원에 개설되어 있는 음악치료 전공학과를 졸업하고 음악치료사 자격증을 취득하여 음악치료 임상을 실시하게 된다. 음악치료사 자격 취득을 위한 대학교 및 대학원의 교육과정에는 음악치료사로서 일하기 위해 요구되는 기술들을 배우는 것이 포함되어 있다. 또한 다수의 치료사는 자신의 전문적 역량 강화를 위해 추가적으로 필요한 음악치료 방

법(method)이나 기법(technique)을 배우고 있으며, 지속적으로 보수교육을 통해 치료사의 자질 함양을 위해 힘쓰고 있다. 다음은 음악치료에서 요구되는 기술에 대한 것이다(최병철 외, 2015).

1. 음악기술

음악이론과 음악사

- 악보를 보거나 들으면서 음악적 요소, 구조, 작품의 스타일을 분석하는 능력
- 클래식 음악과 대중음악의 문헌을 조사하고 작품적 배경을 이해하는 능력

작곡과 편곡

- 반주가 있는 간단한 곡을 작곡하는 능력
- 다양한 장르의 음악을 편곡하는 능력

악기 연주 기술

- 노래를 부르면서 반주악기를 능숙하게 연주할 수 있는 능력
- 앙상블의 멤버로서 연주할 수 있는 능력
- 즉흥적인 멜로디를 음악 내용에 맞게 적절히 구사할 수 있는 능력

건반악기 기술

- 다양한 장르의 음악작품을 능숙하게 연주하는 능력(고전음악, 대중음악, 전통음악)
- 간단한 작품, 노래의 반주, 4성부 화성진행을 보고 읽을 수 있는 능력
- 모든 키(key)에서 기본적 화성을 연주할 수 있는 능력
- 멜로디를 화성화하여 연주할 수 있는 능력
- 간단한 노래를 변형시켜 연주할 수 있는 능력
- 노래를 부르면서 능숙하게 반주할 수 있는 능력
- 앙상블에서 성악 또는 다양한 악기를 연주 시 반주할 수 있는 능력

기타 기술

- 다양한 주법을 사용해 연주할 수 있는 능력
- 멜로디를 화성화할 수 있는 능력
- 간단한 노래를 변형시켜 연주할 수 있는 능력
- 다양한 장르의 작품을 능숙하게 연주할 수 있는 능력(고전음악, 대중음악, 전통음악)
- 노래를 부르며 능숙하게 반주할 수 있는 능력
- 모든 조성에서 기본적 화성을 연주할 수 있는 능력

성악 기술

- 필요한 음성으로 가락에 맞게 노래를 부를 수 있는 능력
- 기본적 성악기법으로 가사를 명료하게 전달할 수 있는 능력
- 다양한 장르의 음악작품을 능숙하게 연주할 수 있는 능력(고전음악, 대중음악, 전통음악)
- 노래를 부를 때 이끌어 갈 수 있는 능력
- 적절한 목소리의 크기로 의사소통을 할 수 있는 능력

다양한 악기 기술

- 오토하프나 옴니코드를 연주할 수 있는 능력
- 독주 또는 합주에서 리듬악기를 정확하게 연주할 수 있는 능력
- 전자악기의 기능을 적절하게 사용할 수 있는 능력
- 다양한 민속악기에 대한 기본적 이해와 연주에 사용할 수 있는 능력
- 악기를 관리하는 방법에 대한 능력
- 타악기의 기보법을 읽고 연주할 수 있는 능력

즉흥연주 기술

- 성악, 기악적으로 다양한 분위기와 스타일의 음악을 즉흥적으로 창작하는 능력
- 주어진 멜로디나 반주를 즉흥적으로 변형, 발달시킬 수 있는 능력
- 앙상블에서 즉흥연주할 수 있는 능력

- 리듬악기로 즉흥연주할 수 있는 능력

지휘 기술

- 기본적 패턴을 정확하게 지휘할 수 있는 능력
- 성악 · 기악 앙상블을 지휘할 수 있는 능력

신체동작 표현 기술

- 음악적 구조 내에서 리듬적, 즉흥적으로 표현할 수 있는 능력
- 구조적이면서 즉흥적인 몸동작의 경험을 지도할 수 있는 능력
- 다양한 동작스타일에 대해 이해하고 표현할 수 있는 능력
- 리듬적 구조 속에서 표현적으로 움직일 수 있는 능력

2. 임상기술

이상심리와 특수아동심리, 장애아동의 이해 영역

- 진단과 분류에 사용하는 기본적 용어의 이해, 주요 질환의 원인과 증상에 대한 지식
- 특별한 개인의 문제점과 잠재성, 한계성에 대한 지식
- 인간의 신체 · 심리 · 인지 · 사회적 영역에서 정상과 이상발달에 대한 지식
- 정신병리학의 주요 이론에 대한 지식
- 인간의 신체생리 구조와 기능에 대한 지식

치료의 이론

- 치료사–클라이언트 간의 역동성과 과정에 대한 지식
- 그룹의 역동성과 과정에 대한 지식
- 개인/그룹 심리치료의 방법과 테크닉에 대한 지식

치료적 관계

- 클라이언트의 관점에서 그들의 세계를 볼 수 있는 능력

- 치료 과정이 클라이언트의 느낌, 태도, 행동에 미치는 영향을 인식할 수 있는 능력
- 클라이언트와의 상호관계를 확립하고 유지할 수 있는 능력
- 개인/그룹 치료에서 치료사의 역할을 효과적으로 사용할 수 있는 능력(적절한 자기 노출, 진실성, 감정이입 등 바람직한 행동 변화에 영향을 미치게 하는 것)
- 치료 목적을 달성하기 위해 그룹의 역동성과 과정을 이용할 수 있는 능력

3. 음악치료 기술

기초와 원리

- 음악을 치료도구로 사용하기 위한 철학적 · 생리학적 · 심리학적 · 사회적 기반에 관한 지식
- 음악적 행동과 경험의 심리적 · 생리적 측면에 관한 지식
- 다양한 장애로 인한 음악발달상의 문제에 대한 지식
- 다양한 클라이언트 집단의 음악적 특성에 대한 지식
- 모든 클라이언트 집단에 있어서 음악치료의 목적, 내용, 기능에 대한 지식
- 음악치료 방법론과 주요 심리학적 이론들 간의 관계에 관한 지식
- 현존하는 음악치료 방법, 기술, 도구들의 적절한 사용에 관한 지식
- 음악치료 효과의 평가를 위한 원리와 방법에 대한 지식
- 음악치료의 역사 및 전문적 건강 관련 학문으로서 발달에 대한 지식

클라이언트 진단평가

- 클라이언트의 필요를 규명할 수 있는 능력
- 음악을 통해 클라이언트의 강점과 약점을 평가하기 위한 효과적 방법을 선택, 개발, 적용시킬 수 있는 능력
- 클라이언트의 음악적 선호도와 음악적 기능의 수준 또는 발달정도를 평가하기 위한 효과적인 방법을 선택, 개발, 적용시킬 수 있는 능력
- 진단평가에 대한 클라이언트의 반응을 정확히 관찰하고 기록할 수 있는 능력
- 수집된 진단평가 자료에 대한 신뢰도와 타당도를 측정할 수 있는 능력

- 다른 치료 접근법의 진단평가 결과들을 해석하고 사용할 수 있는 능력
- 진단평가 결과에 대한 해석과 분석을 통해 클라이언트의 치료적 필요들을 규명할 수 있는 능력
- 음악적 · 음악 외적 조건에서 클라이언트를 관찰하고, 객관적 및 주관적인 정보를 수집할 수 있는 능력
- 최근의 클라이언트의 상태를 파악하기 위해 가용한 서비스들로부터 정보를 수집할 수 있는 능력
- 클라이언트의 정서적인 상태에 대한 클라이언트의 적절한 행동과 부적절한 행동을 규명할 능력
- 클라이언트에게 미치는 가족과 기타 인간관계의 영향력을 규명할 수 있는 능력
- 현재의 역기능에 관련되는 클라이언트의 생활 속에서의 스트레스 유발인자를 규명할 수 있는 능력
- 진단평가의 결과들과 제안점들을 구두로 또는 서면으로 의사소통할 수 있는 능력

치료계획

- 음악치료에서 클라이언트의 일차적 치료 필요를 규명하는 능력
- 진단평가 결과에 근거하여 음악치료 목적과 목표를 설정할 수 있는 능력
- 클라이언트를 그룹 혹은 개인 치료 양식에 적절히 배치할 수 있는 능력
- 음악치료의 장기목적을 설정하고 이를 단기목표들로 분석할 수 있는 능력
- 단기 음악치료 목표들을 설정할 수 있는 능력
- 팀 전체의 치료 목적을 규명/설정할 수 있는 능력
- 개인치료 대 집단치료의 적절성을 판단할 수 있는 능력
- 치료 목적과 목표를 발달/학습시킬 수 있는 능력
- 설정된 목적과 목표에 근거하여 개인 · 그룹 대상의 치료 전략을 수립할 수 있는 능력
- 치료계획 과정에서 지역사회의 자원을 활용하고 확인할 수 있는 능력
- 가능한 경우에 치료계획 과정에 클라이언트를 참여시킬 수 있는 능력
- 치료계획 과정에 클라이언트의 가족이나 중요한 인물들을 참여시킬 수 있는

능력

- 관련 전문가들과 협력하여 치료계획 과정을 조정해 나갈 수 있는 능력
- 치료계획 과정에서 관련 문헌들과 자료들을 참조할 수 있는 능력
- 클라이언트의 치료적 참여를 촉진시킬 수 있도록 음악치료 환경을 구성할 수 있는 능력
- 클라이언트의 목표들을 충족시켜 주는 음악치료 경험들을 선택할 수 있고 창조할 수 있는 능력
- 클라이언트의 강점과 필요에 적합한 음악, 악기, 도구를 선택하고 적용할 수 있는 능력
- 음악치료 목적들에 적합한 음악 외적 도구들을 선택하여 준비할 수 있는 능력
- 음악치료 세션들을 계획하고 적용시킬 수 있는 능력
- 치료 목적들을 중요한 순서대로 조직화할 수 있는 능력

치료적용

- 물리적 환경(공간배치, 가구, 장비, 악기들의 배열)을 조성하는 능력
- 클라이언트의 필요와 상황요인에 따라 세션 속에서 음악경험을 연계시키고 배치하는 능력
- 치료 세션 중에 발생한 중요한 일들을 적절하게 인식하고, 해석하고, 대응하는 능력
- 치료계획에 따라 음악치료 프로그램을 적용시키는 능력
- 사회적 상호작용을 유발시키는 음악치료 경험을 제공하는 능력
- 클라이언트의 장/단기 기억력과 기억 연계 기술을 돕는 음악치료 경험을 제공하는 능력
- 치료 속에서 음악적 조화를 촉진시키고 인도하는 능력
- 그룹 음악치료를 인도하고 촉진시키는 능력
- 그룹의 소속감과 그룹의 응집력을 촉진시키는 능력
- 그룹 음악치료 속에서 적절한 사회적 행동에 대한 모델을 제공하는 능력
- 음악외적 행동들을 변화시킬 수 있는 음악치료 경험을 제공하는 능력
- 클라이언트의 충동조절 능력의 개발을 돕는 음악치료 경험을 제공하는 능력

- 클라이언트의 과제지속 능력의 증가를 돕는 음악치료 경험을 제공하는 능력
- 클라이언트가 효과적으로 의사소통할 수 있도록 돕는 능력
- 음악치료 적용에 클라이언트의 가족 및 중요한 인물들을 포함시키는 능력
- 클라이언트의 사회기술 발달을 돕는 음악치료 경험을 제공하는 능력
- 클라이언트의 심미적 감수성을 성장시키도록 이끄는 음악치료 경험을 제공하는 능력
- 음악을 사용하여 클라이언트의 정서적 반응을 유발시키는 능력
- 클라이언트의 성공적인 참여를 위해 필요한 언어적 · 비언어적 지시를 제공하는 능력
- 클라이언트의 의사결정 능력을 증진시키는 음악치료 경험을 제공하는 능력
- 클라이언트의 언어적 반응을 유발시키는 음악치료 경험을 제공하는 능력
- 음악을 사용하여 클라이언트의 과거 기억을 유발시키는 능력
- 클라이언트 자신, 공간, 시간에 대한 지남력을 향상시키기 위해 음악을 사용하는 능력
- 클라이언트의 인지적 · 지적 발달을 증강시키기 위해 음악을 사용하는 능력
- 클라이언트의 창의적 반응을 장려하기 위해 음악을 사용하는 능력
- 클라이언트가 시각, 청각, 촉각의 기회를 사용할 수 있도록 음악치료 경험을 통해 감각 자극을 제공하는 능력
- 클라이언트의 감각 · 지각 발달을 증강시키는 음악치료 경험을 제공하는 능력
- 클라이언트의 감각 · 운동 발달을 증강시키는 음악치료 경험을 제공하는 능력
- 클라이언트의 운동 반응을 유발시키는 음악치료 경험을 제공하는 능력
- 긴장 이완 및 스트레스 감소 기법과 함께 음악을 사용하는 능력
- 통증 감소에 음악을 적용시키기 위한 지식
- 클라이언트의 건강한 생리적 변화를 유발시키기 위해 음악을 사용하는 능력
- 클라이언트가 치료 과정 속에서 자신의 책임을 확인할 수 있도록 음악치료 경험을 제공하는 능력
- 클라이언트의 의사소통에 대한 피드백을 주고 반영, 재진술해 주는 능력
- 치료 과정의 촉진을 위해 작곡, 편곡, 즉흥연주를 할 수 있는 능력
- 클라이언트와 치료사 간의 상호 피드백을 위한 매개체로서 음악을 사용하는

능력
- 클라이언트와 다른 그룹원 간의 문제를 조정하는 능력(그룹관리 기술)
- 각기 다른 연령, 문화, 스타일 등에 따라 음악 레퍼토리를 개발하고 보유할 수 있는 능력
- 클라이언트에 대한 약물치료의 효과를 인식하고 이에 적절히 반응할 수 있는 능력
- 음악치료 적용에 필요한 음악 외적 도구들과 장비들을 사용하는 능력
- 음악치료 세션에서 성악적 기술을 사용하는 능력
- 음악치료 세션에서 치료적 언어 기술을 사용하는 능력
- 음악치료 세션에서 키보드와 비화성적 악기들을 사용하는 능력
- 음악치료 세션을 종결하는 능력
- 퇴원 후 치료 프로그램을 계획, 준비, 적용하는 능력

치료평가

- 치료에 대한 클라이언트의 반응을 통해 중요한 변화와 양상을 인식하는 능력
- 치료기록을 정확하고 꾸준하게 지속하는 능력
- 치료전략의 효율성과 클라이언트의 진보 상황을 측정하고 평가하기 위한 방법들을 고안하고 적용하는 능력
- 사용되는 측정, 평가의 신뢰도와 타당도를 판단할 수 있는 능력
- 치료의 진행 과정을 결정하기 위한 기반으로 평가결과들을 사용하는 능력
- 가이드라인에 따라 정기적으로 치료계획을 검토하는 능력
- 필요한 경우 치료계획을 변경할 수 있는 능력
- 치료에 대한 클라이언트의 반응에 근거하여 치료접근법을 수정하는 능력
- 서비스의 지속, 변경, 종결 등의 필요성을 판단하기 위해 다른 전문가들과 협의하는 능력
- 클라이언트의 필요성에 대한 평가에 근거하여 의뢰할 수 있는 능력
- 클라이언트에게 현재 명백히 위험한 상황이 있을 때 이를 인식하고 대응하는 능력
- 다양한 프로그램 속에서 사용되는 방법과 절차에 적응할 수 있는 능력

문서 작성(documentation)

- 진단평가, 치료, 평가 등을 포함한 임상 과정의 자료를 수집하는 기술을 사용하고 개발하는 능력
- 임상적 자료를 문서에 기록하는 능력
- 진단평가 결과를 문서에 기록하는 능력
- 치료계획에 대한 변화를 기록하고 치료계획을 변경하여 기록하는 능력
- 클라이언트의 변화를 정확히 반영하고 내면적 · 외형적 변화를 기록하는 능력
- 음악치료의 종결계획을 기록하는 능력
- 음악치료 종결 후 클라이언트에 대한 추후 지도과정을 기록하는 능력
- 음악치료 프로그램에 대한 클라이언트의 다양한 측면과 진보 상황에 관하여 다른 팀원, 부모, 클라이언트와 서면 또는 구두로 의사소통할 수 있는 능력

종결/퇴원 계획

- 음악치료 종결에 대한 잠재적 유익 등을 평가하는 능력
- 음악치료 종결을 결정할 수 있는 능력
- 음악치료 종결계획을 발전시켜 나가는 능력
- 음악치료 종결에 대해 클라이언트에게 정보를 제공하고 준비시키는 능력
- 클라이언트의 기관 퇴원계획과 음악치료 종결계획을 통합시키는 능력
- 퇴원 후의 환경 속에서 클라이언트에게 기대되는 행동들에 관해 클라이언트, 가족을 교육시키는 능력
- 퇴원 후의 지속적인 치료효과를 위해 클라이언트와 가족에게 조언하는 능력
- 퇴원 후 클라이언트에게 필요한 내용을 지원할 수 있는 능력
- 음악치료 종결 후 클라이언트에 대한 추후 지도절차를 수립하는 능력
- 가용한 지원망을 접하고 사용할 수 있도록 클라이언트를 지원하는 능력
- 종결/퇴원 후 적절한 지원들에 클라이언트를 의뢰하는 능력

전문인으로서의 역할과 윤리

- 지속적인 교육 기회에 대한 참여
- 전문인으로서의 성장을 위한 목적 설정

- 전문적 논의점에 관해 다른 직원들과 건설적인 상호 의견교환을 나눌 수 있는 능력
- 전문인으로서의 '윤리강령'에 대한 이해
- 연구, 저술, 발표를 통한 전문적 성장에 기여
- 전문가로서의 역할과 관련된 법적 책임을 충족시키는 능력
- 클라이언트의 인권에 관한 법률지식
- 음악치료 전문직의 윤리기준을 해석하고 적용하는 능력
- 항상 건설적인 방향으로 개인적인 감정과 생각을 표현하는 능력
- 긍정적이고 건설적인 방향으로 갈등을 해결하는 능력
- 비평과 피드백을 기꺼이 받아들이고 생산적인 방향으로 수용하는 능력
- 교육과 전문 훈련에 관련된 모든 과제에 성실하게 따를 수 있는 능력
- 자신의 강점과 약점에 대한 비판적 지각 능력
- 역사적 연구, 기술연구, 상관연구, 실험연구의 목적에 관한 지식
- 전문적 연구 문헌 정보들을 이해하는 능력
- 데이터에 근거한 문헌 검색을 수행할 능력

다른 학문(치료법)과의 협력

- 클라이언트의 치료 프로그램에서 다른 치료법들과의 작업관계를 발달시키고 그 역할들을 이해하는 능력
- 전체 치료 프로그램 속에서 음악치료의 역할을 정의 내리는 능력
- 음악치료에서의 목적, 방법들과 다른 치료법에서의 목적, 방법들 간의 관계를 규명하고 음악치료의 진단평가와 다른 치료법의 진단평가의 결과들을 통합하는 능력
- 팀 전체의 치료 프로그램을 이해하고 적용하면서 다른 팀원들과 협동하는 능력

슈퍼비전과 행정

- 슈퍼비전을 유익하게 수용함
- 다양한 임상 관계자가 행정적으로 어떻게 조직되어 있는지에 관한 이해
- 음악치료가 다양한 행정적 구조에 어떻게 부합되는지에 관한 이해

- 일반적으로 임상가들에게 요구되는 행정적인 의무들을 수행하는 능력
- 음악치료 프로그램의 예산을 마련하고 유지하는 능력
- 음악치료 장비와 공급을 조정하고 유지하는 능력
- 새로운 음악치료 프로그램을 계획하고 수립하기 위해 제안서를 작성하는 능력

참고문헌

최병철(2006). **음악치료학**. 서울: 학지사.

최병철, 문지영, 문서란, 양은아, 김성애, 여정윤(2015). **음악치료학**(3판). 서울: 학지사.

Bruscia, K. E. (1998). *Defining Music Therapy* (2nd ed.). Gilsum, NH: Barcelona Publishers.

음악치료 임상사례집

21인의 음악치료사가 들려주는 임상이야기

제1부

아동 사례연구

Korean Case Studies of Music Therapy

제1장

장애를 극복하고 음악가로 성장하다

-지적장애 아동을 위한 음악치료-

강민정

성동장애인종합복지관 음악치료사

음악중재전문가(KCMT)

개요

이 사례는 지적장애를 가진 여자 아동으로 6세 때부터 17세인 현재까지 음악치료를 진행하고 있다. 학령기를 앞두고 애착문제와 감정 조절의 어려움 및 제한된 학습능력을 주 호소로 음악치료에 의뢰되었다. 2005년 4월 25일부터 2016년 9월 26일까지의 치료를 바탕으로 영유아기의 선천적 장애 및 환경으로 인한 여러 개인적인 문제를 극복하고 내담자의 잠재된 음악아를 찾아 음악가로 성장해 나가는 과정을 소개하고자 한다.

내담자 정보

송이(가명)는 6세에 음악치료를 시작해서 17세인 현재까지 치료실을 이용하고 있는 내담자이다. 지적장애 3급의 여아로, 음악치료는 어머니의 의뢰로 시작했다. 송이 어머니는 임신중독으로 임신 8개월 만에 조산했다. 출산 당시 1.54kg의 미숙아로 태어났고, 두 달간 인큐베이터에 있었다. 뇌수종 및 미숙아 망막증이 있었고, 이후 시력을 잃게 될지도 모른다는 의사의 소견이 있었다. 망막 끌림에 의한 고도 근시, 난시의 시각적인 문제는 지속적으로 추이를 살펴보는 과정에 있으며 정기적인 진료를 받고 있다. 이 시각적인 문제는 이후 치료 과정에서 시지각 과제들을 수행할 때 어려움을 주는 원인이 되었다. 병원치료는 필요하지 않다는 소견이 있었지만 발달 지연을 예고 받은 상태였다. 생후 1~2년간 전반적인 신체발달 영역에서 지연이 되었고, 생후 15개월이 되어서야 걸을 수 있었다. 29개월에는 한 시간 가까이 경련을 했고, 경련과 관련된 지속적인 병원치료를 받고 있다고 했다. 내관 당시 보행은 가능했지만 자주 넘어졌다. 언어발달의 첫말 단어는 12개월 이전에 시작되었지만 이후 언어발달은 지체되었고, 자발화의 빈도가 낮았으나 모방발화는 가능하다고 보고되었다. 송이는 어머니와의 애착문제도 언급이 되었다. 어머니는 송이가 미숙아로 출생하고 이후 발달지연으로 많은 병원 진료와 치료로 지쳐있는 상태였다. 송이가 30개월이 되었을 때 남동생이 태어났는데, 신생아를 돌보기 위한 양육 과정은 어머니의 사랑을 독차지하던 송이에게 많은 박탈감을 주었다. 또한 어머니와의 애착이 형성되기 전에 여러 가지 조기치료를 위한 분리경험은 송이의 불안감을 높였다. 어머니는 송이의 치료를 위해 동생이 생후 백일이 채 되기 전부터 함께 데리고 여러 치료실을 다녔다고 했다. 어머니와 동생과 분리되어 치료실로 보내어지는 것이 강도 높은 스트레스를 유발했을 것으로 보였다. 이러한 과정들은 동생 출생으로 인한 박탈감과 함께 강제적인 분리로 인한 불안감을 가중시켰고, 치료를 거부하고 어머니와의 분리를 강하게 거부하는 행동으로 표출되었다. 이러한 지속적인 문제는 두 아이를 전적으로 양육해야 하는 어머니의 어려움을 가중시키며, 어머니 스스로를 무기력하게 만듦으로써 내담자의 발달이나 정서 지원을 위한 상호작용이나 양육의 능률을 저하시킬 수밖에 없는 상황이었다. 두 자녀를 동시에 양육이 어렵다고 판단하고 내담자를 어린이집에 보냈으나 한 달 만에 분리거부와 불안감이 높아져 그만두었다고 했다. 치료와 학습을 싫어했으며, 학습된 내용을 일상생활에 적용하거나 일반화하지 못한다고 보고되었다.

5세 때 실시한 포테이지 체크리스트 검사 결과는 자조기술, 운동능력, 사회성, 인지, 언어에 걸쳐 전 영역에서 지체를 보였다. 특히 언어영역에서는 2세 이상의 지체를 보였다. 사회성숙도 검사에서는 사회 연령(SA) 2.45, 사회지수(SQ) 64.0으로 지체되었다. 본관에 위치한 어린이집에 재원하게 되었는데, 어린이집에서도 또래와 어울리지 못하고 놀이에 대한 관심이 부족하며, 도구 사용을 습득하고 이용하는 데 어려움이 있다고 보고되었다. 음악이나 노래에 대한 흥미가 많아서 혼자 흥얼거리거나 문장 형태의 언어구사는 어렵지만 문장 형태의 노래 부르기는 가능하다고 보고되었다. 어린이집에서는 또래와의 관계에 소극적이면서도 집에 오면 어머니와 동생에게 과격한 행동을 하고 짜증을 내거나 폭력적인 모습을 보이기까지 했다. 송이는 조기특수교육, 언어치료, 음악치료 및 미술치료를 병행하고, 올바른 양육태도를 습득하도록 부모상담도 병행하기로 결정했다. 아버지는 생계를 책임지고 있어 양육에 적극적인 참여는 어려웠다.

치료 방법

송이와 1주에 한 번씩 30분간의 개별 세션을 진행했다. 치료사의 사정이나 송이의 사정으로 치료를 진행하지 못하는 경우에는 2주에 한 번씩 진행되기도 했다. 치료실은 어린 아동과 진행하는 데 적당한 크기의 공간이었고, 피아노, 드럼세트, 마림바, 템플블록, 실로폰, 메탈로폰 등 시각적 자극을 받아 연주 동기를 형성할 만한 충분히 큰 악기들과 다수의 리듬악기 등 다양한 악기를 구비하고 있었다.

치료회기 전체에 걸쳐 수동적이거나 능동적인 활동을 적절히 활용했고, 오랜 기간의 세션으로 각 시기마다 주요 문제점을 재파악하고 가장 필요한 성취 과제들을 적절히 변경하며 진행했다. 매 회기가 끝날 때마다 어머니와의 상담이 이루어졌고, 새로운 목표를 설정하거나 변화를 모색할 때마다 어머니와의 상담은 중요했다. 송이의 욕구를 적절히 반영하며, 일반화시키는 데 어머니의 역할을 강화했다. 또한 송이가 사회적인 교류를 의미 있게 받아들이기 시작한 시기부터는 치료실 이외의 환경과의 교류를 적극적으로 지원했다. 송이의 상담사, 특수교사 및 치료사, 관련 관계자들과의 소통도 중요시했다. 이러한 과정은 치료실에서 나타난 송이의 변화와 내적 성장을 일반화하는 데 도움이 되었다. 치료와 훈련으로 사회 구성원으로서의 제 역할을 충분히 수행할 수 있다는 기대가 있었고, 매 단계마다 장애로 인한 여러 가지 어려움과 문제해결을 위한 치료적 접근과 송이의 기능 향상 및 자아실현을 위한 교육적 접근에 대해 충분히 고려했다. 치료적 필요성과 내담자의 욕구가 항상 우선적으로 고려되었다. 송이가 자신의 의사표현을 현실적으로 할 수 있게 된 시기부터 모든 활동의 선택과 결정에 대한 자기결정권이 있고, 그 의지가 명확했기 때문에 중도에 포기하지 않고 많은 어려움을 극복할 수 있었다.

송이는 음악을 좋아했지만 초기에는 치료 참여에 대해 강한 거부감을 표현했다. 그 이면의 불안과 부담감을 가중하지 않도록 치료 상황에서 내담자에게 어떤 지시나 요구도 하지 않았으며, 가장 안전하다고 판단한 노래 부르기와 즉흥연주를 주로 사용했다. 노래 부르기는 송이가 가장 선호하는 활동으로, 송이와 나와의 친밀함과 상호작용을 위한 좋은 수단이 되었다. 또한 단기 기억력에 취약한 송이에게 멜로디, 리듬과 새로운 가사의 결합은 흥미로운 과제로서 새로운 정보를 습득하고 저장하는 데 효과적이었다(Michel, 1997, p. 45). 즉흥연주는 송이가 이전까지는 경험하지 못한 자유로움 속에서 성취감을 경험하고 새로운 환경을 탐색하는 중요한 도구가 되었다.

2년간의 개별음악치료 이후에 나와 어머니는 집단음악치료의 필요성에 대해 인식하기 시작했고, 송이는 매주 개별 세션과 집단 세션을 한 번씩 진행했다. 송이를 포함하여 다섯 명의 또래와 집단이 만들어졌고, 그들은 복지관의 다른 프로그램으로 인해 서로 친분이 있는 관계였다. 집단 세션에서는 주로 악기 다루기와 음악극을 진행했다. 개개인의 특성, 다른 장애 유형, 음악에 대한 선호도, 배경지식, 선행 경험 등이 각기 달랐지만 음악극을 진행하는 과정에서 내담자들은 매 세션의 음악적 경험을 즐길 수 있고, 자신들이 음악을 만들고 완성하는 과정을 통해 성취감을 보상으로 얻을 수 있을 것이라는 판단에서였다(정현주, 김동민, 2005, p. 4).

음악극 이후의 세션에서는 치료실 내에서의 교류를 넘어 타인과의 소통을 그 목적으로 하고 소통의 도구로 악기 다루기를 선택하고 활동을 진행했다. 내담자들의 호흡 기능 향상, 소근육 기능 향상, 성취감 경험 및 또래와의 교류를 위해 선택된 악기는 리코더였다. 온전히 내담자의 의지와 움직임으로 소리가 산출되고, 이와 동시에 청각적인 피드백으로 작용하며, 소리가 주는 만족감은 다시 다음 소리의 산출을 위한 움직임을 자극하는 좋은 도구가 되었다. 자존감이 낮은 내담자들에게 선택하고 적용하는 데에는 자칫 연주 기술이 필요한 악기는 역효과를 가져올 수도 있다. 그러나 치료사가 내담자들의 수준과 기능을 충분히 고려한 연주활동을 계획한다면 가장 안전한 환경 내에서 도전하고 성취감을 경험하도록 도울 수 있다(김군자, 2001, p. 16). 내담자들은 주 1~2회의 짧은 시간 동안 치료사와 만나고 대부분의 시간을 학교나 가정에서 보낸다. 따라서 음악치료를 통한 특별한 경험과 변화를 학교나 가정에서 성공적으로 연계하여 생활할 수 있다면 치료의 효과를 극대화하여 자아실현이 가능하도록 할 수 있다.

개인의 삶에서 기본적인 욕구를 충족하는 것을 넘어서 자아실현은 매우 중요하다. 인본주의적 모델에서처럼 내담자와 치료사 간의 지지적인 관계는 어떠한 치료 기술보다도 중요하며 내담자의 잠재력으로 이끌어 낸 음악적 경험이 내담자의 삶을 변화시키고 자아실현을 하도록 도울 수 있다(Davis, Gfeller, & Thaut, 2002, pp. 158-159).

치료 과정

진단평가

송이는 어머니의 욕구로 음악치료에 의뢰가 되었고, 치료실이 위치한 기관의 어린이집에 재원 중인 아동이었다. 사전에 어머니와 상담이 이루어졌는데, 어머니는 힘들고 지친 기색이었지만 송이에 대해 비교적 담담하게 설명할 수 있었다. 음악치료 진단 과정을 통해 내담자가 치료적 상황에 적응할 수 있을 것인지, 치료적 경험이 내담자의 내적 변화를 이끌고 긍정적인 영향을 줄 수 있을 것인지에 대해 관찰하고자 했다(김경숙, 2008, p. 28). 처음 4주 동안 4회기에 걸쳐 30분간의 세션으로 진단평가를 진행했다.

사전 상담과 진단 과정을 통해 알고자 했던 내용은 첫째, 음악치료에 의뢰한 이유와 음악치료를 통해 얻고자 하는 것이 무엇인가 하는 점이었다. 보호자가 음악치료를 통해 얻고자 하는 것이 무엇인지를 파악하는 것은 치료 목표를 결정하는 데 있어 보호자를 치료의 협력자로 인식하게 하여, 생활 전반에 걸쳐 변화를 유도하는 데 효과적이다. 내담자의 문제는 단독으로 존재하지 않는다. 내담자가 처한 환경과 상황에 따라 같은 장애로 진단을 받은 경우라도 다른 임상적 양상을 띠게 되고 가족의 긍정적인 유대관계는 치료 예후에도 영향을 미친다(김계숙, 2016, pp. 163-192). 둘째, 내담자의 발달 상황과 내담자의 현재의 문제점 및 강약점에 대한 것이었다. 나는 대부분의 사례의 경우 주로 강점에 집중한다. 강점 영역을 강화하고 지지하는 과정에서 자연스럽게 약점이 보완되거나 소거되기도 하기 때문이다.

첫 번째 세션에서 송이는 치료실 바깥에서 엄마와 계속 실랑이를 벌이고 있었다. 송이는 음악치료의 시작에 대해 엄마와 협의가 되지 않은 상태로 강한 거부감을 보였고, 낯선 상황임을 감안하더라도 어머니와의 분리를 거부하는 실랑이 수준을 넘어서 보였다. 시간이 지날수록 강한 분노감과 행동화(acting out)가 심해져 어머니는 송이를 치료실에 떼어놓다시피하며 분리했다. 송이는 나의 호명이나 음악에 전혀 반응하지 않았다. 치료실 문에 매달려 어머니를 계속 찾으며 울었다. 송이에게 새로운 치료가 시작이 되는 상황을 잘 설명하지 않은 사실을 알게 되었고, 어머니를 함께 입실하도록 하여 이야기를 나누었다. 내가 어머니와 이야기를 나누고 있는 상황에서도 송이는 계속 칭얼대며 어머니의 얼굴에 손을 갖다 대고는 자신을 쳐다보라는 말을 반복해서 했다. 자신에게 집중하길 바라는 송이의 욕구를 짐작할 수 있었다. 송이에게 시작하는 치료와 엄마는 바깥에서 대기하게 될 것이라는 말을 하고 난 뒤에 다시 분리했는데 강도는 약해졌지만 여전히 울었고, 거부감도 여전했다. 음악 듣기를 좋아하고 동요 부르기를 좋아한다는 사전 보고가 있었지만 내가 제시하는 음악이나 노래에 반응을 보이지 않았다. 나는 송이의 불안하고 속상한 마음을 위로하기 위해서 송이의 마음을 반영하여 노래를 즉흥적으로 제공했다. "송이 마음은 속상해. 슬퍼하지 말아요. 엄마를 만날 거야"라는 조성이 있는 짧은 노래를 계속 반복하자 송이는 가사가 들리는 듯 "엄마한테 가요?"라고 물었다. 환경에 무관심하고 거부감을 보였지만 노래에 반응하고 인식하였다. 그 이상의 진전된 반응은 보이지 않았다.

두 번째와 세 번째 세션에서 송이는 경계심이 낮아진 모습을 보이다가도 나의 중재가 시작되려는 순간에 움츠러드는 모습을 보였다. 사전에 보고된 송이가 좋아하는 음악을 피아노 연주로 들려주면서 경계심을 풀도록 했으며, 송이가 먼저 다가올 때까지 기다렸다. 송이는 치료사가 연주하는 모습을 지켜보다가도 눈 맞춤이 일어나면 회피했다. 호기심과 두려움이 뒤섞여 송이는 혼란스러워 보였다. 내담자가 앉도록 설치된 의자에 앉지 않고 출입문 가까이 벽에 기대어 앉아 있었다. 언제라도 송이가 나가고 싶은 마음이 생길 때 나갈 수 있도록 의자에 착석을 지시하지 않았다. 송이는 호의적이지는 않았지만 더 이상 치료실을 나가려는 행동은 하지 않았다.

나와 송이 사이에 윈드 차임을 놓고 피아노 반주와 함께 윈드 차임을 연주하며 비언어적 소통을 위한 도구로 사용하고자 했다. 송이는 처음 듣는 윈드 차임 소리에 호기심을 보였고, 몇 차례 나의 악기 연주에 "이게 뭐예요?"라고 질문했다. 나는 악기 이름을 들려주고 계속 연주를 하며 송이의 관심을 끌었다. 시간이 조금 흐른 뒤 송이는 자리에서 일어나 처음으로 악기를 만졌다. 강렬한 반응은 송이를 움츠러들게 할 수도 있어서 조금씩 움직임을 반영하기만 했다. 손으로 대화할 수 있다고 하고는 좌우로 움직이며 소리를 내다가 차임 사이로 손을 내밀어 보이자 송이가 치료사의 손을 잡았다. 송이의 손을 잡고 움직이며 악기 탐색을 통해 자연스럽게 신체 접촉을 했고, 송이는 자신의 움직임에 따라 달라지는 소리 강도에 흥미를 보이면서 적극적으로 움직이기도, 조심스럽게 탐색하기도 하며 긴장감을 이완할 수 있었다.

네 번째 세션에서는 자연스럽게 분리될 것 같았던 송이는 다시 떼를 부리며 거부했다. 이유는 명확하지 않았고, 세션 내에서 반응은 조금 더 진전이 있었다. 지난 세션의 연주를 기억하면서 다시 탐색했다. 새로운 방법으로의 탐색보다는 경험했던 방법을 추구했다. 송이의 관심이 언어로 표현될 때에는 자주 "이거 뭐예요?"라고 했지만 의미가 있는 경우도 있었고, 의미 없이 반복적으로 하는 말이기도 했다. 송이의 어머니에게 무작정 떼쓰는 것은 그 이후로도 끊임없이 반복되며 내담자의 진전을 방해했다.

어머니는 송이가 인지와 언어 영역에서 발달이 지체되는 것을 걱정했고, 가족에게 자주 짜증을 부리거나 어머니나 동생을 때리는 등의 폭력적인 행동 때문에 힘들어 했다. 송이가 일상생활에서 음악을 좋아하는 모습과 노래를 부를 때에는 문장 형태의 노랫말을 암기하여 표현이 가능한 것에 희망을 갖고 있다고 했다. 또한 정서적으로 안정되길 바라고 있다고 했다. 네 번의 세션을 통해 잦은 학습 상황 노출과 지속적인 실패 경험은 송이의 자존감을 떨어뜨려 새로운 도전을 두렵게 만들었다. 자신을 표현하고 소통하는 문제로 인해 또래와의 관계 형성에 어려움을 겪고 있었고, 발달 지체와 애착의 문제는 잦은 분노와 행동화 현상에 영향을 주었다. 송이가 음악을 듣고 있으며, 반응을 하려는 움직임을 보이는 점, 여러 곡의 레퍼토리를 암기하는 것이 가능한 점, 연주 기술 습득을 위한 모방이 가능한 점, 적극적으로 참여하지는 않으나 지시 수행이 가능할 것으로 기대되는 점 등은 긍정적으로 평가되었다.

1단계

이 시기는 송이와 개별음악치료를 진행했던 시기로 애착 문제를 해결하고 불안감을 감소시키는 것을 목적으로 진행했다. 송이와 친숙해지며, 음악치료가 안전한 공간임을 인식하도록 하는 데 집중했다. 또한 송이는 어느 누구와도 비교되지 않으며, 스스로 가지고 있는 모습 그대로를 표현하고 자신을 드러내는 과정이 지지를 받고 있다는 것을 인식하게 함으로써 정서적으로 안정되고 자존감을 높일 수 있도록 했다.

나는 치료를 서두르지 않는 편이며, 진전이 보이지 않는 것도 하나의 과정으로 생각한다. 내담자를 있는 그대로의 모습으로 수용하고 전적인 지지를 보내는 것은 서로의 신뢰를 구축하는 데 기초가 된다. 여러 사례를 통해서 치료적 관계나 과정이 나선형을 그리듯 개선되기도 하지만 계단식의 발전을 보이는 경우도 많았기 때문이다. 이후에 평가에서 일정 기간 동안 변화 없이 지냈던 과정들이 서로 유기적 관계들을 통해서 한층 높은 발전을 가져올 수도 있다는 사실을 알게 되었다. 송이처럼 감정 기복이 있는 경우에는 때로는 행동화의 한계를 설정하는 것도 중요하다. 치료사가 허용하는 범위 내에서는 어떠한 표현이나 활동도 수용했다. '치료사가 허용하는 범위'라는 명확한 한계를 제시함으로써 송이 스스로 자신의 행동을 인식하고 조절할 수 있도록 유도했다.

생애 초기에 여러 가지 어려움을 겪었던 송이는 치료사와 치료환경에 익숙해지는 데에는 시간이 필요했다. 나는 주로 피아노를 사용하는데 내담자와 나란히 앉거나 마주보고 앉는다. 송이는 거부감이 있었기 때문에 진단 이후 첫 세션에서 내담자용 의자를 문 쪽에 가져다 두었다. 한 세션이 진행될 때마다 조금씩 피아노 근처로 의자를 옮겼다. 이 방법은 거부감이 있는 내담자들에게 유용했다. 송이는 세 번째 세션만에 나와 마주보고 앉을 수 있었다. 송이는 조금씩 나와 가까워지면서 신뢰적인 관계를 구축하자 언어표현 빈도도 높아지고 자연스럽게 노래 부르기에 참여할 수 있었다. 노래 부르기는 여러 가지 다양한 감정을 경험하고 표현할 수 있도록 도와준다. 노래 부르기에서 내담자가 사용한 악기는 그들 자신의 몸이고, 자신의 목소리이기 때문에 노래 부르는 것을 통해 자아가 확대됨을 경험한다. 자신의 목소리는 자기표현의 가장 친근한 수단으로, 노래 부르는 것을 통해 멜로디와 단어들에 점점 더 집중하게 된다(Nordoff & Robbins, 2011).

내담자가 어릴수록 간단한 노랫말과 멜로디를 사용하는 것이 효과적이다. 내담자의 수용언어 발달은 또래에 비해 지체되어 있고, 긴 노랫말은 집중하고 이해하는 데 방해가 되기 때문이다. 간단한 노랫말과 멜로디를 반복적으로 사용하는 것은 노랫말을 쉽게 이해하고 멜로디를 자연스럽게 기억하도록 돕는다(정현주 외, 2006). 내담자가 보이는 탐색 행동들, 이것저것을 만져 보거나 두드려 볼 때 치료사가 피아노로 움직임을 반영하는 것은 내담자의 움직임을 보고 있고, 소리를 경청하고 있다는 메시지의 전달과 공감을 드러내 준다. 일정한 박자를 유지하여 행동을 화성이나 선율로 반영하는 것은 안정감을 갖도록 도와준다. 모든 개인에게는 스스로 발전하고자 하는 욕구와 능력이 있으며, 그 능력을 최대한으로 사용하여 현재의 어려움을 극복하도록 돕는다(Streeter, 2002, p. 18). 즉흥연주는 송이의 불안감을 있는 그대로 수용하여 표현하고, 송이가 원하는 방식을 스스로 선택하여 표현할 수 있는 기회를 제공했다. 과제를 성취하고 성공적임을 경험하고 나서도 지속적으로 치료사에게 확인받기를 원했고, 타인으로부터 인정을 받고 나서야 안심을 했다. 이러한 행동은 낮은 자존감에서 기인한 것으로 보였다. 나는 피아노 연주로서 내담자의 연주를 보조하고, 강화해 주었으며, 상호교류를 시도했고, 송이는 그 상황과 음악에 스며들 듯 반응하면서 스스로 안정감을 회복했다. 때로는 세션이 마음에 들지 않는 경우, 치료사가 아닌 어머니에게 부정적 감정을 강하게 드러냈고, 이런 감정 상태는 길게는 하루 이상 일상생활을 방해할 정도였다. 이후 세션이 종료될 때마다 매번 느낌과 감정을 다뤄 보도록 했고, 송이가 표현하기 어려워하는 감정들은 '감정 카드'를 통해 습득하고 표현하도록 했다. 애착 문제 해결과 분노 조절의 습득을 위해 긍정적인 관심을 갖고 조건 없는 공감적 반응을 통해 신뢰 수준을 높였다. 분노의 감정을 악기 연주로 표현하도록 하거나 분노의 감정을 느꼈을 때 자신의 모습을 노랫말로 만들어 부르며 적절한 감정의 표출에 대해 전적인 지지를 하며 신뢰감을 주었다. 다양한 감정 스펙트럼을 표현하면서 자신의 감정을 조금 더 섬세하게 느끼고 표현할 수 있게 되었다. 어머니에게는 송이에 대한 언어적 · 신체적 친밀감을 높일 수 있는 표현의 빈도를 늘리도록 했고, 통제 불능의 분노표출에 대해서는 그 한계를 명확하게 제시하도록 했다. 이 부분은 어머니의 우유부단한 양육태도로 인해 수행이 잘되지 않아 지속적인 상담이 이루어졌다. 음악치료의 과정은 떠나가고 되돌아오는 자연스러운 과정들을 경험하며 어머니와의 분리에 대한 불안감을 해소시킬 수 있었다.

2단계

송이는 특수학급이 있는 일반 초등학교에 취학하게 되었는데, 주로 일반 학급에서 지냈다. 송이는 일상생활에 큰 어려움은 없었으나 환경 변화에 빠르게 적응하지 못하면서 산만하고 주의집중이 되지 않아 학습에 어려움이 있었다. 소극적인 학교생활은 또래와의 관계 형성에도 어려움을 보였다. 그래서 송이는 집단음악치료를 통한 합주활동과 음악극에 참여하기로 했다.

집단음악치료에 참여함으로써 송이는 책임을 부여받는 것에 대해 부담감을 줄이고 다수의 타인 앞에서 자신을 표현할 때 나타나는 두려움을 견디며 이겨 내는 인내심을 배울 수 있었다. 음악극 〈행복한 왕자〉(정현주, 김동민, 2005, pp. 103-124)를 만들어 가는 과정에서의 일과적인 반복은 전체적인 스토리를 이해하고 자신의 연주를 완전히 만들어 감으로써 적극적인 참여와 자신감 있는 연주태도를 갖게 했다. 하나의 음악극을 완성하기 위해 함께 만들어 나가는 과정은 마치 캔버스에 유화를 그리듯 반복적으로 새로운 소리를 입히고, 다양한 색깔의 소리를 만들어 냄으로써 매번 다른 음악을 만들어 냈다. 이후 내담자 간의 완벽한 소통의 하모니를 만들어 낼 수 있었다. 송이에게는 선율 악기를 선택하도록 했는데, 소극적이고 표현력이 부족한 송이에게 주도적이고 돋보이는 역할을 부여함으로써 자연스럽게 집중력을 향상시키고 책임감 있는 자기표현이 가능하도록 했다. 주인공과 등장인물들의 감정을 자연스럽게 느끼고 자신의 감정이입이 가능했으며, 클라이막스에서는 그 경험을 극대화시키기도 했고, 스스로 내면화시키며 자신의 감정을 재인식할 수 있는 기회가 되었다. 지적 기능의 제한, 산만함, 과잉행동 등의 문제를 가진 그들의 음악극 활동은 그 가족뿐 아니라 모든 관람자에게 장애아동들에 대한 선입견과 편견을 깨고 감동을 줄 수 있었다. 무엇보다 첫 무대의 성공적인 경험은 많은 사람으로부터 인정을 받고 스스로의 새로운 모습을 발견하고, 집단의 일원으로서 자부심을 갖게 되는 중요한 계기가 되었다.

3단계

송이의 성공적인 무대 경험은 새로운 도전에 대한 두려움을 감소시키고, 호기심을 갖도록 했다. 세션에서의 경험을 교실로 확장해 집단에 적응하고, 사회적 기술을 개선하기 위해서 연주를 통한 기악적 재창조 활동을 진행했다. 지정된 방식으로 악기를 사용, 악보를 보면서 연주하거나 작곡된 악곡을 연주, 기악 앙상블, 개인 교습 등의 방법으로 본질적인 임무는 악기를 사용하여 조직적으로 또는 미리 작곡된 음악의 내용을 재현하는 것이다(Brucia, 2003, p. 149).

교과과정을 고려했고, 리코더 연주를 선택했다. 다뤄 보지 않은 선율악기를 선택하는 것은 쉽지 않았지만 치료활동과 학교에서 이루어지는 교육활동을 연계하는 데 가장 적절한 악기였다. 이후에 다른 내담자들과도 리코더 연주를 통한 재창조 작업을 진행했는데, 교과과정의 연계는 내담자가 학교생활에 적응하고 자존감을 높이는데 효과적이었다.

Greenspan과 Wieder는 '발달장애를 가진 아동들이, 첫째, 감각반응도, 둘째, 감각 처리, 셋째, 근육, 운동 계획, 순서의 세 가지 영역에서 종종 다르게 반응한다'라고 했다(Wheeler, Shultis, & Polen, 2015, pp. 245-246). 이것은 악기 다루기를 하기 위한 계획 단계에서 중요하게 고려되었다. 송이는 악보를 통한 시각적 자극에 반응하는 속도보다 음악을 듣고 청지각 자극에 반응하는 속도가 빨랐다. 그동안의 음악치료 활동은 송이의 청지각 능력의 활성화에 도움이 되었다. 지적장애와 미숙아 망막증에서 기인한 초고도 근시, 난시는 시지각 과제 습득과 이해를 어렵게 했고, 소근육의 민첩성과 근력 부족은 악기를 잡고 움직이는 것을 어렵게 했다. 지적장애 아동이 제한된 기능으로 두려움 없이 성공적인 연주 경험을 하도록 계획을 할 때에는 성취 단계를 매우 세분화하는 과정이 필요하다. 지적장애 아동들은 때로는 발성기관의 지체를 가지고 있는 경우도 있어 취주악기를 사용하는 경우 침을 많이 흘리거나, 긴 호흡을 유지하기 어렵거나, 텅잉이 민첩하지 못한 경우도 있다. 첫 단계에서는 리코더의 왼쪽 엄지손가락이 닿는 구멍을 막아 내담자가 조금 더 편하게 연주를 할 수 있도록 하고, 긴 호흡 연습부터 한 손가락 막기, 두 손가락 막기를 진행하며 쉬운 단계가 완벽하고 편하게 성취할 때까지 다음 단계로 진행하지 않았다. 악보를 보며 악기를 잡고 입으로 호흡하며 손가락을 사용하는 다감각적인 활동을 필요로 하는 리코더 연주는 많은 시간이 소요되었지만 흥미를 보였다. 성취가 용이한 단순한 표현을 뒷받침하는 화성적인 피아노 연주는 송이의 정서적 반응을 일으켰고, 참여 행동을 증진시키는 동기가 되었다. 그러나 송이는 이후에도 지속적으로 악보 읽기는 어려움을 겪었다. 때로는 그 스트레스로 인해 어머니에게 짜증을 부리거나 행동화가 나타나기도 했다. 그럴 때마다 송이의 스트레스와 감정, 욕구 등을 수용해 주고 송이의 부적절한 행동에 대해서 함께 소통하려고 노력했다. 세션 내에서 악기 연주나 소리 지르기, 음악에 맞춰 신문지 찢기 등을 통해 부적절한 행동을 수용 가능한 대체 행동으로 전환할 수 있도록 제시해 주고 표현하도록 했다. 송이가 자유롭게 악보를 읽을 수 있게 될 때까지는 그 이후로도 많은 시간이 소요되었다. 그 과정에서 송이는 다시 집단 프로그램을 시작하게 되었고, 모두가 같은 악기를 연주하는 집단 활동은 개개인의 선율이 화음으로 울려 정서적인 환기와 감동을 선물했다. 다른 사람의 소리에 귀 기울이고 서로를 위해 때로는 강한 다이내믹으로, 때로는 약한 다이내믹으로 소리를 맞춰 가며 환상적인 화성을 재창조할 수 있었다. 이 과정부터는 치료사의 개입이 아닌 음악을 통해 교감하는 동료로서의 역할이 자연스러웠고, 송이는 스스로의 성장과 성공을 이끌어 나갈 수 있었다. 송이의 성취와 흥미는 교과과정에도 반영이 되어 학교생활 중 음악 시간만큼은 행복하게 보낼 수 있는 시간이 되었다. 송이 스스로 '나도 할 수 있는 아이'로 언급될 만큼 새로운 자아를 발견했다.

이후 송이는 새로운 악기 연주에 대한 의지를 표현했다. 어머니와 상의한 끝에 내담자가 원하는 대로 진행하기로 했고, 리코더 합주에 참여했던 내담자들을 대상으로 작은 앙상블을 계획하고 있었다. 송이는 플루트 파트를 맡기로 했고, 앙상블 모임은 자신만의 개성을 드러낼 수 있는 악기를 가진다는 것만으로도 내담자들에게는 자부심이 생긴 듯했다. 다양한 악기를 통한 재창조의 경험은 새로운 악기의 연주

기술에 구애받지 않고 합주 경험을 가치 있게 여겼다. 내담자들은 음악적 동지로서 서로를 격려하기도 했다. 음악치료를 통한 성공적인 성취는 새로운 도전에 대한 두려움을 감소시켰고, 새로운 것들을 받아들이는 데 호의적으로 만들었다. 어려움에 직면했을 때 송이의 분노 폭발과 행동화 현상은 감소되고 있었다. 송이는 일상 밖의 일들에 조금씩 관심을 갖게 되었고, 외부에서 진행되는 뮤직캠프 오디션에 참가하고 싶어 했다. 송이는 스스로 목표를 설정하고 난 후 태도는 완전히 달라졌다. 진심으로 음악을 사랑하고 몰입하여 노력하는 모습을 보였다. 가족, 교사, 주변인들까지도 내담자의 변화를 느낄 수 있었다. 기대와 달리 오디션 당일 예상치 못한 일이 벌어졌다. 낯선 사람 앞에서 혼자 연주를 하는 것은 극도의 스트레스 상황에 빠지게 했다. 송이는 시작하기 전부터 스스로 감정을 통제하지 못했고, 과도한 울화행동과 어머니에게 폭력적인 모습을 보였다. 치료사가 함께 동행했지만 중재가 잘되지 않았다. 그 결과, 오디션에 불합격했고 송이의 분노는 이틀간 지속되었다. 이후 이루어진 개별 세션에서 우리는 송이가 느꼈던 불안과 분노의 감정을 다루기로 했다. 송이는 며칠이 지나 상태가 진정이 되었고, 자신의 실패에 대해 실망을 했지만 자신의 모습에 대해서 조금 더 객관적으로 생각할 수 있었다. 스트레스 상황에서 '긴장하지 마'라고 말하는 것이 더욱더 긴장에 대한 생각을 갖도록 했다. 무대에서 느끼는 긴장감은 누구에게나 일어날 수 있다. 공포심이 획득이 된 후 비슷한 상황이 있을 때마다 공포심을 떨쳐내려고 어머니를 때리는 행동을 계속했다. 공포심을 직면하지 못하고 지속적으로 강화되어 어머니를 때리는 방식으로 행동이 나타나는 것이었다. 긴장감을 넘어선 극도의 공포감을 갖는 이유에 대해서 이야기를 나누고 그 상황에서 자신의 행동 패턴을 수정하는 연습을 하도록 했다. 새롭게 획득한 자동적 사고와 대처방법을 검토함으로써 재발을 방지하고자 했다. 노래 만들기 과정을 통해 송이가 느끼는 불안, 좌절, 공포심을 있는 그대로 수용하고 표현했다. 나의 무대공포와 관련된 에피소드를 나누면서 송이 자신만이 겪는 문제가 아님을 인식하도록 했다. 그 결과, 송이는 자신의 문제에 직면할 수 있었고, 자신만의 사고방식에서 벗어나 새로운 시각에서 자신의 행동을 볼 수 있었다. 문제를 해결하기 위한 대안 행동들을 상의하고 결정했다. 긴장상태의 자신의 모습을 상상하고 자기위로의 말들을 되뇌면서 안정감을 찾거나 레슨 교사 앞에서 오디션 상황극을 수차례 반복했다. 레슨 교사도 송이의 노력에 감동했고, 이후 현재까지도 지원자로서 노력을 아끼지 않고 있다. 레슨 교사로부터 연주 기술을 배우고 그 과정들에서 겪는 문제들은 치료사와 상의하여 해결해 나가면서 교육과 치료의 효과를 극대화시킬 수 있었다. 이후 송이는 그토록 원하던 뮤직페스티벌의 솔리스트로 무대에 설 수 있었고, 모두에게 잊을 수 없는 감동의 연주를 선물했다.

맺음말

선천적 장애를 갖고 태어나는 것은 전 생애에 걸쳐 개인 자신에게뿐 아니라 그를 돌보고 보호해야 하는 그 가족에게도 힘든 일이 아닐 수 없다. 그러나 어떤 모습으로 태어나든지 개인은 그 존재로 소중하다. 지적장애는 완치가 가능한 장애는 아니다. 하지만 개인의 내적 성장과 환경 적응을 위한 다각적인 노력은 개인의 삶의 변화를 가져올 수 있고, 개인의 삶의 변화는 그 가족의 변화와 행복을, 더 나아가 지역사회의 행복의 근원이 된다.

송이는 선천적 장애로 인한 반복되는 차별과 좌절의 부정적인 경험을 통해 자아에 대한 부정적인 인식과 불안감 문제, 환경과의 소통의 단절로 인한 어려움을 겪었다. 낯선 환경으로서 음악치료는 초기에는 불안감을 상승시키고 분리 불안감을 가중시킴으로써 치료에 부정적인 측면으로 작용했으나 내재된 불안감을 해소하고 안전한 환경으로서 음악치료를 통한 소통은 송이를 부정적 에너지에서 벗어나 탐색의 시간을 갖게 했다. 음악은 송이의 환경과 소통을 할 수 있도록 기회를 제공함으로써 사회 구성원으로서 성장해 나가는 중요한 도구가 되었다. 오랜 기간 동안 음악치료를 진행하면서 송이와의 신뢰를 구축했고, 신뢰를 바탕으로 성장 단계마다 필요했던 음악적이거나 비음악적인 상황에서 교감하며 송이의 문제를 해결할 수 있었다. 새로운 도전을 하며 성취했던 시간들이 송이의 자아성장과 자아실현에 어떤 영향을 끼칠 수 있는지를 보여 주고자 했고, 아직 그 도전과 성장은 진행 중이다.

장애아동을 대할 때 내담자나 내담자의 가족, 환경의 특징이나 상황별로 치료사가 개입하고 주어지는 역할은 다를 수 있다. 삶의 동반자로서 그들이 원하는 삶을 스스로 찾아 이끌어 나갈 수 있도록 지원하는 것이 치료의 진정한 목적이라고 생각한다. 때로는 다른 교사나 치료사와 빈번하게 협력해야 하며, 내담자의 성장을 위해 다각적인 방법을 모색할 때 성숙한 인격체로 성장할 수 있도록 도울 수 있을 것이다.

송이는 이 책을 통해 자신의 사례가 소개되는 것을 아주 기뻐했다. 송이와 나는 지난 시간 함께했던 과정들에 대해 이야기를 나누기도 한다. 고등학생이 된 송이는 스스로 과거를 '흑역사'라고 명명하고, 현재의 자신을 '스타'라고 한다. 송이는 현재 음악대학 진학이라는 새로운 목표를 갖고 열심히 노력 중이다. 송이가 그동안 극복했던 많은 과정을 짧은 글로 모두 열거할 수 없는 아쉬움은 있다. 그러나 음악을 통한 '몰입'의 경험은 그 어떤 어려움도 극복해 내고 성장할 수 있는 근원이 되었다는 사실은 송이를 알고 있는 모든 이가 공감한다. 사람들은 송이의 변화를 '기적'이라고 말하기도 한다. 하지만 이것은 기적이 아닌 송이 자신의 잠재력을 찾고 자아실현에 대한 강한 의지를 담은 노력의 결과라고 생각한다. 이러한 변화는 이 사례에만 국한된 것이 아니다. 나는 음악치료실에서 함께 작업한 여러 사례에서 놀라운 변화와 성장을 지켜봐 왔다. 이는 음악의 힘을 전적으로 신뢰하며 오랜 시간 음악치료사로서 일을 할 수 있었던 원동력이 되었다.

용어 설명

강박 임상적으로 환자가 내적인 강제에 의하여 실행하지 않을 수 없는 행동의 형태를 말한다. 사고(강박관념), 행동, 방어 작용, 그리고 복잡한 연속 행위가 실행되지 않을 때 불안이 상승하면 강박적이라고 부른다.

뇌수종(수두증) 뇌실과 지주막하 공간에 뇌척수액이 비정상적으로 축적된 상태이다.

미숙아 망막증 미숙아, 특히 저체중 출생아에게서 발병하는 망막병증으로 출생할 때 망막의 혈관이 완전히 형성되지 않은 미숙아에게 출생 후 혈관 형성 과정에 장애가 발생하고, 더욱 진행하는 경우 최종적으로는 실명도 초래할 수 있는 질병이다.

사회성숙도 검사(Social Maturity Scale: SMS) 아동이나 지적장애 아동의 사회 적응 발달을 측정하는 검사도구로 사회연령(Social Age: SA)과 사회지수(Social Quotient: SQ)를 제공한다.

시지각 시각을 통해 외부 환경의 시각적 정보를 습득하고 정확하게 파악하는 능력뿐 아니라 외부로부터 받아들이는 시각적인 자극은 자신의 선행 경험에 미루어 자극을 인식하고, 변별하며, 그 정보를 해석하는 두뇌활동으로, 3~8세 사이의 중요한 발달 과업이며 이후 글자를 익히거나 일상생활 적응 기술을 익히는 준비 기능으로 매우 중요하다.

애착 인생 초기에 가까운 사람에게 강한 감정적 유대를 형성하는 것이다.

음악극 음악을 주 매개체로 하여 이야기 중심으로 전개되는 활동이다.

자동적 사고 각기 외부 자극에 대하여 특정한 방향으로 왜곡하여 의미를 파악하는데, 그 사고과정이 거의 자동적으로 빠르게 진행되기에 의식하지 않으면 사고과정이 잘 자각되지 않는다.

지적장애 지적 기능과 적응행동(일상적인 사회적 기능과 수행기술 등을 포함) 모두에 심각한 제약을 보이는 장애를 말한다.

청지각 능력 귀를 통해 받아들인 자극을 판별, 해석, 조직화하는 능력으로 소리에 대한 정신적 자각이다.

포테이지(Potrage) 아동발달 지침서 미국 위스콘신주의 포테이지 시에서 장애 아동의 조기교육을 담당한 교사나 부모가 아동들과의 직접적인 경험을 토대로 만든 발달 지침서로, 0~6세에 걸쳐 전 발달 단계를 포함하고 있으며, 유아 자극, 신변 처리, 운동성, 사회성, 인지, 언어로 서로 연관성을 지닌 6개의 하위 영역으로 나뉜다.

참고문헌

국립특수교육원(2009). **특수교육학 용어사전**. 서울: 하우.

김경숙(2008). **음악치료에서의 진단평가**. 서울: 학지사.

김계숙(2016). 가족탄력성이 장애아동의 가족관계에 미치는 영향: 장애 예후에 관한 기대감의 조절효과. **한국장애인복지학 학술지 31**, 163-192.

김군자(2001). **음악치료 기법연구**. 서울: 도서출판 한학문화.

정현주, 김동민(2005). **아동들을 위한 음악치료 놀이극**. 서울: 학지사.

정현주, 김영신, 최미환, 조혜진, 노주희, 김동민, 김진아, 문소영, 곽은미, 배민정, 이승희, 김승아, 김신희, 이수연, Lisa Summer, Benedikte Scheiby, Diane Austin(2006). **음악치료 기법과 모델**. 서울: 학지사.

Bruscia, K. E. (1999). **42인의 세계적 음악치료사가 들려주는 음악치료 이야기**(권혜경, 송진숙,

김미진 공역). 서울: 권혜경 음악치료센터.

Bruscia, K. E. (2003). 음악치료(최병철 역). 서울: 학지사.

Davis, W. B., Gfeller, K. E., & Thaut, M. H. (2002). 음악치료학 개론(김수지, 고일주, 권혜경 공역). 서울: 권혜경 음악치료센터.

Michel, D. E. (1997). 음악치료: 특수교육과 음악(신현순 역). 서울: 교육과학사.

Nordoff, P., & Robbins, C. (2011). 특수교육에서의 음악치료(박소연 역). 서울: 교육과학사.

Streeter, E. (2002). 음악은 특수아동을 어떻게 도울 수 있나요(김진아 역). 서울: 도서출판 특수교육.

Wheeler, B. L., Shultis, C. L., & Polen, D. W. (2015). 음악치료 전공자를 위한 임상훈련 가이드(김영신, 김은주 공역). 서울: 학지사.

제2장

어? 선생님! 이 글자 알아요

-윌리엄스 증후군 아동의 한글 교육을 위한 음악치료-

곽은미

한빛음악심리상담센터장

한빛음악공작소 대표

개요

윌리엄스 증후군은 7번 염색체의 장완 근위부(7q11.23), 주변의 미세 결손이 원인이 되어 나타나는 유전자 증후군이다(Semel & Rosner, 2003). 미세 결손은 아동들에게 매우 유사한 뇌의 형태적 · 활성화적 · 연결성적 변형을 가져오며, 이들의 뇌 특이성은 행동과 인지능력에 매우 독특한 특징을 가지게 한다(Mervis et al., 2000). 나는 미국, 일본, 한국 등 여러 국가에서 윌리엄스 증후군 아동들과 만나 왔으며, 음악캠프 등을 통해 그룹 세션을 진행하고, 아동의 필요와 나이에 따라 신체, 언어, 인지, 정서, 음악, 한글, 수학 등 특정 영역에 중점을 둔 개별 세션을 진행해 왔다. 이 사례는 그동안 한글 읽기 교육을 목적으로 만나 왔던 윌리엄스 증후군 아동 네 명의 언어발달에 대한 종합적인 보고이다. 나의 기록이 윌리엄스 증후군 아동의 한글 읽기 초기 교육의 좋은 길잡이가 될 것을 기대한다.

내담자 정보

초등 저학년 시기의 윌리엄스 증후군 아동은 인지 · 언어적인 특징이 매우 독특하여 일상 언어 영역에서는 어려움을 보이지 않으나, 깊이 있는 대화를 나눌 때 경계선 지적장애 아동이 보이는 특성을 나타낸다. 인지능력보다 뛰어난 언어능력은 이들의 인지능력에 대한 잘못된 인식을 형성하여 다른 장애가 있는 아동과 비교할 때 인지적 기능의 저하나 한글 읽기의 어려움 등이 표면적으로 드러나지 않아 중재 시기를 놓치거나 필요한 도움을 받지 못하는 경우가 발생한다. 정서 지능은 매우 높아서 타인의 반응이나 표정 변화에 매우 민감하며, 이에 따라 감정의 기복도 매우 심하다. 많은 윌리엄스 증후군 아동이 낱글자 방식(음절 학습)의 교육 방법에는 큰 어려움 없이 한글을 숙지하는 반면, 일부 아동들은 한글 습득에 있어 매우 큰 어려움을 보인다. 이러한 어려움은 크게 두 가지 원인이 작용하는 것으로 분석되었는데, 첫 번째는 시지각의 문제로 인한 자음과 모음의 형태별 음가 습득이 어렵다는 점이며, 두 번째는 '부분'은 볼 수 있으나 전체는 보기 어려운 지각인지 과정의 문제점 때문으로 분석되었다(Mervis, 2009; Meyer-Lindenberg et al., 2004).

나와 처음 만났던 당시, 한글 교육만 집중적으로 받았던 아동 중 가장 어린 아동이 초등학교 1학년이었고, 초등학교 4학년 아동도 있었다. 이들은 이미 최하 1년 6개월, 길게는 4~5년 동안 한글 교육을 받아 왔으나 습득이 되지 않은 상태였다. 4명의 아동 중 박현수는 주 1회 세션을 실시하여 약 6개월간 진행하였는데, 일주일 후의 세션에서 지난주의 교육을 반복하는 작업에 너무 많은 시간이 필요하였다. 따라서 한글 교육을 목적으로 하는 세션의 경우에는 주 1회보다 집중적인 세션이 더 효율적인 것으로 분석되었다. 이현주는 일주일에 적게는 3회, 많게는 6회까지 만나는 집중 세션을 2개월간 진행한 결과, 받침이 없는 글자까지 습득할 수 있었다. 김연수는 집과 세션 장소까지의 거리가 약 2시간 30분이 필요하였기 때문에 월 1회 세션을 하고, 숙제를 내주는 방식으로 진행하였다. 그러나 이 방식은 4개월의 진행 이후에도 효과가 전혀 없어서 어머니와의 논의 끝에 방학 중 10일간 매일 만나는 세션을 진행하여 돌파구를 마련하였고, 지속해서 어머니와 논의하면서 집과 학교에서 학습할 수 있도록 프로그램을 만들어서 이메일을 통하여 제공하였다. 이 아동은 받침 없는 글자까지 습득하는 데 약 6개월이 소요되었다. 이미혜는 거리상의 문제 때문에 주 2회 세션을 진행하고, 세션 후 집에서 어머니가 한 번에 5~10분, 하루에 3회 정도 진행할 수 있는 프로그램을 구성하여 제공하였다. 이 아동의 경우 자음과 모음의 조화를 이해하는 2단계까지 진행되었다.

이 세션들을 분석한 결과, 아동이 시공간 감각의 문제로 인하여 왼쪽과 오른쪽 신발을 구별하지 못하는 것이 한글 습득을 어려워하는 원인이 될 수 있을 것으로 생각되었다. 실제로 세 번째와 네 번째 아동은 왼쪽과 오른쪽 신발을 구별하지 못하였다. 왼쪽과 오른쪽을 구별할 수 없다는 것은 두 신발의 방향적인 차이를 시각적으로 구별해 낼 수 없다는 것을 의미하며, 이는 'ㅓ' 와 'ㅏ', 즉 안쪽으로 들어온 직선과 바깥쪽으로 나간 직선을 구별하는 시공간 지각의 어려움을 의미한다. 형태를 살펴보면 'ㅓ'와 'ㅕ'는 안으로 들어온 막대기(직선 형태)가 한 개와 두 개로 차이가 나 쉽게 구별할 수 있지만, 'ㅓ' 와 'ㅏ'는 막대기는 하나이고 방향의 차이만 있기에 구별이 어렵다. 또한 아동과 세션을 진행하기에 앞서 아동의 현재 변별능력을 파악하는 것이 매우 중요한데, 다음(〈표 2-1〉 참조)과 같은 단계를 검사하여 아동이 구별할 수 없는 것이 무엇인지부터 파악해야 한다. 아동에 따라 1~2단계의 중간에 있기도 하고, 자음은 구별할 수 있으나 모음은 구별하기 어려워하는 등 다양한 양상을 보이나, 제시된 단계를 기본적인 틀로 생각하면 아동의 한글 습득 단계를 분석할 수 있을 것이다.

◆ 표 2-1 ◆ 한글 읽기 초기 교육 이전에 파악해야 할 윌리엄스 증후군 아동의 한글 습득 단계

	내용	설명
1단계	'ㅡ' 와 'ㅣ' 형태 변별하기	시지각이 나쁜 경우에는 'ㅡ'와 'ㅣ'를 구별하지 못하는 예도 있어 두 가지 모음의 구별이 가능한지 확인해야 한다.
2단계	문자 구성 원리의 이해 능력	자음과 모음이 합쳐져서 하나의 음소를 만드는 것을 이해하지 못하는 아동이 있기에 자음과 모음을 분리할 수 있는지, 모음이 바뀌는 것에 따라 발음이 바뀌는 것을 인지하고 있는지 확인해야 한다. 이미 알고 있는 것으로 확인된 자음에 다른 모음을 추가했을 때, 발음을 변화시킬 수 있는지 확인해야 한다. 받침 없는 글자, 예를 들어 '수'를 알고 있다면 '사'와 '시' 등을 알고 있는지 확인해야 한다. 대부분 자신의 이름에 있는 자음들은 구별할 수 있다.

3단계	식별 가능한 자음 파악하기	일부 자음은 구별하고 'ㅈ' 'ㅊ' 등과 같이 유사한 것들은 구별하지 못하는 경우가 있어 식별 가능한 자음을 파악해야 한다.
4단계	식별 가능한 모음 파악하기	단모음부터 확인하고 이중모음을 파악하여 식별 가능한 모음을 파악해야 한다.
5단계	받침 있는 글자 읽기	윌리엄스 증후군의 경우에는 시지각의 문제와 내가 제시한 교육 방법의 특성 때문에 '감'을 받침 자음인 'ㅁ'과 'ㅏ'를 합하여 '마'로 발음하는 현상을 보인다. 따라서 받침 있는 글자의 교육을 시작하는 단계에서는 아동이 받침 있는 글자를 어떻게 발음하는지 확인해야 할 필요가 있다.

한글 교육을 목적으로 하지 않고 일반적인 음악치료 세션에 참여하였던 대부분의 윌리엄스 증후군 아동의 경우에는 2, 3단계에서 교육을 시작하였지만, 한글 교육을 집중적으로 진행하였던 네 명의 아동 중 두 아동은 1단계인 'ㅡ'와 'ㅣ' 구별하기에서 시작하였다. 다음에 소개된 아동의 순서는 세션이 진행되었던 순서이며, 이전 아동과의 경험을 바탕으로 다음 아동에게서는 좀 더 쉽게 문제점을 파악하여 접근할 수 있었다.

박현수(가명)

현수(가명)는 초등학교 1학년이었던 해 10월 말에 한글 교육을 위해서 내원했던 첫 번째 아동이었는데, 한글 습득은 가족의 이름 중에 있는 '다'와 자신의 이름 중에 있는 '수'라는 글자만을 구별할 수 있었다. 앞서 제시한 〈표 2-1〉의 2~3단계의 중간에 해당하는 단계로 일부 자음과 모음의 구별이 가능했다. 음절을 분리해서 설명할 수 있었으나 일부 자음과 모음은 습득되지 않은 상태였다. 상대적으로 차분한 성격이었고, 리듬감이 매우 좋았으며, 치료사의 지시사항이나 권유에는 최선을 다해 응하려는 성향을 보였다. 하지만 자신이 한글 습득에 문제가 있는 점을 분명히 인식하고 있어 이로 인한 좌절감을 크게 나타내었다. 주 1회, 약 8개월간 세션이 계속되었으며, 치료 장소와 집 간의 거리 문제로 인해 지속해서 세션을 받으러 오기는 어려운 상황 때문에 받침 글자를 읽는 시점에서 치료사의 도움 없이도 지속적 발전이 있을 것이라 판단되어 세션을 종결하였다.

이현주(가명)

현주(가명)는 4세 무렵에 약 6개월간 인지와 정서 발달을 위하여 한빛음악심리상담센터에 내원하였으나, 집과 센터 간의 거리가 너무 멀어서 세션을 중단하게 된 아동이다. 세션을 종결하면서 부모님에게 발달 단계상 발생할 수 있는 몇 가지 어려움을 알려 드렸고, 전화 상담을 통해 지속해서 아동의 발달에 대해 조언을 하는 상태였다. 초등학교 입학 후 한글 교육 때문에 많은 문제점이 발생하기 시작하였으며, 현주의 정서적인 상태는 매우 기복이 심하고 자신이 원하는 방식으로 문제가 즉각적으로 해결되지 않을 때에는 공격적인 표정과 몸짓, 언어를 사용하는 경향을 보였다. 학교에서 물리적인 문제는 없었으나, 부모, 친이모, 친동생들에게는 공격적인 신체 표현을 하는 때도 있었으며, 공격적인 표정과 언어 사용으로 사회적인 어려움을 겪고 있었다. 현주는 자음과 모음이 분리되는 것은 알고 있었으나, 자음의 구별은 'ㄱ'과 자신의 이름에 있는 'ㅇ'의 구별이 가능하였다. 한글 교육을 박현수와 함께 진행한 결과, 주 1회 세션은 아동이 학습한 것을 다시 복습하는 과정에 많은 시간이 필요하므로 어머니와 논의 끝에 겨울 방학 동안인 12월 20일경부터 2월 초순까지 약 1개월 20일간 적게는 주 3회, 많게는 주 5회까지 가능한 범위 내에서 최대한의 세션을 진행하여 총 7주 동안 30여 회의 세션을 진행하였다.

김연수(가명)

연수(가명)는 내원 당시 10세 6개월로 초등학교 4학년이었으며, 생활연령이나 사회성, 생활에 필요한 인지기능에서는 독립적인 생활이 가능할 정도의 능력을 보였다. 그러나 늘 왼쪽과 오른쪽 신발을 구별하지 못하여 신발을 신을 때 보호자가 옆에서 도와주어야 했다. 연수는 한글 인지가 거의 발달되지 않았으며, 통글자 방식의 학습과 낱글자 방식의 학습을 시도해 보았으나 내원 당시까지 습득되지 않은 상태였다. 앞서 제시된 〈표 2-1〉의 2단계 훈련을 진행하던 중에 1단계의 과제가 완성되어 있지 않은 것이 발견되었다. 아동이 어느 단계의 과제까지 습득하고 있는지를 파악하는 데 여러 회기가 소요되었으며, 2단계 수준의 훈련을 진행하던 중 하위 단계의 과제가 습득되지 않을 수 있음을 인식하여 문제를 발견하게 되었다. 집과 센터 간의 거리 문제 때문에 월 1회 세션을 진행하다가 논의 끝에 방학 중에 10일 연속 세션을 진행하면서 매일 1시간씩 한글 읽기 교육을 하여 4일만에 'ㅡ' 와 'ㅣ'를 구별하는 성과를 이루었다.

이미혜(가명)

미혜(가명)는 7세 3개월로 초등학교 1학년 여름 방학 때 내원하였는데, 일상 언어 사용에서의 어려움은 관찰되지 않았다. 전화 상담 당시 왼쪽과 오른쪽 신발을 구별할 수 있는지 확인하였고, 김연수와 유사하게 이를 구별하지 못한다는 보고가 있었다. 센터에 내원하여 바로 앞서 제시한 〈표 2-1〉의 1단계 과제를 검사하였을 때 형태를 구별하지 못하였고, 자음 중 'ㄱ'부터 'ㅇ'까지는 알고 있었으나 'ㅈ' 부터는 인지하지 못했다. 미혜는 'ㄱ'과 'ㅣ'가 만나서 '기'가 된다는 개념도 가지고 있지 않았다. 나는 'ㅡ'와 'ㅣ'를 구별하는 훈련부터 시작하여 미혜가 이미 알고 있는 자음 3개와 'ㅡ'와 'ㅣ'를 조합하고 다음의 〈악보 2〉에 있는 말리듬을 이용해 반복적으로 연습할 수 있는 과제를 제시하였다. 2회기 후(시간상으로는 일주일) 미혜는 스스로 자음과 모음의 조화를 만들어 낼 수 있었다. 3주간 6회기의 세션을 마친 후 미혜는 자음 중 'ㅈ, ㅊ, ㅋ, ㅌ, ㅍ ㅎ'은 혼동하였지만, 다른 자음들은 〈악보 2-1〉에 제시된 방식을 사용하여 읽을 수 있는 상태로 발전하였다.

치료 과정

네 아동의 치료 과정을 분석해 보면 나타나는 오류의 양상이 매우 유사했다. 나는 여기서 네 아동과의 경험과 이론을 토대로 한글 교육의 단계별 음악치료 활동을 소개하려 한다. 네 명의 아동이 전체 윌리엄스 증후군 아동을 대표할 수는 없으나, 지금까지 임상에서 나타난 현상을 보고하고, 내가 시도했던 다양한 방법을 소개하여 향후 윌리엄스 증후군 아동을 만나게 될 치료사들에게 정보를 제공하고자 하는 목적으로 정리하였다. 모든 음악은 악보 없이 큰 글씨만으로 아동들에게 제공되었고, 다른 자극이 없는 시각자료로 구성하였다.

'ㅡ'와 'ㅣ'의 구분

김연수와 이미혜는 두 가지 모음을 서로 구별하지 못했다. 'ㅡ'와 'ㅣ'가 있는 두 개의 카드 중에 치료사가 말하는 것을 고르거나, 치료사가 지시하는 모음을 발음하는 데 지속적인 오류가 발생하였으며, 구별할 수 있는 기준점을 찾지 못했다. 사물의 이름을 인지하는 것에는 어려움이 없는 윌리엄스 증후군의 특징에 따라 각각의 모음으로 시작하는 단어의 사진을 찾아 아동에게 보여 주면 맞는 단어를 바로 답하는 사진만 자료로 사용하였다. 예를 들어, 'ㅓ' 모음을 기억하기 위한 사진으로 '어부'를 찾았으나, 연수는 어부가 들고 있는 물고기에 초점을 맞추어서 물고기로 대답했기 때문에 물고기가 아닌 그물을 들고 있는 어부의 사진으로 자료를 교체하였다. 이는 아동이 다시 사진의 이름을 암기해야 하는 부담을 줄이고, 아동이 연상 작용에 집중할 수 있도록 하려는 의도였다. 최종적으로 선택된 사진 자료들은 다음과 같다.

◈ 표 2-2 ◈

	사용된 사진	대체 가능 단어
ㅏ	게가 소년의 코를 물고 있는 사진: 아야	아이, 아빠, 아저씨
ㅑ	산에서 야호를 외치는 사진: 야호	야자수, 야구, 야채, 야광봉
ㅓ	어부가 그물을 던지는 사진	어묵, 어깨
ㅕ	여우	여권, 여자, 여신
ㅗ	오리	오이, 오징어, 오케이
ㅛ	요플레	요구르트
ㅜ	우유	우주, 우산
ㅠ	유니콘	유리, 유령, 유부초밥, 유희왕
ㅡ	사자가 으르렁: 으르렁	으뜸
ㅣ	이빨	이마, 이슬

처음 두 가지 모음은 모음 중 가장 단순한 형태인 'ㅡ'와 'ㅣ'를 선택하여 두 모음을 대표하는 사진을 참고할 수 있도록 자료를 벽에 붙인 상태에서 활동을 진행하였다. 질문할 때에는 "이건 뭐야?"라는 선율로 질문하였고, 오답이면 사진을 보고 같은 것을 찾도록 유도하였다. 이를 통해 두 가지 목적을 달성할 수 있었는데, 첫째는 연상

작용을 이용하여 치료사의 도움 없이 아동 스스로 생각하는 방법을 찾도록 하는 목적이었고, 두 번째는 아동이 같은 모음을 찾는 능력을 향상하는 목적이었다. 'ㅡ' 와 'ㅣ'의 구별 과제에서 아동이 70% 이상의 성공률을 보이면 바로 2단계인 글자 구조 익히기 단계로 진행하였다.

이건 뭐야?

곽은미

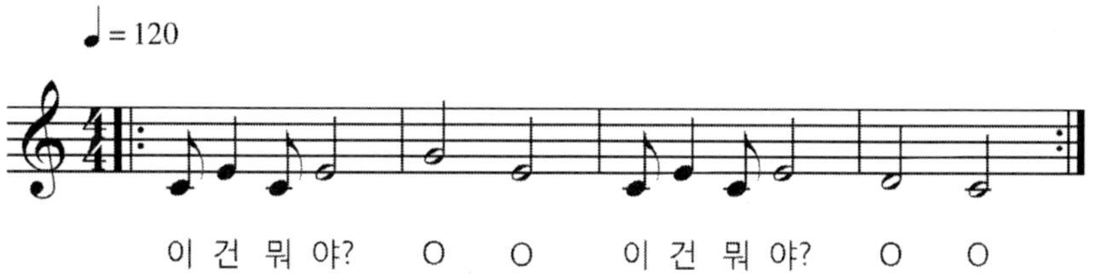

악보 2-1 **이건 뭐야**

글자의 구조 익히기

글자는 자음과 모음의 조화로 이루어져 있으며, 학습자는 같은 자음에 모음이 바뀌어도 발음이 바뀌고, 같은 모음에 자음이 바뀌어도 발음이 바뀌게 되어 있다는 것을 이해해야 한다. 이에 대한 이해가 부족한 아동은 '기'와 '그'를 같이 발음하는 오류를 범하게 된다. 세 번째 아동이었던 김연수가 이와 같은 오류를 범했는데, 자신의 이름에 있는 'ㅅ'이 들어간 글자는 모두 '수'로, 'ㄱ'이 들어간 모든 글자는 '김'으로 발음하였다. 이 과제를 습득하기 위해서 연수가 잘 알고 있는 것으로 파악되는 자음과 모음 'ㅣ' 'ㅡ'로 시작하여 "그이 그이 그이 기" 와 같은 말리듬과 노래를 통해 반복적으로 교육을 진행하였다. 자음의 이름인 '기역' 대신 '그'를 사용하는 이유는 '그'와 '이'를 반복적으로 발음하고, 빨리 발음하는 경우 '그'의 모음인 'ㅡ'가 탈락되고 'ㅣ'가 연결되어 '기'로 발음되기 때문이다.

윌리엄스 증후군 아동은 음악을 선호하는 특성이 있기에 아동들은 단순한 말리듬(〈악보 2-2〉 참조)에도 매우 높은 관심을 보이고 언어적인 접근과 비교하여 상대적으로 매우 좋은 집중력을 보인다. 따라서 젬베나 다른 타악기들을 활용하여 리듬을 강조할 수 있는 배경음을 제공하였고, 〈악보 2-3〉과 같이 노래를 만들어 글자의 구조를 익힐 수 있게 했다. 처음에는 단순히 치료사의 언어를 모방하는 수준이었고, 이해하여 대답하는 수준은 아니었다. 자음 1개로 성공 확률이 70% 이상이면 자음 2개의 과제로 넘어갔으며, 아동이 어려워할 경우 다시 1개의 자음을 활용하여 같은 활동을 반복하였다. 2개의 자음 과제가 가능해지면 자음을 점차 추가하여 진행하였고, 4개 정도의 자음을 발음할 수 있으면 모음 하나를 추가하여 4개의 자음과 3개의 모음의 조화를 연습하였다. 'ㅡ'와 'ㅣ'를 구별할 수 있는 상태에서 'ㅏ'가 추가되면, 아동은 막대기(직선 형태)가 누워 있는 것과 서 있는 것, 그리고 점이 있는 것의 3가지로 구별하여 모음의 음가를 기억할 수 있도록 하였다.

그이 그이 그이 기

곽은미

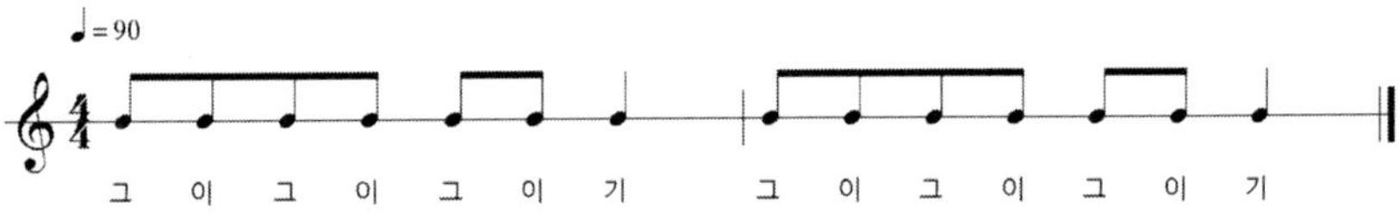

악보 2-2 그이 그이 그이 기

그에다가 이를 더하면

곽은미

악보 2-3 그에다가 이를 더하면

자음과 모음의 조합 이해하기

아동이 글자의 구조에 대해 이해하기 시작하면 하나의 모음에 모든 자음을 붙인 노래들을 활용해 자음과 모음 조합의 구조를 이해할 수 있도록 활동을 진행했다. '가나다라' '거너더러' '기니디리' '고노도로' '그느드르' 등을 노래로 만들어 불렀으며, 아동들은 자음이 변화되는 것에 따른 발음 변화를 인지하기 시작했다. 선행된 세션에서 교육한 내용이 완전히 흡수되지 않았을 때에는 다시 전 단계로 돌아가서 반복 학습을 진행하였으며, 정서적으로 매우 민감한 윌리엄스 증후군 아동의 특성상 교육에서 일어나는 오류들이 일상다반사인 것처럼 인식하도록 도와 학습된 무기력에 빠지지 않으면서 동기를 계속 유지하게 하는 것이 매우 중요했다.

노래를 작곡할 때에는 각 곡이 분명한 특징을 갖도록 아동이 집중할 수 있는 요소와 음악적 재미를 첨가하여 만드는 것이 매우 중요했으며, 처음 노래를 부를 때에는 교육으로 인식하기보다 재미있는 새 노래를 배우는 것으로 인식하도록 중재하였다. 제공된 노래들은 세션 중에 함께 녹음해 바로 부모님에게 전달하여 다음 세션까지 반복해서 듣고 외울 수 있게 했다. 윌리엄스 증후군 아동의 특성상 지나치게 많이 듣거나, 주변 사람들이 힘들어할 때까지 들으려는 특성이 있으므로 녹음파일을 제공할 때 하루에 10번 듣기로 약속을 정하거나 부모님이 "인제 그만 듣자"라고 하면 즉시 중단해야 한다고 알려 주었고, 약속이 지켜지지 않을 때에는 다음 세션에서는 녹음파일 제공을 중단하였다.

작곡된 여러 가지 노래 중에 제시된 '가나다라' '거너더러' '기니디리'는 음계와 리듬의 사용에 특징을 두고, 아동이 각 모음에 해당하는 노래를 쉽게 연상할 수 있도록 했다. '가나다라'는 아동 대부분이 자음의 앞부분은 잘 기억하지만, 뒷부분은 잘 기억하지 못하는 공통점을 보여서 '타파하'를 반복적으로 제시하여 습득할 수 있게 했다. '거너더러'는 중동음계를 사용해 음악적인 재미를 제공하고자 했으며, 아동들도 "귀신 나올 것 같다" "뱀 나올 것 같다" 등의 표현으로 음악이 좀 다르게 인지됨을 나타냈고, 의도적으로 낮은 영역의 목소리를 사용하여 효과를 더 강조하기도 했다. '기니디리'는 첫 박을 타악기 연주로 시작하도록 해 아동이 다른 노래와 차별성을 가지고 활동에 적극적으로 참여할 수 있도록 구성하였다.

악보 2-4 가나다라 마바사

악보 2-5 거너더러

악보 2-6 기니디리

모음 이해하기

한글은 발음할 때, 입술이나 혀가 고정된 채 발음되는 모음인 단모음 'ㅏ, ㅓ, ㅗ, ㅜ, ㅡ, ㅣ, ㅐ, ㅔ, ㅚ, ㅟ'와 입술이나 혀가 움직이면서 발음되는 이중모음인 'ㅑ, ㅕ, ㅛ, ㅠ, ㅒ, ㅖ, ㅘ, ㅙ, ㅝ, ㅞ, ㅢ' 가 있다. 국어사전에서의 기본 모음(ㅏ, ㅑ, ㅓ, ㅕ, ㅗ, ㅛ, ㅜ, ㅠ, ㅡ, ㅣ)은 다른데, 나는 아동과의 세션에서 기본 모음을 기준으로 음악 활동을 구성하였다. 모음 노래는 말놀이 동요집에 수록된 곡인 〈원숭이〉의 '아야, 어요, 오요, 우유 으이' 부분을 활용하였고, 노래의 빠르기가 아동이 발음하기에 너무 빠를 경우에는 '아야', 또는 '어여'만 불러서 습득하도록 했다.

악보 2-7 모음 노래: 아야 어여 오요 우유

기본 모음의 조합으로 생성되는 'ㅔ'와 'ㅐ', 'ㅖ'와 'ㅒ' 등은 국제음성 발음상으로는 'ㅔ/e/' 'ㅐ/ɛ/' 로 차이가 있지만 일반적으로 이야기할 때에는 구별 없이 사용된다. 때문에, 예를 들어 '제원'이라는 이름을 듣고 확인할 때 "어, 이? 아, 이?"와 같이 질문하여 확인하고 있다. 아동들에게 이러한 절차는 아직 필요하지 않으며, 읽기 과제를 먼저 해결하기 위해 유사하게 들리는 발음들을 모아서 다음과 같은 자료와 노래를 만들었다.

와와와와 워워워워
위 외 의~~~~~~~~~~~~~~
에에에에 애
예예예예 얘
왜왜왜왜 웨 (똑같네)

그림 2-1 **이중모음 시각자료**

악보 2-8 **이중모음 노래: 와와와와 워워워워**

받침 글자 이해하기

박현수와 이현주가 받침 글자를 처음 접했을 때 보여 주었던 오류는 매우 특징적이었는데, 현수와의 경험 덕분에 현주와의 세션은 고비 없이 진행되었다. 처음에 한글 집중교육을 받았던 현수의 경우 받침 글자 교육이 시작되자 매우 독특한 양상의 오류를 보여 주었다. 현수는 '강'을 '아'로, '밤'을 '마'로 읽는 오류를 보여 주었는데, 추측할 수 있는 원인으로는 한글 집중교육의 읽기 방식이 자음을 먼저 찾고, 모음을 더해 소리를 만드는 작업이었기 때문에 시지각이 좋지 않고, 자음과 모음을 분류해 내기가 어려운 특성이 반영된 것으로 분석하였다.

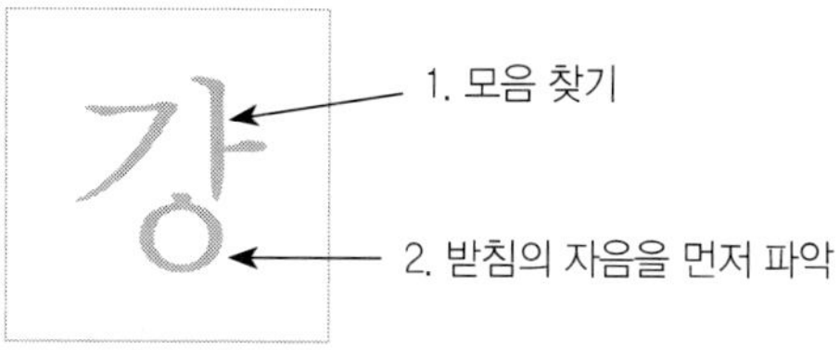

그림 2-2 받침 글자의 발음 오류

이러한 오류를 해결하는 방법은 받침 글자의 받침을 먼저 손으로 가리고 위의 것을 먼저 읽고 나서 받침을 붙이는 방식의 노래였다. '기역'에다 '이'를 더하면의 가사를 '가에다가 이응을 더하면'으로 수정해 불렀으며, 읽기 자료는 다음과 같다.

가에다가 ㅇ을 더하면 강 강 강
가에다가 ㅇ을 더하면 강 강 강
가에다가 ㅇ을 더하면 강 강 강
가에다가 ㅇ을 더하면 강 강 강

그림 2-3 받침 글자 시각자료

쌍자음(된소리), 겹받침 이해하기

받침 읽기까지 가능해지면 쌍자음과 겹받침의 이해가 필요하다. 쌍자음은 'ㄲ, ㄸ, ㅃ, ㅆ, ㅉ' 등 5개로, 한국어의 겹받침은 모두 11자이며, 홑소리 값을 가지고 있는데, 무의식적으로 읽지만 규칙이 있다. 대부분의 아동이 이 단계 이전에 세션을 중단하여 아직 이 단계를 진행한 적은 없지만 말리듬을 사용하여 챈트 형식으로 진행할 수 있다.

표 2-3 겹받침 법칙

겹받침	발음	예
ㄱㅅ, ㄴㅈ, ㅂㅅ	앞의 자음인 ㄱ, ㄴ, ㅂ으로 발음	몫(목), 얹다(언따), 없다(업따)
ㄹㅂ, ㄹㅅ, ㄹㅌ	앞의 자음인 ㄹ로 발음	밟다(밥따), 외곬(외골), 핥다(할따)
ㄹㄱ, ㄹㅁ, ㄹㅍ	뒤의 자음인 ㄱ, ㅁ, ㅍ으로 발음	닭(닥), 젊다(점따), 읊다(읍따)

맺음말

처음으로 한글 집중교육을 했던 윌리엄스 증후군 아동은 이제 중학교 1학년이 되었다. 박현수의 어머니는 초등학교 1학년 말이 되도록 글자를 읽을 수 없던 현수가 난독증일 수도 있다는 이야기를 들었다. 리듬감이 좋았던 현수는 지금 드럼 연주자로 밴드에 참가하고, 연주활동도 하는 등 바쁘게 지내고 있다. 이현주의 어머니는 한글문제 외에도 현주의 행동과 정서적인 어려움, 동생들과의 관계문제 등 자녀에 대한 고민이 많았고, 김연수의 어머니는 연수가 아예 글을 읽지 못할까 걱정도 하셨다. 나는 윌리엄스증후군협회의 정기모임을 통해 통글자 교육방식보다 낱글자 교육방식이 윌리엄스 증후군 아동들에게 효율적임을 꾸준히 설명했고, 그렇게 교육했음에도 불구하고 이미혜는 한글 교육에 어려움을 나타냈다. 이전의 부모교육이나 부모코치에서는 나도 'ㅡ'와 'ㅣ'를 구별할 수 있는 아동이 있다는 것을 몰랐고, 미혜와 처음 만났을 때에는 김연수와의 세션을 통해 이를 발견한 지 약 3개월쯤 되는 시점이었다. 이 때문에 미혜 어머니와 처음 전화 상담을 했을 때 "오른쪽과 왼쪽 신발을 구별할 수 있는가?"를 물었고, 할 수 없다는 응답을 들었을 때 아마도 김연수와 같은 증상일 것이라는 생각이 들었다. 예상처럼 이미혜는 'ㅡ'와 'ㅣ'를 구별하지 못했고, 연수와의 경험을 바탕으로 바로 중재할 수 있었다.

윌리엄스 증후군은 쉽게 접할 수 없는 내담자 군이고 매우 독특한 인지적 특성이 있기에 예상치 못했던 문제가 발생하거나, 문제가 발생한 지점을 파악하는 데 너무 오랜 시간이 걸리는 경우가 많았다. 따라서 한글 교육 이전의 시지각 훈련이 윌리엄스 증후군 아동의 한글 교육에 도움이 될 것으로 판단되며, 이를 위한 음악치료 중재를 개발 중이다. 앞으로 만나게 될 윌리엄스 증후군 아동들과의 세션에서 이 장을 통해 설명한 내용이 아동의 문제를 좀 더 빠르게 파악하고, 적극적인 중재를 제공하는 데 도움이 되기를 기대한다.

용어 설명

윌리엄스 증후군 7번 염색체의 미세 결손으로 인해 나타나는 장애로, 요정 같은 외모와 심장 질환 등이 특징이며, 언어능력과 음악능력이 우수한 반면 공간능력과 수학능력이 지연되는 비전형적인 인지 특성을 나타낸다.

참고문헌

Mervis, C. B. (2009). Language and literacy development of children with Williams syndrome. *Topics in language disorders, 29*(2), 149-169.

Mervis, C. B., Robinson, B. F., Bertrand, J., Morris, C. A., Klein-Tasman, B. P., & Armstrong, S. C. (2000). The Williams syndrome cognitive profile. *Brainandcognition, 44*(3), 604-628.

Meyer-Lindenberg, A., Kohn, P., Mervis, C. B., Kippenhan, J. S., Olsen, R. K., Morris, C. A., & Berman, K. F. (2004). Neural basis of genetically determined visuospatial construction deficit in Williams syndrome. *Neuron, 43*(5), 623-631.

Semel, E. M., & Rosner, S. R. (2003) *Understanding Williams syndrome: Behavioral patterns and interventions*. Mahwah, NJ, US: Lawrence Erlbaum Associates. Publishers.

제3장

진흙 속의 아름다운 진주를 찾아서

–자폐 서번트의 음악적 성장을 위한 음악치료–

김명신

서울특별시 어린이병원 음악치료사
숙명여자대학교 음악치료대학원 강사

개요

이 사례는 음악치료를 통해 잠재된 음악적 재능(talent)을 찾고 음악으로 꿈을 꾸는 자폐 서번트(savant) 아동들의 치료 과정에 대한 이야기이다. 장애의 편견을 뛰어넘어 경이로운 음악아(music child)로 발전시켜 삶의 의미를 찾아가는 이 과정은 매우 뜻깊은 일이며 아동뿐 아니라 가족 모두에게 꿈과 희망을 심어주고 있다.

프롤로그

"헬렌 켈러에게는 설리번이라는 선생님이 계셨듯이 지성이에게는 좋은 선생님이 계셨습니다. 아낌없이 헌신해 주신 음악치료 선생님께 정말 감사를 드립니다. 모든 아이에게는 숨겨진 재능이 있고 그것을 찾아 주고 도와주는 것은 우리 어른들의 몫이라고 생각합니다.

차별과 따돌림 속에서 죄인처럼 눈물 흘리는 어머님들을 위해 지속적인 사랑과 관심을 부탁드립니다. 이것은 아이의 잘못도, 어머니의 잘못도 아니기 때문입니다. 건강한 사회가 나누어야 할 작은 실천일 뿐입니다."

—음악 서번트 지성이 아버님의 편지글 중—

내담자 정보

나는 2007년 현재까지 서울특별시 어린이병원에서 음악치료사로 근무하고 있다. 특별히 내가 속한 정신건강의학과 삼성발달센터에서는 발달장애를 전문으로 자폐 스펙트럼 장애(Autistic Spectrum Disorder: ASD)·지적장애(Intellectual Disabilities: ID)를 주 대상으로 치료하고 있다. 나는 이곳에서 음악치료사로 10년 이상 근무하면서 특히 ASD 아동들을 많이 만나게 되었다. ASD는 뇌기능 발달 이상으로 야기된 증후군으로 사회적 의사소통 및 상호작용에 결함이 있고 제한적이며 반복적인 행동 패턴, 감정조절의 문제 등의 결핍으로 어려움을 겪는 장애이다(American Psychiatric Association: APA, 2015). ASD에게 치료 개입을 위해서는 각각 살아온 환경의 다양성과 유전인자, 생물학적 특성, 치료교육 등의 조건들이 합쳐져 있기 때문에 일괄적으로 치료를 적용하기 보다는 개인 맞춤형 치료가 요구되고 있다. 음악치료사로서의 나의 역할은 음악이라는 도구를 통해 타인과 적절히 교류할 수 있도록 돕는 것, 언어적·비언어적 소통이 될 수 있도록 돕는 것, 감정표현과 타인의 마음 읽기, 행동조절 등을 돕는 역할을 하게 되었다.

오랜 세월 ASD 아동들을 만나 임상을 하면서 나는 음악에 다양하게 반응하는 아동들을 만났다. 그중에는 매우 뛰어난 음악성(musicality)을 가진 아동들이 종종 발견되었다. 다른 발달 기능에 비해 음악적인 능력(Musical abilities)에만 특별하게 두각을 나타내는 경우인데, 이를 '음악 서번트(savant)'라고 한다. 서번트 증후군(savant syndrome)은 치료 과정에서도 매우 특별하고 독특한 모습으로 다가온다.

다학제적 세팅으로 이루어진 우리 병원에서 타 치료 영역 전문가들과 컨퍼런스를 하게 될 때 종종 이 특별함을 공유하곤 했는데, 음악치료에서만 두드러지게 보이는 반응이기 때문에 "○○가 그런 반응을요? 다른 발달 영역에는 문제가 많이 나타나는데 음악에서는 그렇게 탁월한 능력을 보인다니 정말 놀라운 일이네요"라며 타 치료진들도 신기하다는 반응을 보낸다. 아동의 부모 역시 처음에는 "설마요, 우리 아이에게 정말 그런 능력이 있나요? 믿을 수 없어요" 등의 반응들이 대부분이다.

ASD 아동의 이러한 능력은 음악, 숫자, 어떤 장소에 대한 기억 등에서 특별한 재능을 보이며 발달 수준에 비해 뛰어난 능력을 발휘하기도 한다. 학계에서는 이러한 능력을 자폐의 특성으로 보는 경향이 많으며, 긍정적인 시각으로 보기 시작한 것은 얼마 되지 않았다. 서번트에 대한 많은 연구와 다양한 측면의 주장이 있으나 현대에는 장애를 이기고 각 분야에서 뛰어난 천재성을 보이는 사람들에 대해 긍정적인 주장의 발표가 나타나고 있으며, 서번트를 바라보는 시각이 변화되고 있는 추세이다.

병원이라는 의료 세팅에 있다 보면 치료 전문가로서 일상생활에 잘 적응하게 하는 기능적인 발달과 문제행동 등에 초점을 맞추기 쉽고, 그 문제의 분석과 행동을 수정해 나가는 것에 주력하는 경우가 많다. 그러나 나는 이 특별한 아이들을 만날 때면 조금 다른 관점으로 아이들의 잠재력과 가능성에 초점을 맞추게 되었다.

Treffert(1989)는 서번트 증후군을 그 능력에 따라 세 가지 범주로 나누었다. 첫 번째로 스플린터 서번트(splinter savant)는 뛰어난 음악적 기억력으로 절대음감, 멜로디 기억능력을 말할 수 있는데 반면, 음악에 대한 정서적 반응을 전혀 갖고 있지 않고 강박적으로 암기하는 기계적 암기력을 보이는 수준을 말한다. 두 번째로는 재능 있는 서번트(talented savant)인데, 음악의 조성적 구조와 스타일에 대한 이해를 가지고 있는 음악 서번트를 말한다. 단순 암기능력을 뛰어넘는 음악적 이해력을 가진다. 자신의 지적 능력보다 탁월하게 뛰어난 능력을 특정 분야에서 나타내는 것을 말한다. 마지막 세 번째로는 천재적 음악 서번트(prodigious savant)인데 절대음감, 음악적 구조, 조성의 이해와 더불어 음악적 구조·법칙 안에서 창조적 즉흥연주 또는 변주능력까지 보이는 천재적 능력으로 절대음감, 음악적 법칙의 이해, 그리고 이를 바탕으로 자유로운 음악적 표현이 두드러진다(강경선, 2011, pp. 67-68). 자폐 서번트가 꼭 이 범주에만 국한되어 있지는 않지만 나는 어린이병원에서 임상을 하면서 이 세 가지 범주의 자폐 서번트를 모두 만나 보았다. ASD 아동들의 스펙트럼이 광범위한 것처럼, 서번트 증후군도 다양한 능력과 성향의 차이를 보이기 때문에 그 능력과 성향에 따라 치료적 접근도 달라져야 했다.

나는 이러한 자폐 음악 서번트에 대한 관심이 많아지면서 더 많은 발달장애 아동에게 음악아(music child)를 찾고 발전시킬 수 있는 기회를 주기 위해 2009년 '레인보우 뮤지션' 프로젝트를 기획하게 되었다. 이 프로젝트의 취지는 발달장애 아동들 중 음악성이 뛰어난 아이들을 선발하여 그 음악성을 성장시켜 주며, 공연을 기획하여 아이들의 재능을 세상에 널리 알리고, 장애에 초점을 맞추기 보다는 재능(talent)에 초점을 맞추어 '나도 할 수 있다'라는 꿈을 갖게 하는 것에 목적이 있었다.

2009년 이후부터 현재까지 본 레인보우 프로젝트의 효과는 예상했던 것보다 더 좋은 의미와 결과를 주었고 서번트 아이들뿐 아니라 음악을 즐기고 좋아하는 수많은 발달장애 아이에게 꿈과 희망을 선사하고 있다. 매년마다 아이들의 음악적 재능이 성장하는 모습이 발견되었고, 그로 인해 매년 열리는 공연의 질도 점차 높아졌다. 특히 부모님들께서 이 프로젝트를 바라보는 시각은 일반 음악교육 현장에서 ASD 아동 특성인 사회적 의사소통의 결함과 행동적 매너리즘으로 인해 거절당하거나, 소외된 발달장애 아이들에게 뜻깊은 일이라는 평가를 꾸준히 보내 오고 있다.

사회에서 장애로 인해 인정받지 못하는 발달장애 아동들에 대한 사회적 인식도 매년 기획하였던 정기공연을 통해 변화되고 있었다. 이후 서울시로부터 '고객감동 실천상'을 받는 영광스러운 일까지 있었다. 이 현상들은 치료로 만난 아이들이지만 꿈과 희망을 심어 주는 아주 작은 일에서 비롯된 일인 것 같다. 감동적인 아이들의 음악 소리에 세상도 아이들에게 집중하며 관심을 보이기 시작했고, 각종 방송 및 언론 매체에서도 아이들의 음악 소리를 담기 시작하였다.

치료 방법

나는 음악 서번트 아이들이 가진 음악성에 대한 현상을 좀 더 심도 깊은 측면에서 오랫동안 관찰하고 고민해 왔다. 충분히 이해해야 아이들의 성장과 실질적인 치료 접근의 방향, 특수교육적 방향 등을 제시할 수 있다고 생각했기 때문이다. 서번트 범주에 따라 음악적인 능력의 차이, 한계점, 치료 방법론 등에 대한 고민들을 해 왔다.

그동안 내가 만나 왔던 자폐 서번트 아동들은 대부분 자신의 다른 발달 수준에 비해 훨씬 높은 음악적 능력을 보였다. 대부분이 절대음감의 소유자이고, 특별한 음악지각능력을 가지고 있고, 음악에 대한 몰입도와 집중력이 매우 높다는 것이 특징이었다. 그러나 이러한 신기한 능력 외에 공통적인 임상적 한계점을 발견하게 되었다. 그것은 음악에 감정을 담아내는 부분이었다. 단순한 기계적인 패턴이 많았고, 다이내믹과 음악의 역동이 풍부하지 않았으며, 딱딱한 음악 같다는 평가를 많이 받았다. 또한 '뛰어난 암기력으로 재현하는 것을 과연 아름다운 음악이라고 할 수 있을까?' 라는 주변의 반박은 ASD의 특성이 음악에도 고스란히 나타나기 때문이 아닐까 한다.

그렇다고 그대로 멈춰 손을 쓰지 않는다면 특별한 능력 그 자체로 끝나는 것이고 치료라고 할 수 없다고 생각했다. 또한 일반인들도 부러워하는 특별한 능력을 가진 아이들인데 그대로 멈추게 한다는 것은 이 시대의 하나의 예술가를 놓치는 것이 아닐까라는 생각도 들었다. 그때부터 나는 우리 아이들도 음악성을 키워 예술가로 배출하고 싶다는 욕심과 의지가 생겼다. 개별화된 접근의 치료 방법을 제시하고 레인보우 공연기획 프로젝트를 만들어 아이들을 훈련시키고 세우는 것에 열정을 불태우기 시작했다.

그 첫 번째 방법은 개별화(individualization) 치료 접근이다. 각 서번트 아이들마다의 공통점이 있지만 또 아이의 기능별・능력별 접근 방법은 아이의 눈높이에 맞춰 모두 달라져야 했다. 때로는 함께 지하철 노선을 외우며 멜로디에 접근해야 할 때도 있었으며, 어려운 수학 방정식을 풀어 가며 화성학을 가르쳐야 하는 경우도 있었다. 아이들의 성향과 능력에 가장 적합한 눈높이에서 음악적 능력을 키워 주어야 했다. 이것과 더불어 치료의 방향에서 중요한 핵심(key point)은 아이들의 경이로운 음악적 능력에 감정을 가미할 수 있게 돕는 것, 창조성과 영감을 배우고 느끼게 하는 것에 주력하였다. 우리 아이들이 음악 미적인 세계에 대한 감정을 공감하고 익힐 수 있다면 그것이 바로 손상된 음악아(music child)를 제대로 깨우는 길이고, 음악성(musicality)의 질을 높이는 방향이라고 생각했다. 또한 음악 외적인 행동에서도 ASD의 특성인 감정표현과 유연성의 한계를 도울 수 있는 비언어적 접근의 방법론이 될 수 있을 거라 믿었다.

두 번째 방법으로 나는 아이들을 위한 새로운 환경과 이벤트를 제시하는 것이 중요하다고 생각했다. 왜냐하면 아동 세팅에서는 강화제가 될 수 있는 재미와 즐거움이 매우 중요하기 때문이며, 특히 동기를 유발시킬 수 있는 환경은 치료의 동력이 되기 때문이다. 그래서 나는 서번트 아이들의 능력을 마음껏 발휘하고 뽐낼 수 있는 무대를 만들어 주는 것을 하나의 치료 방법으로 적용했다. 최대한 아이들이 즐기고 행복해 할 수 있는 무대를 만드는 것이 나의 꿈과 철학이 되었다.

또 그 무대는 수준 높은 무대이기를 고집했다. 왜냐하면 아이들의 음악이 더 아름답게 빛나도록 세팅을 잘 해 주는 것이 음악치료사인 나의 역할이라 생각했기 때문이다. 그래서 레인보우 프로젝트 공연에 들어가는 예산을 아끼지 않았으며, 공연장 세팅 시 음향, 조명, 멀티미디어 방법도 총동원하여 감동적인 무대 만들기에 공을 들였다. 매 공연마다 콘셉트와 기획 의도에 따른 포스터와 리플릿 디자인과 구성, 영상 제작 등은 아이들의 재능을 홍보하고 알리는 매체로 매우 유익한 방법이었으며, 이것은 발달장애를 양육하는 부모와 그 가족, 그리고 관객에게도 희망과 감동을 안겨주는 수단이 되었다.

이러한 예술, 문화, 치료가 조합되고 공존하는 치료적 콘텐츠는 관객에게도 치유적인 큰 파워가 됨을 몸소 체험했고, 이것이 공연예술치료의 장점인 것 같다. 10년 이상 그 일을 꾸준히 하고 있으니 병원 내부에서도 인정받는 공연예술치료의 콘텐츠로 자리매김하게 되었다.

마지막 세 번째 방법으로는 치료사의 전문적인 기획력이다. 음악치료사이지만 때로는 예술감독이 되어 아이들의 공연을 총괄해야 했고, 때로는 작가가 되어 아이들이 재능을 대변하여 글을 써야 했다. 또한 감동적인 공연을 만드는 프로그래머로, 예산 집행부터 보도자료, 기획서 등 행정업무를 도맡아 추진하는 예술행정가로 탈바꿈해야 했다. 이 일들은 무에서 유를 창조하듯 마치 마술사와 같은 창조력이 필요했고, 공연에 대한 분석력과 시대의 흐름을 읽을 수 있는 예지력과 감수성이 필요했다. 이러한 모든 과정은 마치 만능엔터테이너와 같은 역할이었다.

나는 이 과정과 함께 아이들의 노력하는 모습과 성장을 홍보하는 일에도 전력을 다했다. 그로 인해 세상의 많은 사람에게 아이들의 재능이 알려지고, 감동을 받은 각종 언론과 후원사들이 아이들을 응원하고 재능을 나누는 일에 동참하게 되었다. 어린이병원 연말 행사로까지 자리매김한 '레인보우 뮤지션들의 콘서트'는 매년 갈고 닦은 각자의 음악성을 발표하는 시간이다. 이 시간들을 통해 성장한 아이들에게 관객들은 크게 감탄하고 박수갈채를 보낸다. 수많은 훈련 과정과 준비하는 과정 자체에도 치료적 의미가 크지만 결과물 역시 아이들에게는 또 다른 동기가 되고 의미와 열정을 가지게 하는 것 같다. 음악축제의 장 레인보우 콘서트는 해가 거듭할수록 아이들에게 자신감을 주고 사회의 일원으로 '나도 잘할 수 있다' 라는 의미를 갖게 하였고, 가족에게는 살아가는 꿈과 희망이 되는 치유와 공감의 장이 되어 가고 있다.

치료 과정에서 만난 아주 특별한 자폐 서번트 세 명을 소개하고 싶다.

치료 과정

재능 있는 서번트(talented savant) 지성이의 이야기(2011. 3.~2014. 2.)

창문으로 뛰어내릴 거예요. 죽고 싶어요!

주치의의 시급한 의뢰로 치료실로 의뢰된 ASD 지성(가명)이는 일반 학교 일반 학급을 다니고 있는 고기능 자폐 초등학교 5학년 남자아이였다. 학업 성적이 뒤떨어지는 것은 아니지만 친구와의 관계 형성이 매우 어렵고, 관계에서의 실패 경험이 오랜 시간 누적되다 보니 사춘기를 맞이하면서 더 감정 조절이 안되고 분노감과 우울감이 지속되고 있는 상태였다. 친구들 사이에서는 지성이의 말과 행동이 항상 웃음거리가 되고 왕따를 당하는 일들이 비일비재했다. 자신의 관심과 친구들의 관심은 너무나 달랐고, 자신만의 세계에서 의사소통을 시도하고 친구들의 말에 귀를 기울이고 공감할 수 있는 능력이 매우 떨어지는 상태였다. 친구들이 지성이를 보는 시각은 마치 4차원에 사는 아이의 모습처럼 대화 시 항상 같은 어조의 언어로 물리학의 진동과 주파수를 이야기하고, 피타고라스 수학 공식을 끊임없이 설명하고, 감상 시 스피커에서 나오는 소리에 대한 원리를 물리적으로 이야기하는 등 친구들의 입장에서는 지성이의 모든 말이 뚱딴지 같고 우스워 놀림거리가 되었던 것이다. 최근 왕따를 당하면서 극심한 스트레스와 우울감 때문에 학교에서 실제로 자살소동을 벌인 일도 있었다. 이 시점에 지성이가 음악치료실로 찾아왔다.

첫 만남부터 "선생님, 저는 창문으로 뛰어내릴 거예요. 죽고 싶어요!" 하며 우울감과 분노감을 털어놓았다. 소통이 잘 되지 않고 반복적으로 자신의 감정 호소만을 늘어놓는 모습이었다. 나는 첫 번째 방법으로 무엇을 어떻게 하기보다는 아이의 입장에서 충분히 이야기를 들어 주는 방법을 사용했다. 지성이의 눈높이에서 대화를 해 나가기 시작했다. 지성이의 관심사가 희귀하고 현실과 벗어나는 이야기라도 귀를 기울여 공감해 주었고, 우울과 분노의 마음에 대해 끊임없이 이야기해도 읽어 주고 해소하도록 도와주었다. 북을 두드리며 함께 분풀이를 하기도 하고, 지성이가 좋아하는 전자 음악을 들으면서 공명과 주파수에 대해 논하기도 하였다. 또 현재 감정에 맞는 음악들을 즉흥연주도 하며 지성이의 눈높이에서 위로하기 시작하였다. 대화가 중간중간 연결이 안 되고 끊기는 경험도 많았지만 포기하지 않고 맞춰 주었다. 현실 세계에서 지성이의 소통 방식과 다른 사람들과의 소통하는 방식의 채널이 맞지 않아 지성이는 실패감과 상처, 갈등을 많이 겪어 왔던 것이다. 지속적인 치료를 진행하면서 신뢰감이 생겼고, 어느 순간 서로가 통하게 되는 '공명'의 시간이 왔다.

내 마음, 음악으로 만들어 보기

지성이는 왕따를 시키는 친구들에게 화가 나고 슬퍼도 자신의 감정을 적절하게 어떤 방식으로 표현해야 할지 알 수 없어 더욱더 정서적 억눌림을 겪어 왔던 것 같다. 사회적 기술이 떨어지고 사람과의 관계에서 센스를 발휘해 치고 빠지고 하는 의사소통 기술도 없고 문제 해결 능력도 없었다. 게다가 정서적으로 심하게 억눌린 감정의 한계점은 지성이를 늘 외롭게 만들었다. 하루하루 학교생활은 우울감과 분노감으로 가득했고 자살충동까지 불러일으킨 것으로 보인다. 지성이가 치료를 받기 시작하면서 달라졌던 내용은 "아무도 내 마음을 이해해 주지 않는데 음악치료실에 오면 선생님이 내 마음을 잘 알아주는 것 같아서 좋아요"라는 말을 자주 하곤 했다. 나는 마음을 연 지성이에게 음악심리치료적 접근을 위해 Songwriting, 즉흥연주 방법을 사용해 마음을 표현하도록 도왔고, 그와 더불어 현실적인 대안인 사회기술 훈련(역할극, 문제에 대한 대처법 배우기 등)을 병행하기로 하였다. 말로 다 표현할 수 없는 마음을 음악으로 만들어 보자고 제안하였다. 또 그룹치료를 병행하면서 또래 친구에게 다가가고 공감하는 법, 조율하는 방법들을 훈련시키기 시작했다.

꿈과 도전이 생기다

Songwriting 음악을 만드는 과정에서 특별한 사실을 한 가지 발견하게 되었다. 지성이의 음악성이 남다른 것이었다. 절대음감은 물론이고 화성감이 작곡이론 과정을 배운 사람처럼 뛰어났으며, 세련된 화성들을 사용하는 기술까지 남달랐다. 음악을 만들어 내는 모습이 심상치 않게 느껴졌다.

지성이는 초기에는 주로 우울한 음악, 느리고 서정적인 음악, 단조로 된 곡을 주로 썼다. 친구들에게 거절당한 마음, 엄마에게 혼난 일, 비를 맞으며 걷는 길, 우산이 없는 나 등 우울한 무드의 정서를 드러냈다. 자신의 감정을 그대로 대변하듯 자작곡에 투사(projection)하는 모습이었다. '꽃을 피우기 위해 아픔이 있었나?'라는 생각이 들 정도로 아름다운 곡들이 치료 과정에서 쏟아져 나와 나는 놀라움을 금할 수 없었다.

부모님이 중학교 입시에 대한 고민으로 심란해 하고 계실 때 난 문득 '작곡과를 보내면 어떨까?'라는 직관이 뇌리에 스쳐지나갔다. 치료 과정에서 나타난 아주 특별한 재능을 발견했기 때문이기도 하고 가장 중요한 이유는 '작곡'이라는 도구가 지성이에게 타인과 잘 소통하지 못하는 자신의 감정을 표현할 수 있도록 인도하는 아주 좋은 치료적 도구였기 때문이다.

여러 갈래의 진로를 선택할 수 있는 그 시점에 "예술중학교 작곡과를 보내면 어떨까요?" 하고 도전적인 제안을 하게 된 것이다. 부모님의 입장에서는 매우 걱정스러운 눈빛으로 정말 지성이에게 음악적 재능이 있는지를 확인하고 또 확인하는 모습이셨다. 잘할 수 있다면 밀어주고 싶은데 정말 우리 아이가 가능한지 재능을 믿기 어렵다는 반응이셨다. 그러나 부모님은 이미 설레어 보였고 지성이와 가족은 고심 끝에 예술중학교 입시를 준비하기로 결심했다. 그러나 문제는 6개월이라는 시간밖에 남아 있지 않았던 것이다. 입시 레슨을 어떻게 시켜야 할지, 누구에게 레슨을 맡기는 것이 좋을지 등 준비된 것은 하나도 없었다. 어쩌면 매우 무모한 일이었을 수 있다.

부모님은 전적으로 치료사를 신뢰하고 "선생님께서 입시 레슨을 해 주시면 어떨까요?"라며 나에게도 도전장을 던지셨다. 나는 학부 때 작곡을 전공하였기 때문에 예술중학교 입시 요강에 맞게 지도할 수 있는 능력을 갖추고는 있었다. 화성학 이론, 시창/청음, 곡 분석, 자작곡 등이 입시 과제였다. 천재가 아니고서는 달릴 수 없는 시간이었지만 무슨 믿음인지 지성이가 해낼 수 있다는 확신이 들어 6개월을 집중적으로 작곡 레슨을 지도하였다. 놀라운 사실은 스펀지같이 이 과정을 다 소화하고 빠른 속도로 빨아들이는 것이었다. 일반 학생들도 어려워하는 고난도의 화성학을 마치 수학문제를 풀 듯 척척 해내고 심지어 재밌어 했다. 시창, 청음은 완벽했고, 고급화성 분석까지 빠른 습득력을 보여 주었다. 특히나 매력적인 것은 곡을 쓰는 과제에서 적재적소에 세련된 화성 코드를 넣는 것이었다. 곡의 구성도 기가 막혔다. 자유자재로 조성의 흐름을 탔고 너무나 자연스러웠다. 화성에 변화를 주는 것은 작곡가의 선택에 따라 창의성이 가동되어야 하는데 지성이는 무엇이 듣기 좋은지, 음악의 색깔, 톤, 느낌을 마치 감수성으로 아는 것 같았다. 너무 놀라웠고, 작곡 천재를 만난 느낌이었다.

우리는 이렇게 치료적 동맹 안에서 함께 단기간 열심을 내어 지성이의 꿈인 국내 최고의 예술중학교 일반전형에 당당하게 합격하는 영예를 얻었다. 너무 기특했다. 그 이후 적성을 잘 살려 학교에서도 인정받아 국내 최고의 예술고등학교까지 진학을 하게 되었다. 최근 예고 합격 소식과 함께 케이크를 들고 인사를 온 것이다. 너무나 자랑스러운 나의 제자 지성이……. 부모님은 눈시울을 붉히며 좋아하셨고, 지성이 역시 이 기회를 통해 자라면서 느끼지 못했던 사회 속에서의 자신감을 얻게 되었고 훌륭한 작곡가의 꿈을 꾸는 아이로 성장하고 있다.

자신이 잘하는 것을 발견하고 꿈을 꾸고 이뤄 낸 이후 지성이는 자연스럽게 심리적으로도 안정감을 찾았고 친구들 앞에서도 자기만의 독창성을 살리는 개성 있는 아이로 인정받고 있다. 처음 치료실에 왔던 그 모습과는 전혀 다른 역전의 삶을 살고 있다. 치료사인 나도 너무나 큰 자부심을 느낀다.

〈레인보우 공연 때 발표한 곡 中 일부〉

1. 비가 오는 것처럼 슬픈 느낌을 담아 작곡했어요. 예전에 친구들과 관계가 좋지 않고 학교생활이 힘들었던 적이 있었어요. 마음이 힘들었던 때를 표현한 곡이고 힘든 시기를 떠올리며 작곡했어요!

2. 제 꿈을 표현했어요. 제가 입시를 준비하면서 많이 힘들었지만 꼭 예중에 합격하고 싶다는 희망이 있었어요. 그리고 결국 이뤄내게 되었어요. 그때의 간절한 마음을 표현한 곡이에요.

레인보우 공연에서 자작곡을 발표하며 지성이가 했던 말이 기억난다.
“저는 앞으로도 꿈을 향해 달려 나갈 거예요. 끝까지 저를 지켜봐 주세요!”

스플린터 서번트(splinter savant) 민우의 이야기(2011. 9.~2017. 2.)

진흙 속의 아름다운 진주

민우(가명)가 레인보우 뮤지션 ‘피아노 서번트’ 반에 문을 두드린 건 초등학교 5학년 때였다. 산만하게 여기저기를 뛰어다니며 만나는 사람들마다 “어디 살아요? 몇 층에 살아요?” 라고 반복적으로 질문을 하며 자신의 질문에 답해 줄 때까지 따라다니는 전형적인 ASD 아동의 모습이었다. 출중한 외모의 초등학교 5학년 남자아이의 모습이지만, 지능과 사회적 연령은 또래 아이들보다 7세 이상 지연이 되어 있었다. 세상이 보는 시각에서 모든 것이 부족해 보이는 아이였지만 피아노 앞에서만큼은 정말 아름답고 순수한 음악가였다. 기대했던 것 이상으로 악보를 빠르게 익히기 시작했고, 상상 이상으로 들리는 음악을 모두 모방하며 절대음감으로 연주하기 시작했다. 산만하게 병원 전체를 뛰어다니는 민우가 피아노 앞에서는 1시간도, 2시간 이상도 움직이지 않으며 자신의 연주에 집중도 특별했다.

테크닉을 익히도록 하기 위해 민우가 좋아하는 지하철 노선을 이용하여 (신분당선 ♩ ♩ ♩ ♩) 자연스럽게 리듬을 습득하도록 하였고, "오늘은 신분당선을 타고 음악 여행을 할 거야" 라고 이야기하며 음악의 특징적인 프레이즈에 지하철 노선의 정차 구간을 사용하여 음악의 전반적인 흐름을 민우의 시선으로 이해하도록 하였다. 민우의 산만함은 음악 속에 그대로 나타났는데, 민우는 모든 음악을 빠르고 바쁘게 연주했다. 민우의 이러한 특성을 조절하고 안정화시키기 위해 메트로놈을 사용하여 박에 맞춰 걷거나 연주곡에 맞춰 북이나 드럼을 연주하며 박과 리듬을 익히도록 하였다. 안정화된 내재 박 basic beat를 갖도록 조절해 나가며 연주하는 일이 민우에게는 매우 힘든 과정이었는지 소리를 지르거나 울면서 피아노를 두드리거나 손톱을 물어뜯는 행동을 보이며 힘들다는 것을 표현했지만 그렇다고 스스로 포기하는 일은 없었다. 피아노 치는 것을 너무 좋아했기 때문이다. 이 모든 과정이 민우의 음악성을 열 수 있는 열쇠가 되었고, 그 과정은 마치 '진흙 속에서 가장 아름다운 진주'를 찾는 과정과 같았다.

음악으로 만드는 마음 이야기

ASD 아동들의 가장 어려운 부분 중 하나는 감정표현이다. 자신의 감정을 적절히 인식하지 못하기에 타인의 마음을 읽거나 이해하는 데 어려움이 있다. 악보대로 혹은 악보를 잘 외워서 연주하는 것은 쉽지만 마음을 담은 음악이 되도록 만드는 일은 가장 어려운 부분이었다. 노래하듯, 이야기하듯 들리기보다는 민우의 연주는 기계적이고 딱딱하게 들렸다. 민우가 음악 안에서 감정을 이해하고 표현하도록 하기 위해 음악적 표현 부분에서 민우가 쉽게 받아들이도록 표정카드를 사용하여 감정을 이해할 수 있도록 하였고, '엄마랑 함께 놀이동산에 가서 즐거워' '좋아하는 엘리베이터를 타지 못해서 화가 나' '엄마한테 혼나서 슬퍼' 등 민우가 겪고 있는 상황을 사용하여 감정을 이해하도록 하였다.

또한 레인보우 프로그램 중 사회성 그룹 '뮤지컬 반'에 들게 하여 다양하게 주어진 상황 속에서 즐거움, 슬픔, 화남 등의 감정을 몸으로, 언어로, 그리고 표정으로 표현하도록 훈련하였다. 반복 훈련의 결과인지 어느 날 피아노를 연주하며 슬픈 마이너 조성의 음악에서 "슬픈 거야. 잉잉~" 이라고 말하며 음악이 주는 감정을 이해하고 자신만의 언어로 음악을 표현하게 되었다. 감정을 자유롭게 표현하는 것은 ASD 아동에게 참 어려운 일이었지만 수많은 과정들이 음악으로 자신을 이야기할 수 있도록 좋은 밑거름이 되었다.

음악으로 함께 추는 댄스

예술적인 음악은 단순히 좋은 선율을 들려주고 표현하는 데에서 끝이 아니다. 연주자가 어떤 호흡으로 음악의 흐름을 이끌어 가는지, 어떤 몸짓을 제공하는지, 어떤 퍼포먼스로 연주하는지에 따라 다르게 들린다. 대부분의 연주자는 자연스럽게 음악에 따라 몸을 움직이기도 하고 음악의 쉼표와 함께 호흡을 하기도 하고 표정을 바꾸기도 한다. ASD 아동들은 상황 속에서 유연하게 감정을 대처하지 못하는 경우가 대부분이다. 음악을 하는 데 있어서도 움직임 없이 경직된 모습으로 악기를 연주하거나 단순히 책을 읽는 듯한 느낌을 주곤 한다. 따라서 음악이 주는 다양한 음색, 다이내믹, 템포에 따라 몸을 움직이도록 하였다. 소리가 커지면 동작도 함께 커지고 소리가 작아지면 동작도 작게 하며 다이내믹을 몸으로 표현하도록 하였고, 음색의 느낌에 따라 미소를 지어 보도록 하기도 하며, 템포에 따라 몸을 좌우로 앞뒤로 움직여 춤을 추도록 유도하기도 하였다.

레인보우 공연 때의 에피소드는 참 많다. ASD 아동들은 무대로 입장할 때 적절한 속도로 걸어 들어가 관객을 향해 인사하는 것, 연주가 끝나면 자리에서 일어나 인사를 하고 무대 밖으로 나오는 것 등 모든 것 하나하나 훈련이 필요했다. 1회 공연 때에는 다양한 에피소드로 관객들이 웃거나 가슴 철렁한 일들이 일어났다. 민우를 포함한 모든 아이에게 이 훈련을 하기 위해 '무대매너 스쿨' 프로그램을 제공하여 무대에서의 적절한 표정, 걸음걸이, 인사 방법 등도 교육하고 생활과 연결되도록 사회기술과 관련된 훈련을 함께 시키고 있다. 이런 과정을 통해 민우는 이제 무대에서 어떻게 해야 자신이 가장 빛나는지를 알게 되었고 음악과 함께 춤을 추는 방법을 알아가고 있었다.

세상을 향해 문을 열다

발달장애 피아니스트 민우 군이 뛰어난 피아노 연주 실력으로 주목을 받아 화제를 모았다.

발달장애 민우, 막심 므라비차와 콜라보 '감동'

—SBS 〈스타킹〉—

민우와 함께하는 모든 과정은 마치 새로운 세계를 탐험하는 느낌이었다. 민우는 사람들과 소통하기 위해 언어를 자유롭게 읽고 사용하지는 못하지만 음악의 언어로 자신만의 이야기를 풀어낼 수 있고, 사람들이 자신의 캐릭터에 맞게 자신에게 가장 잘 어울리는 색깔을 찾듯이 음악을 통해 자신만의 색깔을 찾아내기 시작했다.

방송국, 신문사 등의 매체에서 음악적 재능이 있는 민우를 특별한 시각으로 바라보며 주목했다. '자폐 아이들도 잘할 수 있다'라는 인식을 사회에 심어 준 계기가 되었다. 민우의 꿈은 현재도 진행 중이다. 피아니스트가 되기 위해 음악대학에 진학하여 꿈을 실현하고 있다. 세상을 향해 힘껏 문을 열기 시작한 민우의 모든 발걸음에 마음을 담아 응원을 보낸다.

천재적 음악 서번트(prodigious savant) 인재의 이야기(2017. 3.~2019. 7.)

보석 같이 반짝이는 눈을 가진 아이

인재: 선생님, 이 곡 제목 알아요? 이거 어떤 음인지 맞혀 봐요.
　　선생님은 모차르트랑 베토벤 알아요?

반짝이는 눈으로 수많은 질문을 늘어놓던 인재(가명)를 만난 건 음악치료실에서였다. '아무도 없는 음악치료실에서 피아노를 칠 사람이 없는데 저렇게 잘 칠 수 있는 아이가 있다니……. 도대체 누구지?' 놀란 마음에 들어간 음악치료실에서 눈이 반짝이는 7세 인재를 처음 만났다. 음악을 너무 좋아하고 피아노를 좋아해서 주치의 선생님께 음악치료를 추천받았다고 하시며 진료를 받고 집에 돌아가는 길에 음악치료실에 잠깐 들러 봤다고 하시며 어머님은 꼭 음악치료를 시키고 싶다고 말씀하셨다. 인재는 다양한 코드를 누르며 마치 테스트라도 하듯 "선생님, 이거 어떤 음인지 맞혀 봐요" 라며 다양한 질문을 던졌다. 절대음감 테스트를 주고받았는데 인재는 모든 음을 정확히 맞혔다. 헷갈릴 법한 어려운 텐션 코드의 세세한 음까지 모두 정확하게 맞히는 것이었다. 인재에게 피아노 연주를 부탁하자 기다렸다는 듯 자신만의 콘서트를 시작했다. 모차르트 피아노 협주곡을 자신의 곡인 듯 연주하며 음악에 맞춰 고개를 흔들거나 몸을 움직이고 피아노 건반을 터치하는 그 모습은 마치 귀여운 꼬마 모차르트가 내 앞에 있는 듯했다.

괜찮아……. 세상이 감당하지 못할 작은 새싹

인재: 엄마, 나는 왜 친구들이랑 달라? 나는 왜 병원에 다녀야 하지?
친구들은 어떻게 수업 시간에 저렇게 잘 앉아 있는 걸까?

귀엽고 잘생긴 외모에 매력적인 목소리까지……. 인재는 겉으로 보면 모든 것이 완벽해 보이는 아이였다. 하지만 자신의 관심사에만 지나치게 몰두되어 있고 다른 사람과 사회적인 상호작용을 길게 이어 가는 것, 조율, 타협 등에 어려움이 나타나는 아이였다. 지나치게 시간에 대한 집착을 하거나 행동 조절이 잘되지 않고 산만하고 과잉적인 모습이 나타나는 ASD이다. 학령기에 들어간 인재는 학교에서 잘 적응하지 못하고 집에 와서는 속상하다며 펑펑 우는 일들이 많아졌다고 한다. 친구들과의 놀이에 끼어들기 어렵고 놀림을 당하거나 왕따를 당해 힘들어하고, 그로 인해 자존감도 많이 떨어져 있는 상태였다.

그러나 음악치료 시간에는 유독 다른 모습이었다. 이 시간에는 눈망울이 초롱초롱 빛나고 음악에 대한 집중력이 굉장히 높았다. 인재를 보면서 가장 놀란 것은 다른 서번트와는 다르게 감성적 즉흥연주를 할 수 있다는 것이다. 블루스 음계와 화성, 보사노바 리듬 등 난이도가 있는 곡을 쳐 주어도 몸으로 그루브를 타며 음악을 느끼고 똑같이 선생님의 음악을 흉내 내고 응용하여 자신의 곡으로 만들 수 있다는 점은 누가 보아도 천재가 아닌가 하는 감탄사를 자아내게 만들었다. 어리지만 아직

미처 발굴되지 않은 보석 하나를 발견한 기분이었다. 듣는 귀와 창의성은 거의 음악 영재 수준이었다. 인재는 즉흥연주와 작곡에 점점 흥미를 가지기 시작했다. 마음의 이야기를 음악으로 표현해 내기를 즐겨하기 시작한 것이다. 놀라운 것은 인재의 곡은 그야말로 감성이 터져 나왔다. 사람의 감성을 건드리는 매력적인 화성감은 작곡을 전공한 전공생들도 오랜 공부 끝에 사용하게 되는 경우가 많은데 인재는 이론적 지식도 없이 이 어린 나이에 감각적으로 모든 음악의 화성과 멜로디, 리듬을 수용하고 자기 것으로 만들어 자유자재로 사용하는 것이 신기하기까지 했다. 물론 ASD의 특성과 유사하게 음악에서도 자신만의 세계로 끊임없이 파고들어 갔으며, 끝이 없고, 음악을 매듭짓지 못한다는 특징이 있었다. 다른 사람과 함께하는 즉흥연주를 할 때 자신의 소리에만 몰두되어 다른 사람의 음악 소리를 융화하지 못하는 부분은 전형적인 ASD의 관계적 특성하고도 흡사하다고 생각한다.

그래서 음악치료 과정에서 주력한 부분은 독주의 시간 외에 함께하는 즉흥연주 경험을 통해 나, 너, 우리의 경험을 순차적으로 배우게 하면서 음악을 구조화 하는 능력, 처음과 끝을 구분하여 조직화하는 능력이었다. 그렇지만 음악성에 있어서 가능성이 무궁무진한 서번트이다. 아직은 작은 새싹, 어떤 열매를 맺을지 엄청난 기대가 몰려 왔다. 보석 같은 레인보우 서번트 막내 인재가 천재적인 음악성으로 세상이 감당하지 못할 음악가가 될 것을 기대해 본다.

맺음말

한참 서번트 아이들에게 관심을 갖고 치료할 즈음 나는 하나의 꿈을 꾸었다. 동굴 깊은 곳에서 다양한 보석을 고르고 줍는 꿈이었다. 색깔이 너무 아름다워 눈이 부시고 그 빛에 감탄이 저절로 나왔다. 아이들이 가지고 있는 숨겨진 재능을 발견해 줄 수 있는 설리번 선생님과 같은 지도자의 눈과 아이들이 가는 길을 함께 걸어 줄 수 있는 부모님의 발걸음은 이 세상에서 조금은 다른 우리 아이들이 비난을 받기보다는 꿈을 꾸고 살아갈 수 있도록 힘을 줄 수 있다. 그 길은 무모함이 아니라 무지개가 펼쳐진 따뜻하고 아름다운 길을 걷게 해 주는 것이다. 이 세상의 모든 발달장애 아이가 꿈을 찾고 행복해지기를 소망하며…….

용어 설명

자폐 스펙트럼 장애(autism spectrum disorder) 초기 아동기부터 상호 교환적인 사회적 의사소통과 사회적 상호작용에 지속적인 손상을 보이는 한편, 행동 패턴, 관심사 및 활동의 범위가 한정되어 있고 반복적인 것이 특징인 신경발달장애의 한 범주이다.

서번트 증후군(Savant syndrome) 서번트는 지적장애나 자폐 스펙트럼 장애와 같은 발달장애인에게 희귀하게 나타나는 현상으로 특정 분야에 아주 특별한 천재성이 나타나는 현상이다. 서번트들은 음악, 미술, 날짜 계산(calender calculator), 경이로운 기억력 또는 특정 감각에 비상한 초감각적 지각능력을 발휘한다.

음악아(music child) 음악적 경험에 반응하고 그것에 의미를 부여하고 참여를 원하며 음악을 기억하고, 음악적 경험을 즐기는 모든 아동 안에 있는 내부자아의 한 부분이다.

음악성(musicality) 음악을 듣고 그 음악을 이해하며 아름다움에 감동할 수 있는 것, 또는 음악적인 표현도 가능한 것, 그리고 그것이 그 사람의 인격 구조에 있어 중요한 일부를 이루는 것이다. 요컨대 음악의 감상, 이해, 표현의 가능성을 종합한 것이 음악성이다.

참고문헌

강경선(2011). 자폐 음악 서번트의 음악적 특징에 대한 고찰. **발달장애연구**, 15(2), 63-78.

삼호뮤직 편집부(2002). **파퓰러음악용어사전 & 클래식음악용어사전**. 서울: 삼호뮤직.

American Psychiatric Association (2015). **정신질환의 진단 및 통계 편람 제5판**(권준수 외 공역). 서울: 학지사.

Nordoff, P., & Robbins, C. (1977). *Creative music therapy*. New York: John Day.

Treffert, D. A. (1989). *Extraordinary people: Understanding 'idiot-savant'*. New York: Bantam.

제4장

감각을 통해 만나는 세계

-발달장애 아동의 감각통합을 위한 음악치료-

김성희

김성희음악치료연구소 대표

임상음악전문가 1급

개요

이 사례는 감각통합에 있어 심각한 결여를 보이는 만 5세 발달장애 아동을 대상으로 2년 10개월에 걸쳐 진행된 개별음악치료의 과정과 그 과정에서 특별히 주안점을 둔 내용을 담고 있다. 장애를 가진 아동이 세상과 마주하는 순간부터 만나게 되는 다양한 자극에 대한 경험 과정에서의 어려움을 들여다보고 그것을 극복하는 여정을 함께 따라가 볼 수 있다. 보다 근본적인 세상과의 소통방법인 감각을 수용하고 조절하는 감각의 통합 과정에서 음악과 음악 활동을 효과적으로 활용할 수 있는 방법과 치료적 접근을 설명한다. 또한 발달장애 아동의 양육자가 치료에 참여하여 어떻게 효율적인 자원의 역할을 할 수 있는가에 대한 내용을 다룸으로써 장애아동 치료에서 가족 자원이 가진 의미와 중요성을 살펴본다.

내담자 정보

크고 까만 눈망울을 가진 남자아이 민우가 음악치료를 받기 위해 나와 만난 것은 곧 만 5세가 되는 때였다. 당시 민우는 발달장애(developmental disability) 1급으로 진단을 받았으며 지적장애, 자폐(autism) 등의 동반장애와 뇌전증(epilepsy)을 가지고 있었다. 민우의 어머니는 직장을 다니고 있어 이전까지 진행되고 있던 언어치료와 인지치료는 돌봄 봉사자의 도움을 받고 있었다. 음악치료를 시작할 즈음에는 마침 휴직 상태였으므로 민우와 함께 치료실에 올 수 있었는데 이것은 내가 민우와 더욱 의미 있는 치료적 만남을 지속할 수 있게 한 중요한 조건이기도 했다.

민우는 아버지, 어머니 그리고 두 살 위의 형과 함께 살고 있으며 비교적 평온한 가족 분위기에서 자라왔다. 표면적으로 어려움이 없는 것으로 보였지만 과도하게 단조로운 가정 분위기와 감정적 표현이 거의 없는 부모님들로 인해 오히려 정서적인 경험과 교류가 심각하게 결여되어 있었다.

민우는 만 3세부터 언어와 인지 영역에 대한 치료를 받고 있었지만 부모님은 민우에 대한 특성과 치료과정에 대한 이해가 부족한 상태였다. 민우가 지니고 있는 자폐적 증상, 뇌전증 증상, 지적장애 그리고 발달장애의 특성 간의 관련성에 대해 알지 못한 채 어린 민우가 어떤 어려움과 상황을 경험하고 있는지에 대해 생각하지 못했으며 치료의 예후와 치료과정에 대한 정보나 이해가 부족한 상태였다. 다른 중재보다 우선되어야 할 감각치료가 제공되지 않은데다가 간질 발작으로 인한 뇌기능 저하에 대해 인지하지 못한 채 언어 · 인지영역의 치료에 치중하고 있었다.

음악치료 시작 당시 민우는 인지 · 신체 · 정서 · 사회 기능 전반에 매우 낮은 기능 수준을 보이고 있었고, 그동안 필요한 치료가 적절하게 제공되지 않은 것을 고려하여 치료의 우선순위와 방법에 대해서도 세밀하고도 진지한 재고가 필요해 보였다. 무엇보다도 민우가 가진 어려움과 잠재된 기능에 대한 부모님의 정확한 이해, 그리고 치료 과정에 대한 이해를 돕는 것이 필요했고, 앞으로 치료과정에서 보호자가 함께해 나갈 내용과 방법에 대해 논의하고 구체적 정보를 제공하고 실천해 나갈 수 있도록 돕는 것이 중요한 점이라 여겨졌다.

치료 방법
-진단평가 그리고 치료를 위한 밑그림-

행동관찰 그리고 음악반응

민우의 현재 상태를 점검하기 위한 세션은 2회기 동안 진행되었다.

첫 번째 세션. 세션실로 들어온 민우는 안내되어 의자에 앉은 상태 그대로 한동안 고개를 사선으로 들어 올린 채 큰 눈을 목표 없이 움직이며 마치 문 너머에서 들리는 소리에 주의를 기울이는 듯한 표정과 자세를 유지한 채로 있었다. 종종 손을 올려 손가락의 흔들림을 만들거나 손가락으로 슬릿을 만들어 빛산란놀이를 했다.

공간을 향한 시선은 초점이 잡히지 않은 채 마치 주변의 모든 것을 소리로 탐색하듯이 고개를 사선 방향으로 기울여 귀의 방향을 바꾸며 주변을 탐색하였다. 민우는 거즈 손수건으로 턱받이를 하고 있었는데, 입을 조금 벌린 채 계속해서 침을 흘리고 있었으므로 종종 휴지로 침을 닦아 주어야 했다. 손을 입 가까이 가져가면 마치 갓난아기처럼 손이 있는 쪽으로 입을 벌리고는 넣으려 했다. 한편 이따금씩 모든 것이 멈추어진 듯 상태를 유지하곤 했다.

작은 마라카스를 민우의 손 앞에 가까이 가져 가니 흘깃 쳐다볼 뿐 여전히 외부의 무엇인가에 주의를 기울이는 것 같은 자세를 취했다. 손에 마라카스를 쥐어 주었지만 그대로 툭 하고 떨어뜨렸다. 카바사의 올록볼록한 구슬 부분을 손바닥 면에 닿게 하니 손으로 감각을 느끼듯 작은 움직임을 보였지만 손에 쥐려고 하지는 않았다. 대체로 악기를 만져서 소리 낸다거나 주변의 사물들을 자발적으로 탐색하려는 의도를 가지고 있지 않았다. 민우의 옆에 앉아 조용하게 허밍을 하면 고개를 돌려 잠깐씩 쳐다보지만 치료사의 눈을 맞추려는 것은 아니었다.

민우는 또래와 비교하여 체격이 큰 편으로 팔을 약간 든 채 몇 발자국을 조심스럽게 걷는 것이 자발적인 움직임의 전부였다. 그러다가도 창밖으로 무엇인가 움직임이 느껴지면 천천히 걸어가서 앞서 기술한 '귀로 보는 듯한' 모습으로 창 앞에 한동안 서 있곤 했다.

함께 있는 동안 자발어는 없었으며 알 수 없는 소리를 짧게 1초 정도 내는 것이 가능할 뿐이었다. "여기에 앉을까요?" "이건 뭘까요?" "선생님을 보세요" 등의 말에 커다랗고 까만 눈동자를 약간 움직일 뿐 수용 언어 수준은 매우 낮았다. 상호작용이 거의 일어나지는 않지만 다행히 곁에 머물러 있는 것에 거부감을 갖지는 않았다. 몸을 이동해서 탐색하는 일이 없이 종종 자신의 손등을 입에 대거나 턱에 받치고 있던 수건을 입 속에 넣어 씹었다. 집에서 빈번하게 일어난다고 보고된 자해행동(주먹으로 턱과 머리 치기, 손등 물기)이 치료실에서는 관찰되지 않았다.

두 번째 세션. 아동과 어머니의 평상시 상호교류 패턴 관찰을 위해 사전에 동의를 얻어 10분 동안 어머니가 참여하는 세션이 진행되었다. 민우는 어머니와 함께 치료실에 들어왔으며 최대한 민우가 자유스러운 탐색활동을 하는 것 이외에 나머지는 어머니 스스로 선택하여 행동하도록 하였다. 지난 세션과 마찬가지로 민우 스스로 악기를 만지거나 탐색하는 일은 거의 없었으며 좌우 대략 150도 이내의 시야에 대해 둘러보기와 응시하기를 반복하였다. 어머니가 앉아 있는 쪽을 종종 바라보기도 하지만 얼굴을 보거나 눈을 마주치는 것은 한두 번 정도였다. 민우는 팔을 뻗어 자신의 손가락으로 어머니 옷의 팔 부분을 살짝 잡고 있을 뿐이었다. 그러다 칭얼대듯 소리 내었다. 어머니는 "민우, 왜?" "민우 뭐 보고 있는 거야?"하면서 얼굴을 쳐다보거나 머리카락을 넘겨 주기를 반복하였다. 10여 분간 그것뿐이었다. 옆에 준비해 두었던 탬버린과 에그쉐이커를 어머니 손이 닿을 가까운 위치에 옮겨 놓아 주었다. 어머니는 탬버린을 민우 앞쪽으로 가져가며 "탬버린이네~"하고 말하였는데 반응이 없자 이번에는 "이거 동그란 거네"하고 에그쉐이커를 들어 보인다. 민우는 흘낏 그것을 쳐다보고 입을 벌리며 얼굴을 쉐이커 쪽으로 가져왔다. "안 돼, 먹으면 안 돼"하며 쉐이커를 빼자 민우가 칭얼대며 울면서 턱에 두른 거즈 수건을 강하게 씹었다. 그 이후 민우와 어머니 사이에서는 그 어떤 교류도 없었다.

어머니가 치료실에서 나가자 민우는 울먹였고 토닥여 주자 진정되는 듯 했으나 다소 불안함을 느끼는 듯 보였다. 내가 작은 소리로 기타를 연주하기 시작하자 귀를 기울였고 허밍으로 노래를 들려주자 관심을 보였다. 그러더니 스프링이 튕기듯이 자리에 일어나 몇 발자국 종종 걸음으로 이동하더니 잠깐 멈추어 서고 방향을 바꾸어 빠른 속도로 이동하고 멈추기를 몇 차례 하면서 주변을 탐색했으며 치료실 안을 서성이기 시작했다. 치료사가 작은 소리로 동요를 불러주자 기분이 좋아진 듯 얼굴에 옅은 미소가 번졌다. 손을 잡고 함께 이동하면서 종종 허밍으로 노래의 한 구절씩 끊어서 멜로디를 표현해 주었다. 걸을 때에도 시선은 항상 정면을 향해 있었으며 치료사와 손을 잡지 않고 이동할 때는 팔꿈치를 구부린 채 팔을 앞쪽으로 들어 올리고 손목을 축 늘어뜨린 상태를 유지했다.

두 번의 세션을 통한 진단평가가 이루어졌고 민우의 현재 기능, 행동 특성, 음악 자극에 보이는 반응, 상호작용 수준, 특이 행동에 대한 내용, 그리고 민우와 어머니의 행동 패턴 관찰내용을 토대로 평가서가 작성되었다. 민우의 현재 기능 상태는 다음과 같았다.

- 감각통합 미발달: 감각 조절 및 실행 기능 저하, 전정 감각, 고유수용성 감각 · 촉각 · 청각 · 시각 시스템 등 전반적인 감각조절과 실행의 정상적 발달이 이루어지지 않은 것으로 보임
- 언어 및 의사소통의 어려움: 자발적 음성의 수준이 낮고 자발어가 없으며 의사소통이 제한적임
- 신체 조절 및 전반적인 운동기능의 저하: 대근육, 소근육의 운동이 조직적이지 않으며 근 긴장도가 과도하게 낮음
- 사회적 관계와 상호작용의 어려움
- 감정 발달의 미흡과 정서적 불안정 상태
- 모아 애착 형성 및 가족 자원 활용의 어려움

치료 목표와 계획

2회기 세션 후 어머니와의 상담이 이루어졌다. 민우의 발달 정도와 그에 따른 문제행동[1]의 원인과 수준에 대한 논의가 있었다. 이미 첫 면담에서 민우에 대한 특성과 치료 및 양육에 대한 방향에 어려움이 있다는 어머니의 호소가 보고되었기 때문에 민우가 가지고 있는 장애에 대한 이해를 돕는 것이 치료목표의 중요한 부분이 되

1) 통상 문제행동이라는 단어를 사용하지만, 발달장애 아동들의 현재 기능에서 볼 때는 환경에 적응하고 있는 지극히 당연한 행동이라고 할 수 있다.

었다.

어머니와의 상담 후 진단평가를 바탕으로 구체적인 민우의 1년간의 치료 목표가 정해졌다.

[치료 목표]

- 감각 발달 및 조절 기능 발달 / 촉각, 시각 방어 행동의 소거 / 상동행동 및 자기 자극 행동의 감소
- 자발적 의사소통의 시도 / 의도적 발성(2음절 단어 구사를 위한 시간의 확보) / 자연스런 호흡하기 / 발어를 위한 구강 감각 조절
- 상호교류 기술 익히기 / 민우와 어머니와의 관계 구축하기
- 정서적 안정감 경험
- 가족들의 아동에 대한 이해와 양육 스트레스[2] 감소
- 조력자로서의 역할에 대한 인식 수준 향상 및 구체적인 훈련 방법과 역할 익히기

치료의 목표가 수립되면서 다음과 같은 구체적인 음악 치료의 방법이 결정되었다.

1. 현저히 낮은 수준을 보이고 있는 감각의 통합, 조절, 실행 기능을 향상하기 위해 영유아기부터 경험해야 할 자극물로서의 음악 자극 및 음악 활동을 제공하되 감각통합의 발달 단계와 맥락을 같이하여 효율적인 과정이 되도록 하였다.

   주요하게 다뤄져야 할 감각통합의 과정은 다음과 같다.

   첫 번째 단계 촉각으로부터 얻어지는 원활한 빨기와 먹기의 실행과 모아 애착이 이루어지는 단계로 전정 감각과 고유수용성 감각의 통합을 통해 잘 조직화된 눈동자의 움직임, 자세유지, 신체 평형유지, 근긴장도의 적정성 유지, 중력으로부터의 안정감 등의 발달을 이룬다.

   두 번째 단계 촉각, 전정 감각 및 고유수용성 감각의 통합을 통해 신체 지각, 신체 양쪽의 조정, 운동기능 계획, 주의집중의 지속, 활동 수준의 조정과 정서

2) 자폐장애 아동의 가족은 자폐 장애 고유의 특성을 반영하는 독특하고 더 광범위한 생활 영역에서 스트레스를 경험하게 된다(조철수 외, 2011, pp. 302-307).

적 안정감을 이룬다.

세 번째 단계 시각과 청각의 질적 통합, 청각과 전정 기관의 통합으로 신체 지각과 언어 표현을 가능하도록 함. 시각, 촉각, 전정감각, 고유수용성 감각의 통합으로 정확하고 미세한 시지 각을 갖도록 함으로써 눈과 손의 협응이 이루어지고 목적하는 움직임이 가능해진다.

네 번째 단계 전체 두뇌의 기능을 형성하기 위해 종합적인 기능을 하게 되는 단계로 전 단계의 감각통합을 거쳐야만 가능하다. 조직하고 집중하는 능력, 자기 통제, 자기주장 및 자기 만족감이 생기며 신체 균형과 두뇌의 자연스러운 분화가 일어나게 된다.

2. 음악과 음악활동은 근원적인 소리 또는 움직임을 반영하여 구성하고, 정서적인 안정감을 줄 수 있는 음악과 노래를 사용한다.
3. 감각과 신체의 조절을 위한 움직임에 사용될 활동곡을 작곡, 편곡하고 다양한 음원을 사용하도록 한다.
4. 큰 범주에서의 활동을 세팅하여 세션을 진행하되 세션의 일부분은 민우가 보여 주는 반응과 순간의 변화에 따라 유연한 주제를 다루어 가는 방식으로 진행하도록 한다. 음악치료 세션 중 민우와 치료사가 한 단계씩 쌓아가야 할 활동이 있다면 그것이 무엇을 위한 것인지에 대한 확고한 관련성을 가지고 음악, 음악활동 반응에 대한 피드백을 통일된 메커니즘 안에서 작동하도록 한다.

치료사와 어머니의 치료 동맹[3)]

치료 목표를 달성하기 위해서 민우의 주 양육자인 어머니를 치료의 큰 틀 안에 포함시켰다. 치료 목표가 발달영역 전반에 걸쳐 있으므로 연령에 따른 주요 발달 과정을 함께 할 수 있는 어머니야말로 민우가 맞닥뜨리게 될 삶의 모든 장면과 관련하는 중요한 조력자로서 역할을 할 수 있을 것이라 여겨졌다. 그럼에도 불구하고 현재는 어머니와 민우의 관계 형성이 미흡한 상태이며 발달 장애에 대한 이해도가 낮아 민

3) 치료자가 내담자와 함께 효과적으로 작업을 할 수 있게 하는 둘 사이의 신뢰적 관계, 즉 내담자가 치료자 혹은 상담자가 치료과정에서 자신이 경험할 어려움을 잘 해쳐 나갈 수 있도록 도울 것이라는 신뢰를 가진다 (Gabbard, 2008, p. 142).

우에 대해 어찌할 바 모르는 태도를 가지고 있을 뿐만 아니라 장애 아동 양육에 대한 두려움과 방관적 태도가 공존한 상태였다. 발달상의 제한적 기능을 가진 민우의 성장에 함께 할 어머니가 자녀 양육과 상호작용 능력을 가질 수 있도록 돕는 것은 무엇보다 중요했다. 따라서 민우 어머니 자신의 심리적 어려움을 해결하고자 심리치료 과정에서 종종 사용되는 '치료 동맹' 맺기와 문제해결의 과정이 필요했다. 따라서 아동의 세션 전 혹은 세션 후 상담 외에도 격주마다 부모의 개별상담 및 부모교육프로그램을 계획하였다.

치료 과정

경계의 인식: 라포 형성 그리고 환경의 적응

민우는 평상시 대체로 본능적 수준의 일상, 심리적으로 표현하자면 무의식 상태에 머물러 있는 것과 같은 모습으로 지내고 있었다. 주변의 감각에 대해 존재함으로써 경험하고[4] 본능적이며 즉각적인 방식으로 반응할 뿐이다. 많은 자폐 스펙트럼장애 아동과 마찬가지로 닫힌 문 앞에서 정면을 본 상태로 문이 열려도 같은 각도로 얼굴을 든 채 정면을 보고 이동할 뿐 문이나 문턱과 같은 공간을 구분 짓는 '경계의 개념과 존재'를 분명하게 인식하지 않았다. 문 가까이에서 인사하며 맞이하는 치료사를 부딪치지 않아야할 그 무엇으로 인식하는 듯 그대로 지나쳐 방 안으로 들어와 가운데 놓인 의자 앞에 선다. 목표물에 도달하는 것, 즉 과정은 사라지고 또 그 과정 안에서 세밀하게 이루어져야 할 많은 경험, 관계, 반응들은 빠져있는 상태에서 최종 단계만 남아있는 것이다. 절차와 과정에서 관계성은 결여되었지만 적어도 결과적으로 민우는 의자에 앉아야한다고 여기는 것은 확실했다. 발달장애를 포함한 자폐스펙트럼장애에서 보이는 Routine과 관련한 특성은 극복해야할 것 중의 하나이면서 동시에 생활에 잘 활용해야 할 것이기도 했다.

4) 의식 수준의 지각이 이루어지지 않은 채 주변에 존재하는 것에 대해 주체적인 관계 맺음이 없거나 비목적적이며 능동적인 탐색을 거치지 않은 상태로 감각을 경험한다. 따라서 감각적 경험은 주변에 존재하는 자극에만 의존하게 된다.

의자 앞에 섰지만 시선을 이동하여 의자를 보거나 스스로 앉지는 않았는데 한참이나 시간이 흘러도 내가 자리에 자신을 앉혀주지 않자 몇 걸음 움직여 와 내 곁에 선다. 물론 고개는 자신이 걷는 정면을 향한 채로. 민우의 모습은 이 세상의 모든 무서운 것들에 둘러싸여 온몸이 굳어버린 것 같은 상태를 경험하는 것처럼 보였다. 민우와의 세션은 매우 조심스럽고 부드럽게 진행되었다. 정확한 발음과 느리고 작은 말소리로 이야기 했고 간단한 멜로디와 박을 가진 동요나 챈트를 이용하여 음악활동 안으로 이끌었다. 촉각과 고유수용성 감각 방어가 있어 악기와 손을 접촉시키거나 움직여 소리 내도록 하는 것에 많은 주의가 필요했다. 우선은 작고 아름다운 소리, 흥미를 끄는 소리를 사용하여 소리가 위험신호로서 받아들이지 않도록 청각과 촉각 방어 수준을 떨어뜨리는 것에 집중했다. 작은 소리에도 종종 놀라는 경우가 많았는데, 시각 정보 처리가 원활하지 않는 상황에서 소리에 대한 의존은 불안과 두려움을 더욱 가중시키 것으로 보였다. 대체로 중간 톤의 음성과 부드러운 멜로디에 긍정적인 반응을 보였고 지속적인 주의를 기울이면서 점차로 치료사, 치료실과 음악적 환경이 안전하며 꽤 흥미롭고 즐겁다는 것을 느끼는 것 같았다.

민우와의 치료 작업은 민우가 주도성을 갖는 그 순간을 포착하는 것으로부터 시작되었다. 주도성이 부각될 때 민우 스스로 자신의 목적성이 뚜렷해지고 비언어적이거나 언어적인 표현을 사용해야 할 필요성을 느끼고 기술을 발전시켜 가야했다. 다른 치료 영역에서 이미 경험한 것을 불필요하게 반복할 필요는 없었다. 주변의 선별되지 않은 일상의 자극과 경험을 이제부터는 발달을 충족하기 위한 수준과 양만큼 제공해야만 했다. 이 과정에서 음악과 음악 활동은 매우 다채로운 방법을 제공하고 즉각적인 반영을 가능하게 하는 좋은 도구였으며 음악 치료실의 환경 또한 이것을 지지해 주는 공간으로 세팅할 충분한 가능성이 있는 곳이었다.

민우가 치료실에 들어오기 전 닫힌 문 앞에 잠시 머무를 수 있는 시간과 문이 열리고 첫발을 떼기 전에 멈추는 시간을 갖도록 했고 문틀의 올록볼록한 구조물을 발바닥으로 느낄 수 있도록 했다. 주변의 악기를 자유롭게 탐색할 수 있었고 치료실 내 공간을 마음껏 다닐 수 있도록 했다. 커튼을 걷어 바깥의 나무와 하늘이 보일 수 있도록 했다. 민우의 경험 과정에서 드러나는 여러 어려움을 민우의 주도성과 새로운 경험을 촉진해서 기존의 잘못 세팅된 회로들을 재정비해야 했다. 이러한 과정이 한 달 이상 진행되었을 때 비로소 시선의 움직임이 활발해졌다. 시선을 옮기는 시간이 단축되고 시선이 머무르는 목표물이 뚜렷해졌다. 같은 방식으로 치료가 계속 되자 차츰 자발적이고 목적적인 목의 움직임이 관찰되었다. 이제 닫힌 문 앞에서 도와줄 치료사를 향해 고개를 돌리거나 정면만 응시하던 민우가 드디어 문턱을 의식하여 고개를 살짝 숙여 바닥으로 시선을 옮길 수 있게 되었다. 비로소 상호작용과 의사소통을 시작할 준비가 된 것이다.

경계를 넘어 접촉하기: 수용과 표현의 시작

자신을 부르는 소리를 들은 민우는 이제 치료사인 나를 향해 고개를 들고 시선을 옮길 수 있게 되었다. 서로 마주하는 즐거움! 교류적 소통의 시작이었다. 여전히 눈의 초점은 비껴있지만 즉각적인 반응을 보였고 나에 대한 신뢰나 긍정적 태도를 보이고 있었기 때문에 보다 적극적인 음악적 중재가 시작되었다. 전반적인 기능 수준이 매우 낮은 편인데다 구강-촉각방어(tactile defensiveness), 청각방어(auditory defensiveness), 시각방어(visual defensiveness)뿐 아니라 중력 불안(gravitational insecurity), 자세 불안(postural insecurity), 고유수용성 감각 방어(proprioceptive defensiveness) 등 모든 유형의 감각방어를 보이고 있고 감각 정보에 대한 회피반응과 과소반응이 공존했기 때문에 음악 활동의 수준은 매우 낮았다. 민우는 종종 음악 활동을 하다가 갑자기 튕기듯이 일어나서 창문 쪽으로 이동하기도 했는데 하늘에서 새가 날아오르거나 바람에 무엇인가 날리는 것에 대해 반사적으로 반응하는 등 주변 자극에 대해 자신이 통제하는 반응에 있어 여전히 취약했다. 종종 손가락을 흔들어 빛을 산란시키는 시각자극 놀이나 손등을 입으로 물고 씹는 행동들이 나타났는데 가장 빈번한 것은 양손을 얼굴 높이로 들어 흔드는 상동행동이었다.

초기 라포 형성 과정에서 소리에 대한 두려움이 꽤 낮아졌으므로 청각 자극을 통한 시선의 이동과 머무름, 초점 맞추기가 시행되었고 소리의 수용과 함께 촉각과 시각 방어에 대한 중재로 악기와의 접촉을 시도하였다. 주로 사용한 악기는 클래식 기타, 핸드 드럼, 다양한 크기와 모양의 쉐이커, 동물모양 방울, 윈드차임, 레인스틱 등을 음악과 함께 제공했는데 촉각 방어와 고유수용성 감각 방어로 인해 악기를 쥐고 있는 것은 어렵기 때문에 처음에는 치료사가 그것을 연주하며 중간 중간 민우의 손을 이끌어 탐색하도록 하였고 게더링 드럼과 로그 드럼을 이용하여 '진동 자극'을 경험하도록 했다. 배경 음악을 사용하여 짐 볼을 굴리거나 엎드려 몸을 앞뒤로 그리고 좌우로 움직임을 느끼도록 했으며 음악을 따라 함께 걷고 팔다리를 움직여 주는 활동을 함으로써 중력불안을 경감시키고자 하였다. 점차로 자세불안과 고유수용성 감각 방어의 해결을 위해 보다 적극적으로 무브먼트 활동을 늘려나갔는데 2박자 혹은 4박자의 곡에 맞춰 손을 잡고 걷는 활동을 하였는데 앞으로 가다가 옆으로 이동, 뒤로 이동하는 등의 방향전환 할 것을 요구하였다. 무브먼트 활동을 할 경우 민우는 처음에 다소 두렵고 당혹스러운 표정을 짓지만 재미있고 즐겁다는 표현을 해줌으로써 안정감을 가지고 지속적으로 활동에 참여할 수 있었다. 특히 민우는 손과 팔을 자신의 머리 위로 올릴 수 없었으며 팔을 잡아 머리 위로 올려주면 두려워하며 울음을 터뜨렸는데, 이것은 아마도 자신의 시야에서 벗어나면 신체부분이 사라지는 것으로 여기는 것으로 보였다. 머리를 숙이거나 돌리는 것에 대한 두려움을 느끼는 중력불안이나 자세불안에 대한 해결을 위해서 사물에 대한 영속성 이해와 관련된 인지적 발달을 도모하는 것 또한 고려되었다.

언어적 표현을 유도하기 위한 시도가 시작되었다. 울음소리만이 성대를 통해서 내는 유일한 소리였고 침 조절과 구강 및 발성을 위한 근육의 긴장도 조절에 어려움이 있기 때문에 먼저 혀의 움직임과 입술의 조절을 위해서 콰이어 혼 불기를 유도했다. 처음에는 콰이어 혼을 입술 가까이에 대고 스스로 물도록 시도했지만 혀로 밀어내거나 어금니로 씹는 등 구강방어와 촉각방어를 보였고 입술에 적절한 힘을 주어 입을 다물 수 없기 때문에 침을 계속 흘렸다. 그래서 부드러운 거즈로 입구를 동그랗게 감싸서 딱딱한 질감을 줄이고 침을 흡수하여 악기가 미끄러지지 않도록 하는 것이 필요했다. 여러 주 동안 반복적인 시도 끝에 앞니로 콰이어혼을 물고 있게 되었고 그 다음 단계로 입술의 형태를 만들어주고 콰이어혼을 입술로 물 수 있도록 했다. 이와 함께 나도 손으로 입술의 모양을 만들어 혼을 부는 모습을 반복적으로 모델링했다. 민우는 콰이어혼을 불기 위한 동작과 의지를 보였다. 그래서 훨씬 소리가 잘나는 그러나 입을 대는 부분이 다소 불편한 리코더로 대체했다. 시도는 계속되었다. 동시에 어머니에게 '촛불 끄기'와 '손등에 입김 불어 넣기'[5] 활동을 집에서도

5) 평소에 잘 듣고 즐기는 동요를 들려주며 한 구절 혹은 프레이즈 끝부분에 어머니가 아동의 손등이나 손바닥에 입김을 불거나 촛불을 끄도록 하는 활동으로서, 이때 음성을 사용하지 않고 호흡을 이용한다.

꾸준히 할 수 있도록 격려하는 것이 중요했다.

민우의 감각 통합을 위한 음악활동은 반복적이고 지속적으로 이루어졌는데 이를 위해 무엇보다도 민우가 부담을 느끼지 않고 충분히 수용할 수 있도록 음악적 환경을 제공하는 것이 중요했다. 먼저 촉각 자극과 함께하는 음악은 편안하고 부드러운 멜로디 노래와 곡을 활용하는 것, 시선처리와 눈 맞춤을 위해서는 악구의 끝부분 혹은 종지에서 연주할 수 있는 구조의 곡을 사용하며 2~3개의 악기를 사용하여 위치를 변화시켜 연주할 수 있도록 하는 것, 신체조절을 위한 무브먼트 활동에서는 다양한 느낌과 빠르기를 가진 곡을 사용하되 주제부분은 음성으로 익혀 음악이 없이 음성으로 들려주며 움직임을 하도록 하여 자신의 움직임의 감각을 스스로 경험할 수 있도록 하는 것 등이다.

음악치료를 시작한 지 6개월이 지나서 민우는 이제 움직임이 한결 빨라졌고 악기와 사물에 초점을 맞추고 응시할 수 있었다. 부드러운 키보드의 건반을 눌렀다 뗄 만큼의 손가락과 팔의 힘을 조절할 수 있게 되었고 악기에 접촉하는 시간이 길어졌으며 실내에서의 양말 벗기 등이 대체로 진정되었다. 혀의 움직임이 생기면서 침 흘리기가 감소하긴 했으나 여전히 입을 다물거나 입술을 모으는 근육의 힘이 부족하였기 때문에 발성과 발음 연습을 위해 지금까지와 같은 방법의 기초 훈련을 계속해 나갔다.

시각 추적, 보이지 않는 연결선을 찾아

다음 단계로의 도약을 위해서 무엇보다 필요한 것은 시간의 흐름을 따라 이루어지는 연속적 시각추적(eye tracking)[6] 기능이었다. 이를 위해서는 눈 맞춤(eye contact)과 목표물에 집중하기(focusing)가 적정 수준에 이르는 것이 선행되어야 했다. 이에 음악 활동에서 터치 벨, 핸드드럼, 고정캐스터네츠 등의 한 손을 이용하여 악기를 터치하여 소리 낼 수 있는 악기가 활용되었다. 처음에는 연주할 타이밍에 민우의 손이 닿는 거리에 악기를 대어 주었고 잘 수행이 되면 다음에는 양쪽에 한 개

6) 시각추적을 하는 동안 뇌는 팔 움직임에 대한 리듬과 공간을 획득한다. 즉, 각 음에 도달하기 위한 충분한 수평적 움직임, 그 음을 치기 위한 충분한 압력, 그리고 자동적인 시각추적과 움직임을 확인하게 된다 (Berger, 2012, p. 159).

씩 대어 주었다. 그 다음 단계로는 악기를 한 개만 앞쪽에 배치하여 연주할 수 있도록 했고 그것이 가능해지면 양쪽에 배치하여 연주할 수 있도록 하였다. 이후 그 간격을 달리하여 거리 감각에 대한 민감성을 발달시키고 눈과 손의 협응 수준을 높일 수 있도록 하였다. 이 활동은 민우의 자발성과 지속성을 향상시키는 데 매우 효과적이었고 계속해서 조건들이 추가되고 변화되는 과정들을 민우가 자연스럽게 받아들이도록 하는 데도 의미가 있었다. 수행 수준이 점차로 나아지면서 새로운 과정이 추가되었다. 양쪽에 놓인 악기를 연주하는 사이에 노래나 음악을 멈춤으로써 치료사에 대해 주의를 기울이도록 유도하는 것이었다. 이 활동은 여러 자극을 경험하는 중에 치료사의 언어적 메시지나 신호(cue)에 대해 주의를 기울일 수 있도록 하고 자발적인 눈 맞춤을 유도하여 '모방하기'를 통한 학습으로 이어가기 위한 것이었다. 그 다음 시각 추적을 위한 활동으로 터치 벨의 개수를 한음씩 8음까지 늘려가면서 10~20cm의 간격으로 배열하면서 연속적인 초점의 이동을 가능하게 하는 거리를 고려하면서 시각 추적 연습을 하였다. 이 활동을 통해 민우의 시선이 확장되었고 목의 움직임이 한결 자연스러워졌다. 두려운 듯 경직된 눈빛이 부드러워졌고 부자연스럽게 위를 향하던 눈동자가 제자리를 찾고 있었다.

민우 어머니는 이러한 변화에 고무되었고 향상되어가는 모습에 기대감을 내비쳤다. 이에 민우의 향상에 어머니가 더 적극적인 참여를 할 수 있도록 일상생활에서 지속적으로 연습할 수 있는 방법을 제시해 주었는데 그동안 어머니가 민우에게 무의식적으로 행했던 것에 대한 '알아차리기'와 더 좋은 대처 방법에 대해 '생각해 보기'를 근간으로 하는 내용이었다. 민우의 음식에 대한 과도한 집착을 해결하려면 '문제가 되는 것은 어떤 것인가? 심각한 문제로 발전되는 때는 언제인가? 전조 행동은 무엇일까? 해결을 위해 미리 조치할 수 있는 방법은 있을까? 긍정적인 변화를 지속할 수 있는 방법은 무엇일까?' 등 어머니가 스스로 멈추어 생각해 보기를 격려하였다. 또한 구체적인 방법 예를 들어, 음식을 손에 닿지 않는 곳에 두는 것, 적절한 양 만큼을 먹도록 하는 것, 요구에 대해 자발적으로 확실하게 의사표시를 했을 때 들어주기, 정면을 응시한 채 음식물을 먹지 않도록 적절한 거리에 놓아주기, 한 번에 입에 넣을 수 있는 크기로 잘라 주기 등 아동의 양육에 있어 지켜야할 기본적인 내용을 알려주고 효과적인 실천 방법을 제시하였다.

민우가 시각추적에 대한 개념이 생기면서부터는 대근육 조절 기능과 자신의 신체 인식 향상을 위한 음악 활동을 이어갔다. 예를 들어, "○○는 어디 있나 여기, ○○" 노래를 활용하여 신체 각 부분의 이름을 말하고 치료사의 손바닥으로 해당 부위를 짚어 압력과 촉각을 느낄 수 있도록 하기, 같은 방법으로 민우 자신의 손을 신체부분에 대고 감각 느끼기, 치료사와 손바닥, 손등, 손가락 마주대기 등의 활동이었는데 몸의 움직임 조절과 협응 능력 향상과 함께 매우 드물긴 하지만 자발적인 시각 추적이 가능해지고 있었다.

자발적 모방

민우가 도전한 그 다음의 과제는 '손으로 쥐기'에 대한 도전이었다. 고유수용성 감각 방어가 있는 민우는 말렛을 쥐자마자 손바닥을 바로 펴서 떨어뜨리기를 반복했는데 그럴 때마다 4~5번의 두드림으로 구성된 짧은 리듬을 만들어 연주를 해주었다. 말렛은 위험한 도구가 아니며 롤리 팝 드럼과 자일로 폰의 경쾌한 소리를, 로그 드럼의 평온한 소리를 들을 수 있게 해주는 것임을 보여 주었다. 연주 소리를 듣고 싶은 민우는 나의 손을 끌어 말렛 가까이 가져가는 것으로 연주를 계속해달라는 메시지를 전달했는데 자폐아동들에게서 흔히 볼 수 있듯이 민우도 타인의 팔과 손을 자신 신체의 연장선으로 느끼고 있었다. 민우와 작업을 할 때는 많은 인내심이 필요한데 특히 이 순간이 그러했다. 민우가 나의 손을 말렛 가까이 가져갈 때면 말렛을 집어 들지 않고 그대로 기다려야 했는데 민우는 한동안 가만히 기다리다가 내 손을 말렛에 더 가까이 가져가 한 번 더 재촉했다. 이때 나는 한 번 더 인내심을 가지고 기다려야 하고 악기가 연주되기를 간절히 바라고 있다는 것을 스스로가 느낄 때까지 기다려야 했다. 바로 그 순간 말렛을 민우의 손에 닿게 하고 손에 쥘 수 있도록 나의 손으로 민우의 손을 감싸고 롤리 팝을 연주했는데, 그것은 하나의 새로운 세계의 문을 두드리는 것과 같은 것으로 중요한 것은 두려움이 없어질 때까지 몇 차례 반복해야 하는 것이었다. 민우에게 음식 이외의 것을 손에 '쥐고 있는 것'은 단순히 신체를 조절하는 것 이상의 의미였다. 그것은 자신의 한계를 뛰어 넘는 의식적인 행동이며 사회적인 관계 속에서의 수용을 의미했고 의지의 표현이라고 할 수 있었다.

말렛을 손에 잡을 수 있게 된 후 민우는 이전보다 훨씬 다양한 활동을 할 수 있게 되었다. 에그쉐이커, 마라카스를 손에 쥘 수 있었고 그것을 주고받을 수 있었고 그 과정에서 자주 의미 있는 시선 처리가 가능해졌다. 본격적으로 모델링을 통한 자발적인 수용을 유도할 수 있게 되었다. 민우의 시각추적 능력의 향상은 나의 손동작과 팔이 움직임을 의미 있게 해 주었고 악기를 손에 쥐는 것이 가능해짐으로써 모방과 교류적인 음악 활동이 가능해지기 시작했다.

한편 혀와 입술 근육의 움직임과 침 조절 수준이 향상되었지만 발성과 발어에 있어서 좀처럼 쉽게 향상을 보이지 못하였다. 구강방어가 심하여 양치질이 쉽지 않은 데다가 잦은 감기와 열로 염증을 동반하는 경우가 많았는데 이럴 때면 통증으로 입을 다물지 못하고 벌리고 있었는데 이것이 더욱 세균에 노출되어 악순환이 반복되었다. 게다가 뇌전증으로 인해 경기가 잦았는데 그럴 때마다 심하게 지쳐있거나 멍한 상태로 있곤 했다. 다행히 수용언어의 기능은 점차 향상되고 있었고 노래를 좋아하였기 때문에 상당히 많은 동요를 들려주었으며 기타나 피아노 반주와 함께 다양한 악기로 연주해 주는 활동이 의미 있었다. 종종 노래에 매우 집중할 때가 있는데 이때는 가사에 나오는 단어를 길게 소리내어 입모양 보여 주기를 반복했다. 나중에 민우는 내가 들려주는 노래의 멜로디를 따라 부르는 경우가 많아졌는데 입술 닫는 소리를 내기가 어려웠으므로 '으어 어으으'로 표현되는 노래를 부르곤 했다. 아직은 부정확한 소리였지만 자발적인 모방과 참여에 의미가 컸다. 이런 상황이 지속되다가 드디어 입술을 살짝 붙였다 떼며 약간의 음성이 섞인 매우 빠른 속도의 '바바' '버버' 하는 소리를 냈다. 뒤이어 완전한 음성으로 내는 소리 '아'가 가능해졌다. 가장 길게 2초의 시간을 유지할 수 있었는데 재미있었는지 스스로 소리를 내곤 했다.

1년여의 시간이 흐르면서 처음에 모든 것이 정지되어 있는 듯이 보였던 민우는 많은 것이 변해 있었다. 초점이 없던 큰 눈망울은 나의 움직임을 따라 이동할 수 있었고 기타소리와 피아노 소리가 시작되면 기대감으로 기다리는 모습을 보였고 동요를 부를 때 귀담아 듣고 멜로디를 표현하려는 듯 소리를 냈으며 전반적으로 음악 속에서 편안함을 느끼는 듯했다. 특히 심각했던 감각 방어를 포함한 감각 통합의 조절과 실행 수준이 거의 제로에 가까웠던 것과 비교해 볼 때 감각통합의 기초 작업이 이루어졌다. 드디어 본격적으로 치료를 위한 출발선에 선 것이다.

헤어짐 그리고 새로운 시작

1년의 치료 기간이 지나면서 안타깝게도 민우 어머니의 복직으로 치료는 일단 종결되었다. 늦은 퇴근과 치료실과의 거리가 멀어 일주일에 2회를 오갈 수 없었기 때문이었다. 그래서 앞으로 주 양육자로서의 어머니가 민우와 함께 일상생활에서 함께 할 수 있는 활동과 아버지의 협력을 받아 할 수 있는 활동에 대해 알려주면서 언제든지 도움이 필요할 때 연락을 취할 수 있음을 알렸다. 이후 몇 차례 어머니와의 통화에서 민우의 뇌전증으로 인한 잦은 경기 때문에 불안정한 상태가 이어지며 상동 행동 때문에 어려움이 있다는 이야기를 전해 들었다.

치료가 중단되고 거의 1년이 지났을 때, 민우는 다시 음악치료를 받기 위해 치료실을 찾았다. 민우의 어머니는 민우의 초등학교 입학을 위해 다시 1년간의 휴직을 계획한 상태였다. 민우는 신체적으로 많이 성장해 있었지만 놀랍게도 1년 전과 비교하여 거의 향상된 부분이 없는 듯 했다. 오히려 손 펄럭임(hand flapping), 양말이나 손수건 흔들기 등의 상동행동과 자해행동이 눈에 띄게 많아졌고 발어는 여전히 되지 않는 상태에서 음성을 이용한 칭얼대기와 짜증을 내는 모습이 눈에 띄었다. 어머니는 민우의 이러한 변화에 대해 이전보다 더 힘들어졌으며 어찌해야할지 더욱 모르겠다는 반응을 보였다. 민우의 이러한 변화는 그만큼 성장했음을 보여 주는 것이라고 해석할 수 있는데 아마도 자신의 욕구와 감정이 분명해졌다는 것을 의미하는 것이라 여겨졌다. 하지만 자신의 욕구와 감정을 제대로 표현할 수 없고 소통할 수 없으므로 심리적 문제와 행동상이 문제가 생겨나기 시작할 수밖에 없을 것이다. 따라서 문제 해결의 중심에는 '소통' 그리고 '이해'가 있었다.

채움에서 해결로

소통과 이해를 위한 치료에 앞서 민우의 이전 상태를 점검하는 것이 선행되었다. 이전의 목표들이 발달 단계에서 빠져있는 것을 채우는 것이었다면 이제는 삐죽 튀어나온 것을 적절하게 자리 잡아주는 것으로 볼 수 있는데 아직 채워지지 않은 것들로 인해 삐죽 튀어나올 수 있기 때문이기도 하다. 옷의 늘어진 끈이나 옷을 입에 넣어 씹기, 껌이나 사탕을 한꺼번에 입에 넣고 순식간에 씹어 먹기 등의 구강 방어, 의식적이고 목적을 따라 선택적으로 몸을 구부리거나 동작을 할 수 없는 고유수용성 감각 방어 등 다양한 감각 방어의 모습이 있었다.

이러한 감각 통합의 어려움은 불안정한 신체감각과 정서적 불안과 두려움을 느끼게 하고 이를 본능적으로 해결하려는 과정에서 과도한 상동행동과 자해행동(손을 물고 주먹으로 턱을 치는)으로 나타난 것으로 보였다. 먼저 치료실에서 신체 안정성과 조절을 위한 무브먼트 중심의 음악활동이 이루어졌는데 이때 중요한 내용은 박을 따라 발바닥 전체가 바닥과 닿은 상태로 체중을 실은 스텝이 연속적으로 실행되기, 반복적으로 좌우의 무게 중심 이동하기, 앞, 위, 옆으로 양팔 동시 혹은 번갈아 뻗기 등이 움직임 안에 포함되도록 하는 것이다.

손을 이용한 상동행동이나 자해행동의 문제를 해결하는 것은 손의 효율적인 움직임을 익혀주는 것, 시간의 지연을 수용하는 것 그리고 감정의 적절한 표현과 심리적 안정감과 연결할 수 있다. 그러므로 감각 기능 향상과 심리적 충족이라는 두 개의 트랙이 동시에 작동하도록 음악과 활동이 구성되었는데 한 개의 트랙은 손을 털거나 무의미하게 박수를 치는 상동행동을 감소하기 위해 멜럿을 꼭 쥐고 드럼을 연주함으로써 진동자극을 느끼는 것이고 또 하나의 트랙은 자신의 움직임이 구조 안에서 의미 있게 기능하는 것에 대한 성취감을 경험하고 치료사의 지지를 통한 소통을 경험하도록 하는 것이었다. 같은 방식으로 윈드차임, 실로폰, 톤블럭, 캐스터네츠, 탬버린 등의 연주 활동을 하였다. 스트레스와 정서적 안정을 위해서 민우가 선호하는 서정적이고 아름다운 클래식 음악(5분 이내의 짧은)을 감상하도록 했고 이제는 소리에 대한 두려움이 적어졌기 때문에 다이내믹한 음악과 연주를 들려주어 신나는 느낌을 경험하고 각성 수준을 높이는 것이 효과적이었다. 발성과 발어를 위한 과제도 이전보다 적극적으로 요구할 수 있었다. 여전히 세균감염으로 구강 염증이 있을 때가 많았으므로 상태가 호전되어 있을 때 집중적인 훈련을 했다. 지시가 포함된 노래(예쁜 손, 예쁜 입)와 짧은 멜로디와 함께 하는 구강 자극과 마사지는 민우의 양쪽 손과 손가락을 모두를 이용하였는데 점차로 촉각 자극에 대한 거부감이 감소하였고 턱을 치는 행동 감소에도 긍정적으로 작용했다. 손으로 입술 모양을 만들어 주면 '음' 소리를 내며 최대한 2초 정도 유지할 수 있는 힘이 길러졌는데 학교에 입학할 즈음에는 치료사가 하는 소리와 입모양을 보며 스스로 입술을 닫고 있을 수 있었다. 그로부터 매우 약한 소리와 함께 입술을 열면서 소리를 내는 데까지 다시 6개월 정도가 더 소요되었다. 드디어 동요 '나비야'의 받침 없는 가사의 일부분을 따라 하도록 시도할 수 있었다. 선천적으로 두텁고 굳어있는 혀의 움직임을 지지하기 위해서 제시한 '메롱' 놀이도 가능해졌다. 여전히 제한된 몇 가지의 발음만 가능했지만 혀의 움직임으로 민우 스스로의 변별을 하고 있었다.

여전히 쉽진 않았지만 민우는 이전보다는 빠른 속도로 긍정적인 변화를 가져왔으며 무사히 학교의 원적 학급과 도움교실(특수아동의 위한 학급)을 오가며 학교생활을 하고 있었다. 많은 경우 발달장애 아동들이 학교에서 보여 주는 소리 지르기나 공격적 행동이 많지는 않았으나 음식에 대한 집착과 견디기 힘든 상황이라고 느껴지는 경우 매우 큰 소리로 울어버리는 행동이 잦았다.

민우의 구강 훈련은 치료실 상황에서 콰이어 혼, 리코더 불기, 풍선 불어 이동시키기 등의 게임 송 활동에서 적절한 수준을 보이는 바 가정에서의 지속적인 훈련이 무엇보다 중요했지만 식이와 관련하여 부모님의 과도한 온정적 태도로 인해 민우가 절제 혹은 조절하려는 의지를 갖지 못하는 것이 지속적문제가 되고 있었다. 이 문제 해결을 위해서 음악치료 세션에서 전통적인 음악세션이 아닌 특별한 활동이 진행되었다. 악기 대신에 과자와 사탕이 활용되는 일종의 욕구 지연 게임이었다. '숫자 송' '알파벳 송' 개사된 '한 고개 넘어가서(전래동요)'의 노래를 따라 한쪽 그릇에 담긴 과자나 초콜릿, 사탕 등을 다른 쪽으로 옮기는 것이었다. 효과는 매우 좋았다. 음식을 반사적으로 가져가는 행동이 지시를 따라 지연될 수 있었다. 이제 일반화의 과정이 필요했고 그러기 위해서는 일상에서의 연습이 필요했고 치료가 끝나면 어머니와 민우에게 공통의 과제를 안내했다.

정해진 어머니의 휴직 기간을 고려하여 후반 한 달 가량은 민우의 어려움을 가능한 한 직접적으로 해결하기 위한 부모 코칭을 겸한 세션이 진행되었다. 주제들은 이미 치료의 목표 안에 포함된 것들이었지만 종결 이후 어머니가 민우와 함께 해결해 나가기 위한 기틀을 잡기 위해 강조하여 교육이 이루어졌다. 이를 위해 세션 전 어머니와의 전화통화에서 2~3일 사이의 민우의 일상의 특이상황과 어려움에 관해 의논하고 세션의 활동을 구성하였으며 세션은 어머니와 함께 진행되었다. 그것은 이제까지 진행되었던 음악치료의 목표와 방향, 활동을 총망라해서 종합적으로 설명되는 것이었고 적용되는 것이었기 때문에 누구보다도 가장 가까이에서 장애아동의 성장을 함께 할 보호자에게 매우 중요한 세션이었으며 의미 있게 진행되었다. 누구에게나 그렇지만 발달과정에 있는 민우에게 한 시점은 인생에 있어 단 한 번밖에 없는 것이기에 더욱 소중한 순간들이었다.

종결 이후

치료가 종결된 후에도 초등학교 4학년 때까지 학교 현장에서 경험하는 어려움을 이해하고 해결하기 위해 방학기간을 이용하여 단기 음악치료 세션을 진행하였다. 어머니와 민우가 더 잘 소통하고 민우행동에 대한 정확한 이해와 심리적 이해를 돕기 위해 어머니와 함께 하는 세션도 진행되었다. 그 후 민우네는 3년 정도 아버지의 직장을 따라 더 먼 곳으로 이사 가서 지내다가 중학교 1학년이 되면서 살던 곳으로 다시 돌아왔다. 지난여름 중학생이 된 민우가 방학 중에 부모님과 함께 상담을 위해 치료실을 방문하였다. 아버지에 대한 잦은 공격행동이 문제였는데, 손이나 어깨를 꼬집거나 살짝 무는 행동에 대한 이유와 해결 방법을 알고자 하였다. 그사이 훌쩍 큰 모습을 하고 있었고 행동이 많이 안정되었지만 여전히 표현 언어에 어려움이 있어 의사소통이 제한적으로 이루어지고 있었기 때문에 생긴 문제점들로 나타났다. 청소년기가 되면서 아버지와의 교류가 더욱 필요할 것으로 여겨졌다. 어머니는 민우가 특수학교에서 가장 모범생으로 잘 지내고 있다는 기쁜 소식을 전했다.

오랜만의 세션에 민우는 치료실을 왔다 갔다 하면서 오션드럼과 레인스틱 등의 악기를 알아보고 반가운 듯 가리키거나 소리를 내어 표현했다. 기타를 연주하며 노래를 들려주자 나의 오른 팔 위에 손을 얹고 노래하는 나의 모습을 지켜보면서 박을 따라 고개를 조금씩 움직였다. 그리고는 가까이 얼굴을 대고 즐거움을 표현하였다. 세션이 끝날 때는 부모님과 민우가 모두 함께 박을 따라 악기를 연주하며 노래를 불렀다. 문제행동 해결을 위해서 는 민우와 아버지의 의사소통 방식에 대해 점검하였다. 원하는 것을 그대로 허용하는 가운데 가끔씩 규칙을 적용하여 강하게 꾸짖게 되면 민우는 다각적인 상황을 통합할 수 있는 이해력이 제한되므로 부정적인 감정이 지연되어 무관해 보이는 상황에서 공격적 태도로 나올 수 있음을 상기시켰다. 무엇보다 상호 간 이루어지는 질적인 소통과 관계 맺기의 중요성을 강조하였다. 민우는 앞으로도 방학을 이용하여 한두 차례 만남을 계속하기로 했다.

맺음말

감각통합에 실패했거나 감각통합 발달이 미진한 자폐 혹은 발달장애 아동의 경우는 시간이 지날수록 정상인과의 인지적, 언어적, 신체적, 심리적 기능의 차가 더욱 심화되기 때문에 되도록 어린 시기에 제한된 기능을 섬세하게 구분하여 지속적으로 그 문제를 해결하지 않으면 사회화 과정에서 극심한 부적응을 경험하게 된다. 심지어 다른 기능이 크게 떨어지지 않은 경우라 하더라도 감각조절 및 실행이 되지 않거나 감각방어가 나타나게 되면 돌발적인 행동과 상황이 생길 가능성이 많아 또래 아이들과 교류할 수 있는 기회가 박탈되고 제외되어 개인 내 기능과 조화를 이루지 못하여 더욱 정서적으로 불안정해지고 다른 사람과의 교류가 더욱 제한된다. 따라서 감각통합의 문제는 어떤 치료보다도 이른 시기에 우선적으로 다루어져야 한다.

그럼에도 불구하고 감각통합에 실패한 발달장애 아동 대부분의 양육자의 경우 감각통합에 관련된 사전 지식을 갖고 있는 않기 때문에 주변의 도움 없이는 빨리 이점을 알아차리는 것은 어려운 일이다. 그래서 통상 장애아를 위한 언어나 인지, 놀이 치료를 위해 중요한 시기를 놓치는 경우가 많다. 최근에는 감각 통합을 위한 치료의 필요성에 대한 인식이 증가하고 있지만 여전히 그 시기를 놓치는 바람에 장애 아동의 입장에서는 자연스런 대응 방식이 문제행동으로 변해버린 경우가 종종 있다.

민우의 경우 적극적 감각통합 치료가 늦은 편이었으나 다른 여러 기능이 동반 저하되어 있었기 때문에 오히려 불균형을 덜 경험한 측면에서 비교적 다행스러운 것이었다. 민우와의 경험은 감각통합에 실패하고 시기를 놓친 아동에게 음악치료 세션이 얼마나 다양한 목적 영역에 걸쳐 도움을 줄 수 있는가를 경험한 소중한 기회였다. 즉흥연주로 음악아를 끌어낸다거나 창조성을 경험하는 세션은 아니지만 음악 활동과 경험을 통해 생명의 본질적 조건으로서 감각을 다루게 되면서 섬세한 관찰을 통해 감각을 시작점으로 한 인간성의 근원을 따라 들어가 그것의 본질적인 인과관계를 규정짓는 작업을 했다. 퍼즐 조각을 끼워 전체를 이루 듯 조심조심 서로의 연결점을 이어 목표했던 많은 것들을 해결했다. 어쩌면 다른 차원의 창조성을 경험한 것이리라.

민우와의 음악치료 과정에서 특별히 중점을 두었던 부분 중 하나는 민우를 돌보는 가족 자원의 점검과 활용이었다. 민우 부모님은 성실한 삶을 살고 계셨고 민우에 대한 애정과 양육환경이 양호한 편이었음에도 불구하고 정서적 환경의 빈약하였고 감정적 교류가 특히 부족해 보였다. 민우와 같은 장애 아동을 양육할 때는 가족 간의 섬세한 감정적 교류가 아동의 제한된 기능을 보완해 줄 수 있는 효과적 환경이 될 수 있기 때문이다. 일관되지 않은 대응방식이나 과도하게 허용적인 태도가 자칫 민우의 조절 능력을 오히려 감소시키게 하고 오히려 기능을 혼란스럽게 하거나 문제 행동을 부각시키는 경우가 되기도 한다. 예컨대 감각을 통합하는 과정에서 경험했던 단지 유해한 기억에 불과한 것을 외상기억으로 인식함으로써 부적절한 반응 패턴을 갖도록 할 수 있다. 따라서 민우가 가지고 있는 장애와 행동 특성에 대한 이해, 일관되게 유지해야 할 근본 규칙, 각각의 행동의 이유와 대처법을 알려주고 실행될 수 있도록 돕는 것이 매우 중요했다.

제한적 기능들로 인해 민우는 나이가 들면서 어쩌면 다양한 감정의 표출이 어려워지고 의사소통이 수월하지 않아 일방적으로 제지당하는 경우가 많거나 답답함을 경험하거나 속상함으로 슬퍼지거나 우울한 감정을 경험할지도 모른다. 이러한 감정의 막힘은 소리 지르기와 울음 등의 폭발적인 분노나 상대방을 이로 물거나 할퀴는 공격적 행동으로 표출될 가능성이 있기 때문에 지속적 관계를 맺는 가족 자원은 무엇보다 중요한 역할을 하게 될 것이다.

2년여의 음악치료를 통해 민우가 감각적인 문제의 위험으로부터 성공적으로 빠져나와 안전하게 지내는 것을 치료 후에 종종 점검할 수 있는 것은 치료사에게는 크나큰 행운이다. 다양한 국면에서 가장 가까이에서 민우와 함께 할 가족들의 힘을 길러주고 지지해주는 것은 무엇보다 중요한 것이었는데 치료에 협조적인 부모님들이었기에 실제로 다각적인 시도를 할 수 있었고 충분히 그 힘을 발휘할 것으로 기대되는 보호자와 함께 한 시간들이 음악치료사로서 보람된 일이기에 감사함으로 남는다.

용어 설명

감각방어(sensory defensiveness) 하나 이상의 감각 영역에서 해롭지 않은 감각 자극에 대해 과도한 보호반응을 나타내는 것으로 일반적으로 피하거나 공포, 불안을 느끼기도 하고 과잉 행동 또는 특정한 감각에 집착하는 행동들로 나타난다. 감각방어는 주변을 탐색하고 다른 사람과 상호작용과 관계를 형성하는 데 어려움을 가질 수 있으며 신체, 정서, 사회성 발달의 지연을 초래하고, 과활동성, 산만함 등의 특성 동반이 가능하다. 습관과 학습된 공포는 치료하지 않으면 계속적으로 나타난다.

감각조절 장애(sensory poor modulation) 자신의 신체와 외부로부터 주어지는 감각정보에 대해서 저 반응 또는 과민 반응을 나타내는 상태를 말한다. 감각방어, 중력불안장애, 움직임을 과도하게 회피하는 반응과 저 반응이 포함된다.

고유수용성 감각 방어(proprioceptive defensiveness) 관절이 압박되거나 견인 등의 관절에 자극이 주어지는 것에 저항하는 것으로 서있기, 물건 밀고 당기기, 뛰어오르기 등 관절에 무게가 가해지는 활동을 싫어하며 무게가 있는 물건을 들어 올리는 것을 회피한다.

구강 방어(tactile defensiveness) 감각 방어 유형 중 하나로 특정 음식이나 입으로 하는 활동을 할 때의 거부감, 과민반응을 말한다. 부드럽고 물컹한 음식을 회피하거나 단단한 질감을 회피하기도 하고 특정 감각을 느끼기 위해 물건을 빨거나 씹는 행동을 포함한다.

뇌전증(epilepsy) 신경장애의 하나이며 뇌신경 세포의 불규칙한 흥분에 따른 뇌에 과도한 전기적 신호 발생이 원인으로 발작 또는 경련을 동반한다. 80% 정도는 수술이나 약물치료로 호전된다.

시각 방어(visual defensiveness) 불빛에 민감한 반응 혹은 시각자극에 대한 과민 반응으로 시선 접촉을 피하거나 시각 자극에 의해 쉽게 주의가 산만해지기도 한다.

실행장애(dyspraxia) 움직임을 계획하고 조직화하는 데 어려움을 가지며 과제 수행 시 둔하거나 느리고 부족한 주의력, 새로운 과제를 배우거나 적용할 때 어려움이 나타난다.

자기 자극 행동(self stimulation) 감각조절의 어려움이 원인으로, 지속적이고 반복적인 행동이나 무의미한 소리를 내거나 손을 계속 움직여 스스로 자극을 충족시키고자 한다. 상동행동(stereotyped behavior).

자세불안(postural insecurity) 자세조절에 어려움이 있으며 특정 움직임에 대해 공포 혹은 회피반응을 보이고 경사 오르기나 몸의 균형에 변화를 가져오는 활동을 할 때 두려움을 가진다.

중력 불안(gravitational insecurity) 머리의 위치 변화와 움직임에 대해 부적절한 공포 반응을 보이며 바닥에서 발이 떨어질 때나 머리가 뒤쪽이나 앞으로 기울어질 때 주로 공포를 느끼는 특징이 있다.

청각 방어(auditory defensiveness) 특정 소리에 과민 반응을 보이는 것으로 모든 정보를 위험한 신호로 받아들이는 경우가 많다.

촉각 방어(tactile defensiveness) 접촉이나 촉각 경험에 대한 과민 반응을 보이는 것으로 사람이 많은 장소를 회피하거나 머리 감기와 자르기, 특정한 옷을 거부하는 등의 특성을 보이는데, 이와 관련한 부작용으로는 대인관계의 왜곡, 사회성 발달 저하 및 주의집중력 저하 등이 있다.

참고문헌

김수지, 곽은미(2009). 학령전기 비구어 자폐 아동의 언어 발달을 위한 음악치료의 실제 사례분석을 통한 이론적 고찰. **자폐성장애연구**, 9(2), 97-110.

조수철 외(2011). **자폐장애**. 서울: 학지사.

Berger, D. S. (2012). **자폐아동을 위한 음악치료와 감각통합**(이경숙 역). 서울: 시그마프레스.

Gabbard, G. O. (2008). **역동정신의학**(이정태, 채영래 공역). 서울: 하나의학사.

Yack, E., Aquilla, P., & Sutton S. (2018). **감각통합 이론과 적용**(유은영, 김경미, 김은영, 김진경, 박경영, 박윤이, 이지연, 최정실 공역). 서울: 계축문화사.

제5장

낯선 세상을 향한 용기

−반응성 애착장애 아동과의 음악치료−

김지현

숙명여자대학교 원격대학원
임상음악치료학과 임상슈퍼바이저
들풀음악치료센터 원장

개요

이 사례는 양육자와 불안정한 애착을 보이는 아동과의 음악치료에서 아동의 심리적 · 음악적 · 사회적 변화를 기술한다. 음악치료 과정을 통해 아동이 자신의 내부의 심리적 문제를 어떻게 표현하고 해결하는지, 음악은 어떻게 변화하는지를 살펴본다.

내담자 정보

은주(가명)는 5세(만 4세 8개월)인 여자아이로 부모와 함께 살고 있으며, 한 살 아래인 여동생이 있다. 아버지는 현재 개인병원을 운영하고 있는데, 아동이 태어났을 당시에는 경북의 소도시에 있는 종합병원의 과장으로 재직 중이었다. 당시 어머니는 아무 연고도 없는 시골의 작은 아파트에 살면서 주변 사람들과는 왕래가 전혀 없는 생활을 하였고, 출산 후 심한 산후우울증까지 앓고 있었다. 또한 은주에게는 한 살 아래의 여자 동생이 있었는데, 어머니는 어린 동생을 돌봐야 해서 은주는 주로 거주하는 가사도우미의 손에서 자랐다.

영국의 심리학자 Bowlby(1958)는 어머니와 유아 간의 정서적 유대관계를 '애착(attachment)'이라는 개념으로 설명하였고, 애착을 생후 1년 사이의 아기와 아기를 돌보는 사람(즉, 어머니)과의 친밀한 정서적 유대감으로 정의하였다. 불안정한 심리 상태를 가진 어머니와 자신보다 더 도움이 필요한 한 살 아래 동생으로 인하여 은주는 어머니와 올바른 애착이 형성되지 못한 채 낯선 세상과 마주서야만 했다. Bowlby(1982)는 불안정한 애착을 보이는 아동의 경우 언어 결함, 자폐적 행동, 대인관계에서의 고립 등 사회적, 정서적으로 심각한 문제를 일으킬 수 있으므로 생후 1년 동안 부모와 어떠한 관계를 맺느냐는 앞으로 아이의 삶에 중요한 영향을 미치게 된다고 하였다. 은주에게도 이와 유사한 특징들이 나타났는데, 다른 사람과의 눈 맞춤을 피하고 자기만의 놀이나 관심거리에만 집중하고 혼자서 고립된 놀이를 즐겨 대인관계에 있어서 정상적인 상호작용을 하는 데 문제를 보였다. 또한 결여나 위축, 공격적 반응과 두려움, 과잉, 경계 등과 같은 불안정한 심리 상태가 행동 전반에 나타났다.

일반적인 특성

초기 상담을 위해 아동의 집을 처음 방문했을 때, 낯선 나를 경계하며 어머니의 뒤에 숨어서 한쪽 어깨를 올리는 틱 증상을 보였다. 눈 맞춤도 전혀 이루어지지 않았으며 신체 움직임이 느렸고 타인에 대한 경계심으로 인하여 매우 움츠려 있는 상태였다. 은주는 치료사뿐 아니라 일반적인 사회관계에 있어서도 두려움이 많았는데, 식당이나 엘리베이터, 혹은 놀이터에도 사람이 있으면 가지 못하였고 소리 내며 웃는 경우도 드물었다. 표정에 있어서도 변화가 거의 없었으며 무엇을 해도 무관심한 듯 보였다. 어머니와의 분리불안도 심각하여 세션 초기에는 수업에 참여하도록 하는 데 어려움이 있었다. 내가 만난 5세의 은주는 낮은 자존감과 수많은 실패와 좌절로 극도의 불안을 가지고 있었고, 마치 들판에 버려진 상처투성이인 작은 꽃과 같았다.

언어 영역에 있어서도 정상 아동에 비해 지체되어 있었다(표현 및 수용 언어에 있어서 24개월 수준을 넘지 못하였다). 나의 질문에 간단하게 '예' '아니요'로만 대답하였고 명사나 동사 중심으로 표현하며 두 단어를 연결해서 표현하는 것을 어려워하였다. 또래 아동에 비해 발음도 정확하지 않았고, 높낮이가 없는 억양에 목소리도 매우 작았다. 언어모방은 가능하였지만, 모방을 하는 상황을 힘들어하여 반복해서 요구하면 몸을 비틀거나 어깨를 올리는 틱 증상이 빈번하게 나타났다.

은주는 3세 때 대구로 이사 온 후 32개월쯤에 처음으로 대구에 있는 종합병원에서 반응성 애착장애(reactive attachment disorder)로 진단을 받았다. 부모는 이를 받아들이지 못하고 이후에 두 곳 정도 더 가서 재진단을 받았지만 동일한 결과를 얻었다. 이때부터 은주는 병원과 사설 치료실을 통해 치료를 받기 시작하였다. 은주의 부모는 마음의 깊은 상처로 인하여 말을 할 준비가 안 된 아이에게 말하는 기술을 가르치고 말을 하도록 강요하였으며, 움직일 힘조차 없고 무기력한 아이에게 억지로 행동을 수정하도록 요구하였다. 이러한 방법들은 은주에게 치료에 대한 불신과 불안감만 가져오게 하였고, 서서히 외부 자극에 대해 귀를 닫게 하고 자기만의 세계에 더욱더 깊이 갇히도록 하였다.

음악치료를 시작할 즈음에는 다니던 치료실을 그만두고 집에서 언어치료와 놀이치료를 받고 있었는데 은주의 어머니는 치료사를 잘 신뢰하지 못하였고, 심지어는 두 달 정도만 하고 치료사가 바뀐 적도 있었다. 산후우울증을 보였던 어머니는 여전히 우울 성향을 가지고 있었고 일상생활에서 감정 조절에 어려움을 보였으며, 이로 인해 아이들의 양육에도 일관성이 없었다. 그 당시 어머니는 내적 공허함을 채우기 위하여 인터넷 쇼핑에 깊이 빠져 있었고, 이러한 어머니의 상태는 은주의 현재뿐 아니라 앞으로의 발달 전반에 영향을 미칠 것이 뻔했다. 이러한 환경들 또한 은주로 하여금 점점 더 자신을 외부세계와 차단하도록 하였고, 내적으로 관계 맺음을 포기하도록 하였다.

음악적 특성

은주는 노래 부르기를 매우 좋아하였는데, 내가 노래를 부르면 조용히 듣고 있거나 몸을 좌우로 움직이며 허밍으로 따라하기도 하였다. 간간히 자발적인 눈 맞춤도 이루어졌는데, 음악이 제공되는 동안 은주 안의 음악아동(music child)은 자신을 둘러싸고 있는 닫혀 있는 세계를 자유롭게 개방하도록 허용하였다. 은주는 또래 아동에 비해서 음역도 매우 넓은 편이었고 음정도 정확하였다. 언어표현에 있어서는 높낮이가 거의 없었지만 노래 부르기에서는 정확한 음정으로 표현하기가 가능하였다. 대부분은 익숙하고 선호하는 노래 부르기를 좋아하였는데, 자신이 들었던 곡은 음정을 정확하게 기억하고 있었다. 조음문제로 가사를 정확하게 전달하는 데에는 어려움이 있었지만 은주가 음악과 자신을 관계 맺고 자신을 찾아가는 데 이러한 조건(condition)은 문제가 되지 않았다.

악기에도 관심을 보였는데, 외부세계에 대해 차단하고 청각적 자극에 대해 무관심했던 은주는 악기를 통해 연주되는 음악에 집중하며 외부의 소리에 반응을 보였다. 악기연주는 나와 은주가 관계 맺음을 연습하는 데 훌륭한 역할을 하였다.

치료 방법

반응성 애착장애가 부적절한 양육 환경에 의해 생성되고 양육자와의 상호관계에 있어 부정적인 경험이 내재화된 것이라는 점에서 볼 때 치료 안에서 생성되는 관계들은 매우 중요한 역할을 할 수 있음을 알 수 있다(O'conner, 1991). 음악치료에서는 치료사와 내담자, 혹은 내담자와 음악, 내담자 간 등 다양한 관계를 통해 치료적 기능들이 발휘된다. 이때 내담자는 이러한 다양한 관계 속에서 이루어지는 음악경험을 통해 문제를 해결하고 자신의 필요(need)를 찾아가게 된다. 따라서 관계 형성에 어려움이 있고 이로 인하여 부정적인 정서가 내재된 은주와 같은 내담자에게 음악은 관계를 회복하고 바람직한 정서적 유대감을 형성하는 데 도움이 된다. 또한 비언어적 표현수단으로서의 음악의 역할은 치료적 상황에서 악기 연주나 노래 부르기와 같은 방법들을 통해 자신을 자연스럽게 소리에 투사하는 데 사용할 수 있다. 특히 언어표현에 있어 기능적인 문제뿐 아니라 심리적인 문제로 어려움이 있는 아동에게 음악은 자신의 내적 자아를 소리라는 매개로 확장시켜 표현할 수 있도록 도와줄 수 있다(Bruscia, 1998).

애착문제에 초점을 두고 진행된 은주를 위한 개별음악치료는 2008년 1월부터 2009년 3월까지 주 1회, 총 60회기로 진행되었다. 아동의 변화 과정은 녹음된 음악을 토대로 치료사의 질적인 평가와 부모관찰지를 통해 기록하였다. 치료는 아동의 집에서 시행하였는데, 당시에는 사설 치료실에서 받고 있던 치료를 중단하고 모든 치료를 집에서 진행하였으므로 음악치료도 그렇게 하였다. 3평 남짓한 은주의 방은 주변의 소음 때문에 방해를 받지 않았으며, 오히려 동화책과 은주에게 익숙한 장난감과 인형들이 있고 이것들을 필요에 따라 쉽게 이용할 수 있는 장점이 있었다. 기본적인 악기로는 피아노가 있었고, 세션에 필요한 악기는 치료사가 미리 준비하여 갔기 때문에 세션 진행에는 무리가 없었다.

이 사례에서는 아동의 불안정한 애착관계에 도움을 주고자 다양한 음악치료 중재 방법을 사용하였으며 아동의 내적 자아는 음악적 환경 안에서 표출되고 이해되었다. 음악치료는 즉흥연주를 비롯하여 노래 부르기나 악기 연주, 인형을 사용한 상징놀이, 그림그리기 등의 다양한 방법과 매체를 사용하여 아동이 지루해 하지 않고 활동에 집중하도록 유도하였다. 60회기라는 긴 회기 동안의 치료 과정을 아동의 특성과 그에 따른 음악적 · 심리적 변화에 따라 크게 세 단계로 나누어 기술하였고, 임상적으로 필요하다고 생각되는 부분만 발췌하여 상세하게 설명하였다. 또한 아동의 음악적 변화 과정은 음악 자체에서 나오는 의미들을 재현하고 연관시키는 데 중점을 두었다.

치료 과정

1단계: 두려움과 불안의 단계(1~15회기)

1단계에서 나타난 은주의 음악에는 전체적으로 두려움과 불안이 가득하였다. 은주는 음악과 함께 있는 공간에 대해 경계를 하고 있었고, 주어진 새로운 환경들에 대해 매우 두려워하고 있었다. 대부분의 세션에서 아무런 표정 없이 무관심한 듯 있다가도 새로운 음악이 주어질 때마다 금방이라도 울음을 터뜨릴 것 같은 표정으로 몸을 움츠리며 괴로워하였다. 은주에게 있어 음악은 단지 위협적이고 공포를 주는 또 하나의 대상일 뿐이었다. 음악에 대한 이러한 반응은 오히려 나에게는 치료적 관계를 맺는 데 중요한 단서가 되었고, 음악요소의 적절한 사용은 은주의 표현을 이끌어 내는 좋은 도구가 되었다.

은주가 타인과의 소통이나 관계 맺기 훈련을 소리를 통해 표출하도록 하기 위해서는 규칙에 맞게 반응하는 것 이전에 청각적 자극에 대한 피드백이 선행되어야 했으므로 음악이 위협적이고 두려운 존재가 아님을 인식시키는 것에 먼저 초점을 맞추었다. 악기는 관심을 보이는 악기를 우선적으로 사용하였고, 선호하는 노래를 중심으로 사용하였으며, 배경 음악은 음량이 크지 않으면서 음역이 넓지 않고 리듬의 움직임이 많지 않는 음악들을 선곡하였다. 아주 천천히 점진적으로 음악과 친해질 수 있도록 시간을 주었다. 은주가 빠르게 가면 빨리 따라가고, 쉬고 있으면 음악도 조용히 들으면서 신뢰를 쌓을 수 있도록 진행하였다. 따라서 1단계 동안에는 관계 맺기에 초점을 맞추기보다 관계에 있어 실패 경험만 가진 은주에게 음악이라는 친구를 만나 신뢰를 쌓도록 하는 데 주 목표를 두었고, 은주의 음악적인 능력을 확인하고 앞으로의 치료에 대해 가능성을 찾아서 방향성을 모색하는 데 주력하였다.

진단 기간에 보여 준 은주는 다행히 음악에 대한 선천적인 감각을 가지고 있음을 발견하였는데, 특히 리듬에 대한 민감함과 뛰어난 멜로디 모방 능력이 있었다. 앞서 말한 바와 같이, 또래에 비해 음높이가 정확했으며 선율을 기억하는 능력도 뛰어났다. 생각보다 많은 노래를 알고 있었는데, 치료사가 연주하는 대부분의 동요를 흥얼거리며 따라 부르기가 가능하였다. 행여나 친숙하지 않은 노래가 연주될 때에는 처음에는 불안한 표정을 짓다가도 이내 그 노래에 집중하였고, 다음 시간에 그 노래를 다시 하면 어느 새 기억하고 따라 불렀다. 주어진 새로운 음악은 은주에게 있어서 관계 맺기 연습을 하는 데 큰 도움이 되었다.

Brucia(1998)는 음악치료에서 사용되는 악기는 내담자의 자아를 외부에 투사하고, 내면의 자아를 확장시켜 다른 소리의 정체성으로 투사하는 데 사용된다고 하였다. 청각적 자극에 민감한 은주에게 악기 사용은 매우 조심스러웠고 더욱이 자신을 표현하도록 하는 데에는 쉽지 않았다. 우선 선호하는 악기를 선택하도록 하였는데, 큰 음량의 악기보다는 핑거 심벌, 글로켄슈필과 같은 음량이 작은 악기를 제공하였다. 작은 소리이지만 연주를 통해 소리가 날 때, 기뻐하며 큰 소리를 내며 웃기도 하였다. 악기가 자신인 것처럼……. 보잘 것 없어 보이는 작은 악기 소리가 온 방에 울릴 때면 마치 자신의 존재의 가치가 드러나는 것 마냥 행복해하였다. 또한 리듬을 연주하는 타악기보다는 멜로디를 표현할 수 있는 건반악기를 더 선호하였다. 내가 피아노 연주를 할 때 멜로디의 변화에 따라 은주의 얼굴표정이 바뀌었고, 스스로 연주에 참여할 때에는 매우 집중하였는데 나는 은주가 멜로디를 통해 감정을 표현하도록 그녀의 피아노 연주를 지지하였다.

치료가 시작된 당시에 은주는 연필을 잡고 그림을 그리는 놀이에 관심을 보였다. 나는 은주가 흥미를 보이는 그림그리기를 위해 다양한 노래를 만들었고, 매 세션마다 가능한 한 지속적으로 그 노래들을 불렀다. 특히 엄마와 관련된 상황들을 표현하는 활동에서는 "은주야! 엄마는 무얼 하고 계셔?"라고 물으면, "엄마는 울고 있어요"라는 가사의 Cm으로 된 슬픈 감정을 표현하는 노래를 불렀다. 〈악보 5-1〉은 은주가 엄마를 표현하기 위해서 자주 사용한 노래이다. 은주는 부정적인 감정들을 주로 표현하였는데, 어머니를 표현할 때마다 한동안은 다음의 멜로디로 흥얼거렸다. 은주에게 있어서 어머니는 슬픔을 대표하는 존재이기도 하지만 자기 자신인 듯 보였다. 그 슬픔은 오래전부터 마음 깊은 곳에 자리 잡고 있었고, 음악은 은주가 그것들을 서서히 꺼낼 수 있도록 도와주었다.

노래 부르기나 악기 연주 외에 또 다른 방법인 즉흥연주는 주로 피아노에서 시행되었다. 새로운 도구나 환경에 두려움을 갖는 은주에게 피아노 연주는 특별한 저항 없이 자연스럽게 음악 안에 은주를 포함시키도록 다리 역할을 하였다. 은주는 나의 피아노 연주를 듣는 것을 좋아하였다. 내가 연주를 하거나 반주를 하며 노래를 부르면 어느 새 옆에 앉아서 듣고 있거나 내 어깨에 살며시 기대기도 하였다. 은주는 음악과 나와 서서히 관계를 맺어 가고 있었다.

은주가 피아노 연주를 좋아함에도 불구하고 연주를 위해 피아노에 앉기까지는 시간이 필요했다. 초기 단계에서는 치료사와 신체 접촉도 자연스럽지 않았고, 라포 형성도 이루어지지 않았으며 새로운 환경에 대해 두려움이 많은 상태였으므로 낯선 치료사의 옆자리에 앉아 연주하도록 하는 것은 쉬운 작업이 아니었다. 즉흥연주의 장점은 자기표현에 어려움이 있거나 감정적인 모호함을 가진 내담자에게 비언어적인 의사소통의 채널로 사용되며, 안전하고 편안한 환경에서 자신의 내면을 자유롭게 표현하고 소통하도록 하는 데 있다. 하지만 음악이든, 치료사이든 관계 맺기에 서툰 은주에게는 새로운 음악적 관계들은 오히려 불안을 주는 상황이 될 수도 있는 듯 보였다. 은주에게 있어 아무것도 제공되지 않은 이 상황을 이해하고 그 속에 들어가도록 하는 것은 모험과 같았고, 때때로 자유롭게 놓인 상태가 오히려 자신을 홀로 남겨 둔다는 생각을 가지게 하는 것 같아 보였다.

악보 5-1 **엄마는 무얼하고 계실까?**

1단계 즉흥연주에서 보여 준 은주의 음악에는 리듬의 규칙성은 거의 찾을 수 없었고, 조금 빠른 템포(점점 빨라지는 경우가 많았다)에서 쫓기듯이 급하게 연주되었다. 피아노 앞에 앉은 은주는 여전히 어깨를 움츠리고 있었는데, 금방이라도 일어날 준비가 되어 있는 사람처럼 웅크린 채 40분 내내 앉아 있었다. 양손은 모두 사용하였지만, 패턴이 없고 불규칙적이고 무작위로 연주하였다. 그녀의 음악은 마치 공포감으로 가득찬 자신의 내면을 말하는 것 같았고 혼란스럽고 억압된 감정들은—익숙한 듯—통제하고 있었다. 자신의 음악은 물론이고, 나의 음악도 들으려 하지 않았으며 음악요소 간에도 아무런 관련 없이 기계적으로 연주하였다. 지금까지 주변과는 상관없이 고립되어 놀이를 하던 혼자만의 놀이 패턴이 음악 안에서도 동일하게 나타났다. 초기 진단 기간에 보여 주었던 리듬 모방 능력이나 멜로디 인지능력과 같은 은주의 음악적 능력은 즉흥연주를 시도하면서 전혀 찾아볼 수 없었다. 은주는 제한된 자신의 표현방법을 이용하여 외부의 변화에 강하게 저항하였고, 정서적 혹은 신체적 지지에 대한 수많은 실패의 경험이 학습된 듯 기계적으로 음악 속에서 반항하였다. 복잡한 음악과 혼돈된 소리에도 불구하고 은주의 표정은 아무런 변화가 없었으며 새로운 세상에 대한 두려움으로 가득 차 있었다. 나는 내 옆에서 함께 연주하고 있는 은주를 음악 안에 들어오게 하고 싶었고, 낯선 사람이 소개하는 음악이라는 세상은 안전한 곳이고 엄마 품과 같은 따뜻한 곳이라는 것을 알게 하고 싶었다.

2단계: 음악과 만남의 단계(16~45회기)

은주와의 만남이 4개월 정도 지나면서 은주와 나는 친숙한 관계로 발전하여 신체적 접촉이나 의사소통도 자연스러워졌다. 음악을 통해서 쌓인 신뢰는 은주로 하여금 내면에 있는 에너지를 표출하도록 이끌었으며 그녀의 음악아동을 움직이게 하였다. 초기에 음악을 시작하는 데 힘들어하고, 불안해하며 혼란스러워 했던 모습과는 달리 안정적으로 연주를 하였으며 움츠리거나 두려워하는 모습도 감소하였다. 그녀는 연주를 하다가도 멈춰서 내가 자신의 음악을 따라오는지 확인하고 다시 연주를 이어 가는 형태로 음악을 이끌었다. 이는 마치 변화된 자신의 모습을 확인시키는 것 같았고, 그곳에 누군가가 있고 그가 자신을 지지하고 있다는 것을 확인하는 것 같았다. 우리는 음악 만들기(musicing)를 통해 신뢰를 쌓아 갔고 은주는 두려움과 불안으로 가득차 있던 자신의 세계에서 벗어나 다른 세상을 보기 시작하였다. 아주 천천히 조금씩……. 나는 은주를 지지하며 그녀의 음악을 따라가는 연주 형태를 통해 그녀가 어머니와의 관계 속에서 얻은 불신의 경험들을 자신을 지지하는 좋은 부모로서의 이상화된 부모상을 경험하도록 해 주었다.

2단계 후반부에 들어서 은주의 음악적 재능은 크게 발휘되었다. 진단 초기에 보였던 리듬에 대한 민감함이나 멜로디 모방 능력뿐 아니라 템포, 음역, 리듬 패턴 등 다양한 음악적 변화가 시도되었다. 은주는 나의 연주를 그대로 모방하기도 하고, 때로는 자신이 먼저 유도하기도 하면서 다양한 형태로 연주하였다. 어린 은주가 연주 후의 감정이나 느낌을 표현하기에는 제한점이 있으므로 표출되는 음악적인 자료들을 바탕으로 은주의 상태를 이해하여 해석하여야만 하였다. 이를 위해서는 나의 음악적 혹은 임상적 전문 지식과 충분한 경험이 요구되었다.

앞서 말한 바와 같이, 이번 단계에서 은주는 음악요소를 다양하게 변화시켰다. 특히 분명한 리듬 패턴을 보였다. (불규칙적이고 불안정했던 이전의 리듬과는 달리) 다음은 은주가 자주 연주하던 리듬 패턴이다.

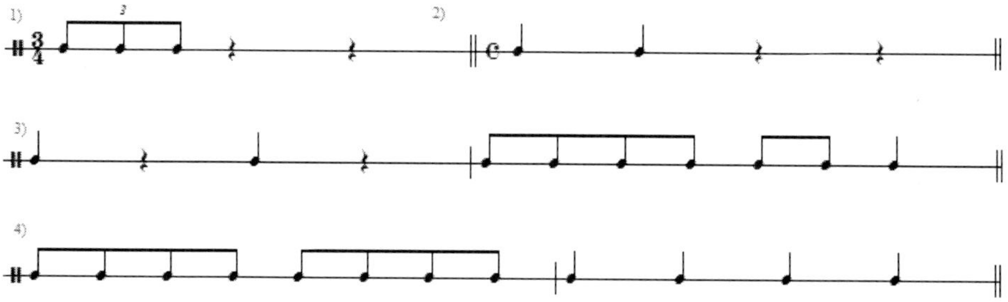

악보 5-2 **2단계 리듬 패턴**

1)과 2)에서는 나의 반응을 기다리면서 멈춰 있었고, 3)과 4)에서는 자신과 동일한 리듬을 연주하도록 요구하였다. 은주는 특히 셋잇단음표의 사용이 빈번하였고, 한 마디 단위보다는 2마디의 동기를 하나의 단위로 그룹핑하여 반복적으로 사용하였다. 셋잇단음표 연주의 경우, 빠른 템포에서는 리듬을 유지하는 데 어려움이 있지만 은주는 템포를 벗어나지 않고 정확하게 연주하였다. 곡 중간에 박자가 바뀌어도 (4분의 3박에서 4분의 4박으로) 전혀 당황하거나 불편해 하지 않았으며 자연스럽게 나의 연주와 조화를 이루려고 하였다.

이번 단계에서 생산되는 음악과 연주활동을 통해 은주의 내적 자아에는 조금씩 변화가 생기기 시작하였다. 지금까지 예기치 못한 외부의 변화들은 늘 그녀에게 불안 그 자체였고 공포였지만, 음악은 그 변화들을 자연스럽게 인식하게 하였고 그것들과 관계를 맺도록 허용하였다. 또한 음악을 통해 내면에 잠재되어 있던 표현의 자유를 경험하게 되었고, 든든한 지지자로서의 음악은 그 자리에서 은주와 함께하였다. 나는 은주의 웃는 모습을 자주 볼 수 있었으며 눈 맞춤도 잘 이루어졌다. 연주할 때 우리는 마치 오래된 친구와 같았다. 말하지 않아도 음악 안에서 우린 우리만의 이야기를 하고 있었다.

이번 단계에서는 또 다른 치료적 중재 방법으로 상징놀이를 선택하였다. 나는 상징놀이에서 사용되는 중간 대상으로서의 상징적 매체가 은주의 심리적 전이를 처리하는 데 중요한 역할을 할 것이라고 생각하였다. 전이는 과거와 현재 사이의 상호작용과 기억의 흔적, 갈등 속에 자리 잡고 있는 과거의 감동과 사건이 주는 의미와 연관된다. 특히 상징놀이는 사용되는 매체의 입장에서 타인을 이해하도록 하는데, 사회성과도 깊은 상관관계가 있다(Fein, 1981). 따라서 상징화된 매체를 이용한 음악놀이는 은주가 다른 사람을 이해하고 사회적 관계를 맺는 데 분명히 도움이 될 것으로 사료되었다. 나는 음악 안에서 이루어지는 상징놀이를 통해 은주의 행동의 초점이 자신이 아니라 자신으로부터 벗어나 타인으로 전환되어 복잡한 역할 구조를 스스로 경험하도록 도와주고 싶었다.

은주를 위한 치료적 상징놀이를 위해 손 인형과 노래 영상을 사용하였는데, 음악 안에서 관계 맺기가 이루어지기 시작한 치료 중반부터 조금씩 사용하였다. 이러한 매체들은 은주에게 익숙하였고 별다른 저항 없이 활동에 참여하도록 도와주었다.

동생이나 엄마와 관련된 역할극을 위해서는 손 인형을 주로 사용하였다. 은주가 감정을 표현할 수 있도록 음악을 제공하면 은주는 어머니와 동생의 인형을 들고 노래를 불렀다. 동생과 관련된 감정은 언제나 분노와 낮은 은주의 자존심을 가진 또 다른 저항으로 나타났다. 은주가 세션에 안정적으로 적응할 때쯤 동생과 함께 세션을 진행한 적이 있었는데, 나는 동생 앞에서 움츠려 있는 은주의 모습을 볼 수 있었다. 평소에 자신 있게 잘하는 동작임에도 불구하고 무관심한 듯 거의 움직이지 않거나, 혹은 주의를 끌기 위해서 아무런 관련 없는 동작을 열정적으로 하였다. 그 모습은 어린 은주의 처절한 저항의 몸부림이었다. 은주는 울지도 않았고 감정을 표시내지 않았지만 온몸으로 울고 있었다. 어머니뿐 아니라 동생과의 관계에 있어서도 좌절되어 있음을 알 수 있었다.

동생과의 관계 회복을 위해 사용한 것은 노래(〈어느 산골 소년의 사랑이야기〉) 영상이었다. 우연찮게 보여 준 노래 영상을 보면서 갑자기 "은혜(동생)가 보고 싶어"라고 하였다. 영상은 가사의 내용대로 시골 소년이 한 소녀를 사랑하는 과정을 삽화처럼 그린 것이다. 음악은 잔잔한 클래식 기타 반주로 시작하여 저음의 바리톤 음색을 가진 가수가 조용하게 노래를 부른다. 음악 안에는 특이할 만한 변화나 강한 절정 부분은 없고, 반복되는 멜로디 구조와 분할이 많지 않은 리듬 패턴들, 그리고 분명한 가요 형식의 구조만 있었는데 은주에게는 오히려 이러한 요소들이 정서적으로 안정감을 가져다주는 듯 보였다. 영상에 나오는 작은 아이와 음악적 요소는 동생을 연상하게 하였고, 가사는 이해하지 못하지만 슬픈 사랑이야기라는 것을 간접적으로 공감하고 있는 듯 보였다. 몇 회기 동안 이 영상을 반복해서 시청하였고, 후에 다시 한번 동생과 세션에 참여할 기회가 있었는데 매우 밝은 표정으로 서로를 바라보며 웃으면서 노래하고 악기를 연주하였다. 그날 이후로는 이 영상을 보고 싶지 않다고 하였다.

음악치료에서 음악은 대상자의 내면의 상태와 유사하게 외부적인 소리와 상태를 일치시켜 내면의 상태를 외부의 소리 세계로 유도하는 동질성의 원리(ISO principle)가 중요하게 사용된다. 현재 마음의 상태와 채널이 맞는 음악을 제공했을 때 오히려 그 효과는 극대화된다는 것이다. 음악과 함께 추억을 회상하게 하는 영상, 즉 두 꼬마 아이의 천진난만한 모습과 전원을 생각하게 하는 배경들 또한 아동이 동생과의 과거를 회상하여 전이를 불러일으키는 근원이 된 듯 보인다. 은주는 음악을 포함한 다른 자극들을 통해 시기하고 미워하던 동생과 바람직한 관계를 형성할 수 있었다.

이 시기에는 은주를 둘러싸고 있는 음악외적인 환경들도 조금씩 변해 가고 있었다. 특히 어머니는 자신의 양육 태도에 대해 부족함과 한계를 느끼고 개별적인 부모교육뿐 아니라 정신역동치료에 입각한 부모 그룹교육을 받기 시작하였다. 그러나 변화는 쉬운 일이 아니었다. 교육을 통해 어머니는 자신의 모습을 발견하게 되었고 은주에 대한 양육 태도가 조금씩 변하는 듯 보였지만, 실제로는 이론적인 지식을 통해 자신의 행동을 이해하고 통제하고자 하였을 뿐이었다. 어머니는 은주의 치료가 진행되는 동안에도 여전히 감정 조절에 어려움을 겪고 있다고 호소하였고, 은주의 모든 행동에 민감하게 반응하고 비일관적인 태도로 대하는 자신이 힘들다고 하였다. 어머니의 변화는 절대적으로 필요하였고 매우 절실하였다. 어머니의 일관성 없는 심리 상태는 당시 은주에게 고스란히 전달되었는데, 그녀의 음악에서도 혼란스러운 흔적들이 발견되었다. 다양한 리듬 패턴을 사용하기는 하였지만, 전체적으로 강도가 세지 않았고, 자신이 리듬 패턴을 연주한 후 나의 연주를 기다릴 때에도 당당함보다는 머뭇거리고 주저하는 태도를 이따금씩 보였다. 리듬에 있어서도 자신에게 내재된 기본 박을 유지하다가도 중단하고 나에게 의존한 채 자신의 박을 이어 가기도 하였다. 연주에 참여하는 외적인 모습에서는 안정을 찾은 듯 보였지만 표출되는 음악적 자료들을 통해 실제로 은주는 어머니에 대한 불안이 여전히 내재되어 있었고, 세션 중 감정의 기복도 보여 일관성 있는 표현들을 유지하지 못하고 있었다.

자신의 양육 태도에 대하여 문제의식을 가지고 노력하는 어머니의 모습은 양육 태도에 있어 긍정적인 변화의 과정이라고 볼 수 있고, 이러한 과정은 앞으로 은주의 변화에 도움이 될 것으로 기대한다. 음악적인 부분에 있어서도 은주는 분명히 자신 안에 있는 음악아동을 통해 음악과 만나고 있었고, 나와 음악과 함께하는 음악 만들기를 통해 자신의 감정을 어떻게 표현하고 또 관계를 맺는지 시행착오를 통해 배우고 있었다.

3단계: 관계 인식의 단계(46~60회기)

마지막 단계에서는 음악 안에서 상호적 교류가 활발하게 일어났고 더 이상 음악 안에서만큼은 두려워하거나 불안해하지 않았다. 예를 들어, 〈악보 5-3〉과 같은 리듬 패턴으로 연주가 지속될 때, 나는 2개의 모드(도리안 스케일, 프리지안 스케일)를 가지고 왼손의 화음 오스티나토와 오른손에서 주 선율을 만들었으며(〈악보 5-4〉 참조), 이때 오른손의 주 선율은 베리에이션으로 다양하게 변화시켰다. 은주는 나의 주 선율에 귀를 기울이면서 두음으로 구성된 화음을 바꾸어 가며 지속적으로 연주하였고, 나의 선율연주가 끝나면 두 마디씩 규칙적인 리듬을 만들어 연주하였다. 곡 중간에 내가 주고받기 형식의 리듬을 연주하면 잠시 멈추고 리듬으로 음악 안에서 대화를 나눈 후에 이내 자신의 독립적인 리듬으로 연주하였다. 내가 선택한 주 선율에는 리듬적인 반응만 할 뿐 손가락을 움직여서 선율을 묘사하려고 하지는 않았다. 은주는 리듬 표현에 심취해 있었고, 나의 변형된 리듬에 민감함을 나타냈다. 음악 안에서 보이는 은주의 모습은 타인과의 상호관계에 어려움이 있어 자신의 세계에만 갇혀 있거나 혹은 자신의 생각만을 일방적으로 요구하던 모습은 없었다. 은주는 나의 음악에 반응하면서도 자신의 음악을 당당하게 표현하였고, 음악을 통해 경험의 폭도 점차 확장되어 갔으며, 은주 안에 숨어 있는 음악적 열정들이 표출되었다. 또한 집중력을 가지고 리듬에 대한 분명한 규칙을 만들어 가며 연주하였다. 음악에는 이전의 단계보다 오히려 단순한 음악적 재료의 사용이 나타났는데, 혼돈 속에서 방황하던 모습보다 안정적인 큰 틀 안에서 선호하는 음악요소를 주관적으로 선택하여 표현하는 모습이었다.

노래 부르기에서도 변화가 있었다. 은주는 멜로디 인지능력이 뛰어나 대부분의 노래를 정확한 음정으로 부를 수 있었지만 작은 음량으로 불러서 전달에 어려움이 있었다. 음악활동을 통해 은주는 은주네 가족뿐 아니라 친척들이 모인 자리에서도 자신 있게 좋아하는 노래를 부를 수 있게 되었다. 은주는 더 이상 움츠려 있는 작은 아이가 아니었으며, 자신의 소리를 분명하게 표현하고 웃음이 많고 당당하고 밝은 아이가 되었다.

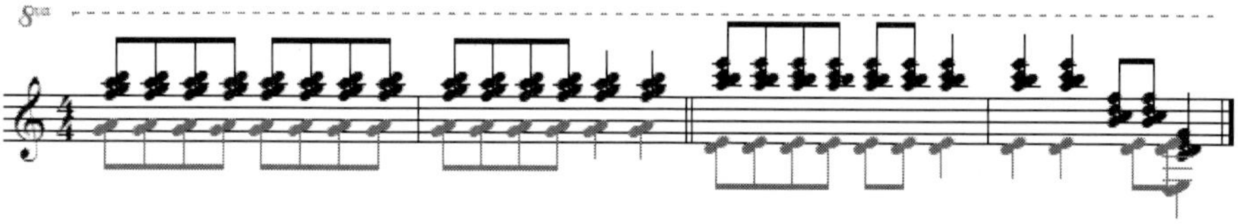

악보 5-3 은주의 연주

악보 5-4 치료사의 연주

악기는 은주에게 긍정적인 자아의 표상으로 사용되었으며, 양육자에게 자신을 표현하는 중간 대상의 역할도 수행하였다. 초기에 작은 음량의 악기를 선택한 것에 비해 후반부에는 큰 음량의 악기들을 선호하였다. 악기 선택도 은주 스스로 하였는데, 투바노와 심벌즈, 템플블록을 제일 좋아하였다. 투바노를 칠 때에는 빙글빙글 돌면서 연주를 하였는데, 그러다가도 내가 갑자기 리듬이나 템포, 조성을 바꾸면 즉각적인 반응을 보이며 음악이 바뀌었다. 특히 단조로 연주를 하면 언어로도 감정을 표현하였는데, "싫어!"라고 표현하거나 눈에 눈물이 맺혀 있기도 하였다. 연주가 끝나면 방금 여행을 다녀온 듯 상기된 표정으로 내 눈을 바라보았다. 은주는 늘 악기로 자신의 이야기를 노래하였다. 음악을 은주의 친구로 혹은 어머니로 은주의 마음속에서 관계를 맺었다.

〈악보 5-5〉는 세션 후반에 엄마를 생각하면서 아동이 불렀던 노래이다. 초반에 마이너를 좋아하여 엄마의 노래를 불렀던 것에 비해, 후반부는 꽃밭에 꽃을 색칠하면서 엄마와 꽃밭을 걸어간다는 내용의 노래를 불렀다. 은주는 이 노래를 부르며 밝은 표정으로 행복해 하였다. 나중에 이 노래는 헤어지는 노래로 사용하기도 하였는데, 음악 시간이 끝나면 곧장 내 손을 잡고 어머니에게 가서 음악 시간에 선생님과 한 내용을 이야기하는 모습을 볼 수 있었다.

즉흥연주를 시도하기조차 힘들어하였던 은주는 어느덧 연주에 깊이 집중하며 음악에 빠져 있었다. 이러한 아동의 음악외적인 모습은 단절된 어머니와의 관계에서 힘들어하였던 처음과는 달리 점차 어머니의 존재를 알게 되고 신뢰하면서 어머니와의 관계를 형성해 가는 과정을 보여 주고 있었다. 은주는 이제 "선생님과 함께 연주하자" 하면 벌떡 일어나 선생님 옆에 앉아서 자신이 원하는 리듬을 치면서 선생님과 눈을 마주친다. 은주는 분명히 음악을 통해 자유를 경험하고 있었다. 앞으로 은주가 음악과 함께했던 경험을 토대로 외부세계와 당당하게 관계를 맺고 자신을 표현할 수 있기를 기대한다.

김지현 작사, 작곡

악보 5-5 엄마와 함께 걸어봐요

맺음말

지금까지 전반적으로 발달이 늦고 다른 사람과 관계를 맺는 데 어려움이 있으며, 특히 불안과 두려움이 가득찬 반응성 애착장애 5세 여아의 치료 과정을 기술하였다. 치료사는 아동과 치료적 동맹을 맺기 위하여(음악 안에서 관계를 맺고 교류를 형성하기 위하여) 다양한 음악치료 방법을 사용하였고, 음악 안에서의 변화와 외적인 변화에 초점을 두고 진행하였다. 음악치료사인 나는 아동의 감정을 이끌어 내기 위하여 비언어적 교류인 음악의 힘을 믿었고, 즉흥연주 방법을 통하여 아동의 내면세계와 접촉하여 음악 안에 있는 아동의 자아와 외부세계를 만나는 경험을 할 수 있도록 하였는데, 여기서 나는 중간 대상의 역할을 하기도 하였으며 외부세계를 대표하는 상징이 되기도 하였다. 치료가 진행되면서 아동은 자기 속에 있던 두려움과 불안으로 가득찬 세계와 좋고 아름다움이 있는 현실 세계와 분리를 경험하면서 때로는 그것들이 공존하면서 살아가는 법을 배울 수 있게 되었다.

용어 설명

반응성 애착장애(reactive attachment disorder) 5세 이전에 시작되는 대표적인 영유아기 장애로서 아동과 양육자 관계에서의 애착문제가 아동의 다양한 발달을 지연시키는 장애이다.

동질성의 원리(ISO principle) 음악치료에서 음악 사용에 있어 대상자의 내면의 상태와 유사하게 외부적인 소리와 상태를 일치시켜 내면의 상태를 외부의 소리 세계로 유도하는 것이다.

심리치료에서 즉흥연주(improvisation) 심리치료에서 즉흥연주를 하는 경우 내담자는 선택한 음악적 매개수단(즉, 목소리, 신체 소리, 악기 등)을 통해 악기를 연주하거나 노래를 부르면서 즉석에서 음악을 만들어 간다.

참고문헌

김아정(2003). 반응성 애착장애 아동의 의사소통 행동. 단국대학교 대학원 석사학위논문.

김진아(1997). 영국 음악치료 사례연구-자폐아 치료를 중심으로. **청소년정신의학**, 8(1), 123-132.

박은아(2003). 반응성 애착장애 아동과 정상아동의 상징놀이 능력과 어머니-아동 상호작용에 관한 연구. 한신대학교 대학원 석사학위논문.

신의진, 이순행, 이경숙, 전여숙, 노경선, 민성길(1996). 반응성 애착장애 아동의 애착 유형. **신경정신의학**, 35(6), 1330-1338.

윤현숙(1992). 반응성 애착장애아의 발달 및 병리특성에 관한 일 연구: Schopler의 교육 심리적 평가를 중심으로. 이화여자대학교 대학원 석사학위논문.

윤현숙, 최진숙, 김태련, 홍강의(1992). 반응성 애착장애 아동과 전반적 발달장애 아동의 발달 및 정신병리학적 특징의 비교연구. **소아청소년정신의학**, 3(1), 3-13.

윤혜신(2003). 음악치료가 반응성 애착장애아의 어머니-아동 관계 개선에 미치는 효과. 이화여자대학교 교육대학원 석사학위논문.

이현진, 박영신, 김혜리, 정명숙, 정현희 공역(2005). **아동정신병리**. 서울: 시그마프레스.

전숙영(2004). 반응성 애착장애 아동의 치료놀이 적용 사례연구. **한국영유아보육학**, 39(12), 231-251.

Bowlby, J. (1958). The nature of the child's tie to his mother: Attachment and Loss. *International Psychoanalysis, 39*(2), 350-378.

Bowlby, J. (1969, 1973, 1982). *Attachment and Loss: Attachment*. New York: Basic Books.

Bretheton, M., & Ruder, K. (1983). *Symbolic play*. New York: Academic press.

Brisch, K. H. (2005). **애착장애의 치료: 이론에서 실제까지**(장휘숙 역). 서울: 시그마프레스.

Bruscia, K. E. (1987). *Improvisational models of music therapy*. Springfield, II : Charles. C. Thomas Publishers.

Brucia, K. E. (1998). *Defining music therapy* (2nd ed.). Gilsum, NH: Barcelona Publishers.

Bruscia, K. E. (2001). A qualitative approach to analyzing client improvisations. *Music therapy Perspective, 19*(1), 7-21.

Bruscia, K. E. (2006). **음악심리치료의 역동성**(최병철, 김영신 공역). 서울: 학지사.

Connolly, J. A., & Doyle, A. (1984). Relation of social fantasy play to social competence in preschools. *Developmental Psychology, 20*, 797-806.

Fein, G. G. (1981). Pretend play in childhood: An integrative review. *Child Development, 52*, 1095-1118.

Hill, P. M. & McCune-Nicolich., L (1981). Pretend play and pattern of cognition in Down's syndrome infants. *Child Development, 52*(2), 611-617.

Kohut, H. (1984). *How does analysis cure?* Chicago & London: The University of Chicago Press.

Lowe, M., & Costello, A. J. (1982). *Manual of the symbolic play test*. Windsor, England: National Foundation for Education Research.

Marrone, M. (2005). **애착이론과 심리치료**(이민희 역). 서울: 시그마프레스.

O'Conner, K. J. (1991). *The play therapy primer: An integration of theories and techniques*. New York: Hohn Wiely & Sons.

Wolfgang, C. H., & Sanders, T. S. (1981). Defending young children's play as the ladder to literacy. *Theory Into Practice, 20*(2), 116-120.

제6장

주영이와 엄마의 행복한 소통을 위한 음악치료

-뇌병변 아동의 언어발달과 안정적 · 지지적 경험을 위한 음악치료-

나윤정

정원아동청소년발달센터 소장

한국음악치료심리재활학회 이사

개요

이 사례는 만 4세 5개월의 여자아이로, 뇌병변 장애가 있으며 언어발달 지연을 보이고 타인과의 의사소통, 특히 엄마와의 의사소통이 잘 이루어지지 않는 아동의 사례이다. 음악치료 초기에는 자유롭고 안정적인 분위기를 제공하며 환자중심음악치료(client-centered therapy)와 아동중심놀이치료를 적용하여 진행하였고, 중기에는 적극적인 음악적 모방활동과 간단한 목표 달성을 위한 구조화된 음악치료를 실시하였다. 후기에는 또래와의 협동과 타인으로부터의 지지적 경험을 통해 긍정적 자아상 형성 및 사회성 향상을 목표로 하여 그룹음악치료로 구성하였다.

내담자 정보

센터에서 처음 만난 주영(가명)이는 만 4세 5개월의 여자아이로 다른 형제는 없다. 오른쪽 편측 마비 증상을 보이고 **뇌병변 장애**(brain lesions) 6급 판정을 받았다. 겉으로 보이는 신체적 증상은 오른쪽 손에 힘을 거의 주지 못하여 무게가 조금이라도 나가는 물건은 잘 들지 못했고, 대부분 주먹을 쥐고 있으며 편안하게 팔을 내리고 있기 보다는 손을 조금 들어올린 자세를 주로 하고 있었다. 그리고 왼손으로 어떤 작업(악기 두드리기나 물건 옮기기 등)을 할 때에는 오른손에 같이 힘이 들어가면서 더 높이 올라가는 모습을 보였다. 오른쪽 다리의 경우 항상 까치발을 하듯이 발가락 쪽을 세워서 발을 들고 있었고 걷거나 뛰거나 멈춰 있을 때에도 같은 자세를 하고 있었다.

임신과 출산 당시에는 전혀 문제가 없었으나 주영이가 돌 무렵이 되도록 잘 걷지 못하고 오른손을 사용하지 않는 것과 주먹을 쥐고 있는 경우가 많은 것이 이상하여 집근처 소아과에 의뢰했다가 다시 종합병원으로 의뢰하라는 의사 소견에 따라 종합병원에서 검사를 통해 뇌병변 장애 진단을 받았다. 당시 주영이 어머니와 아버지는 상당한 충격에 빠졌고 주영이의 상태를 인정하기 어려워 힘든 시간을 보냈다고 했다. 주영이의 어머니는 지금도 '왜 나한테 이런 일이 생겼나!'하고 자주 생각하게 된다고 했다.

주영이가 뇌병변 장애 진단을 받은 이후부터 어머니는 직장을 그만두고 소아 낮병원(병원에 매일 6시간을 머물며 재활치료를 받음) 및 입원 치료를 쉬지 않고 3년 정도를 다녔다고 했다. 이후에 아이의 상태가 더 나빠지지는 않았지만 쉽게 호전되는 기미도 보이지 않았다고 했다. 그리고 언제부터인지 재활치료 중에 한 번 울기 시작하면 그칠 줄을 모르고 아무런 이유 없이 갑자기 말을 하지 않고 고집을 부리며 운동에 집중하지 않아 재활치료가 자주 중단된다고 했다. 엄격한 선생님보다 말을 잘 들어 주는 선생님에게 더욱 고집 세게 그러는 것 같다고 했다.

주영이가 받은 **재활치료**[물리치료(physical therapy), 작업치료(occupational therapy), 도수치료(manipulation therapy)]와 함께 주영이가 지금까지 받았던 다른 치료는 낮병원에서 재활치료를 하는 시간 이외에 비는 시간에 언어치료와 미술치료를 잠깐 받았으나 어머니는 재활치료가 더 중요해서 재활치료만 중점을 두고 있었으며 다른 치료에는 관심이 없다고 했다. 언어치료와 미술치료는 "그냥 받아봤다"고 하였고, 주영이가 언어에 큰 문제는 없다고 생각한다고 했다. 또한 미술치료는 손을 사용해야 하기 때문에 아이의 오른손 재활치료에 조금은 도움이 될 것 같아서 했다고 했다. 언어치료사나 미술치료사가 주영이의 상태에 대해 어떤 이야기를 주로 했는지 물어보자 공통된 내용은 주영이가 산만하고 착석 유지가 힘들어 수업 진행이 어렵고 사소한 것에 고집을 부리고 떼를 쓰며 수업에 대한 반응이 매우 적고 말을 하지 않고 가만히 있을 때가 많다고 했다. 어떤 (어머님이 기억을 못하심) 선생님은 어머니와 주영이가 대화를 거의 하지 않고 치료사들에게도 말을 하지 않는 등 **선택적 함구증**(selective mutism)과 유사해 보인다는 말을 들었다고 했다. 또한 당시의 언어치료사는 언어치료와 더불어 주영이에게 심리와 정서 부분도 함께 다뤄지는 것이 좋겠고, 음악치료나 놀이치료가 병행되거나 우선되는 것이 좋겠다는 이야기를 들었다고 했다. 당시 언어평가 결과도 또래보다 늦는다는 결과가 나왔지만 어머니는 정확하게 몇 개월이 차이가 나는지는 기억하지 못하셨다. 그리고 음악치료사가 "걱정이 되셨겠다"고 하자 "아직 어리니까 다들 이 정도 아닌가……"라고 얼버무리는 모습을 보였다. 그리고 본인은 아이와의 소통에 어려움이 별로 없다고 치료사에게 말하면서도 아이가 고집이 세고 말귀를 잘 못 알아듣는 것 같아서 키우기가 너무 힘들다는 상반된 내용으로 하소연했다.

첫 만남

어머니와 주영이의 첫 대면에서 특이했던 점은 음악치료를 의뢰하였으나 치료를 통해 원하는 것이 무엇인지 명확하게 대답하지 못하는 부분이었다. 주영이가 음악치료에 의뢰되기 전까지 어머니는 음악치료에 대해서 관심도 없었으나 언어치료사가 여러 번 권유하였고 이곳이 집과 가까이에 있어서 오게 됐다고 무심하게 이야기했다. 첫 상담과 접수 면접지를 통해 다시 정리를 하면 어머니의 주된 호소 내용은 아동의 편측 마비 증상으로 이 부분을 가장 중요하게 생각하고 신체적 기능이 좋아지기를 바란다는 내용이었다. 음악치료를 의뢰한 이유로는 언어치료사가 아이의 언어적인 문제와 심리적인 부분에 대한 치료적 지원이 시급하다고 해서 왔다고 했다. 그러나 상담에서 어머님의 반응은 언어적인 문제나 심리적인 문제가 있다는 것에 대해 전혀 공감하지 못하고 있는 듯이 보였다. 어머니는 피곤해 보였고 자신의 상황을 하소연하듯이 이야기하였으며 상담 내용의 절반은 아동의 재활치료에 대한 내용이었고, 나머지 반은 자신의 희생과 노력에 대한 내용이었다. 아버님은 주영이에게 관심은 있으나 상담에 참여하는 것은 매우 어색해했다.

어머니와 음악치료사가 간단하게 상담을 마치고 아버님과 기다리고 있던 주영이가 치료실에 들어와서는 치료사의 인사에 무표정하게 바라보더니 치료사가 방으로 들어가자고 손을 내밀자 주영이는 뒤돌아 도망치듯 하며 치료사와 어머니를 번갈아 바라보았다. 다시 방으로 함께 가자고 하면서 치료사가 따라가자 주영이는 웃으면서 대기실을 뛰어다녔고, 어머니가 주영이의 손을 낚아채듯 하여 방으로 들어왔다. 치료사와 어머니, 주영이 셋이서 약 20분가량을 함께 있으며 관찰(어머니와 아동의 상호작용과 처음 만난 치료사에 대한 아동의 태도 및 치료실과 악기에 대한 반응을 보고자)하였는데, 주영이는 악기에 잠시 관심을 보이더니 몇 가지 만져보기는 했으나 적극적으로 꺼내서 소리를 크게 내보거나 소리 내는 방법을 물어보거나 하지 않았고 그냥 방 안을 돌아다니기만 하는 모습을 더 많이 보였다. 어머니가 주영이를 부르면 쳐다보기는 하였지만 다시 방을 돌아다녔고 "이리 와서 이거 볼까?"라고 어머니와 치료사가 요청했지만 못들은 척 하는 듯이 보였다. 다양한 악기로 소리를 들려주며 만져 보기를 유도 했으나 다가와 아주 짧게 보다가 밖으로 나가려고 했다. 어머니는 밖으로 나가려는 주영이에게 "왜? 물? 우유? 쉬?"라고 즉각적이고 기계적으로 질문하였고 주영이는 무표정하게 문 앞에 서 있었다. 어머니는 다시 똑같은 질문을 반복하였지만 주영이가 반응이 없자 가방에 있던 우유를 꺼내서 내밀자 주영이는 썩 내키지는 않는 듯이 망설이다가 받아들고는 치료사에게 와서 "우유!"라고 했다. 치료사가 "아~ 우유갑 열어 달라고?" 하자 다시 대답이 없었고 "열어 주세요. 따라해 봐!"라고 하자 치료사의 입을 집중해서 보기는 했으나 다시 "우유!" 라고 해서 우유를 열어 빨대를 꽂아 주자 웃으며 받아들더니 마시면서 방 안을 돌아다녔다. 우유는 몇 모금 마시지 않고 떨어뜨려 옷과 바닥에 흘리고 책상 위에 두고는 다시 마시지 않았다. 자신을 반복해서 부르면 신경질적으로 "아니!"라고 하거나 전혀 표정이 없이 자신이 하던 것을 하였고 어머니와 대화가 원활하게 이루어지지 않는 것을 볼 수 있었다. 주영이의 흥미를 끄는 것이 없어 보여서 치료사가 가지고 있던 작은 사탕을 주영이에게 보여 주고 어머님께 건네 주자 어머니가 "주영아, 사탕?"하자 달려와서 사탕을 가로채서 치료사에게 주면서 "까!"라고 했다.

"'껍질 까 주세요'라고 해 봐"라고 하자 또 입을 유심히 쳐다보며 따라할 듯하더니 시선은 피하고 작고 정확하지 않은 소리지만 "까 주세요"라고 말하며 빨리 먹고 싶어 발을 동동거리는 모습이 보였다.

관찰 내내 치료사나 어머니가 불렀을 때 정확하게 대답하는 것을 볼 수 없었고 그냥 무표정하게 바라보거나 어떤 의미인지 모를 웃음을 보이는 것이 전부였다. 몇 가지 악기를 시범 보이자 관찰하는 듯이 보였지만 주영이가 직접 하지는 않고 손에 쥐어 줘야 조금 하다가 내려놓았다. 20분 정도가 지나고 주영이는 대기실에 있는 아버님에게 보낸 뒤에 어머니에게 언어평가가 실시되어야 정확하게 알 수 있으나 현재 관찰된 아동이 사용한 단어가 짧은 시간이었지만 '우유' '까(사탕 껍질) 주세요' '아니(짜증스러운 말투)' 가 전부였다고 말씀드렸다. 그리고 모두 어머니에게 요구하지 않고 오늘 처음 본 음악치료사에게 요청한 점에 대해 말씀드리자 어머니는 잠깐 당황하는 기색을 보이며 "선생님이 좋은가 보다"라고 어색하게 말씀하셨다. 어머님은 아동의 양육과정에서 다양한 어려움을 호소하면서도 마무리는 항상 '큰 문제가 아니다'거나 '아이들은 다 그렇다'라는 태도를 보여 아직 주영이의 장애와 여러 문제 상황을 정확하게 인식 못하거나 회피하려는 모습이 자주 나타났다. 그리고 주영이는 상대방의 질문이나 요청에 적합한 반응이나 대답이 아니라 반응이 없거나 상황에 맞지 않게 웃어 보이는 등의 모습, 거의 착석하지 않고 계속 방 안을 빙글빙글 돌아다는 반복되는 행동 등을 미루어 보아 치료 개입은 반드시 되어야 하고, 추가적인 평가를 통해 치료가 진행되는 것이 좋겠다고 말씀을 드렸다. 또한 운동재활치료는 지속적으로 필요하고, 아이가 성장하는 내내 재활치료를 중단하지 않고 받는 것이 중요하다는 것은 어머니가 잘 알고 계셨기에 음악치료에서는 언어능력 향상에 도움을 주거나 심리적인 부분들을 다루는 것이 좋겠다고 말씀드렸다. 언어평가는 받아본 지 1년 정도 지나 자료가 없어서 다시 받아보도록 같은 센터 내의 언어치료사와 임상심리사에게 의뢰했다.

1회기 평가 기간

음악치료 평가는 1회나 2회에 걸쳐 진행되는 점을 미리 말씀드렸고 어머니와 상담을 하였지만 의문을 갖게 하는 부분들, 좀 더 명확한 이유를 찾아봐야 하는 부분들에 대해 초점을 두어 아동을 관찰하였다.

첫째, 아동이 타인과의 의사소통과 관계에서 어떤 어려움이 있는지 알아보는 것
(특히, 부모나 부모 외에 다른 사람들을 대하는 태도)
둘째, 아동이 상대방의 말이나 소리에 주의를 기울이고 있는지 알아보는 것
셋째, 아동이 상대방의 말이나 주변 상황을 이해하고 있는지 알아보는 것
넷째, 아동이 음악적으로 선호하는 것이 무엇이며 동기부여가 되고 집중할 수 있는 게 무엇인지 알아보는 것

앞의 내용을 관찰하여 평가 결과와 함께 아동의 현재 상태에 대해 객관적으로 알려 드릴 필요가 있다고 판단하였고, 필요하다면 우선순위를 두고 치료접근을 해야 하는 부분이 어느 부분인지를 명확한 근거를 통해 어머니에게 알려 드리고자 했다.

첫 시간을 위해 센터로 들어올 때 주영이는 어머니 뒤를 따라서 뾰로통한 표정으로 따로 들어왔다. "인사해야지?"라는 어머니의 말에 대답하지 않았고 음악치료사가 먼저 반갑게 인사하자 살짝 웃음을 보이면서 전에 들어왔던 방을 기억하고는 자연스럽게 치료실로 먼저 들어온 것으로 보아 지난주에 음악치료에 대한 인상은 나쁘지 않았던 것으로 보였다.

악기들은 미리 바구니에 두드리는 리듬악기, 취주악기, 방울이나 종 소리가 나는 악기들로 구분하여 낮은 책상 위에 두고 하나씩 함께 보자고 하며 손을 내밀었다. 주영이가 치료사의 손을 잡지는 않았지만 알았다는 듯이 책상 앞으로 다가가 악기들을 보고 있었다. 음악치료사도 옆으로 다가가 그중에 귀로를 꺼내서 주영이에게 소리를 들려주며 동요를 개사한 간단한 Hello song을 불러 주자 갑자기 치료사에게 귀로를 달라고 손을 먼저 내밀었다. "아! 이 악기가 하고 싶구나. 줄까요?"하자 "줘!"라고 했고 "'주세요!'라고 해 봐"라고 하자 따라 말할 듯이 바라보다 다시 "줘!"라고

했다. 우선 악기를 주고 주영이가 악기를 두드리는 동안 주영이의 이름을 넣은 환영의 노래를 불러 줬다. 중간에 악기가 무거웠는지 책상 위에 다시 내려놓고 두드리면서 처음으로 환하게 웃어 보였다. 연주하며 웃는 얼굴이 사랑스러웠고 손을 잡으며 악기소리가 재미있고 듣기 좋다고 하자 어색하고 귀찮은 듯이 손을 빼고는 방을 빙글빙글 돌아다녔다. 기분은 많이 좋아 보였다.

〈작은 동물원-김성균 작사/작곡〉을 개사한 Hello song
안녕-안녕—주영아 안녕-안녕—주영아 안녕-안녕— 선생님 만-나서 반가워요~
안녕-안녕—주영아 안녕-안녕—주영아 안녕-안녕— 선생님 음악시간 시작해요~

〈당신은 사랑받기위해 태어난 사람-이민섭 작사/작곡〉을 일부 개사한 환영 노래
이 시간~ 우리가 함께하는 음악시간~
주영이를 기다린~ 선생님이 있지요~
이 시간~ 우리가 함께하는 음악시간
주영이와 선생님이 ○○○○하고 있지요~

다시 악기들을 보자고 부르자 주영이는 알아듣고는 책상 앞으로 다가와 섰고 "이 바구니의 악기들을 마음껏 가지고 놀아도 돼!" 하며 리듬악기 바구니를 주자 탬버린, 도형북, 동물 모양의 캐스터네츠 등을 모두 꺼내서 조금씩 만져 보고 관찰하는 모습을 보였다. 그런데 치료사가 손을 내밀어 함께하려는 자세를 취하거나 악기를 어떻게 연주하는지 방법을 알려 주려고 손이 닿으면 상당히 어색해 하는 표정과 손을 빼는 행동을 자주 보였다. 그러나 완전히 거부하고 싫어하는 것도 아니라는 것을 알 수 있었다. 그 다음으로 '기차소리 피리'를 치료사가 먼저 불어 보이자 소리에 깜짝 놀라면서도 웃으면서 달라고 손을 내밀며 흥분하는 모습을 보였다. 그래서 같은 악기를 골라 입에 대어 주자 입을 더 꼭 다물어 버리고 뒷걸음질을 쳤다. 다시 치료사가 가지고 있는 악기를 불어 보이자 다가와서 자신의 것을 아주 조심스레 불어 보고는 내려놓았다. 치료사가 피리를 불면서 평소 주영이가 하듯이 방 안을 빙글빙글 돌면서 걷자 가만히 보다가 피리를 집어 다시 불어 보이며 주영이도 방 안을 빙글빙글 돌았다. 카주로 〈곰 세 마리〉 동요를 부르며 시범을 보이자 관심 있게 바라보

긴 했으나 다른 카주를 건네주자 고개를 돌렸다. 다시 〈작은별〉 노래를 불러 주자 유심히 관찰하며 조금 웃어 보이기도 했으나 다시 권했을 때 정확하게 "아~~(싫다는 듯)"라고 했다. 마지막 바구니의 종소리가 나는 악기들 중에는 핸드벨(C/E/G를 준비)을 가장 좋아했고 쉬지 않고 흔들며 방 안을 돌아다녔다. 치료사가 즉흥으로 노래 가사를 만들어 주영이의 행동을 반영해 주자 다양한 악기를 만져 보는 시도를 더 적극적으로 하는 것을 볼 수 있었다. 그러다 일부러 주영이가 치료사의 노래를 듣고 있는지를 알아보려 노래를 멈추자 계속 하라는 듯이 음악치료사를 바라봤고, 다시 노래를 불러 주자 악기들을 다시 소리 내기 시작했다. '핸드벨'이라고 이름을 알려주고 따라해 보라고 하자 가만히 바라보다가 작은 소리로 수줍은 듯이 "핸드벨!"이라고 하고는 자랑스러운 듯 신나서 핸드벨을 흔들면서 뛰어다녔다. 잠시 방 안을 돌더니 제자리에서 빙글빙글 돌다가 흥분하여 핸드벨을 바닥에 던졌다. 다치지 않았는지 확인하고 손을 잡은 채로 주의를 주자 상황과 분위기를 인식하고는 잠시 고개를 떨구더니 이내 손을 빼면서 달아나려고 해서 다시 반복하여 설명을 하고 던지지 않겠다는 "네!"라는 대답을 들은 후에 다시 해도 된다고 허락하자 전처럼 즐겁게 뛰어다녔다. 이후에는 악기를 던지는 행동은 다시 하지 않았다. 치료사가 부른 노래는 주영이의 현재 기분, 행동, 악기 이름 등을 넣어서 단어를 반복적으로 사용하여 아주 간단하면서도 쉽게 인식하도록 하고 음악을 통해 즐겁게 소통하고 순간을 함께 즐기며 "here and now"를 경험하도록 하려고 했다.

즐거운 주영이~ / 신나는 주영이~ / 핸드벨 핸드벨~ / 재밌는 핸드벨~
빙그르 주영이~ / 콩콩콩 주영이~ / 핸드벨 핸드벨~ / 재밌는 핸드벨~

(키보드 반주는 핸드벨을 보며 코드로 진행하고 주영이의 속도에 따라 빠르거나 느리게 연주하였다.)

이후에 좋아하는 핸드벨을 더욱 마음껏 하도록 7음계의 핸드벨을 모두 책상 위에 꺼내서 나열하자 호기심을 보이며 이것저것 만져 보고 흔들어 보기에 바빴다. 주영이가 핸드벨을 소리 낼 때마다 이번에도 키보드로 화음을 작게 넣어 모방하자 점차 치료사가 모방하는 것을 인식하고 나중에는 주영이가 음악치료사의 키보드 소리에 맞추려는 듯이 귀 기울이고 거꾸로 리듬을 따라하는 모습도 잠시 보였다.

악기 탐색과 핸드벨 연주로 시간이 지나고 이제 헤어질 시간임을 알려 주자 곧바로 치료실 문 앞으로 다가가 서 있는 주영이에게 동요를 개사한 Good-bye song을 불러 주었다. 손을 잡고 노래를 부르는 동안에 손을 뿌리치지는 않았으나 시선은 다른 곳을 향해 있었고 완강하게 거부하는 모습은 보이지 않아서 노래를 두 번 들려주고 첫 시간의 평가가 끝났다.

치료실 문을 열고 나가서 어머니랑 주영이가 마주쳤으나 주영이는 엄마에게 가지 않았고 그냥 웃으면서 대기실을 돌아다니는 모습을 보였다. 어머니가 손을 잡자 손을 뿌리치고는 보란 듯이 더 돌아다니는 모습을 보였다. 어머니가 신발을 신겨 주는 동안에 가만히 있었으나 먼산을 보듯이 서 있었고 문을 열어 주자 혼자 뛰어 나갔다.

〈머리 어깨 무릎 발-외국곡〉을 개사한 헤어질 때 인사 노래

음~악시~간이 끝났다. 음~악시~간이 끝났다.

주~영아 잘~가~요~~. 다~음 시~간에 만나요.

2회기 평가 기간

이번에도 피곤해 보이는 얼굴로 어머님께서 센터로 먼저 들어오고 뒤를 따라 주영이가 들어왔다. 주영이는 울었던 듯이 훌쩍였고, 차 안에서 우유를 쏟아서 혼을 냈다고 어머님께서 말씀하셨다. “우유는 다 쏟고 잔소리했다고 끝도 없이 징징거리기만 해서 화가 난다”고 하셨다. 그래도 주영이는 자연스레 치료실로 들어와 책상 위의 악기 중에 핸드벨을 기억하고 흔들면서 치료사를 바라봤다. 치료사도 핸드벨 하나를 골라서 흔들며 Hello song을 부르자 치료사의 손에 있던 것을 빼앗듯이 가져가 두 개의 핸드벨을 흔들어 보였다. ‘안녕, 안녕’ 부분에서 손을 흔들어 보이자 핸드벨로 손을 흔들 듯이 치료사에게 흔들어 보였다. 주영이의 기분은 금세 좋아졌고, 어머니와의 일은 잊은 듯이 보였다. 지난 시간에 치료사를 따라 연주하던 모습을 보였으므로 이번 세션에서는 “선생님을 똑같이 따라해 볼까?”라고 하고 간단한 동작과 소리 등을 모방하는지 보려 했다. 우선 핸드벨을 만세 자세로 위에서 흔들고 반대로 팔을 내려 아래에서 흔들었다. 무표정으로 쳐다보는 주영이에게 다시 설명하고 시

범을 보였다. 이해를 했는지 알 수 없는 표정으로 처음에는 그냥 무조건 흔들기만 해서 다시 시범을 보이고는 손을 잡아 함께했다. 손을 빼려고 하다가 가만히 있었다. 그리고 다시 권유하자 살짝 웃으면서 비슷하게 모방하는 것을 볼 수 있었다. 팔 동작과 수를 세면서 소리를 내는 등 다양하게 유도했고, 여섯 가지 동작과 연주 형태 중에서 완벽하지는 않지만 네 가지 정도를 비슷하게 모방하는 것을 볼 수 있었다.

핸드벨을 쥔 오른손은 힘이 약해 몇 번 떨어뜨렸지만 자신이 다시 주워서 흔들었다. "함께 앉아서 악기를 보자"고 하고 다른 악기들에 대한 반응을 살펴보려고 미리 바구니 하나를 더 준비해서 코끼리코, 카바사, 천둥소리, 매미 소리와 같은 독특한 소리가 나는 악기들을 넣어 두고 하나씩 꺼내 시범을 보였다. 착석은 하고 있었지만 무표정으로 다른 곳을 보고 앉아 있다가 카바사를 보더니 달라고 손을 내밀었다. "'이거 주세요' 해 봐"하자 치료사의 입을 유심히 쳐다보고는 다시 "주세요!"만 하고, 두 번째도 마찬가지로 "주세요!"만 따라했다. 주영이의 손에 카바사를 접촉하자 팔을 움츠리는 듯이 보이다가 가만히 있었다. 손잡이를 쥐어 주자 무거워서 잠시 당황하다가 다시 잡고 흔들었지만 원하는 소리가 나지 않자 다시 치료사에게 돌려줬다. 치료사는 주영이의 모습에 웃으며 다시 시범을 보이고는 주영이의 손바닥에 문지르려 하자 싫다는 듯이 작은 소리를 내며 손을 움츠렸으나 곧바로 다시 자신의 손을 내밀었다. 손바닥에 문지를 때에는 웃더니 팔에 문지르자 '까르르' 소리를 내면서 웃었다. "와! 재밌지? 또 해 볼까?"라고 하자 "또 해 줘!"라고 했고 "해 주세요"라고 정정하자 "또 해 주세요!"라고 스스로 말해서 약 10분가량 신체활동을 유도하는 동요(〈손발체조〉, 〈통통통통〉, 〈오른발 왼발〉 등)들을 응용하여 주영이의 이름을 넣어서 노래를 부르며 마라카스를 팔과 다리 등에 문지르며 소리 내는 놀이를 할 수 있었다. 그리고 이후에는 치료사가 멈추려고 할 때마다 "또 해 주세요"라고 여러 번 말하는 것을 볼 수 있었다. 치료사가 노래에 '선생님'이라고 단어를 넣으면 주영이는 스스로 "주영이~"라고 정정하기도 했다. 자신의 이름을 불러 주면 매우 좋아하는 것을 알 수 있었다. 평가를 위한 세션 종료 후 대기실의 엄마를 보자 다시 입을 삐죽 내밀고 어머니 옆에서 어색하게 왔다 갔다 하는 모습을 보였다. 주영이는 대개 치료사의 손이나 악기 등이 몸에 닿으면 첫 반응은 어색해 하고 무조건 움츠리거나 뒷걸음질치는 것을 볼 수 있었다. 그러나 조심스럽게 다시 시도하면 살짝 긴장한 듯하지만 가만히 있으면서 촉감을 느끼는 모습이 자주 관찰되기도 했다.

음악적 관찰평가 및 기타 검사 결과

첫째, 주영이의 언어 사용에 대해 관찰한 결과 치료실 안에서 다양한 의사소통 시도에도 매우 제한적인 언어 사용을 보이고 있으나 조음에는 문제가 없으며, 기분이 좋으면 스스로 단어들을 말하기도 한다. 단지 일상생활에서 언어 자극이 적었던 것으로 보인다. 언어평가에서도 '언어발달이 지연되는 것'으로 결과가 나왔고, 실제 보이는 수준보다는 좋은 결과를 보이고 있었다. 특히 어머니와의 대화가 거의 없음을 알 수 있었는데, 어머니에게는 말을 거의 하지 않았고 어머니의 가방을 열어 스스로 먹을 것을 찾아먹고 도움이 필요하면 치료사를 찾았다. 그리고 타인과 관계를 맺는 부분에서는 음악치료사에게는 가끔 말(단어로)도 하고 웃지만 치료실의 다른 어른들에게는 '이쁘다'는 칭찬에도 주눅이 든 듯이 고개를 숙이고는 눈을 피하는 모습이 자주 관찰됐다.

둘째, 상대의 말에 주의를 기울이는가에 대해서는 평가를 통해 음악이나 치료사의 말을 듣고 있다는 것을 충분히 알 수 있었다. 재미가 없거나 생소하면 무표정을 자주 하고 신이 나면 웃기도 하지만 크게 소리 내어 웃지 않고 얼굴표정이 다양하지는 않은 것으로 보아 일상생활에서도 다양한 감정표현에는 어려움이 있을 수 있다고 판단된다.

셋째, 가끔 무표정과 반응 없음, 또는 엉뚱한 반응으로 이해력에 문제가 있는지 관찰한 결과 다양한 상호작용의 경험이 부족하여 그런 것으로 보이고 눈치도 빠르고 상대가 무엇을 하자고 하는지도 잘 이해하는 것으로 보였다.

넷째, 핸드벨을 가장 좋아하고 자신의 이름이 들어간 노래를 좋아하는 것으로 관찰됐다. 그러나 동요를 따라 하도록 유도해도 부르지 않았다.

주영이는 만 4세 5개월이지만 아직 어린이집을 다닌 경험이 없고 지금까지 어머니와 병원, 집을 오고가는 생활을 계속해 왔다. 이로 인해 같은 또래의 친구들을 사귀어 본 경험이 없고 주로 운동재활을 위해 만나는 선생님들과의 관계가 대부분이어서 아동의 원만한 대인관계 형성과 발달에 어려움을 준 것으로 보인다. 특히 어머니는 주영이의 치료를 위해 노력하지만 정신적·육체적 피로를 많이 호소하고 있으며, 본인의 삶이 갑작스레 바뀌게 된 것을 주영이 때문으로 생각하고 종종 '주영이가 없었다면 지금 어떨까?'에 대해 생각하고 있어 어머니와 주영이의 안정적 애착관계 형성에도 부정적인 영향을 준 것으로 보인다. 이런 환경으로 충분하고 적절한 언어 자극이 제공되지 않아서 주영이는 어머니와 대화가 거의 없었으며 주로 울기, 떼쓰기 등으로만 의사소통을 하고, 어머니도 주영이가 확실하게 자신의 의사를 표현하기 전에 성급하게 대처하여 아동이 원하는 것이 아닌 경우에도 그냥 넘어가고 급하게 해결하려는 경향으로 의사소통 방법에 문제가 있음을 알 수 있었다. 이런 이유로 다른 상황에서는 비교적 말을 하는 반면에 어머니와는 말을 하지 않고 치료사들에게 신경질적이고 침묵하며 자신의 불만을 표현했고, 그리고 오랜 시간 받아온 재활치료를 힘들어하는 것으로 보였다.

검사 결과 요약(항목별 자세한 점수는 생략함)

- **부모양육태도검사**(Parenting Attitude Test Profile: PAT)

지지표현, 합리적 설명, 간섭 등이 이상적인 점수에 크게 밑도는 점수를 보였다. 반면에 비일관성과 처벌은 높았다.

- **취학 전 아동의 수용언어 및 표현언어 발달 척도**(Preschool Reseptive-Expressive Language Scale: PRES)

수용언어가 더 높고 표현언어와는 8개월 차이로 나타났다.

- **유아행동평가척도**(Child Behavior Checklist1.5-5: CBCL1.5-5)

불안, 우울, 주의집중, 기타 문제 등의 문제행동이 임상범위로 나타났다.

치료 목표

- 초기(1단계): 치료 안에서 안전함을 느끼고 무조건적인 수용을 경험하며 다양하고 자유롭게 표현하기(3~11회 / 주 1회, 40분, 총 9회기 진행)

- 중기(2단계): 구조화된 음악 환경 제공과 과정을 통한 성취 경험, 자신에 대한 신뢰 경험 쌓기(12~22회 / 주 1회, 40분, 총 11회기 진행)
- 후기(3단계): 그룹 세션에서 또래와 소통하고 협력과 친밀한 관계 형성 경험하기(23~28회 / 주 1회, 40분, 총 6회기 진행)

치료 과정

세션 초기: 주영이만을 위한 음악 시간

세션 초기의 음악치료는 온전하게 주영이만을 위한 시간으로 이루어졌다. 시간과 안전에 대한 몇 가지 약속만을 알려 주고 원하는 것을 하도록 적극 지지했다. 대화를 하지만 단어나 문장을 모방하도록 권하지는 않고 되도록이면 주영이의 의견(행동 반응과 비언어적인 단서들을 집중하여 관찰)을 최대한 경청한 후에 그에 맞게 대응하였다.

악기나 활동 선택은 항상 주영이가 하도록 하고 선택하는 시간이 오래 걸려도 기다려 주었다. 노래나 악기 소리가 들리지 않고 조용하게 기다리는 시간은 (치료사의 역할을 하지 않고 있는 것 같은 생각에) 치료사에게 있어서도 쉬운 일은 아니었다. 그러나 이런 시간 속에서도 아동이 답답해 하거나, 화가 나 있거나, 밖으로 나가려 하지 않고 그냥 천천히 느리게 악기들을 바라보며 망설이는 눈빛을 보이는 것을 알 수 있었다. 이것으로 치료사는 개입하지 않고 좀 더 충분히 기다릴 필요가 있다고 판단했다. 핸드벨은 주영이가 가장 좋아하는 악기였고, 주영이가 연주를 하면 치료사가 따라하는 것을 재미있어 했다. 연주는 그냥 핸드벨을 이것저것 골라서 흔드는 방식이었으나 치료사도 같은 색의 핸드벨을 찾아서 소리를 모방하거나 치료사가 다른 악기로 모방해 주는 것을 좋아했다. 그러면서 악기 연주로 치료사와의 교류가 점차 증가하는 것을 느낄 수 있었다. 그러나 가끔 선택도 하지 않고 어떤 것도 하지 않는 모습으로 시간이 오래 경과하면 주영이가 어색하지 않도록, 그리고 망설이지 않도록 치료사가 동요를 부르거나 피아노로 짧은 곡들을 연주하여 음악적인 자극이 자연스럽게 지속되도록 하였다. 초기에는 동요에 별로 흥미가 없었고 율동을 보여 주면 어색해 하는 것 같았다. 가끔 어머니에게 혼나고 울면서 온 날은 치료사의 무릎에 앉게 한 후 노래를 불러 주었는데, 이때도 동요에는 관심이 별로 없어 보였고 더 불러 달라는 반응도 거의 없었다. 자신의 이름이 들어가도록 개사한 노래는 가끔 흥미를 보였다. 그리고 자장가를 알고 있는 듯했고 편안해 하는 것을 알 수 있었다('잘 자라 우리 주영이~ 앞뜰과 뒷동산에~~'). 이후에 어머님으로부터 주영이 친할머니가 가끔 주영이 낮잠을 재우면서 불러 주셨다는 것을 들을 수 있었다. 그리고 자장가를 듣다가 실제로 잠이 든 경우도 한 번 있었다. 또 치료사가 허밍으로 아주 느리게 불러 주는 음악을 편안해 하는 것을 알 수 있었다(〈섬집아기〉, 〈오빠생각〉 등 오래된 동요). 치료사가 안아 주는 것을 처음부터 편안해 한 것은 아닌데, 처음에 울고 들어온 주영이를 안아주려 했을 때 팔을 빼면서 시선을 피하더니 멀찍이 떨어져 선 채로 계속 울었다. 그런데 주영이 울음의 특징은 눈물보다는 소리 내는 울음이었고, 멀리 떨어져 있으면서도 가끔 치료사를 힐끗 쳐다보는 것을 알 수 있어서 일부러 눈을 피하고 무관심한 척 반응을 보이면 소리가 조금 잦아들기도 하는 것을 알 수 있었다. 주영이가 어머니에게 혼이 나서 기분이 좋지 않은 것은 사실이나 치료사에게 관심받고 위로 받고 싶어 더 만들어서 울고 있다는 것을 알 수 있었다(아마 이런 모습의 주영이를 어머니는 평소에 기다려 주지 못하고 더 혼을 내거나 힘들어서 주영이가 원하지 않았어도 간식을 입에 넣어 주고 상황을 빨리 모면하려 한 것으로 보인다).

보통 몇 분은 우는 것을 지켜보다가 이후에 마음을 달래 주는 노래를 '손 인형'을 사용하여 인형이 노래하듯 〈할아버지의 낡은 시계〉(외국곡/김홍철 작사) 멜로디나 동요의 몇 마디 정도를 응용하여 템포를 아주 느리게 하여 슬픈 듯, 어두운 듯, 그러면서도 편안하게 감정을 담은 멜로디로 주영이의 이름을 넣어 작게 불러 주었다. 노래가 끝났을 때 치료사를 바라봐 치료사가 웃으면서 계속 불러 주자 울음을 그쳤다. 그리고 치료 시간이 다 끝나갈 무렵에는 치료사 가까이에 서서 악기를 탐색하는 등의 모습을 보이며 좀 더 가까워졌다는 느낌을 받을 수 있었다. 그 이후에 한 번 더 같은 상황이었을 때 치료사가 안아 주자 가만히 기대고 있었고 (주영이가 치료사를 끌어안지는 않음) 편안하게 앉아 있다가 잠이 들었다. 치료사가 시간이 끝날 때까지 안아서 재우다가 어머니에게 안겨 드렸을 때 어머니는 놀라워 했고 잠깐 깨는 듯이 칭얼거리다가 다시 잠이 든 채로 집으로 돌아갔다. 이후로 악기 선택이 빨라지고 많은 악기를 꺼내서 나열하고 소리 내고 관찰하며 과격하게 가지고 놀기가 폭발적으로 증가했다. 던지지는 않았지만 요란하게 악기를 다루고 이 과정에서도 너무 산만해 보여 걱정이 됐지만 주영이가 즐기고 있다는 것을 생각하며 주영이가 치료사에게 함께할 것을 요구하면 함께하고, 혼자 하고자 하면 조용히 지켜봐 주며 기다렸다. 이런 형태의 세션이 몇 회 반복되자 충분히 악기를 가지고 놀이를 하고 돌아간다는 것을 알 수 있었고, 어느 날 세션이 끝났을 때 문을 열고 나가면서 "신난다!"라고 혼잣말을 하며 나가는 모습을 보였다. 주영이는 치료사의 말을 더 잘 따르고 치료사가 점차 간단한 언어적인 자극과 모방을 요구했을 때 전보다는 많이 따라하고 수행하는 것을 볼 수 있었다. 동요에 관심이 없고 듣지 않는 듯 보였으나 주영이의 언어 자극을 위해 지속해서 동요를 부르고 개사했고 아주 가끔씩 가사를 몇 단어씩 따라하는 것을 볼 수 있었다. 그래서 이후에 2회의 세션을 더 진행하고, 2단계 '중기'로 넘어갈 준비가 충분히 됐다고 생각되었다.

상담: 이 기간 동안 어머님께서는 주영이가 먼저 요구하기 전에 추측하여 대처하지 말 것, 이동하는 차 안에서는 되도록 다투지 말 것, 차 안에서 동요나 동화를 들으며(차 안에서 무엇인가를 들으면서 다닌 적이 거의 없다고 하셨다) 언어발달에 도움을 주고 들은 내용들을 주제로 대화를 나누며 불필요하거나 서로 감정을 상하게 하는 대화를 피할 것, 힘든 재활치료를 열심히 하는 것에 대해 마음을 읽어 주고 칭찬할 것 등을 말씀드렸고 어머님의 스트레스도 상당하여 성인상담을 권하였다. 그리고 집에서의 변화된 모습으로는 관심 없던 장난감들을 가지고 놀고 두들겨서 소리를 들어보는 모습이 증가했다고 한다.

세션 중기: 주영이가 그리고 치료사와 함께 완성하는 음악 시간

이때부터는 좀 더 적극적으로 주영이와의 교류를 시도할 수 있었고, 중기 초반의 20분은 원하는 것을 하도록 하고 나머지 20분은 치료사와 함께 주어진 활동을 하는 구조로 시간을 가졌다(시간 분배는 유동적이었다). 손 인형의 사용도 점차 줄었고, 손 인형에 흥미도 줄어들었다. 치료실에 들어와서 주영이는 종전처럼 악기들을 골라 돌아다니며 연주하거나 가끔 책상에 앉아서 악기들을 관찰했고, 흥이 나면 악기를 과격하게 다루기도 했지만 던지지는 않았다. 착석 시간이 오래되지는 않았지만 특별한 경우가 아니면 치료실 전체를 누비도록 하였고, 가끔 너무 흥분했을 때 "앉아서 해 볼까?"라고 하면 "네!"라고 하고 자리로 돌아오기도 했다. 대신에 치료사와 함께하는 시간에는 착석 유지가 필요한 활동도 많아 규칙을 지키게 하고 치료사의 말을 따르도록 하자 눈치를 보면서 잠깐씩 활동을 거부하는 모습을 보이기도 했지만 오래 끌지는 않았다.

치료사와의 구조화된 악기 연주 활동으로는 동요의 일부분을 색깔악보를 보고 함께 연주하기, 한두 마디 정도의 간단한 리듬을 익혀 연주하기, 치료사의 연주를 듣고 모방하기, 노래와 율동 배우기, 음악과 신체활동(공, 스카프, 리본 등)으로 다양하게 이루어졌다. 이 활동들은 완성도가 높은 결과물을 만드는 것은 아니었다. 그러나 양육 면에서나 교육적인 면에서 주영이에게는 일관적이면서 과정을 즐기는 등의 안정적이고 구조화된 경험이 거의 없었고, 어린이집에서의 단체생활과 학습적인 교육 경험이 없던 주영이를 위해 준비하였다. 착석하는 시간이 길어지고 선생님의 설명을 듣고 수행하는 등 몇 가지 지켜야 하는 규칙과 과제들이 생기자, 세션 초반에는 매우 귀찮아 하고 치료사의 말을 무시하거나 듣지 않는 듯한 무표정이 다시 자주 나타나기도 했다. 그러나 치료사가 지속적으로 모델링을 먼저하고 과장되게 활동하자 재미있어 했고 특히 일부러 틀려서 "선생님이 틀렸다"고 하면서 심각한 표정으로 자책하는 모습과 "더 잘해야겠다!"고 다짐하는 모습 등을 가끔 보여 주자 웃는 것을 볼 수 있었다. 그러면서 "선생님을 좀 도와주면 더 소리가 예쁘겠다"라면서 도움을 요청하는 방식으로 권유하고 "선생님보다 더 잘하는 거 아닌가?"하면서 자극을 주어 대결이나 게임 방식으로 참여하게 하였다. 그리고 Self Modeling 기법(엄숙경, 2002)을 응용하여 활동이 잘 진행될 때 동영상을 찍어 (세션이 끝나면 삭제하기로 어머님의 동의를 얻고 가끔 어머님께도 보여 드렸다) 함께 보면서 주영이의 표정과 집중하는 모습 등을 관찰하게 하였고 사소한 부분이라도 웃어 주면서 칭찬하자 가끔 주영이가 먼저 "찍어"라고 말하고는 더욱 집중해서 활동하기도 했다. 또한 치료사가 연주하고 주영이의 모습을 편집하여 다음 시간에 보여 주면 자신이 연주한 것이 아니란 것을 충분히 알고 있으면서도 자신이 한 것처럼 좋아하는 것을 볼 수 있었다. 〈달팽이 집을 지읍시다〉(외국곡) 노래를 연주하는 동안에는 색깔악보를 보느라 자신의 연주를 경청하기가 어려웠으나 동영상을 통해 함께 연주한 곡을 들으면서 조금씩 멜로디를 흥얼거리는 것을 보였다. 그리고 점점 크게, 점점 작게 연주하는 부분에서는 소리 크기에 별로 신경을 쓰지 않는 듯이 보였으나 막상 동영상을 보고 나서는 크고 작게를 확실하게 구분해서 연주하는 모습을 보였다. 과제 수행에 있어서 중요한 부분을 스스로 인식하고 영상 속의 자신의 모습이 예쁜지 아닌지를 치료사에게 가끔 물어보기도 했다. "주영이가 웃고 있네?" "주영이가 이런 연주도 좋아하는구나?"라고 하면 수줍어하면서 더욱 예쁘게 웃고 여러 번 반복해서 보자고 하기도 했다. 주영이가 자기 자신의 존재감과 긍정적인 자아상을 만들어 가고 있다고 생각되었다. 어머님은 치료사와 상담 중에도 주영이가 보인 반응들에 대해 종종 "한 번도 그런 것을 본 적이 없다"라면서 신기해 하면서도 완전히 인정하지는 못하시다가 함께 활동하는 모습을 동영상으로 보고서야 인정하고 안심했으며, 주영이에 대한 마음이 조금씩 편안해지는 것을 볼 수 있었다. 짧은 부분이라도 반응이 보이면 크게 칭찬하여 성취감을 느끼도록 하였다. 동영상에서 치료사가 주영이를 칭찬하는 말과 태도를 보면서 "이렇게 해 봐야겠다"고 하시는 등 부모교육에도 도움이 되었다. 그리고 치료가 끝나면 어떤 부분이 좋았는지, 아쉬웠는지 등을 이야기하고 다음 시간을 약속하면서 작은 캐러멜을 하나씩 주었다. 이후에는 스스로 "○○○○ 주세요"라면서 기다렸고, 가끔은 어머님께 드려서 주영이가 오늘도 열심히 한 것을 칭찬하면서 어머님이 직접 주영이의 입에 넣어 주도록 했다. 주영이는 세션이 끝나면 캐러멜이 목적이기는 하지만 웃으면서 어머니에게 달려가는 모습을 자주 보였고, 문 앞에서 어머니를 기다리기도 하는 모습을 보이기 시작했다. 중기 10회기에서는 스스로 치료사에게 인사도 아주 씩씩하게 하면서 돌아갔다.

상담: 이 기간 동안에 어머니께 주영이가 어린이집에 다닐 수 있도록 권했고 또래들과 놀이하는 경험과 단체생활을 경험하는 것이 좋겠다고 말씀드렸다. 주영이가 떼를 쓰고 고집을 부리면(어머니는 주영이가 울거나 떼를 쓰면 화가 나고 질리기도 하지만 특히 주영이가 울면 자신이 너무 속상하여 주영이 얼굴을 볼 수가 없다고 하셨다) 지금까지의 어머니의 대처 방식은 성급하고 회피하는 방법으로 오히려 주영이의 화를 더 유발하고 말하지 않고 떼쓰면 통한다는 생각을 가지게 된 계기가 된 것 같다고 말씀드렸다. 그러면 다시 떼쓰고 말을 하지 않는 주영이에게 어머니는 지치는 악순환이 반복되면서 습관이 되었고, 주영이가 언어적으로 요구하지 않아도 먼저 해결해 주는 등의 방식이 언어발달에 도움이 되지 않는다는 것을 강조해서 말씀드렸

다. 화가 날만 한 이유가 있을 때에는 충분히 마음을 읽어 주되 계속 지나치게 떼쓰고 그치지 않을 경우에는 무시하고 그런 방법이 통하지 않는다는 것을 단호하게 보여 줄 필요도 있다고 말씀드렸다.

세션 후기: 친구와 함께 즐거운 음악 시간

처음 주영이와 음악치료를 시작하면서 음악치료 후반에는 친구를 만들어 주고 함께하는 것이 좋겠다고 생각되었으나 여러 가지 조건이 충족되지 않아 그룹을 만들지 못하다가 주영이보다 한 살이 많은 언니(이름 대신 '언니'로 함)와 그룹을 하게 되었다. 이 언니는 태어난 지 얼마 안 되는 동생 때문에 스트레스를 많이 받고 사랑과 관심을 받으려는 노력을 과하게 하며 약간의 퇴행(자기도 우유를 젖병에 달라고 하거나 엄마에게 매달려서 떨어지지 않으려는)을 보이는 것이 주 호소였다.

비슷한 또래와의 활동 경험과 형제가 없는 주영이가 배려하고 양보하는 것을 경험하게 해 줄 수 있다고 보였다. 또한 타인에게 인정받으려 노력하는 언니의 모습이 주영이에게 약간의 경쟁심과 활동을 성공적으로 하려는 동기부여가 될 것으로 판단하였다.

3주 전부터 주영이에게 다른 친구와 함께 음악치료 시간을 갖게 될 것이란 것을 알려 줬을 때 기대하는 모습을 보였다. 언니의 이름을 알려 주자 "○○○ 언니!"라면서 여러 번 말했고, 치료사를 볼 때마다 "오늘 언니가 와요?"라고 물어보았다. 그래서 치료사도 둘의 만남을 무척 기대하였지만 당일 세션이 끝나고는 조금 성급한 건 아니었는지 잠시 고민을 하기도 했다.

주영이가 치료실에 먼저 들어와 있었고 이후에 언니가 들어오면서 치료사에게 안기듯 매달리자 표정이 조금 굳어지는 것을 볼 수 있었다. 그리고 얼굴을 바로 쳐다보지 않고 처음에 봤던 주영이처럼 자주 고개를 숙이는 모습이 보였다. 언니가 주영이에게 말을 걸자 대답을 하지 않아서 "얘는 왜 말을 안 해요?"라고 할 정도였다. 그래서 오늘 첫 시간은 주영이가 좋아하는 핸드벨을 하자고 하면서 시범을 보이자 핸드벨을 들어 겨우 소리를 냈다. 그러나 경험이 많은 언니가 좀 더 능숙하게 하는 것을 보자 그것을 모방하려는 모습도 보였고, 애교 많고 친근하게 행동하는 언니의 모습을 관찰하는 듯이 보였다. 치료실 안에 함께 있었으나 활동은 각자 하는 형태가 되어 버렸다. 그래서 서로 무엇을 좋아하고 잘하는지를 소개하는 형식으로 진행하고 마무리하였다. 그리고 언니에게는 인사를 하지 않았지만 다음에 또 만나자는 언니의 말에 고개를 살짝 끄덕여서 이 그룹을 계속 유지해도 좋을 것 같다는 판단을 할 수 있었다.

치료사의 생각대로 언니가 치료사에게 인사하는 것, 세션이 끝나면 엄마에게 달려가 안기는 것, 언니가 자신에게 양보했을 때 자신도 양보하는 것 등이 아주 긍정적으로 빠르게 흡수되는 것을 볼 수 있었다. 어머니도 전에 비하여 많이 웃고 부드러워졌지만 안아 달라고 달려오는 주영이에게 무뚝뚝하게 대하여 조금 더 과장해서 웃고 밝은 목소리고 이름을 불러 주고 안아 주도록 말씀드렸다. 동요 부르기는 노래를 몰라도 언니를 따라 하거나 가끔 경쟁하듯 큰 소리로 부르는 모습이 관찰될 정도로 적극적이었다. 그러면서 주영이의 언어표현이 점차 향상되고 엄마와의 관계도 더욱 좋아졌다. 그러나 주영이가 어린이집을 가게 되고 재활치료 스케줄이 바뀌면서 센터에 다니기 어려운 상황이 되었다. 몇 번은 너무 피곤해 하면서 꾸벅꾸벅 졸기도 하여 어머님과 의논을 하고 후기 5회차에 종결을 결정하게 되었다. 그리고 조금은 갑작스러운 종결이라 1회를 더 하면서 인사를 나누고 끝나기 전에 약간의 과자를 준비해 파티를 하면서 마무리했다. 좀 더 진행이 되었으면 좋았겠지만 상황이 여의치 않았고, 주영이가 많이 변화하였고 잠시라도 그룹 활동을 경험한 것이 다행이라고 생각하였다. 그 사이 어머님도 성인상담을 몇 차례 받으면서 조금 달라진 모습을 보였고, 어려움이 생기거나 힘들다고 생각되시면 언제든지 다시 연락을 주시도록 말씀드렸다.

맺음말

뇌병변 장애 진단을 받은 주영이는 어머니와 주영이 모두 오랜 재활치료로 지쳐 있었다. 이 과정에서 대인관계 및 사회성 발달에 부정적 영향을 받았고, 특히 어머니의 양육 태도 및 소통 방식의 문제로 안정적인 애착 형성을 이루지 못한 것으로 보인다. 이로 인해 주영이는 어머니에게 말을 하지 않고 침묵하거나 떼를 쓰는 방법으로 소통하고 그러면서도 관심 받고 싶어 하는 이중적인 모습들이 나타났다. 음악치료사는 일주일에 한 번 만나는 주영이에게 어머니를 대신해 안정적이고 주영이만을 위한 시간을 제공하고 소통하고 함께하는 즐거움을 알려 주고자 했다. 실제로 또래와 같이 활동하는 시간까지 가지게 되었다. 그러면서 어머니와의 관계가 개선되고 자주 침묵하던 모습이 변화하고 급격하게 언어 사용이 증가하는 것을 볼 수 있었다. 그룹활동은 더 진행되지 못한 아쉬움이 있지만 발전하고 성장하는 모습을 충분히 보여 준 사례이다.

용어 설명

환자중심치료(Client-Centered Therapy) 이 치료 방법은 달리 라제리언 방법(Rogerian Type)이라고도 하는데, 환자가 중심이 되는 치료 방법을 말한다. 일반적으로 방향이 설정되지 않은 상태의 치료그룹을 말하며 환자가 자신의 문제를 찾아 그 해결을 위한 방법을 어떻게 발견하는가를 우선에 둔다. 치료사는 단지 이를 도와주는 보호자의 역할로서 존재하게 된다(최병철, 1996).

아동중심 놀이치료 Rogers(1951)가 창시한, 지금은 인간-중심치료라고 말하는 내담자중심치료의 이론적 구성개념을 따르는 것이다. Rogers의 학생이자 후에 동료가 된 Axline은 이 원칙들을 아동에게 적용하였으며, 아동중심 놀이치료—아이들에게, 또는 아이들을 위해 무엇인가를 해 주기보다는 오히려 아이들과 함께 있는 것이라고 흔히 알려진—를 창안해 냈다(O'Conner & Braverman, 2000).

Self Modeling 기법 아동에게 기대되는 목표행동을 보여 주는 비디오 테이프를 스스로 반복적으로 관찰하게 함으로써 행동 변화를 가져오게 하기 위한 것이다(염숙경, 2002).

참고문헌

김경숙(2015). **음악치료에서의 진단평가**. 서울: 학지사.

명온(2003). 사건구성 음악치료 프로그램이 선택적 함묵증 아동의 말하기에 미치는 효과. 성신여자대학교 대학원 음악치료학과 석사학위논문.
손성민(2010). 뇌병변 장애 아동의 자기표현 능력을 위한 음악치료 활동의 비교 연구: 악기연주, 노래 만들기, 음악치료, 놀이극을 중심으로. 이화여자대학교 교육대학원 음악치료교육 석사학위논문.
염숙경(2002). **아동의 특성과 문제별 아동상담과 놀이치료**. 서울: 상조사.
이희자, 김지현(2003). 선택적 함묵증 아동의 치료 사례-놀이치료와 가족치료의 통합적 접근. **아동가족치료연구**, 1, 89-109.
정현주(2005). **음악치료학의 이해와 적용**. 서울: 이화여자대학교출판부.
최병철(1996). **음악치료학**. 서울: 음악춘추사.

Bruscia, K. E. (1999). **42인의 세계적 음악치료사가 들려주는 음악치료 이야기**(권혜경, 송진숙, 김미진 공역). 서울: 권혜경 음악치료센터.
David, J. W. (2010). **애착과 심리치료**(김진숙, 이지연, 윤경숙 공역). 서울: 학지사.
Grocke, D., & Wigram, T. (2011). **음악치료 수용기법**(문소영, 이윤진 공역). 서울: 학지사.
Hamilton, N. G. (2007). **대상관계 이론과 실제: 자기와 타자**(김진숙, 김창대, 이지연 공역). 서울: 학지사.
O'Conner, K. J., & Braverman, L. M. (2000). **놀이치료 이론과 실제**(송영혜, 이승희 공역). 서울: 시그마프레스.

제7장

엄마와의 특별한 30분 음악 시간

-엄마와의 관계에 어려움이 있는 ADHD 아동을 위한 부모-자녀 관계 음악치료-

박혜영

엔스텝언어심리연구소 소장

명지대학교 음악치료학과 외래교수

개요

이 사례는 승우와 엄마의 부모-자녀 관계 회복을 위해 진행된 부모교육과 즉흥연주의 과정을 소개한다. 승우는 ADHD 진단을 받은 10세 소년으로 엄마에 대한 애정욕구가 강하면서도 엄마를 무서워하는 양가적인 감정을 가지고 있었다. 승우의 엄마는 승우와 둘이 있는 상황을 매우 어색해 하였으며 승우의 ADHD 진단에 매우 당황하고 아이를 어떻게 양육해야 할지 혼란스러워하는 상태였다. 엄마는 부모교육을 통해 승우와 어떻게 상호작용할 것인지를 배우고 승우와 30분 즉흥연주를 진행하며 승우와의 관계 회복을 시도하였다.

내담자 정보

승우(가명)는 주의력결핍 과잉행동장애(Attention Deficit/Hyperactivity Disorder: ADHD) 진단을 받은 초등학교 4학년 소년으로 엄마, 아빠와 함께 셋이 살고 있다. 승우의 엄마는 진단 결과에 충격을 받은 상태였고, 자신이 아이를 잘못 키운 것이 아닌가 하는 죄책감과 앞으로 아이를 어떻게 양육해야 할지에 대한 막연함과 두려움을 가지고 있었다. 충격과 당황함에 고민하던 승우엄마는 지인의 소개로 내가 준비하던 정서 · 행동 장애 아동의 부모-자녀 관계 치료 프로그램에 참여하게 되었다. 부모교육의 사전모임에 참석한 승우엄마는 프로그램의 부모-자녀 30분 즉흥연주에 대한 설명을 들은 후 "이걸 내가 애하고 잘할 수 있을까 걱정인데요. (아이와) 한 공간에 들어오면 어색한데…… 아마 승우도 어색해 할 거예요"라고 말할 정도로 승우와 정서적 거리감을 가지고 있었다. 나는 승우와 엄마가 현재 어떠한 상황에 놓여 있는지 알아보기 위하여 운동성 가족화 검사(Kinetic Family Drawing: KFD)와 문장완성검사(Sentence Completion Test: SCT)를 실시하였다.

[그림 7-1]은 승우의 KFD이다. 승우에게 치료사가 "가족이 함께 무엇인가를 하고 있는 모습을 그려 봐"라고 주문하자 먼저 선을 그어 구획화를 하였다. 특히 엄마와 아빠는 한 공간에 그렸으나 자신은 방에 포위되어 있는 식으로 그림을 그렸다. KFD에서 구획화는 가족 간의 응집력과 상호작용이 부족한 경우에 흔히 나타나고, 포위된 대상은 정서적으로 단절되었을 가능성을 시사한다. 또한 가족구성원을 모두 막대기 모양으로 그렸는데, 이는 가족 간에 정서적 유대감과 애정적 교류가 부족함을 표현한 것일 수도 있으며 얼굴표정이 생략된 것은 가족 내에서 느끼는 갈등이나 정서적 어려움을 회피하려는 시도로 해석할 수 있다(신민섭 외, 2009). 승우는 가장 먼저 자신을 그리고 아빠, 엄마의 순으로 그렸는데, 이는 엄마보다 아빠를 정서적, 심리적으로 더 가깝게 느낀다는 것을 의미할 수 있다. 치료사가 '가족이 함께 무엇인가를 하고 있는 모습'을 주문했음에도 불구하고 각자 다른 것(승우-레고, 아빠-TV 시청, 엄마-빨래)을 하고 있고 구획화, 포위, 막대 모양의 인물 등으로 미루어 볼 때 승우의 가정은 가족 응집력과 상호작용이 부족하며 그 안에서 승우는 정서적 어려움을 경험하고 있는 것으로 보였다. 게다가 승우는 아빠보다는 엄마에게 정서적 거리감이 있는 듯이 보였다.

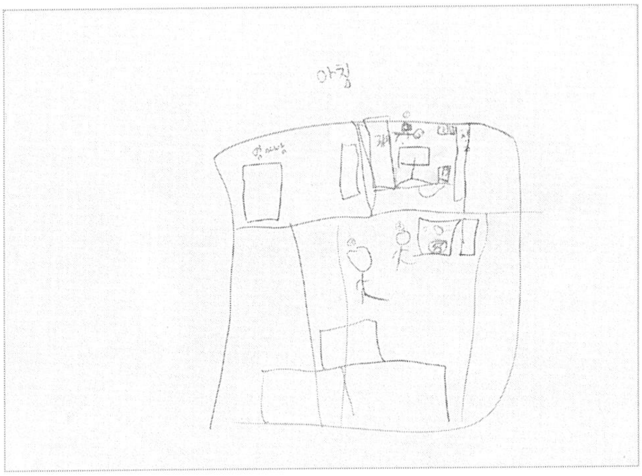

그림 7-1 **승우의 KFD 사전검사**

[그림 7-2]는 승우엄마의 KFD이다. '가족이 함께 무엇인가 활동하는 모습'을 그려 달라는 치료사의 주문에 승우엄마는 가족이 모두 TV를 시청하고 있는 모습을 그렸다. TV 시청을 '함께'하고는 있으나 가족 구성원의 역동성이 느껴지지는 않았다. 치료사가 분위기가 어떠한지 물었을 때 "TV 시청만 하고 있다"라고 답한 것으로 미루어 가족 간의 상호작용이 활발하게 이루어지지 않고 있음을 알 수 있었다. 엄마는 자신을 가장 먼저 그리고 승우, 남편의 순으로 그렸으며 승우를 자신의 옆에 그린 것으로 보아 승우를 정서적, 심리적으로 중요한 대상으로 여기는 듯이 보였다.

그림 7-2 **승우엄마의 KFD 사전검사**

승우와 엄마는 모두 그림의 이전에 어떤 상황이었는지 물었을 때 "자고 있다"고 답하였으며 이후에 어떤 상황이 올 것인지에 대해서는 "밥을 먹을 것이다"라고 답하였다. 이는 과거에는 가족의 역동성이 부족하고 무기력했던 반면 이후의 상황에 대해서는 애정과 양육의 욕구가 있음을 시사할 수 있다.

이러한 해석은 제시된 문장 이후 밑줄 친 부분을 완성하는 검사인 SCT와 함께 살펴볼 때 더 설득력을 얻을 수 있다. 엄마는 "다른 가정과 비교해서 우리 집은 불행하다" "우리 가족이 나에 대해서 아들은 무서운 엄마 신랑은 잔소리꾼"이라고 답하면서도 "내가 저지른 가장 큰 잘못은 아들을 때린 것"이라고 답하며 과거의 일에 대해서 반성하는 모습을 보였다. 또한 엄마는 치료사와의 면담에서 승우와 새로운 시작을 해 보려 한다고 말하기도 하였다. 승우는 "나를 가장 슬프게 하는 것은 욕"이라고 답한 것으로 보아 그러한 상황에 자주 노출이 되었던 것으로 보이나 "우리 엄마는 날 좋아한다" "내가 가장 좋아하는 사람은 엄마, 아빠, 할머니"라고 답하며 엄마에 대해 긍정적인 생각과 애정 욕구가 있음을 표현하였다.

치료 방법

승우와 엄마를 만나기 전에 나는 박사학위 논문을 준비하며 부모-자녀 관계에 어려움을 경험하고 있는 정서 · 행동 장애 아동과 부모를 대상으로 음악치료적 접근을 시도할 수 있는 부모교육 프로그램을 고안하고 있었다. 음악은 부모가 자신의 자녀와 긍정적인 방법으로 상호작용할 수 있는 매우 훌륭한 매체이며 실제로 부모들은 자녀와의 상호작용에서 음악을 자주 사용한다. 자녀를 안정시키거나 재우기 위하여 부모는 일정한 패턴의 리듬으로 토닥여 주고 노래를 불러 준다. 부모는 노래를 자녀와의 놀이에 활용하고, 자녀는 부모와의 음악놀이를 통해 인지적 · 사회적 · 정서적 발달을 이루어 간다. 이처럼 음악은 부모와 자녀의 초기 애착 단계부터 익숙하고 편안하게 사용되고 있으므로 부모-자녀의 관계 증진을 위한 매력적인 매체가 아닐 수 없다.

인간은 선천적으로 음악성을 가지고 있으며 음의 높낮이와 리듬에 정서적으로 반응하는 내재된 성향이 있고 음악적 표현을 만들어 낼 수 있는 능력을 가지고 있다

(정현주, 2011; Zuckerkandl, 1973). 우리가 음성으로 내는 소리의 조합들은 노래가 되고, 손으로 두드리는 리듬의 조합들은 새로운 음악이 된다. 우리는 기존에 존재하는 곡들을 연주할 수도 있고, 즉흥적으로 전혀 새로운 음악을 창조할 수도 있다. 새로운 형태의 음악을 창조하는 과정은 그 자체로 치료적 효과를 지닌다(Wigram, 2006). 그 음악을 만들어 내는 사람의 음악적 능력과 음악적 결과물에 상관없이 말이다.

나는 여러 가지 연주 형태 중에서도 악기를 이용해 즉흥적으로 음악을 창조해 가는 기악 즉흥연주에 매력을 느꼈다. 즉흥연주는 연주에 참여하는 우리를 적극적으로 만들어 주고 언어적으로 표현하기 힘든 미묘한 우리의 감정을 표현하는 강력한 수단이 될 수 있다(Ansdell, 1995; Davis, Gfeller, & Thaut, 2002; Turry & Turry, 1998). 또한 음악 안에서의 교류를 통해 참여자들 간의 접촉과 상호작용을 촉진시켜 주는 최고의 수단이 될 수 있다. 즉흥연주 안에서 우리는 표현의 자유를 통해 창조성이 극대화되고 자신을 있는 그대로 표현하며 타인과 자유롭게 교류할 수 있다(정현주 외, 2006; Aigen, 2005; Bruscia, 1998; Pavlicevic, 2002). 게다가 즉흥연주는 우리에게 최소한도의 음악적 기술이나 배경을 요구하므로 누구나 쉽게 접근할 수 있다는 장점을 가지고 있다.

이러한 장점들을 토대로 나는 기악 즉흥연주를 부모-자녀 관계 치료에 적용하고자 하였다(박혜영, 2014). 부모-자녀 관계 치료(child-parent relationship therapy)는 Landreth에 의해 개발되고 구조화된 부모 훈련 프로그램으로 부모-자녀의 관계 증진과 긍정적 관계 형성을 위한 모델이다. 이 프로그램은 10회기로 구성되어 있으며, 부모는 부모집단에서 이루어지는 교육을 통해 아동중심 놀이치료의 기본적인 원리와 기술을 배우면서 자녀에 대한 이해를 키우게 된다(Landreth & Bratton, 2008). 부모교육의 3회기 이후부터 부모는 부모교육에서 배운 것을 바탕으로 일주일에 한 번 자녀와 30분의 특별한 놀이 시간을 갖게 되며, 이러한 과정은 비디오로 녹화된다. 이 특별한 30분의 놀이시간은 중요하다. 부모는 30분의 정해진 시간 동안 온전히 자녀에게 집중하고 자녀에 대한 민감한 이해, 공감, 수용의 능력을 키워 간다. 치료사는 부모교육 시간에 기본적인 원리와 기술의 교육뿐만 아니라 부모를 격려하고 지원해 주며 자녀와의 30분 놀이 시간에 대한 비디오 슈퍼비전을 제공한다. 그리하여 부모가 자녀를 대하고 양육함에 있어서 좀 더 효율적으로 대처할 수 있도록 하며 긍정적인 상호작용이 이루어지도록 도와준다.

나는 이 과정에 기악 즉흥연주를 적용하였다. 아동중심 놀이치료의 기본적인 원리에 대한 교육과 더불어 비지시적이고 공감적인 기악 즉흥연주에 대해 소개하였다. 나는 부모들에게 Bruscia(1998)와 Wigram(2006)의 연구에서 제시된 반사(mirroring)와 모방(imitation), 반영(reflecting), 대화하기(dialoguing) 등의 기법들을 소개하고 실제로 즉흥연주를 진행하며 부모들을 지지하였다. 정서 · 행동 장애 아동의 부모들은 양육 기술의 훈련뿐만 아니라 정서적 어려움을 어루만져 줄 격려와 지지가 필요하기 때문이다. 부모들은 그렇게 심리적 · 정서적 힘을 키우고 자녀와의 특별한 30분 음악 시간을 가진다. 비지시적이고 공감적인 즉흥연주 안에서 부모와 자녀 두 사람의 음악성은 깨어날 것이고 자녀의 자기표현 능력은 극대화될 것이며 비언어적 의사소통과 상호작용은 촉진될 것이다.

치료 과정

부모-자녀 관계 치료 프로그램은 2013년 11월 4일부터 2014년 1월 10일까지 진행되었다. 부모교육에 들어가기 전에 나는 승우와 엄마의 즉흥연주가 어떠한 양상을 나타내는지 알아보기 위하여 승우와 엄마에게 30분 동안 즉흥연주를 하도록 하였으며 동의를 구한 후 동영상 촬영을 하였다. 즉흥연주에는 플로어탐, 봉고, 웨이브드럼, 캐스터네츠, 귀로, 카바사, 투톤블록, 마라카스, 에그쉐이커, 탬버린, 레인스틱, 공명실로폰 등의 악기가 제공되었다. 승우는 치료실에 들어오자마자 악기에 관심을 가지며 코끼리코를 만지작거렸다. 둘은 마주보고 앉기는 했으나 적당한 거리를 두고 앉았으며 눈맞춤은 30분 동안 거의 이루어지지 않았다. 엄마는 승우가 스스로 탐색할 시간을 주지 않고 끊임없이 먼저 제시하였다. 승우는 ADHD 아동의 특성답게 매우 짧은 시간 동안 여러 가지 악기를 바꾸었고 연주를 길게 유지하지 못하였다. 승우는 악기로 큰 소리를 내고는 엄마의 눈치를 살피거나 연주를 하다가 실수를 했을 때에는 자신 없는 목소리로 핑계를 대듯 다른 말들을 중얼거리기도 하였다. 승우가 플로어탐으로 학교에서 배운 장구리듬을 연주하다 조금 틀리자 엄마는 "그게 무슨 소리야"라며 한숨을 쉬기도 하고 "아, 시끄러워"라고 말하기도 하는 등 승우의 실수에 대해 비난을 하거나 지시적인 태도를 보였다.

초기(1~3회기): "저도, 아이도 둘이 같은 공간에 있는 것을 별로 안 좋아해요"

1회기부터 3회기는 부모집단의 교육 위주로 진행되었으며, 3회기가 끝난 후 처음으로 부모-자녀 즉흥연주가 시작되었다. 부모들은 자신과 자녀에 대해 소개를 하고 자녀 양육 상의 어려움에 대해 이야기를 나누었다. 치료사는 부모들에게 반영적 반응하기, 자녀의 감정에 반응하기, 시간과 장소의 구조화 등 부모-자녀 관계 치료의 기본 전제와 원리들에 대해 교육하고 반사, 모방, 반영, 대화하기 등의 즉흥연주 기법에 대해 설명하였다. 또한 부모집단에서 직접 즉흥연주를 시행하고 소감을 나누었다.

1회기에서 치료사가 사전에 진행된 30분의 즉흥연주가 어땠는지 묻자 승우엄마는 "30분이 그렇게 긴 시간인 줄 몰랐어요. 저도, 아이도 같이 있는 공간을 별로 안 좋아하기 때문에 승우도 들어오면서 걱정을 많이 했어요. 걔도 30분이 너무 지루한 거예요. (중략) 항상 집에 둘이 있으면 저는 자고 애는 TV를 봐서 둘이 같이 있는 공간이 없거든요"라고 말하였다. 또한 양육상의 어려움에 대해 이야기를 나눌 때에는 "'아, 얘는 왜 이럴까?' 하는 부정적인 생각들이 심어지는 거예요. 너는 나 어렸을 때에 비하면 지금 황제 대접을 받고 있는 건데 '왜 이럴까?' 하면서 제가 오히려 거부감이 더 드는 거예요"라고 이야기하며 불편한 감정을 나타내다가도 "난 얘한테 사랑을 되게 많이 준다고 생각을 하거든요"라며 눈물을 보이기도 하였다.

승우엄마는 초기에 프로그램 참여에 대한 걱정을 나타내면서도 막상 부모교육 시간이 되면 과거 승우와의 일에 대한 질문을 많이 하며 적극적이고 의욕적인 모습을 보였다. 또한 교육을 들으며 과거의 자신을 돌아보고 승우에 대한 이해가 부족한 것을 인지하였는데, 이는 "제가 지금까지 애한테 항상 강압적이었어요. 뭘 해라. 그럼 저희 애는 한 번도 '안 해' 하는 소리를 안 해요. 근데 그거에 대한 결과가 안 나오면 또 제가 짜증을 내겠죠. (……) 예전에는 몰랐는데 얘가 자기의 감정을 숨기고 있구나"라고 말한 부분을 통해 알 수 있었다.

3회기 부모교육에서 엄마는 가끔 승우에게 체벌을 가하는 경우도 있었으며 나중에 승우에게 사과한 상황에 대해 설명하며 또 눈물을 보였다. 그만큼 승우엄마는 자녀에 대한 이해와 자녀 양육에 대한 기술이 부족하였으며 그에 대해 후회를 하고 있었다. 그리고 그 기저에는 승우에 대한 애정이 자리 잡고 있었다.

치료사는 승우엄마에게 첫 번째 부모-자녀 즉흥연주에서의 주의점을 알려 주었다. 특히 모든 상황을 엄마가 주도하지 않고 승우의 안내를 따라가게 하였으며 질문이나 지시를 자제하도록 당부하였다. 사전평가 이후 오랜만에 부모-자녀 즉흥연주 시간을 갖게 된 승우는 치료실에 입실하자마자 생각해 놓은 것이 있다는 듯이 웨이브드럼을 늘어놓고는 드럼 세트 모양을 만들어 연주를 하였다. 엄마는 치료사의 당부대로 승우가 연주하는 것을 지켜보았으며 승우가 제안하면 연주에 함께 참여하기도 하였다. 승우는 여전히 산만하게 악기를 탐색하는 모습을 보였다. 그러나 2분 30초 정도 연주가 지속되는 경우도 있었는데, 연주가 이루어지는 동안 엄마는 승우를 바라보았으나 승우는 엄마를 보지 않고 엄마의 연주 소리도 듣지 않는 듯 자신의 연주만 지속하였다. 엄마는 부모교육 시간에 배운 즉흥연주 기술 중 모방을 주로 사용하며 승우의 연주를 따라가려고 하였다.

그러나 가끔 지적이나 비판적인 모습이 나타나기도 하였는데, 예를 들면 승우의 연주 소리가 커지자 엄마는 "그렇게 세게 치면 안 된다니까"라고 말한다거나 승우가 새로운 시도를 할 때 "이건 북이 아니잖아. 이렇게 해야지"라고 지적을 하기도 하였다. 그럼에도 불구하고 이 시간이 승우엄마에게는 매우 힘든 시간이 되었을 것이다. 우리가 가지고 있던 태도를 바꾸는 것은 매우 어려운 일이며 엄청난 노력을 요구하기 때문이다. 이러한 엄마의 노력을 알아챈 것인지 이 특별한 30분의 음악 시간 말미에 승우는 처음으로 연주 도중 엄마가 연주하는 북을 쳐다보았으며 기존 4분음표 위주의 연주에서 16분음표의 새로운 리듬을 시도하였다.

중기(4~8회기): "네가 연주하고 싶은 대로 연주할 수 있어"

프로그램 중기의 가장 중요한 과정 중 하나는 부모들이 자녀들과 함께 실시한 즉흥연주 영상을 보며 이루어지는 비디오 슈퍼비전이다. 이 과정에서 부모들은 자녀와의 즉흥연주를 활발하게 진행하고 상호작용을 긍정적으로 변화시키며 보충해야 할 부분에 대해 치료사의 피드백을 받아 수정해 가는 단계를 거친다. 이때 치료사는 부모들이 자녀와의 상호작용에서 자신의 역할에 대해 좌절하거나 자신감을 잃지 않도록 지지하고 격려하는 것에 중점을 둔다. 부모들은 쑥스러워하면서도 자신의 영상을 다른 부모들과 공유하였고 자신이 자녀와 어떻게 상호작용하고 있었는지 새롭게 발견하였으며, 때로는 다른 부모의 영상을 보며 공감하고 조언을 해 주기도 하였다. 이 과정 또한 중요하며 부모교육이 왜 집단으로 이루어지는지에 대한 이유가 된다. 부모들은 비슷한 어려움을 겪는 서로의 입장을 이해하고 공감하며 지지하였다. 이는 치료사가 주는 격려, 지지와는 또 다른 의미로 부모들에게 힘이 되었을 것이다.

4회기 부모교육은 부모들이 자녀와의 첫 30분 음악 시간을 끝내고 만난 첫 번째 모임이었다. 승우엄마는 승우와의 첫 번째 음악 시간이 매우 힘들었다고 말하였다. "질문을 하고 싶은데 그걸 참아야 되니까…… 말을 막 하고 싶고 지적하고 싶은데……." 치료사는 부모들에게 자녀보다 먼저 제시하지 말고 질문하지 말며 자녀의 안내대로 따라가도록 안내했던 바 있다. 승우엄마는 "처음에는 계속 같은 패턴으로 치더니 제가 다른 걸 치니까 또 따라오더라고요. 아, 얘가 딴짓을 하는 것 같으면서도 집중을 하는구나. 집중하는 모습을 처음 봤어요. TV 보는 거 외에……"라고 말하며 새롭게 발견한 승우의 모습에 놀라기도 하였다. 그러나 승우엄마의 말에서 알 수 있듯이 엄마는 여전히 자신의 주도대로 승우를 끌고 가고 싶어 했다. "아이에게 지적을 하지 말아야지 생각했는데 그래도 서너번은 했던 것 같아요"라고 자각한 것처럼……. 승우 엄마는 부모교육 시간에 질문을 굉장히 많이 하였는데, 음악 시간 내내 승우가 자신을 쳐다보지 않고 연주하는 것을 알아채고 그 이유를 궁금해 하였다. 이에 치료사는 승우는 아직 엄마의 눈을 바라볼 준비가 되어 있지 않은 것 같다고 말해 주고 승우가 준비가 될 때까지 기다려 달라고 피드백을 주었다.

4회기 부모교육이 끝난 후 이루어진 부모-자녀 즉흥연주에서는 지난 회기와 비슷한 양상이 반복되었으나 약간의 변화가 일어나기도 하였다. 승우가 처음으로 리듬의 패턴을 바꾸며 연주를 주도하고자 하는 욕구를 드러낸 것이다. 승우와 엄마의 연주는 3~5분 정도씩 지속되었고, 승우가 말을 하거나 새로운 연주를 시도할 때 엄마는 언어적 · 음악적 반영하기를 시도하였다.

5회기 부모교육 시간에 승우엄마는 자신이 여전히 지시적인 모습이 있었다고 인정하였다. 그러나 "아이가 자꾸 제 눈치를 보는 것 같아요. 북을 세게 치고 싶어도 제가 뭐라고 할까 봐 눈치를 보는 것 같아요"라는 말에서 알 수 있듯이 승우엄마는 조금씩 승우에 대해 민감한 반응을 보이기 시작하였다. 또한 "교육이 끝나고 나서도 내가 다시 예전의 행동으로 돌아가면 아이가 '우리 엄마가 그러면 그렇지'라는 생각을 하게 될까 봐……(걱정이 돼요.)"라고 말하며 승우와의 관계에서 변화를 추구하고 잘하고 싶은 욕구를 표현하였다. 이러한 변화는 매우 큰 의미를 가진다. 부모가 자신의 모습을 자각하고 자녀에 대해 민감하게 반응하며 긍정적인 관계를 바라면서 변화는 시작되는 것이다. 엄마의 이러한 변화는 아이에게 고스란히 전달된다. 승우는 처음으로 6분 이상 활발하게 엄마와 즉흥연주를 하였다. 연주의 다이내믹과 리듬 변화도 다양해졌으며 자신의 내면에 잠들어 있던 음악성을 깨우기 시작하였다.

그즈음 승우엄마는 감기몸살로 인하여 부모교육에 계속 결석하여 치료사와 따로 만나 교육과정을 따라갈 수밖에 없었다. 그러나 승우와 약속한 30분 음악 시간만은 시간을 어기지 않고 참석하였다. 엄마는 때때로 지시적이거나 주도적으로 연주를 하기도 하였으나 "(승우) 네가 원하는 대로 연주해 봐"라고 말하며 승우에게 자율성과 선택권을 주기도 하였다. 그에 부응하여 승우는 조금씩 연주를 주도하기 시작하였으며 다양한 변화를 시도하였다. 또한 승우는 30분 음악 시간을 시작한 이래로 엄마에게 가장 가깝게 다가가서 앉았다. 둘은 함께 같은 리듬을 연주하기도 하였는데, 이때 ♩ ♪♩ ♪♩의 motive가 처음으로 등장하였다.

네 번째 즉흥연주 시간에는 또 다른 의미 있는 사건이 있었는데, 승우가 그동안 억눌러 왔던 감정들을 연주에 쏟아내기 시작한 것이다. 북을 세게 두드리던 승우는 엄마의 눈치를 살피며 "어, 이거 너무 센가?"라고 말하면서도 더욱 세게 연주하였다. 승우는 엄마와 마주보게 자세를 고쳐 앉고는 있는 힘껏 북을 내리쳤다. 예전의 엄마였다면 승우의 이런 행동을 바로 제지했을 테지만 엄마는 그 자리에서 묵묵히 버티며 그러한 과정을 가만히 지켜보았다. 연주 시간이 모두 끝난 후 엄마는 치료사에게 이 과정이 매우 힘들었음을 호소하였고, 치료사는 그런 엄마를 지지하고 격려해 주었다. 승우는 맘껏 북을 세게 내리치고 난 후 "이번에는 내가 엄마한테 맞춰 볼게. 엄마가 연주해"라며 엄마의 손을 바라보면서 연주하였다. 엄마가 버텨 주고 승우의 있는 그대로의 모습을 수용해 주었기에 승우는 그다음 단계로 나아갈 수 있었다.

중요한 사건이 지나간 후 다섯 번째 즉흥연주 시간에는 연주의 주제들이 좀 더 풍요로워졌다. 승우와 엄마는 악기들로 감정표현놀이를 하기도 하고, 둘이 함께 공명실로폰을 가지고 화음을 만들기도 하였다. 주로 crescendo(점점 크게)의 다이내믹만을 표현하던 승우는 decrescendo(점점 작게)를 표현하기도 하고 빠르기에도 변화를 주면서 자기조절력을 키워 갔다. 두 사람은 3분 이상 상호작용적인 2중주 연주를 지속하였고, 처음으로 고개를 들어 서로를 쳐다보며 연주하였다. 두 사람은 연주를 마친 후 뿌듯한 표정을 지었고, 엄마는 승우에게 "끝, 잘했어"라고 부드럽게 말해 주었다.

여섯 번째 즉흥연주 시간이 시작되기 전에 엄마는 승우의 옷매무새를 만져 주었다. 연주에서뿐만 아니라 실생활에서 두 사람의 물리적 · 정서적 거리가 좁혀지고 있었다. 이날의 연주에서 승우는 고개를 흔들거나 팔을 크고 과감하게 움직이는 등 연주에 몰입하는 모습을 보였다. 두 사람은 ♩ ♪♪♩ ♩의 motive를 사용하여 연주하였으며 그것을 두 마디로 좀 더 확장시켜 ♩ ♩ ♩ ♩ /♩ ♪♪♩ ♩의 두 마디 motive를 완성하였다.

후기(9~10회기): "다음에 또 하는 거지?" "그래, 또 하자"

프로그램 후기의 목표는 부모들이 교육 시간에 배운 기술을 일상생활에 적용하며 일반화하는 것이다. 치료사는 비디오 슈퍼비전을 계속하며 부모들을 지지하고 일상생활에서 연습할 수 있는 기술들을 과제로 내준다. 승우엄마는 이러한 연습을 적극적으로 시도하였다.

몇 번의 결석 후 승우엄마는 9회기 부모교육에 참석하였으며, 교육 전 다른 부모들과 활발하게 대화를 나눴다. 승우엄마는 치료사에게 승우와 함께 규칙을 정하고 그것을 지키는 승우의 모습을 보면서 "아, 이게 되는구나"라고 생각하였다고 말하였다. 그리고 전에는 승우가 한 번도 엄마의 손을 잡지 않았는데, 며칠 전 ○○○기념관을 갈 때 승우가 먼저 자신의 손을 잡아서 깜짝 놀랐다고 하였다. "이게 쭉 가야 하는 데 걱정이에요. 옛날에 내가 아이에게 했던 방식들이 잘못되었었다는 것을 요즘 많이 깨닫고 있어요"라는 승우엄마의 말은 이미 두 사람의 관계에 많은 변화가 찾아오고 있다는 것을 입증해 주었다.

일곱 번째 즉흥연주 시간에 승우는 치료실에 들어오자마자 미리 머릿속에 구상을 해 놓은 듯이 악기를 선택하였다. 승우가 선택한 공명실로폰을 엄마가 함께 연주하며 두 사람은 화음을 만들어 갔다. 북을 연주할 때 승우는 더 이상 있는 힘껏 무언가를 쏟아내지 않았다. 승우는 f(세게)와 p(여리게)를 연주하고, 연주 중간에 쉼표를 사용하기도 하는 등 자신의 연주를 조절해 나갔다. 두 사람은 지금까지 중 물리적으로 가장 가까운 자리에 앉았으며, 하나의 공명실로폰으로 합주를 하면서 난타가 아닌 멜로디를 찾으려는 시도를 하였다. 두 사람의 연주는 마치 대화를 하는 듯이 흘러 갔다.

부모교육 10회기 후 마지막으로 이루어진 즉흥연주에서 두 사람은 5분 이상 연주를 지속시켰다. 승우와 엄마는 주로 북 종류와 공명실로폰으로 짝을 이루어 합주를 하였다. 엄마와의 연주 안에서 승우는 보다 자유로워졌다. 점점 빨라지고, 점점 느려지고, 점점 커지고, 점점 작아지고…… 악센트를 주기도 하고 점점 사라지듯이 연주를 하기도 하는 등 매우 다양한 음악적 사고가 나타났다. 승우가 새로운 음악을 만들려고 할 때 엄마는 승우 스스로 음악을 만들고 탐색하는 과정을 지켜봐 주고 기다려 주었다. 연주가 모두 끝나자 승우는 "다음에 또 하는 거지?"라고 엄마에게 질문을 하였다. 엄마의 "이게 마지막이야"라는 대답에 승우가 "응? 왜?"라고 반응하자 엄마는 "왜? 또 하고 싶어?"라고 말하였다. 승우가 "응!"이라고 말하자 엄마는 "그래, 다음에 또 하자"라고 답해 주었다. 그렇게 두 사람은 새로운 시작에 대한 약속을 하며 아주 특별한 30분의 음악 시간을 마무리하였다.

맺음말

나는 10회기의 프로그램이 끝난 후 승우와 엄마에게 음악적 변화 외에 또 어떠한 변화가 일어났는지 살펴보기 위하여 KFD를 실시하였다.

[그림 7-3]은 승우의 KFD이다. 사전검사와의 가장 큰 차이점은 구획화와 막대기 모양의 인물이 사라진 것이다. 승우와 엄마 사이를 네트라는 방해물이 가로막고 있는 것은 두 사람 사이에 여전히 심리적 거리감이 존재할 수 있음을 의미하지만 그럼에도 불구하고 두 사람이 함께 배드민턴을 치고 있는 상황이라는 것은 상호작용이 이루어지고 있다는 것이므로 매우 긍정적으로 평가할 수 있다. 사전검사에서 각자 다른 일을 하고 있는 모습을 그린 것에 비해 가족 모두 무엇인가를 함께하고 있고 웃는 표정을 그린 것으로 보아 가족의 역동성이 커지고 상호작용이 활발해졌으며 승우가 그 안에서 정서적 안정감을 찾아가고 있음을 들여다볼 수 있다.

그림 7-3 승우의 KFD 사후검사

[그림 7-4]는 엄마의 KFD이다. 'TV만' 시청하고 있던 사전검사에 비해 사후검사에서는 가족 모두 여행을 가서 낚시를 하고 있는 모습을 그렸다. 가족 구성원 모두 가까운 거리에 그린 것은 친밀함을 의미할 수 있고, 인물이 우측에 그려진 것은 활동성으로 해석될 수 있다(신민섭 외, 2009). 그만큼 에너지와 가족의 역동성이 커진 것을 알 수 있다. 반면 전체적인 분위기는 '즐겁다'라고 하였으나 승우엄마는 신난 남편과 승우를 지켜보고 있는 것이 지루하다고 말하기도 하였는데, 이는 승우엄마가 약간 지쳐 있고 정서적 지지가 필요한 상태임을 의미할 수 있다.

그림 7-4 승우엄마의 KFD 사후검사

승우와 엄마의 30분 음악 시간들은 매우 의미 있고 특별한 시간이 되었음에 틀림없다. 즉흥연주에서 보여 주었던 변화들은 달라진 KFD에서 살펴볼 수 있듯이 일상에서의 변화를 가져왔다. 공감능력이 부족하고 다소 강압적이며 지시적이었던 엄마는 부모교육과 즉흥연주를 통해 점차 공감하고 격려하는 엄마로 변해 갔고, 그 결과 두 사람 사이의 상호작용은 활발해졌다. 즉흥연주가 계속될수록 두 사람의 세계는 확장되었고 제한되어 있던 음악성들이 깨어났다. 승우와 엄마는 서로의 리듬을 모방하기도 하고 반영하기도 하면서 motive를 등장시켰고 변주를 시도하였으며 다양한 다이내믹을 사용하는 등 다채로운 연주를 통해 음악적 사고를 확장시켜 나갔다.

승우는 엄마와의 30분 음악 시간을 기다리고 있었다. 엄마와 둘만 남은 공간에서 "아, 어색해"라고 말했던 아이가 말이다. 승우엄마는 비록 그 시간들이 힘겹기는 하였으나 꿋꿋이 버티고 자리를 지켜 승우와 함께하는 그 시간을 단단하게 만들었다. 승우는 그 시간 동안 매우 집중하고 연주에 몰입하였으며, 엄마는 변화에 대한 의지와 확신을 확고히 할 수 있었다. 이러한 승우와 엄마의 커다란 변화는 특별한 30분의 음악 시간으로부터 시작되었다.

용어 설명

아동중심 놀이치료 Axline이 Rogers의 내담자중심(client-centered) 치료에 기초를 두고 발전시킨 개념이다. 아동에게는 성장과 성숙을 향한 경향성이 있으며 스스로 건설적인 방향으로 나아가고자 하는 자기안내 능력이 있다는 믿음에 기초한 접근법이다.

반사(mirroring) 내담자의 전반적인 표현을 치료사가 자신의 음악과 표현을 통해 동시에 반사해 주는 것이다.

모방(imitation) 내담자의 표현이 끝난 후에 치료사가 그 표현을 반복하거나 재생산하는 것이다.

반영(reflecting) 내담자의 기분, 태도, 감정에 맞추는 것이다.

대화하기(dialoguing) 내담자와 치료사가 즉흥연주를 통해 의사소통을 하는 과정이다.

참고문헌

박혜영(2014). 기악즉흥연주를 적용한 부모-자녀 관계치료 프로그램의 효과: 정서 · 행동장애아와 부모를 대상으로. 명지대학교 대학원 박사학위논문.

신민섭, 김수경, 김용희, 김주현, 김향숙, 김진영, 류명은, 박혜근, 서승연, 이순희, 이혜란, 전선영, 한수정(2009). 그림을 통한 아동의 진단과 이해: HTP와 KFD를 중심으로. 서울: 학지사.

정현주(2011). 인간행동과 음악: 음악은 왜 치료적인가. 서울: 학지사.

정현주, 김영신, 최미환, 조혜진, 노주희, 김동민, 김진아, 문소영, 곽은미, 배민정, 이승희, 김승아, 김신희, 이수연, Lisa Summer, Benedikte Scheiby, Diane Austin(2006). 음악치료 기법과 모델. 서울: 학지사.

Aigen, K. (2005). *Being in music: Foudations of Nordoff-Robbins Music Therapy*. NH: Barcelona Publishers.

Ansdell, G. (1995). *Music for Life; Aspect of Crative Music Therapy with Adult Clients*. London and Bristo, Pennsylvania: Jessica Kingsley Publishers.

Bruscia, K. E. (1998). 음악치료의 즉흥연주 모델(김군자 역). 서울: 양서원.

Davis, W. B., Gfeller, K. E., & Thaut, M. (2002). 음악치료학 개론: 이론과 실제(김수지, 고일주, 권혜경 공역). 서울: 권혜경 음악치료센터.

Landreth, G. L., & Bratton, S. C. (2008). 놀이치료를 통한 부모-자녀 관계치료: 10세션 부모-자녀 놀이치료 모델(김양순 역). 서울: 학지사.

Pavlicevic, M. (2002). Dynamic Interplay in Clinical Improvisation. *Voices: A World Forum for Music Therapy 2*(2). Retrieved November 19, 109.

Turry, A., & Turry, A. (1998). *Music Therapy for Cancer Survivors*. Coping, September/October, 80-81.

Wigram, T. (2006). 즉흥연주: 음악치료 임상전문가, 교육자 및 학생들을 위한 치료 방법과 기술(김진아, 김귀현 공역). 서울: 학지사.

Zuckerkandl, V. (1973). *Sound and Symbol. Vol. 2*: Man the Musician . Princeton, NJ: Princeton University Press.

제8장

말하고 싶은 소년의 노래 부르기

–난청아동의 언어발달을 위한 음악치료–

이드보라

음악치료학 박사

동아대학교 대학원 음악문화학과 음악치료학전공 교수

개요

인간은 소리로 의사소통을 해 오다가 음악과 언어로 분리되었다고 한다. 그래서 음악과 언어는 음의 높이, 음의 길이, 음의 강약 등 공통적인 요소들이 많이 있다. 청각 기능의 지체로 언어발달이 지연되는 난청아동에게 노래를 통해서 단어와 문장을 장기 기억시키는 것은 효과적인 치료 방법이 될 수 있다. 이 사례에서는 여러 가지 모음과 자음, 그리고 단어를 발화할 수 있는 노래들을 통해서 난청아동의 언어발달을 향상시킬 수 있는지 알아보고자 한다.

내담자 정보

사례연구의 대상 박○○의 생년월일은 2012년 11월 29일로 만 5세 남자 아동이다. 2017년 P대학병원에서 검사한 청력손실도는 왼쪽 귀 13dB, 오른쪽 귀 50dB이다. REVT 수용 · 표현어휘력 검사에서 수용어휘력은 약 19개월 수준으로 발달지체를 보이고 있으며, 표현어휘력은 측정하기 힘든 상태이다. 영유아 언어발달 검사에서 수용어휘력은 27개월, 표현어휘력은 15개월 수준으로 나타났다.

아동의 행동을 관찰했을 때, 아동은 치료사의 말에 어느 정도 반응을 나타내었다. 대답은 주로 "아, 빠, 따" 식으로 표현하고 있으며 기본적인 말은 알아듣는 것으로 보였다. 놀이를 할 때 자동차 주고받기가 가능하고 간단한 지시 따르기가 가능하였다. 장난감을 가지고 적절하게 노는 모습을 보이며 중간중간 엄마에게 놀이를 보여 주는 행동을 나타내었다. 그러나 아동이 엄마에게 먼저 의사소통을 시도하는 경우는 거의 없으며 주로 엄마의 질문에 반응을 보이는 형태로 나타났다. 대소변은 아직 가리지 못하고 있으며 특정 장소를 고집하고 있었다. 정서적 문제는 크게 드러나지 않고 있으나 한 번씩 곁눈질을 하였다. 말 모방 시 상대방의 반응을 다 듣지 않고 동시에 말하는 경향을 보였으며 다시 따라하도록 하였을 때에는 잘 따라하지 않았다.

구강조음 기관의 기능은 정확한 과제수행이 어려운 상태이지만 검사 결과 구조적 · 기능적 문제는 없는 것으로 나타났다. 조음은 '엄마' '아빠' 등 단어로만 표현을 하고 있었으며 단어 수는 20개를 넘지 못하고 있었다. 제한된 단어만 사용을 하였지만 상황에 맞게 나타내고 있었다. 의사소통 기능은 요구하기, 저항하기, 행동 요구하기 정도의 기능들이 자발적으로 나타나고 있었으며, 그 외에 대답하기, 명명하기, 연습하기, 주목하기, 모방하기 등의 기능이 부족하였다.

치료 방법
-난청아동-

인간은 청각을 통해서 말소리를 지각한다. 그러나 청각이 손실되면 말소리를 지각할 수 없게 되어 언어발달에 지체가 생기게 된다. 인간은 언어를 통해서 의사소통을 하는데, 언어발달에 지체가 생기게 되면 다른 사람과 의사소통이 원활하게 이루어지지 않아서 사회정서적 문제로 이어질 수 있다.

언어발달은 24개월에서 36개월이 언어의 폭발기로 중요한 시기라고 할 수 있다. 24개월에는 표현어휘력이 200~300단어에 이르고 짧고 불완전한 문장을 사용한다. 그런데 36개월이 되면 표현어휘력이 900~1000단어에 이르고 3~4개의 단어로 조합된 문장을 만들 수 있게 된다(Owens, 2005). 이렇게 24개월에서 36개월 사이에는 표현어휘력이 폭발적으로 발달하여서 습득하는 단어 수가 굉장히 많아진다.

청각장애인 등급 기준을 살펴보면, 청각장애인 2급은 양쪽 귀의 청력 손실 정도가 90dB 이상인 사람, 3급은 양쪽 귀의 청력 손실 정도가 80dB 이상인 사람, 4급은 양쪽 귀의 청력 손실 정도가 70dB 이상인 사람 또는 양쪽 귀에 들리는 일반적인 말소리의 최대 명확도가 50% 이하인 사람이다. 그리고 청각장애인 5급은 양쪽 귀의 청력 손실 정도가 60dB 이상인 자, 6급은 한쪽 귀의 청력 손실이 80dB 이상이면서 반대쪽 귀의 청력 손실은 40dB 이상인 자이다(한국청각언어장애교육학회, 2012).

이렇게 언어발달에 중요한 시기에 청력 손상이 있다면 언어발달은 지연될 것이고, 그로 인해 다른 사람과 의사소통을 하는 데 어려움을 겪게 될 것이다. 석동일(1999)은 청각장애아동은 청각의 손실로 음운규칙을 습득하는데 방해를 받아서 많은 음운 오류 및 발달 단계에 맞지 않는 구문 구조를 나타낸다고 하였다. 그리고 청각장애아동의 모음과 자음 습득은 언어 전 단계까지는 건청아동과 별다른 차이를 보이지 않으나 언어 단계부터는 현저한 차이가 나타난다고 하였다. 이상희(2003)는 청각장애아동은 청각적 피드백의 곤란으로 음성 생성 및 음성지각에 문제를 초래하여 분절적 측면과 초분절적 측면에서 건청인과 다른 음성음향학적 특성을 나타낸다고 하였다. 박희정(2014)은 청각장애아동은 건청아동에 비해 음도가 높게 나타났으며 모음 지속 시간은 더 길게 나타났다.

언어와 노래는 음높이, 음길이, 음색, 빠르기, 리듬 등 유사한 부분들이 있다(이드보라, 2016). 김효진, 정현주(2017)에서는 음정 모방 중심 노래 부르기를 통해서 인공와우이식아동의 음고를 산출하는 정확도가 향상되고 산출 가능한 음고의 범위가 확장되었다. 최위주, 오수희, 방정화(2017)에서는 음악을 이용한 청능훈련이 인공와우착용 아동에 있어서 어음인지와 작업기억력을 향상시킨 것으로 나타났다. 이미옥, 이드보라(2011)에서는 코다이 접근의 음악치료가 건청아동과 인공와우착용 아동의 음고 재생 능력을 향상시킨 것으로 나타났다.

그리고 노래 부르기는 읽기활동보다 단어를 더 잘 기억하도록 돕는다(김미애, 2003). 노래는 멜로디나 가사의 일부 혹은 전체가 무의식중에 머릿속에서 맴도는 현상이 있다. 이러한 현상은 Song-stuck-in-my-head phenomena 현상으로 무의식적인 반복을 통해서 기억을 촉진시키는 과정을 말한다. 이렇게 정보의 반복적인 시연을 통해서 장기 기억화는 노래를 부르면서 무의식적으로 일어날 수 있는 것이다(김혜민. 2017).

또한 노래는 사람의 감정과 생각을 표현하는 아름다운 언어라고 할 수 있다. 노래는 가사를 통해서 감정과 생각을 표현하기 때문에 어휘를 습득할 수 있는 좋은 도구이다. 그러므로 노래는 연령에 따라 적합한 것들이 많이 있어서 감정표현뿐만 아니라 언어발달에 긍정적인 영향을 줄 수 있다.

치료 과정

박○○ 군의 음악치료는 2017년 3월부터 8월까지 주 1회 40분씩 진행되었다. 1회기 치료 과정은 시작하는 인사 노래, 호흡능력 향상을 위한 관악기 활동, 모음을 발화할 수 있는 노래, 자음을 발화할 수 있는 노래, 숫자를 발화할 수 있는 노래, 음계를 발화할 수 있는 노래, 과일을 요구할 수 있는 노래 등으로 이루어졌다. 〈표 8-1〉에 제시된 여덟 가지 활동 중 매 회기마다 다섯 가지에서 여섯 가지의 활동을 반복해서 사용하였다. 박○○ 군이 음악치료에 흥미를 잃지 않도록 치료사를 따라서 노래를 잘했을 경우 박○○ 군이 좋아하는 악기를 연주할 수 있는 활동을 강화재로 사용하였다.

표 8-1 ◆ 발달장애아동의 언어발달을 향상시키는 음악치료 1회기 순서

회기	1회기	시간	40분
활동목표	노래를 통해서 난청아동의 수용언어 · 표현언어 능력을 향상시킨다.		
진행순서	활동내용		
인사 노래	• Hello song을 부르며 아동과 인사 나누기 – 노래를 익힌 후 선생님의 인사 부분과 아동의 인사 부분을 나누어 노래를 부른다.		

관악기 활동	노래에 맞추어 리코더, 휘슬 등을 연주한다.
모음 발성	노래 가사에 '아에이오우'를 넣어서 부른다.
자음 발성	〈가나다송〉을 부르며 '가'부터 '하'까지 발음한다.
자음 명칭 발성	〈ㄱ은 고양이〉 노래를 부르며 'ㄱ'부터 'ㅎ'까지 발음한다.
숫자 발성	〈숫자송〉을 부르며 '1'부터 '10'까지 발음한다.
음계 발성	〈도레미송〉을 부르며 '도'부터 '시'까지 발음한다. – 〈도레미송〉을 부르면서 실로폰을 연주한다.
피아노 연주	〈피아노 연주〉 노래를 부르면서 '도'부터 '솔'까지 발음한다. 〈피아노 연주〉 노래를 부르면서 '1'부터 '5'까지 발음한다. – 〈피아노 연주〉 노래를 부르면서 피아노를 연주한다.
노래 대화	과일가게 아주머니께 뭐 달라고 말할까? 아주머니, ○○ 주세요.
마치는 노래	• Good-bye song을 부르며 아동과 인사 나누기 – 노래를 익힌 후 선생님의 인사 부분과 아동의 인사 부분을 나누어 노래를 부른다.

치료 결과

수용언어

치료가 시작될 때

박○○ 군은 치료사가 말을 하거나 노래를 부를 때 따라하려는 모습을 보였다. 치료사의 눈을 쳐다보면서 미소를 띤 얼굴로 치료사의 입술을 보고 따라하려고 노력을 하였다. 그러나 시작하는 인사 노래에서 치료사가 "○○아, 안녕!" 이렇게 노래로 인사를 하면 "선생님, 안녕!"이라고 노래로 대답을 하지 못하였다. 그래서 치료사가 "○○아! 선생님, 안녕! 따라해 보세요"라고 말하면서 한 음절씩 따라하도록 하면 말이나 노래를 하였다. 이러한 모습을 볼 때 "안녕"이라는 말은 이해하지만 박○○ 군 스스로 말로 표현하는 것은 안 되었다.

관악기 활동에서 치료사가 "리코더를 불어 보자, 우우우~" 이렇게 노래를 하면 '우우우~' 부분에서 리코더를 연주해야 하는데, 박○○ 군은 '우우우~' 부분 전부터 리코더를 불었다. 치료사가 '리코더를 불어 보자' 이 부분에서는 기다렸다가 '우우우~' 부분에서 리코더를 연주해 보자"라고 지시를 해도 여전히 '우우우~' 부분 전부터 리코더를 불었다. 이러한 모습은 치료사의 말을 박○○ 군이 이해하지 못하는 것으로 보였다.

모음 발성활동에서 치료사가 "선생님 따라 노래해 봐요. 아에이오우~" 이렇게 노래하면 박○○ 군은 2음절 이상 연속해서 발음을 하는 것이 안 되었다. 그래서 "아! 따라해 보세요"라고 말하기도 전에 듣지도 않고 바로 치료사의 입술만 보고 따라하였다. 그래서 발음이 정확하지 않아서 "○○아, 선생님이 말하는 것을 잘 듣고 따라해 보세요"라고 지시를 내려도 치료사가 "아"라고 할 때 동시적으로 말을 하였다. 이러한 모습은 치료사의 말을 박○○ 군이 이해하지 못하는 것으로 보였다.

자음 발성활동에서도 모음 발성활동과 마찬가지로 치료사가 "가가가가가~가~이고요. 가, 가, 가!" 이렇게 노래하면 박○○ 군은 치료사가 "가"라고 발음하는 것을 듣지도 않고 동시적으로 노래를 하였다. 그래서 "○○아, 선생님이 노래하는 것을 잘 듣고 따라해 보세요"라고 지시를 하였지만 치료사의 말을 정확히 이해하지 못하는 듯 계속 듣지 않고 노래하였다.

자음 명칭 발성활동에서는 치료사가 "기역은 고양이, 고양이야 놀자~ 기역, 기역, 기역"이렇게 노래하면 박○○ 군은 "기역"을 듣지도 않고 치료사의 입술만 보고 따라하기 때문에 정확하지 못한 발음으로 노래하였다. 모음 발성활동, 자음 발성활동 때와 마찬가지로 "○○아, 선생님이 노래하는 것을 끝까지 듣고 따라해 보세요"라고 지시하였지만 박○○ 군은 치료사의 말을 이해하지 못하는 것처럼 보였다.

숫자 발성활동에서 치료사가 "일은 라랄라 하나이고요. 일~, 일~, 일~" 이렇게 노래하면 박○○ 군은 다른 활동과 마찬가지로 치료사가 노래하는 것을 동시에 따라하여서 정확하지 못한 발음을 하였다. 치료사가 장난감 마이크를 가지고 노래한 후에 박○○ 군에게 마이크를 주고 따라 노래하도록 하여도 치료사의 지시를 이해하지 못하고 동시에 노래하였다.

음계 발성활동에서도 치료사가 "도는 아래 첫째 줄! 도~, 도~, 도~" 이렇게 노래하면 박○○ 군은 치료사의 노래를 듣지 않고 입술만 보고 노래를 따라 불렀다. 그리고 공명실로폰을 "도~, 도~, 도~" 부분에서만 '도'를 연주하도록 하였는데, 치료사의 지시를 따르지 못하고 계속해서 연주하는 모습을 보였다.

피아노 연주 활동에서는 치료사가 "오른손 올라갑니다. 도레미파솔~"이렇게 노래하면서 박○○ 군의 손가락을 잡고 피아노 건반을 누르면서 "도레미파솔"을 따라 노래하도록 하였다. 그러나 다른 활동과 마찬가지로 치료사의 노래를 끝까지 듣지 않고 치료사의 입술만 보고 "도레미파솔"을 따라 노래하여서 발음이 정확하지 못하였다. 그리고 치료사가 "○○아, 손가락을 움직여서 도레미파솔에서만 연주해 볼까요?"라고 지시를 하여도 다른 부분에서도 피아노를 쳤다. 치료사가 노래하는 부분에서는 박○○ 군에게 양손을 배꼽 위에 놓고 기다리도록 하였지만 치료사의 지시를 이해하지 못한 것처럼 계속해서 피아노를 쳤다.

노래 대화활동에서 치료사가 "과일가게 아주머니께 뭐 달라고 말할까?" 라고 노래로 묻고 과일쉐이커 바구니를 보여 주며 "○○아, 사과를 집어 볼까?"라고 말하자 박○○ 군은 '사과쉐이커'를 집지 못하였다. 치료사가 사과쉐이커를 보여 주면서 "복숭아?"라고 물어도 고개를 끄덕이고, "사과?"라고 물어도 고개를 끄덕여서 치료사의 말을 이해하지 못하는 것으로 보였다.

헤어지는 인사 노래활동은 치료사가 "○○아, 안녕!" 이렇게 노래하면 박○○ 군은 "선생님, 안녕! 안녕히 계세요!"라고 노래로 답을 하는 활동이다. 박○○ 군은 연속적으로 발음되는 것은 따라하지 못하여서 한 음절씩 따라하도록 하였지만 치료사와 동시적으로 말을 하여서 발음이 정확하지 못하였다. 치료사가 고개를 숙이며 인사하는 모습을 보여 주었더니 박○○ 군도 고개를 숙여 인사하는 것을 따라하였다. 이러한 모습을 볼 때 박○○ 군은 치료사가 "○○아, 안녕!"은 이해하는 것으로 보였다.

치료를 마칠 때

치료를 마칠 때 박○○ 군은 시작하는 인사 노래에서 치료사가 "○○아, 안녕!" 이렇게 노래로 인사를 하면 얼굴에 미소를 띄고 "선생님, 안녕!"이라고 노래로 대답을 하였다. 치료사가 천천히 "선! 생! 님!" 한 음절씩 발음하면 치료사의 말을 듣고 따라서 말을 할 수 있게 되었다.

관악기 활동에서 치료사가 "○○아, 리코더를 불어 보자. 도도도! 선생님이 이렇게 노래 부를 때 도도도 부분에서만 리코더를 연주하세요"라고 지시를 하면 박○○ 군은 선생님의 노래 지시를 끝까지 듣고 '도도도' 부분에서만 노래를 부를 수 있게 되었다. 뿐만 아니라 선생님이 도나 레가 소리 나도록 리코더의 구멍을 막아 주면 손가락을 움직이지 않고 노래의 '도도도 또는 레레레' 부분에서 연주를 할 수 있게 되었다.

모음 발성활동, 자음 발성활동, 자음 명칭 발성활동, 숫자 발성활동에서도 치료사가 "○○아, 선생님이 먼저 노래를 부르는 것을 잘 듣고 따라 부르세요"라는 지시를 하고 장난감 마이크로 치료사의 차례와 박○○ 군의 차례에 번갈아 제시하였다. 이러한 반복적인 교육을 통해 박○○ 군은 치료사가 노래 부르는 것을 듣고 난 후에 노래를 따라 부를 수 있게 되었다.

피아노 연주 활동에서는 치료사가 "○○아, 선생님이 '오른손 올라갑니다. 도레미파솔!' 이렇게 노래 부를 때 도레미파솔 부분에서만 노래 부르면서 피아노를 연주하세요" 그리고 치료사가 박○○ 군의 눈을 보면서 "선생님이 '오른손 올라갑니다' 라고 노래 부를 때에는 손을 배꼽 위에 올려놓고 기다리세요"라고 지시를 하였다. 박○○ 군은 '도레미파솔' 외의 부분에서도 피아노를 칠 때가 많았지만 그럴 때마다 치료사는 박○○ 군의 손을 다시 배꼽 위에 올려놓는 행동을 반복적으로 하였다. 그래서 박○○ 군은 치료사의 노래 지시가 있을 때에는 배꼽 위에 손을 올려놓고 '도레미파솔' 부분에서만 피아노를 칠 수 있게 되었다. 그러나 혼자서 다섯손가락을 움직이는 것은 어려워서 지속적인 치료가 필요하였다.

노래 대화활동에서 치료사가 "과일가게 아주머니께 뭐 달라고 말할까?" 라고 노래로 묻고 과일쉐이커 바구니를 보여 주며 "○○아, 사과를 집어 볼까?"라고 노래하면 박○○ 군이 '사과쉐이커'를 집도록 하였다. 치료사는 사과, 바나나, 복숭아 등의 과일쉐이커를 반복적으로 노래를 통해 인지시켜서 사과, 바나나는 치료사의 노래 지시에 따라 선택을 할 수 있게 되었다. 그러나 배, 오렌지, 자두 등은 "○○아, 배를 집어 볼까?"라고 했을 때 선택하지 못하고 망설이는 모습을 보였다.

헤어지는 인사 노래 활동은 치료사가 "○○아, 안녕!" 이렇게 노래하면 박○○ 군은 "선생님, 안녕~! 안녕히 계세요"라고 노래로 대답을 할 수 있게 되었다. 그러나 박○○ 군이 먼저 선생님께 인사를 하는 경우는 없었으며 엄마나 선생님이 "○○아, 인사해야지! 선생님, 안녕!" 이렇게 지시를 하고 따라하도록 해야 인사를 하였다. 박○○ 군은 지시는 이해하지만 자발적으로 인사를 하는 것은 어려웠다.

표현언어

치료가 시작될 때

박○○ 군은 시작하는 인사 노래에서 치료사가 "○○아, 안녕!"이라고 노래로 인사를 하면 "선생님, 안녕!"이라고 노래로 대답을 하지 못하였다. 그래서 치료사가 "○○아! 선생님, 안녕! 따라해 보세요"라고 말하면서 한 음절씩 따라하도록 하면 노래를 하였다. 박○○ 군은 언제나 눈웃음을 띄고 치료사를 바라보며 말이나 노래를 따라하려고 하는 모습을 보였지만 혼자 말이나 노래를 하는 것에는 어려움을 보였다.

관악기 활동에서 치료사가 "리코더를 불어 보자, 우우우~"이라고 노래한 후에 박○○ 군의 손바닥에 대고 "우우우~" 소리를 내며 호흡이 느껴지도록 하였다. 치료사는 "○○이도 선생님의 손바닥에 대고 '우우우~' 해 주세요"라고 지시를 하면 입술을 내밀고 "우우우~" 발성을 할 수 있었다. 그러나 "도도도" 또는 "레레레"로 발성을 할 때에는 발음이 정확하지 못하였다.

모음 발성활동에서 치료사가 "선생님 따라 노래해 봐요. 아아아아아~" 이렇게 노래하면 박○○ 군은 연속해서 노래하는 것이 안되었다. 그래서 "아! 따라해 보세요"라고 지시를 하면 치료사의 말은 듣지도 않고 치료사의 입술만 보고 "아~" 소리를 내며 따라하였다. 박○○ 군이 치료사의 말이나 노래를 끝까지 듣지 않고 입술만 보고 따라하기 때문에 발음이 정확하지 못하였다. 그러나 박○○ 군은 미소를 띠고 열심히 따라하려는 모습을 보였으며 치료사가 "아! 에! 이! 오! 우!" 이렇게 한 음절씩 따라하도록 하면 치료사의 입술을 보고 모방을 하였다.

자음 발성활동에서 치료사가 "하하하하하, 하~이고요. 하! 하마!"라고 노래하면 박○○ 군은 치료사가 '하'라고 발음하는 것을 듣지도 않고 입술만 보고 노래를 따라하였다. 그래서 "○○아, 선생님이 노래하는 것을 잘 듣고 따라해 보세요"라고 지시를 하지만 치료사의 입술만 보고 노래하여서 발음이 불분명하였으며, 2음절을 연속적으로 발음하는 것은 잘되지 않았다. 그리고 자음 중 '라, 사, 차, 카, 타, 파, 하'는 어떤 발음을 하는지 구별이 되지 않았다.

자음 명칭 발성활동에서도 치료사가 "히읗은 하마, 하마야 놀자~ 히읗, 하마"이렇게 노래하면 박○○ 군은 '히흉, 하마'는 듣지도 않고 치료사의 입술만 보고 노래하였기 때문에 발음이 부정확하였다. 치료사가 "○○아, 히! 따라해 보세요" 그리고 "웅! 따라해 보세요" 이렇게 한 음절씩 따라하도록 한 후에 다시 노래를 부르면서 2음절로 노래하도록 하였지만 연속적으로 2음절 이상을 발음하는 것은 어려워하였다.

숫자 발성활동에서 치료사가 "칠은 일곱, 칠~, 일곱" 이렇게 노래하면 박○○ 군은 치료사의 노래를 듣지 않고 입술만 보고 따라하여서 어떤 발음을 하는지 알아듣기가 어려웠다. 특별히 숫자 중 '둘, 삼, 셋, 사, 넷, 다섯, 여섯, 칠, 팔, 여덟, 아홉' 등의 발음이 정확하지 못하였다.

음계 발성활동에서도 치료사가 "시는 셋째 줄이요! 시~, 시~, 시~" 이렇게 노래하면 박○○ 군은 치료사의 노래를 끝까지 듣지 않고 입술만 보고 노래를 해서 발음이 정확하지 못하였다. 그리고 음계 중 '레, 파, 솔, 라, 시' 등의 발음이 구별하기가 어려웠다.

피아노 연주 활동에서는 치료사가 "왼손 내려갑니다. 솔파미레도~"이렇게 노래하면 박○○ 군이 '솔파미레도'를 노래하도록 하였다. 그러나 박○○ 군은 치료사의 소리를 듣고 모방하지 않았으며 연속적으로 소리를 내는 것이 어려워서 한 음절씩 따라하도록 하였다.

노래 대화활동에서 치료사가 "과일가게 아주머니께 뭐 달라고 말할까?" 라고 노래로 묻고 박○○ 군이 "아주머니, 사과 주세요"라고 노래로 대답을 하도록 하였다. 박○○ 군은 문장으로 노래하는 것이 어려워서 '사과'만 한 음절씩 따라서 노래하도록 하였다. 그러나 '사과'를 한 음절씩 따라하도록 해도 발음이 정확하지 못하였다.

헤어지는 인사 노래 활동은 치료사가 "○○아, 안녕!" 이라고 노래로 인사하고 박○○ 군이 "선생님, 안녕~, 안녕히 계세요"라고 노래로 인사하도록 하였다. 박○○ 군은 다른 활동과 마찬가지로 치료사의 소리를 듣고 따라하지 않고 입술만 보고 따라하였으며 문장으로 노래하거나 말하는 것은 어려워하였다. 그래서 한 음절씩 치료사의 소리를 따라하도록 하였다. '선생님'은 발음이 어려워서 정확하지 않았지만 '안녕'은 알아들을 수 있게 발음하였다.

치료를 마칠 때

박○○ 군은 시작하는 인사 노래에서 치료사가 "○○아, 안녕!" 이렇게 노래로 인사를 하면 "선생님, 안녕!"이라고 노래로 대답을 할 수 있게 되었다. 박○○ 군은 언제나 눈웃음을 띠고 치료사를 바라보며 시작하는 인사 노래를 부를 수 있게 되었다. 그러나 발음이 아주 정확하지는 못하였지만 박○○ 군은 시작하는 노래를 처음부터 끝까지 혼자서 부를 수 있게 되었고, '안녕'이라는 단어는 알아들을 수 있게 발음을 하였다.

관악기 활동에서 치료사가 "리코더를 불어 보자. 우우우~"라고 노래한 후에 박○○ 군의 손바닥에 대고 '우우우~' 소리를 내며 호흡이 느껴지도록 하였다. 치료사는 "○○이도 선생님의 손바닥에 대고 '우우우~' 해 주세요"라고 지시를 하면 입술을 내밀고 '우우우~' 발성을 할 수 있었다. 그러나 '도도도' 또는 '레레레'로 발성을 할 때에는 발음이 성인과 같이 정확하지 못하였지만 처음보다는 알아들을 수 있게 발음을 하였다.

모음 발성활동에서 치료사가 "선생님 따라 노래해 봐요. 아아아아아~" 이렇게 노래하면 박○○ 군은 '아아아아아~' 이 부분을 노래할 수 있게 되었다. 멜로디의 높낮이가 정확하지는 못하였지만 '아아아아아~' 이렇게 같은 모음을 연속적으로 발음할 수 있게 되었다. 그리고 박○○ 군은 언제나 미소를 띠고 열심히 따라하려는 모습을 보였으며 '아, 에, 이, 오, 우'의 다섯 모음을 거의 정확한 발음으로 노래할 수 있게 되었다.

자음 발성활동에서 치료사가 "가가가가가, 가~이고요. 가, 가방!" 이렇게 노래하면 박○○ 군은 치료사가 '가'라고 발음하는 것을 듣고 따라할 수 있게 되었다. 그리고 '가방' 같은 2음절 단어도 발음이 매우 정확하지는 않지만 다른 사람이 알아들을 수 있게 되었다. 그리고 박○○ 군이 발음하기 어려워했던 '라, 사, 차, 카, 타, 파, 하' 모음도 어떤 발음을 하는지 구별할 수 있는 수준이 되었다.

자음 명칭 발성활동에서도 치료사가 "기역은 기린, 기린아 놀자~ 기역, 기린"이렇게 노래하면 박○○ 군은 '기역, 기린'을 발음할 수 있게 되었다. '기역' '기린'을 2음절씩 각각 발음하도록 하면 어느 정도 알아들을 수 있게 발음을 하였다. 그러나 '기역, 기린'을 연속해서 4음절로 발음을 하게 하면 박○○ 군은 힘들어하였다. '니은' '나비' 등 2음절씩 발음하는 것은 많이 정확해졌지만 4음절씩 연속적으로 발음하는 것은 아직 어려워하였다.

숫자 발성활동에서 치료사가 "이는 둘, 이~, 둘~" 이렇게 노래하면 박○○ 군은 치료사와 함께 숫자 노래를 부를 수 있게 되었다. 박○○ 군이 정확하게 발음하지 못하였던 숫자도 어느 정도 알아들을 수 있게 발음을 하였다. 그리고 치료사가 강화재로 박○○ 군이 좋아하는 젤리를 주었는데, 치료 중간과 치료가 마친 후에 강화재 통에서 젤리 숫자를 함께 세어 보는 활동에서 '1'부터 '10'까지 숫자를 셀 수 있게 되었다.

음계 발성활동에서도 치료사가 "미는 첫째 줄이요! 미~, 미~, 미~" 이렇게 노래하면 "미는 첫째 줄이요"는 노래하기 어려웠지만 '미 ~, 미~, 미~'는 잘 따라하였다. 그리고 음계 중에서 발음이 어려웠던 '레, 파, 솔, 라, 시' 등의 발음이 정확하지는 않지만 구별할 수 있는 정도가 되었다.

피아노 연주 활동에서는 치료사가 "왼손 내려갑니다. 솔파미레도~" 이렇게 노래하면 박○○ 군이 "왼손 내려갑니다"는 노래하는 것이 어려웠지만 '솔파미레도'를 노래할 수 있게 되었다. 그리고 치료사가 "라라라~라라라~라라라~"라고 노래부를 때 박○○ 군에게 자유롭게 피아노를 칠 수 있게 해 주었더니 치료사가 "왼손 내려갑니다"라고 노래 부를 때 잘 기다릴 수 있게 되었다.

노래 대화활동에서 치료사가 "과일가게 아주머니께 뭐 달라고 말할까?" 라고 노래로 묻고 박○○ 군이 "아주머니, 포도 주세요"라고 노래로 대답을 하도록 하였다. 박○○ 군은 문장으로 노래하는 것은 어려워했지만 '포도'의 두 음절 단어는 발음할 수 있게 되었다. 그리고 "○○ 주세요"를 노래로 많이 훈련하다 보니 치료사에게도 "젤리"라고 말하면서 요구를 할 수 있게 되었다. 박○○ 군의 어머니도 자발어가 나오기 시작했다고 하시면서 먹고 싶은 과일은 두 음절로 요구를 한다고 말씀을 하셨다.

헤어지는 인사 노래 활동은 치료사가 "○○아, 안녕!"이라고 노래로 인사하고 박○○ 군이 "선생님, 안녕~. 안녕히 계세요"라고 노래로 인사하도록 하였다. 박○○ 군은 '선생님'은 한 음절씩 따라해야 발음을 할 수 있지만 '안녕'은 연속적으로 두 음절을 발음할 수 있게 되었다. 그리고 '안녕히 계세요'도 한 음절씩 따라하도록 하면 발음을 할 수 있게 되었다.

맺음말

박○○ 군은 만 2세때부터 언어치료를 받아 왔고, 음악치료를 받을 당시에는 주 3회 언어치료를 하고 있었다. 그리고 미술치료, 작업치료 등 다른 치료도 받고 있었다. 그러나 음악치료사가 박○○ 군을 처음 만났을 때에는 거의 발음할 수 있는 단어가 없었으며 한 음절씩 따라하는 것도 발음이 정확하지 않아서 알아들을 수가 없었다.

그런데 음악치료를 한 지 6개월이 지난 후에 박○○ 군은 '아, 에, 이, 오, 우' 모음과 '가~하'까지 자음을 발음할 수 있게 되었고, '도, 레, 미, 파, 솔' 음계와 '사과, 포도' 등 과일, 그리고 강화재로 주었던 '젤리'도 말할 수 있게 되었다. 이러한 결과는 박○○ 군이 언어치료를 비롯해 다른 치료를 받고 있었기 때문에 음악치료만의 효과라고 단정지어 말하기는 어렵다. 그러나 3년 넘게 다른 치료를 받았을 때에는 발화할 수 있는 음절이나 단어가 거의 없었지만 음악치료를 받은 6개월 후에는 한 음절뿐만 아니라 두 음절도 발화할 수 있게 된 것은 의미가 있다고 생각한다.

음악에서 특히 노래는 멜로디, 리듬과 같은 음악적인 요소뿐만 아니라 가사라는 언어적인 요소도 포함하고 있다. 그래서 노래는 우반구와 좌반구를 동시에 활성화시키며 많은 양의 정보를 장기기억하게 하는 효과를 가지고 있다. 예를 들어, 〈ABC〉노래는 오랫동안 부르지 않았더라도 가사를 순서대로 기억하여 부를 수 있는 것이다. 따라서 노래는 단어를 단기기억에서 장기기억으로 저장시켜 주어 오랫동안 기억하도록 도와주기 때문에 단어를 습득하는 데 있어서 언어보다 훨씬 효과적이라 할 수 있다. 난청아동은 단어를 기억하기 위해 기억전략을 사용하는 데 어려움이 있을 수 있다. 그런데 노래는 단어와 문장을 장기기억하도록 도와줄 수 있기 때문에 난청아동의 언어발달을 도울 수 있는 효과적인 치료 방법이라 할 수 있다.

용어 설명

난청(hardness of hearing) 청력이 저하되어 듣기 어려운 상태로 청각 기관의 장애로 생긴다.

음절(syllable) 음의 한 마디로 모음과 자음이 어울린 한 덩어리의 소리를 말한다.

수용언어(receptive language) 상대의 말을 듣고 이해하는 능력이다.

표현언어(expressive language) 구어 혹은 문어의 방법으로 의사소통하는 것이다.

참고문헌

김미애(2003). 노래부르기가 초기 치매환자의 단어 회상에 미치는 효과. 숙명여자대학교 음악치료대학원 석사학위논문.

김혜민(2017). 노래를 통한 한국어 어휘교육이 어휘 습득 및 기억에 미치는 영향. 안동대학교 대학원 석사학위논문.

김효진, 정현주(2017). 음정 모방 중심 노래부르기를 통한 인공와우이식아동의 음고 산출 정확도 향상 사례. **인간행동과 음악연구**, 14(1), 1-16.

박희정(2014). 청각장애아동의 음성 및 조음 특성 연구. **한국청각언어장애교육연구**, 5(1), 35-45.

서영란, 임덕환(2007). 음악치료를 통한 인공와우청각장애아동의 청각재활. **청능재활**, 3(2), 116-121.

석동일(1999). 청각장애아동의 언어발달 특성 분석. **난청과 언어장애**, 22(1), 31-42.

이드보라(2016). 인공와우이식 아동의 정서적 운율 지각 · 표현 향상을 위한 음악프로그램 개발. 숙명여자대학교 박사학위논문.

이미옥, 이드보라(2011). 코다이 접근의 음악치료가 건청 아동과 인공와우착용아동의 음고 재생에 미치는 영향. **한국청각언어장애교육**, 2(1), 31-46.

이상희(2003). 청각장애아동의 음성언어에 관한음향학적 검토. **언어치료연구**, 7, 65-77.

최위주, 오수희, 방정화(2017). 음악을 이용한 청능훈련이 인공와우착용아동에 있어서 어음 인지와 작업기억력에 미치는 효과. **한국청각언어재활학회**, 13(1), 70-77.

Owens, R. E. Jr (2005). **언어발달**(이승복, 이희란 공역). 서울: 시그마프레스.

제9장

형제간의 음악 구조 발전을 통한 상호관계의 성장

-장애를 가진 형과 비장애 동생을 위한 노도프-로빈스 음악치료-

황성하

라파 노도프-로빈스 음악치료 클리닉 원장
성신여자대학교 음악치료학과 겸임교수

개요

이 사례는 아스퍼거 증후군(Asperger syndrome) 진단을 받고 주의력결핍 과잉행동장애(Attention Deficit/Hyperactivity Disorder: ADHD) 소견을 받은 현우[가명, 9세(초 2), 형]와 장애를 가지지 않은 현준(가명, 7세, 동생)이 두 명의 형제를 위한 짝그룹 음악치료 사례이다. 치료사들은 노도프-로빈스 음악치료사로, 임상 즉흥연주(clinical improvisation)를 통해 음악표현을 다양하게 확장하고, 형제가 서로에 대한 이해의 폭을 넓히고 친밀도를 높이며 건강한 상호적 관계를 맺는 것을 목적으로 이들을 음악에 초대하여 진행하였다. 일반적인 음악치료 그룹과 달리 비장애 아동이 함께 참여하여 형과 동생 단 둘이 하는 짝그룹이라는 이 그룹의 특징은 역동에 매우 예민하여 치료사가 중심을 잡고 치료를 진행하는 데 다소 어려움이 있었다. 그러나 즉흥연주 안에서 무질서했던 그들의 음악은 차츰 창조적 시도로 음악 구조가 만들어지고 성숙해짐에 따라 이들의 관계에도 변화를 보여 주었다. 이는 형제의 삶 속에서 서로에 대한 이해, 소통에 대한 의지, 삶을 향유하려는 욕구로 이어졌다.

내담자 정보

2016년 3월 현우와 현준이를 처음 만났는데, 당시 현우는 9세, 현준이는 7세였다. 원래는 현우만 또래 음악치료 그룹에 참여하려던 중, 동생과 함께해 보고 싶다는 어머니의 의견을 바탕으로 형제 짝그룹으로 변경하여 진행하게 되었다. 그 둘은 매우 사랑스러워 보였고, 충분히 사랑받고 양육받고 있는 것으로 보였다.

현우는 만 4세 즈음에야 문장으로 대화가 가능할 정도로 언어발달이 느렸고, 시선 접촉을 잘하지 못하며, 또래와 잘 어울리지 못하고, 제한된 관심사를 보이며 아스퍼거 증후군으로 진단을 받았다. 우리가 만났을 때에는 언어적 소통에 크게 어려움을 보이지 않았지만, 사회성이 다소 결여되고, 낮은 집중력과 과잉행동으로 인해 ADHD 약을 소량 복용하고 있는 중이었다. 학교에서도 가만히 앉아 있는 것을 어려워하고 쉴 새 없이 움직이거나, 순서를 잘 기다리지 못해 어려움이 많다고 했다. 특히 기분이 상했을 때, 자신의 감정을 스스로 이해하거나 타인에게 이를 적절하게 표현하지 못하고 오히려 침을 뱉는 등 미성숙한 행동을 하며, 억압이나 통제, 부정적인 상황에 대해 상당히 저항을 하였다.

이러한 어려움들은 비록 미성숙함으로 인한 것들이지만, 현우는 표현하기를 멈추지 않았고 자신만의 방식이지만 여전히 적극적으로 표현하고 있었다. 안타깝게도 주변에서는 부모를 제외하고는 이를 제대로 인식하거나 수용하지 못해 현우의 자존감이 낮아지며 불만족과 분노가 쌓이게 되었을 뿐 아니라 정서적으로 점점 더 고립되게 만들었다. 이와 같은 장해 요소로 인한 어려움들은 음악치료실에 와서도 그대로 보였다. 그러나 음악에 대한 관심과 음악을 대하는 자세는 현우에 대한 새로운 이해를 돕기에 충분했다. 현우는 우리와 부모님 모두가 놀랄 만큼 음악을 호기어린 모습으로, 또 진지함으로 대하고 있었으며 매우 적극적이었다.

현우와 현준이의 관계에서 겉으로 드러나는 모습은 보통의 형제와 비슷해 보였다. 안타깝게도 장애인과 비장애인으로 맺어진 형제에게서 많이 나타나듯(Powell & Gallagher, 1993) 현우가 부모를 제외하고 적극적으로 관계를 맺는 대상은 동생 현준이가 유일했다. 동생 현준이는 발달상 특이사항은 없지만, 형으로 인해 삶에 간접적인 영향을 받고 있었다. 특히 형의 치료를 위해 늘 어머니와 형을 따라다녀야 했고,

치료실에 가서도 형이 끝날 때까지 기다려야 하는 등 형을 중심으로 다소 소외된 삶을 살아가고 있었다. 이 두 형제를 옆에서 함께하는 어머니의 양육방식은 치료사들을 매우 놀라게 했다. 두 형제를 균형 있게 대하고자 노력하고, 감정적으로 대하지 않으며, 차근차근 설명을 통해 이해를 돕고, 인내하고 기다리는 모습은 매우 인상적이었다.

형제는 매주 1회 짝그룹으로 음악치료를 진행했다. 음악치료는 다양한 목적을 두고 진행했지만, 여기서는 초기 약 5개월간 중요하게 다뤄진 상호적 관계 형성의 과정을 음악 구조의 발전과 함께 소개하고자 한다.

치료 방법

현우와 현준이의 음악치료는 노도프-로빈스 음악치료(Nordoff-Robbins music therapy)로 실행이 되었다. 노도프-로빈스 음악치료는 폴 노도프(Paul Nordoff)와 클라이브 로빈스(Clive Robbins)의 17년에 걸친 공동 임상 및 연구로 시작되었으며, 창조적 음악치료(creative music therapy)라고도 한다(김동민, 2006; Nordoff, Marcus, & Robbins, 2007). 이는 장애의 유무와 상관없이 모든 개인에게 선천적 음악성[inborn musicality, 또는 음악아(music child)]가 존재한다는 믿음 위에서 심미적 음악 형식을 창조하며 내담자의 성장과 발전을 촉진하기 위해 즉흥 음악을 주로 사용하는 음악치료 모델이다(김동민, 2006; Nordoff, Marcus, & Robbins, 2007; Guerrero, Marcus, & Turry, 2015).

음악아(music child)란 음악적 경험에 반응하고, 그것에 의미를 부여하고, 참여를 원하며, 음악을 기억하고, 음악적 경험을 즐기는 내부 자아의 한 부분이다(Ansdell, 1995; Nordoff, Marcus, & Robbins, 2007). 음악아는 신경학적 손상, 심리적 문제 등 장애 아동(condition child)으로 제한되어 있는데, 음악은 음악아가 반응할 수 있도록 하여 장애 아동을 넘어 성장과 변화를 할 수 있도록 돕는다. 이때 음악아가 음악에 반응하여 음악적이 되면서 음악 그 자체에 몰입하고 향유하게 되는데, 이를 뮤지킹(musicing) 현상이라고 한다(Aigen, 2005; Elliott, 1995). 이와 같이 노도프-로빈스 음악치료는 음악 그 자체로 치료를 실행하는 음악중심 음악치료(music-centered music therapy) 철학에 바탕을 두고 있으며, 내담자의 음악아를 활성화시킴으로써 뮤지킹을 발현시키게 되는데, 뮤지킹은 그 자체가 치료적이기도 하다(Aigen, 2005). Aigen은 뮤지킹에 대해 다음과 같이 설명하였다.

> 활동하는 것은 단순히 움직이거나 행위를 보여 주는 것이 아니다. 활동하는 것은 의도한 결과를 얻기 위해 조절하고 신중하게 움직이는 것이다. 음악적인 수행의 의미에서 뮤지킹은 의도적인 인간 행동의 특별한 형태이다. 음악을 수행하는 것은 신중하고 숙련되게 활동하는 것이다(Aigen, 2005, p. 50).

임상 즉흥연주는 음악적 즉흥연주와는 다르다. 즉흥연주란 즉석에서 준비 없이 자연스럽게 창조가 되어 동시에 연주로 이어지는 것이다. 임상 즉흥연주는 음악적 즉흥연주와 같이 음악적 심미성을 고려하지만, 내담자의 치료적 목적을 달성하기 위해 내담자와 치료사가 연주의 주체가 되며, 치료목적 달성 여부를 두고 평가하게 된다(Nordoff, Marcus, & Robbins, 2007). 음악치료에서 즉흥연주를 사용하는 것은 창조성과 자기표현, 상호적인 의사소통, 자기와 타인 및 환경에 대한 통찰력 등의 향상을 위함이다(Ansdell, 1995; Aigen, 2005; Nordoff, Marcus, & Robbins, 2007).

노도프-로빈스 음악치료는 음악중심적인 임상 즉흥연주를 지향한다(Aigen, 2005; Guerrero, Marcus, & Turry, 2015). 따라서 음악 그 자체를 통한 음악적 의사소통을 통해 치료를 진행하며, 치료사와 내담자가 공동의 음악가로 동등한 음악적 역할을 하고자 한다. 그러면서 내담자는 어느 순간 음악 그 자체를 향유하며, 치료사 및 동료와 적절하게 소통하게 되고, 이때 정서적 공감과 위로, 이해를 넘어 용기와 자신감으로 표현이 확장되고 도전적이 되며 몰입과 절정 경험, 자기실현 등을 경험하여 장해를 넘어서 치료로 이어지게 된다(김동민, 2006; Ansdell, 1995; Aigen, 1998; Aigen, 2005; Guerrero, Marcus, & Turry, 2015; Nordoff, Marcus, & Robbins, 2007; Robbins & Robbins, 1991).

이전까지 현우는 다른 치료실과 학교에서 규칙을 지켜 가고, 문제행동을 줄이는 것에 큰 목적을 두고 있었다. 사회화 과정에 이 같은 목적은 매우 중요하나 이 목적은 현우의 상황을 고려하고 있다고 보이지 않았다. 기질적인 움직임으로 인한 산만함과 많은 제한과 제약 속에서 이미 내적 혼란을 겪고 있고, 그로 인해 실패감을 자주 경험하고 질타를 받아야 했던 현우에게 당장 필요한 것이 충분히 그럴 수 있겠다(가만히 있는 것은 너무 힘들다, 주어진 대로 해내야 하는 것이 싫어서 그런 것은 아니다 등)는 이해였으며, 그 이해는 치료의 출발점이었다. 여기에는 타인이나 자신에게 상해를 입히는 문제가 발생하지 않는 선에서 어떤 지시도, 복잡한 규칙도 필요하지 않았으며, 음악은 이를 충분히 수행해 낼 수 있도록 하는 좋은 매개체였다. 실제로 현우는 흔히 말하는 문제행동을 아무 때나 아무렇게나 하지 않았다. 분명 절제되지 않은 행동에서 시작되지만 선생님과 같은 권위자의 제약과 규제가 더 큰 문제행동을 야기하고 있음은 틀림없는 사실이었다. 이에 비해 현준이는 형으로부터 직접적인 피해를 받고 있지는 않았지만 형 중심의 삶에서 상대적으로 소외되어 있었고, 형의 모습을 보면서 간접적으로 장애에 대한 이해와 자신의 위치를 스스로의 방법으로 찾아야 하는 상황이었다.

이에 치료사들은 음악중심 음악치료 철학에 근거해 이들의 치료 방향을 지시적이지 않고 치료 시간에 무엇을 해야 할지 미리 계획을 하지도 않았으며 형제의 모습을 충분히 수용하되, 그것이 음악으로 드러날 수 있도록 격려하였다. 또한 보통의 노도프-로빈스 음악치료처럼 두 명의 노도프-로빈스 음악치료사가 팀이 되어 한 명은 피아노, 한 명은 직접적인 상호작용을 시도하며 임상 즉흥연주를 토대로 진행하였다. 일반적으로 개별치료에서는 치료사와 내담자가 음악적 관계를 형성하면서 음악아와 접촉을 시도하고 음악아가 확장되면서 변화와 성장을 기대하게 된다. 다만 짝그룹은 치료사와 내담자가 일대일 관계를 유지할 수 없고 내담자가 두 명이라 역동의 흐름이 널뛰기를 하듯 흔들리며 서로에게 많은 영향을 미칠 수 있는 특징이 있다(Powell & Gallagher, 1993). 게다가 각 개인의 필요, 음악에 대한 반응, 음악적 욕구, 음악 수준 등이 서로 달라 상호적인 즉흥연주를 진행하는 데 준비해야 할 것들이 많았다. 이에 초기에는 임상적으로 작곡된 곡과 구조화된 음악을 사용하였다. 그러나 구조화된 음악 안에서도 시작과 종지라는 큰 틀에서 자유를 주었고, 가끔 짧은 개별 즉흥연주를 시도하여 음악 자원을 확장함과 더불어 형제가 함께 음악을 공유하기 위한 준비를 하는 것부터 선행되었다.

치료는 주 1회 진행하였고, 모든 치료 세션은 보호자의 동의하에 비디오로 촬영되었으며, 치료사들은 이를 매주 분석하여 다음 치료의 방향을 설정하였다. 분기에 한 번씩 영상을 토대로 부모와 상담을 통해 치료의 방향에 대해서도 논의하였다.

치료 과정

진단평가: 각자의 음악과 그 음악을 존중하기

노도프-로빈스 음악치료는 내담자의 장해요소 혹은 문제행동과 같은 제한 아동을 파악하기 이전에 내담자가 가진 건강한 힘(음악아)을 우선적으로 진단(assessment)하도록 한다. 이는 내담자의 새로운 자기(self)가 제한 아동의 축소나 소멸이 아닌 음악아의 활성화와 확장을 통해서 성장한다는 신념 때문이다(김동민, 2006; Ansdell, 1995; Nordoff, Marcus, & Robbins, 2007). 형제의 초기 세션에서도 이를 파악하기 위해 분주히 노력했다.

음악실에 처음 들어온 형제는 낯선 곳임에도 불구하고 음악으로 맞이하는 초대에 기꺼이 응하고 음악으로 반응하였다. 첫 세션에서 현우는 치료사의 노래에 간간히 음정에 맞춰 노래를 흥얼거렸고, 이내 마치 춤을 추듯 가볍게 몸을 움직이기 시작하였다. 현준이는 차분히 자리에 앉아서 치료사들의 노래를 따뜻한 눈빛으로 듣고 있었다. 누가 봐도 사랑스러운 아이들이 음악실에 있는 것처럼 느껴졌다.

악기를 마주한 형제의 모습은 적극적이면서도 다른 모습이었다. 형인 현우의 스네어 드럼 연주와 템플블록 연주는 매우 진지하면서도 적극적으로 즐기는 모습이었으며, 상당히 주도적이었다. 특히 템플블록의 즉흥적인 리듬연주는 당김음과 다양한 리듬을 섞어서 현우를 특별한 아이로 만들기에 충분했다. 현우의 부모님은 음악을 연주하는 현우의 모습을 보며 이전에는 볼 수 없었던 전혀 다른 아이로 존재하고 있는 것 같다고 하였다. 그러나 빠르고 경쾌한 리듬의 강렬한 연주는 압도적인 음량과 함께 초기 몇 회기 동안 상당히 일관되게 지속되었다. 또한 동생이나 치료사와 함께하기보다는 대체로 혼자만의 연주를 하였으며, 따로 연주할 때에는 동생의 연주를 기다리거나 경청하지 않고 몸을 계속 움직이거나 귀를 아예 두 손으로 막기도 하였다.

동생 현준이는 주변을 잘 살피고 치료사의 안내를 기다리며 그 안내를 잘 따르는 착실함을 보였다. 형의 압도적인 연주 분위기에 다소 위축되기도 하였는데, 자신의 연주를 주도적으로 해내기보다는 형의 장난을 포함한 많은 모습을 대체로 그대로 모방하고 있었다. 악기 연주는 형과 같은 특별한 리듬을 연주하지는 않았지만, 기본박(basic beat, steady beat)을 꾸준히 유지하면서 강약(dynamic)의 변화를 위주로 표현하였으며, 때로는 자신만의 장난스러움을 음악으로 표현하기도 하였다.

형제의 즉흥 합주는 동일한 물리적 공간에서 동시에 연주를 하였지만 그다지 상호적이지도, 유기적이지도, 친밀하지도 않았다. 오히려 각자 자신의 연주를 어떻게든 더 하고자 하는 모습이 강했으며, 동생이 형의 압도적인 연주 소리에 이내 연주를 멈추고 가만히 기다리는 모습이 종종 나타났다. 그러다 보니 서로 원하는 음악과 활동과 분위기가 달라 음악은 힘의 균형이 전혀 맞지 않았다. 특히 빠르기(tempo)와 에너지 수준은 형 현우가 주도적으로 결정하여 매번 현우의 음악에 맞추는 모양새였다. 치료사도 이 둘의 전혀 다른 음악 사이에서 합의점을 찾아내기란 쉽지 않은 일이었다. 어느 한쪽으로 음악이 기울어지기라도 할 때엔 바로 연주를 멈추거나 관심을 내던지듯 사라져버리기도 하였다. 이에 치료사들은 우선 각자의 음악 스타일과 음악 반응 등을 살필 수 있도록 미리 작곡된 곡을 사용하여 곡의 종지 이후나 중간에 즉흥연주를 할 수 있는 음악적 공간(musical space)을 주어 론도(rondo) 형식이 되도록 구성해서 개별 즉흥연주도 함께 시도하였다.

론도란 프랑스어로 '돈다'라는 뜻으로, 론도 형식은 클래식 음악에서 사용하는 음악의 한 형식이다. 음악에서 중심이 되는 하나의 중심 주제를 A라고 한다면, 론도 형식은 A 주제를 B, C와 같은 삽입부를 사이에 두고 여러 번 반복하여 A–B–A–C–A 등과 같은 형태로 표현된 형식이다. 초반 세션에서는 형제가 함께 공유할 수 있는 짧은 음악을 치료사가 먼저 즉흥적으로 만들었으며(론도 형식의 A부분), 이 짧은 A부분을 함께 연주하여 종지를 확실히 하고 난 후에 형의 즉흥연주(B부분)를 이어 갔다. 다시 형제가 함께하는 A부분을 연주한 후 이어서 동생이 즉흥연주(C부분)를 하고, 마지막에는 다시 함께 A부분을 연주하는 형식을 취했다. 이 같은 형식을 통해 형제가 공동의 음악을 공유하도록 하면서 동시에 자신만의 연주를 적절히 섞어서 음악을 하고자 하는 욕구도 충분히 수용할 수 있도록 하였다. 론도 형식 안에서 즉흥연주를 위한 공간(B와 C부분)을 조금씩 넓혀 갔으며, 연주를 하지 않고 있을 때에는 상대의 연주를 기다리고 서로의 음악을 들을 수 있는 기회를 계속 제공하였다.

고-앤-스톱: 힘의 불균형

론도 형식에서의 개별 즉흥연주(B와 C부분)는 짧은 시간이었음에도 몸을 꼬는 등 상대의 음악이 끝나기를 기다리기에 힘든 시간이었던 것 같다. 그러다 점차 서로의 소리를 듣기 시작하였는데, 이는 고-앤-스톱(go & stop)이라는 구조의 사용과 흥미로운 음악적 표현으로 인한 것이었다. 두 번째 세션에서 형제는 개별 즉흥연주 부분에서 음악이 진행되다가 멈추는 간단한 구조인 고-앤-스톱을 각자 해내며 이것이 가진 힘과 재미를 느끼고 있었다.

치료사는 동생의 북 연주에 근음과 2음 사이의 반음 사용이 독특한 프리지안 모드(E-phrygian mode, E-F-G-A-B-C-D-E)를 강한 베이스(E-F)와 함께 양손을 동일하게 사용하여 힘(power)을 더 가질 수 있도록 유도하였고, 형의 템플블록 연주에는 믹솔리디아 모드(C-mixolydian mode, C-D-E-F-G-A-Bb-C)의 베이스 움직임(C-Bb)에 부기우기 스타일을 접목하여 매우 발랄하고 경쾌한 분위기를 만들어 주었다. 둘 다 베이스의 사용을 강조하여 음악이 더욱 흘러갈 수 있도록 힘을 주었지만, 동생의 경우에는 형보다 독려가 더 있었다. 그렇게 고(go)로 연주가 진행되고 난 후에 멈춤(stop)이 자연스레 나타났는데, 치료사들은 이 구조의 사용을 인식하고 이를 더 명확하게 반영하였다. 현우는 연주 중 치료사들이 함께 멈춤을 하고 있다는 것을 듣고 큰 흥미를 느끼기 시작하였다. 그러다 보니 점차 현우는 혼자만의 연주뿐만 아니라 주어진 음악 안에서 모두 함께하는 연주에서도 다른 연주자들에게 멈춤을 시도했고, 우리는 이 시도에 따랐다. 이는 현우의 독단적인 음악이었지만, 서로의 음악에 귀를 기울이게 하는 좋은 단서가 되었고, 형제에게 음악의 구조적 아이디어를 통해 점차 음악표현을 확장할 수 있는 잠재성을 확인시키는 계기가 되었다.

종지와 음악의 전환: 힘겨루기

마치 허니문(honeymoon) 같았던 한 달간의 음악치료 시간은 5회기를 맞이하면서 위기를 맞이했는데, 동생 현준이가 치료실에 들어오기를 약 30여 분간 거부한 것이다. 이유는 현준이의 매우 개인적인 컨디션 문제였지만, 시간이 지남에 따라 점차 늘어나는 것이었다. 이에 치료사들은 언제든 들어올 수 있도록 문을 열어둔 채로 치료를 진행하였다. 그러나 현우는 혼자 하는 시간 내내 이를 애써 외면하고 버티고 있는 것처럼 보였다. 적극적으로 표현하지는 않았지만 기다리는 모습이 역력한 현우가 피아노로 가서 피아노를 타악기 치듯 빠르고 리드믹하게 연주하기 시작했다. 그러나 쉼 없는 연주는 마치 '현준이가 오지 않아서 지금까지 해 왔던 것이 깨지지 않을까' 하는 불안이 나타나고 있는 것 같았다.

현우가 피아노에 집중하다가 차츰 검은 건반을 연주하며 변화를 보이자 치료사도 현우의 연주에 맞춰 차분하고 조용하며 긴 프레이즈로 검은 건반으로 된 5음 음계(C#–pentatonic, C#–D#–F#–G#–A#)로 전환하여 함께 연주하기 시작했다. 그러면서 인사 노래도 5음 음계로 바꿔서 부르기 시작했다. 5음 음계로 구성된 음악은 장조(major scale)곡이나 단조(minor scale)곡과는 달리 반음이 전혀 없기 때문에 음악이 어떤 음을 향해서 어디론가 움직여야 하는 느낌과 부담을 주지 않는다. 따라서 강렬한 박(beat)이나 휘몰아치는 리듬과 같은 독특한 요소를 의도적으로 사용하지 않는다면 선율의 윤곽(contour)의 변화를 주더라도 강하게 압박하는 느낌보다는 그대로 멈추어 있거나 맴도는 것 같은 느낌을 준다. 이러한 5음 음계 연주와 노래를 통해 현우는 음악 안에 머물고 그 자체를 탐색하는 모습을 진지하게 보였다. 밖에 있던 현준이도 꼭 치료실에 들어오거나 어떠한 행동을 취해야 하는 부담을 갖지 않았는지 가만히 소파에 누워 있기도 했다가 문 앞까지 왔다 갔다 반복하는 모습을 보였다.

어느 순간 현준이가 문 앞에 없다는 것을 알아차린 현우는 바로 음악의 리듬을 바꿔서 리드믹한 자신의 연주를 다시 시작했다. 이후 현우는 그간 형제가 함께 합주해 오던 스네어 드럼과 템플블록을 현준이의 의자와 함께 두었고, 잠시 후 연주를 혼자 시작하게 되었다. 다양한 시도 이후 음악을 잠시 멈추고 현우가 다시 아주 느린 비트로 옆에 있던 탬버린 연주를 시작하자 치료사는 느린 중동음계(D–middle eastern idiom, D–Eb–F#–G–A–Bb–C#–D)의 음악을 연주하였다. 중동음계는 앞서 연주한 5음 음계와 달리 음계 안에 반음(단2도 음정)이 4개나 들어 있어서 음계를 연주하는 것만으로도 음악의 움직임을 매우 다이내믹하고 강렬하게 이끌어 내는 힘을 가지고 있다. 중동음계의 사용은 현준이가 마음처럼 다가오지 않고 그렇다고 먼저 다가갈 용기도 나지 않아 약간의 분노를 느끼는 현우의 마음을 동일하게 음악으로 담아주기 위한 시도였고, 현우가 어떤 것이든 해 보기를 독려하기 위함이었다. 현우는 중동음계를 바탕으로 한 음악을 치료사와 함께 점차 고조시켜 가며 한편으로는 분노를, 한편으로는 함께하려는 강한 의지를 표현하기 시작했다. 그 음악을 들은 현준이는 점차 한 발 한 발 조심스럽게 들어와 자리에 앉더니 자연스럽게 연주에 동참하게 되었다. 침착한 기다림과 참여를 권유한 음악은 능동성을 만들어 주었고, 무엇보다 형과 치료사의 음악으로의 초대가 현준이를 움직이게 했던 것이다.

형제의 합주가 시작된 이후에도 한동안 탐색적으로 지속되었다. 그러다 어느 순간 현우가 종지를 시도하고자 손을 번쩍 들어 암시를 했고, 그 순간 동생도 손을 들었으나 종지를 하듯 혼자서 북과 심벌즈를 연주하며 새로운 음악을 시작하였다. 이 소리에 치료사도 다시 새로이 느리지만 분명한 비팅(beating)이 있는 스윙 스타일의 음악(화성: D−C−Bb−A, 음계: D−F−G−G#−A−C−D)으로 이어 갔는데, 스윙의 자연스러운 음악적 흐름은 동생의 새로운 음악을 격려하면서 형에게도 함께해 보자는 의미를 주었다. 이 같은 음악의 흐름은 여러 번 반복되어 나타났는데, 마치 혼자 끝내지 말라는 동생의 저항으로 느껴졌고, 동등하길 원하는 동생의 무언의 몸짓 같았다. 그러나 여전히 형이 음악의 시작과 기본 박, 빠르기, 다이내믹, 분위기, 에너지 등을 선점하고 있었기에 음악의 큰 힘은 여전히 형이 쥐고 있었다.

무질서: 저항과 혼란, 그러나 협력을 외면하지 않기

형제는 모든 상황에서 힘겨루기를 보이지는 않았다. 특히 이들은 신체활동을 매우 즐겨 움직임이나 춤, 동작 등을 음악과 함께 진행하는 활동에서는 적극적으로 서로 협력하였을 뿐 아니라 모방하고 기다리며 접촉도 잦았다. 그러나 악기가 주어지고 나면 전혀 다른 모습을 보였다. 연주의 시작은 대체로 형 현우의 몫이었고, 동생 현준이는 형으로부터 시작된 연주를 따라가는 방식이었다. 치료사는 이를 인내하며, 동생은 내적 힘을 길러 새로운 음악을 해내고, 형은 인정과 동시에 동생의 변화를 점차 수용해 가며 합의를 통해 새로운 음악이 탄생되길 기대하고 있었다. 물론 치료사도 음악으로 적극 격려하며 함께하자는 제안을 다양하게 제시하였다. 비슷한 패턴과 형식으로 진행되며 지루해지던 음악에 변화가 감지된 것은 11회 세션에서였다.

현준이가 형으로부터 시작된 다소 강하고 약간 빠른 기본 박 패턴을 따라가지 않으면서 형의 연주 위에 오히려 자신만의 전혀 다른 기본 박(형보다 여리지만 조금 느린, 전혀 어울릴 것 같지 않은 비트)을 북으로 소심하게 연주하기 시작한 것이었다. 얼핏 형의 연주를 전혀 듣지 않는 것처럼 보였지만, 실제로는 의도적으로 맞추지 않으려고 부단히 노력하고 있는 모습이었다. 이들의 연주는 그 순간 치료사를 매우 고민스럽게 했다. 처음 연주가 시작되었을 때엔 현우와 현준이를 번갈아가며 반영을 시도하였다. 하지만 이는 불난 곳에 기름을 붓는 것과 같아서 오히려 그들의 연주는 점점 더 강해지면서 자신의 음악에만 귀를 기울여 달라고 강하게 요구하며 다른 소리가 협력하는 것을 적극적으로 거부하였다.

이때 치료사의 음악적 선택은 형제와는 또 다른 음악을 만들어 모두 다른 음악이 되도록 진행하는 것이었다. 그래서 피아노로 일정하게 지속되는 기본 박과 비트 없이 자유로운 리듬 연주를 시작하게 되었다. 그리고 분위기에 따라서 음악의 특정 요소(반복적이지 않고 예측할 수 없는 특정 리듬, 짧은 프레이즈로 된 무조의 선율, 피아노의 극단적인 음역에 따른 다양한 음색 등)를 두드러지게 사용하면서 이 합주에 오히려 몰입할 수 있도록 충분히 독려하기로 했다. 그렇게 시도된 음악은 점차 변해 갔고, 일정한 기본 박이 없는 상태로 온음계(whole-tone scale, C–D–E–F#–G#–A#)의 선율을 단선율로 연주하되 각 음의 꾸밈음을 반음으로 구성하여 사용하기도 하고, 낮은 음역에서 페달 포인트(pedal point, 베이스의 음을 음악의 화성 진행과 상관없이 길게 연주하는 기법)를 사용하며, 특정 음역 대 클러스터(cluster, 여러 개의 음을 한 덩어리로 동시에 누르는 연주 기법)를 동시에 사용하는 등 혼란스러움 그 자체였다. 물론 일정하게 지속되는 기본 박은 없었지만 빠르기는 변화무쌍했으며, 리듬도 다양하면서 분명했다. 그 순간의 빠르기와 리듬은 현우와 현준이 형제의 음악에서 비롯되었지만 그렇게 만들어진 음악은 둘의 개별적인 음악과는 또 다른 새로운 음악이었다. 그러나 이러한 무질서는 상대적으로 무질서가 아닌 것처럼 들려 오히려 다양한 표현을 더욱 독려하게 되었고, 이전과는 확연히 다른 음악이 서서히 나타나기 시작하였다.

그렇게 만들어진 혼돈의 음악은 오랜 회기 동안 지속되지는 않았다. 혼란 속에서 어느 순간 치료사 두 명과 형제 두 명 모두 들어맞는 순간을 12회기에서 맞이하였다. 그렇게 서로의 무질서함을 유지하다가 자연스럽게 공동으로 질서를 만나고 공유하는 음악이 나타나는 순간 치료사는 세레모니(ceremony)를 하듯 5음 음계로 된 옥타브 선율 연주를 하였고, 매 순간마다 그 선율 연주를 계속 이어 가면서 좁은 음역에서 점차 넓게 확장해 갔다. 치료사는 이와 같이 힘이 재분배되어 음악 안에서 다시 질서를 찾고 균형이 맞춰지기를 기대하였다. 길지 않았지만 점차 혼돈은 정리가 되어 갔고, 치료사로부터 시작된 세레모니는 그 자체가 하나의 음악으로서 발전되어 갔다.

음악적 공간과 주고받기: 새로운 시작

무질서한 혼란이 점차 새롭게 재구성되어 가면서 이전의 고–앤–스톱의 구조가 조금씩 변화되어 나타났다. 무질서한 혼란 이전에는 누군가 멈춤(stop)을 통해 종지를 하면 다른 한쪽이 종지를 지렛대 삼아 음악을 다시 시작하기를 반복하며 연주가 진행되어 왔다. 이때 멈춤은 종지가 아니라 새로운 음악의 전환점이었다. 따라서 한 번 시작된 연주는 끝을 모르고 달렸고, 종종 연주는 20~30분간 지칠 때까지 지속되기도 하였다. 그러나 12회기에서 나타난 멈춤은 전환점이 아닌 새로운 길로 창조되는 시작점이었다.

이 세션에서 형제는 함께 북을 연주하고 있었다. 그러다가 현우가 먼저 멈춤을 시도하였는데, 현준이가 형의 멈춤을 듣고도 이전처럼 새로이 음악을 시작하지 않은 것이다. 사실 치료사와 현우는 현준이가 새로운 음악을 시작할 것을 기대했기에 어떻게 북 연주가 시작될 지 약간 긴장하며 기다리고 있었다. 그러나 그 순간 현준이는 자신의 리듬과 비트로 연주를 시작하지 않았고, 오히려 형이 멈춤을 했던 것처럼 한 번의 강렬한 비트를 형과 똑같이 연주를 하였다. 그러나 다들 반응 없이 가만히 기다리자 현준이는 다시 강렬하게 북을 한 번 내려쳤다. 이를 들은 현우가 잠시 후 비트(beat)를 두 번 강렬하게 연주하였고, 현준이가 이어 가며 멈춤에서 나타난 음악적 공간을 두고 암묵적인 기본 박을 유지하며 서로 번갈아가며 반복하기 시작하였다. 치료사는 피아노 연주를 기본 박으로만 연주하되 형의 연주는 F 코드로, 동생의 연주는 Eb 코드로 번갈아 제시하는 수준으로 음악에 공간을 최대한 주며 이 변화를 적극 지지하였다. 이제 멈춤은 더 이상 종지로 향하는 단서도 아니었고, 힘을 과시하는 도구로 사용되지도 않았으며, 다른 음악으로의 전환점도 아니었다. 그것은 온전히 새로운 음악적 공간(musical space)의 출현을 의미하였다.

이 같은 창조적인 구조의 탄생은 현준이가 현우에 대한 저항을 발판으로 나타났지만, 형제 모두 음악에 보다 쉼을 주었고 상대의 음악을 더욱 경청하게 만들었으며 자신의 음악적 선택에 힘을 넣어 주어 자신감을 주기에 충분했다. 또한 서로를 기대하고 인내하며 기다리게 했다. 그런 음악적 공간은 비록 처음엔 간결한 비트를 서로 번갈아가며 반복하여 모방하듯 나타났지만, 형제가 서로 공유하며 자연스럽게 주고받는(call & response) 구조로 발전하게 되었다. 더불어 음악도 이전보다 유연함이 눈에 띄게 달라졌다. 특히 연주 중간에 빠르기의 변화가 상당히 일어났으며, 이러한 변화는 형제 2명, 치료사 2명 등 총 4명 모두에게서 자연스럽게 발생되었다. 점차 상호적 역동성을 띄게 되었으며 다양한 분위기를 수용할 수 있는 여유가 만들어지고 있었다.

사실 음악적 공간은 음악이 진행되지 않는 빈 공간(empty space)으로, 특히 치료사에게는 치료사로서 마땅히 해야 할 무언가를 하고 있지 않는 것 같은 직무유기, 무엇을 해야 할지 또 어떻게 해야 할지 모르는 갈등으로 인한 불편함 내지 불안한 느낌을 줄 수도 있다. 그러나 이 순간을 인내하며 내담자에게 기회를 주면 내담자의 음악아는 음악을 만들어 향유하고자 새로운 음악을 시작하게 된다. 치료사는 이와 같은 음악적 단서들을 민감하게 알아차리고 다시 음악으로 반영하여 음악이 더욱 진행되고 확장될 수 있도록 돕는 동반자 역할을 한다. 이러한 변화는 내담자에 대한 신뢰, 특히 내담자의 음악아와 음악을 충분히 해내리라는 잠재성에 대한 신뢰를 바탕으로 한다.

협력적 종지와 진지함: 균형과 조화

즉흥연주에서 종지는 때론 힘(power)과 관련이 깊다. 이전의 종지는 보통 현우가 주도했으며, 매우 간결하고 강렬한 한 번의 비트로 절정과 카타르시스(catharsis)를 느끼며 힘차게 모든 것을 기다렸다는 듯이 한순간에 내뿜는 형태였다. 이후 형의 주도에서 동생으로 변화가 있었지만 종지의 음악적 특성에는 큰 차이가 있지 않았다. 종지의 새로운 변화는 16회기의 실로폰(xylophone) 즉흥연주에서 나타났다.

치료사는 실로폰을 5음 음계(D-pentatonic scale, D–E–G–A–B–D–E–G–A, 2옥타브 음역)로 구성하여 제시하였고, 의도하진 않았지만 형제가 양쪽에서 하나의 실로폰을 공유하여 연주를 시작하게 되었다. 초반엔 형제가 조심스레 음정을 탐색하기 시작했으며, 치료사도 한 음씩 탐색해 가며 점차 음악이 만들어져 갔다. 5음 음계는 중립적이어서 피아노로 필요에 따라 특징적인 느낌을 담아 가며 다양한 음악으로의 발전이 가능하다. 이때 치료사의 선택은 블루스(G major blues, 실로폰은 5음 구성 그대로) 음악이었다. 블루스 음악은 다양한 음악요소를 사용하여 변화를 시도하지 않아도 단지 빠르기 조절만으로도 충분히 분위기를 변화시킬 수 있을 뿐만 아니라, 12마디로 구성되어 형식이 아주 명료한 특징을 가지고 있다. 블루스 음악의 명확한 형식은 그간 종지를 만들기 위해 애써 에너지를 쏟아 왔던 형제의 꽉 쥐고 있던 힘을 내려놓을 수 있는 여유를 제공하였다. 치료사는 형제의 음악에서 종지가 감지될 때마다 블루스 12마디 형식의 마지막 4마디 부분(V–IV–I ~)의 화성을 반복하고, 조금씩 리듬을 빼고, 동일한 멜로디를 반복하여 언제든 끝낼 수 있음을 암시해 주었다. 물론 음악에 다시 역동이 일어나면 처음으로 돌아갈 수 있는 유연함도 충분히 가지고 있었다. 따라서 음악을 진행하고 멈추는 건 현우와 현준이의 몫이었고, 치료사들의 음악은 그들의 합의를 계속 기다리고 지지해 주었다. 그렇게 맞이한 종지는 더 이상 순간의 절정이 아니라, 점차 작아지며 다른 사람이 함께 만들고 있음을 충분히 감지하고 기다리는 형태로 순간을 찾아 여행하고 충분히 머무르며 함께 준비하고 느끼는 것이 되었다. 그리고 치료사의 음악은 강렬한 종지를 더 이상 유도하지도, 놓아두지도 않았다.

종지의 시간이 많이 길어졌지만, 새로 경험한 종지는 일방적이거나 경쟁적이지 않았고 함께 만들고 합의한 진지함이었다. 현우에게 진지함은 부정적 피드백이나 질책과 관련이 깊어 피하고 싶은 어두운 정서의 단면이었다. 그러다 보니 그동안 현우의 음악은 대체로 강렬하고 극적이거나 발랄한 느낌으로 일관되었는데, 이제는 음악을 만들면서 부정적 피드백이 함께하지 않는 진지함 그 자체에 머물기 시작하였다. 이것은 현우가 내적인 변화를 보여 건강한 힘을 내기 시작했다는 것을 의미하고, 거기에는 블루스 음악과 종지의 변화, 인내와 기다림이 함께하고 있었다.

이처럼 자발적이면서 자연스럽고 자유롭게 음악이 점차 변화되어 간 것은 바로 음악 안에서 음악을 통해 음악 그 자체의 본질을 추구하는 음악아 때문이다. 사실 음악으로 나타난 모든 변화는 현우와 현준이의 선택에서 비롯된 것이었다. 형제의 음악아의 발현과 확장은 그들의 성장에도 실제적인 영향을 미쳤는데, 현우에게는 조절력과 신중함이, 현준이에게는 힘과 조절력이 부쩍 향상되었다. 더불어 혼자만의 개인적인 음악이 아니라 형, 동생, 그리고 치료사와 함께 음악을 영위하고 누리는 경험을 통해 공동체의 통합으로까지 형제의 삶의 경계가 확장되었다.

동시적인 연주와 쉼표, 프레이징, 그리고 노래와 함께 새로운 여정으로

종지에 합의를 해 가고 연주가 길어지더라도 모두가 수용하고 서로의 연주를 인정해 가면서 음악의 내용면에서도 능동적이며 자발적인 변화가 나타나기 시작했다. 주고받기 형태로 이루어진 구조와 합의적 종지는 전체의 긴 음악을 모두 담기에는 단편적이다. 16회기가 지나면서 그 길고 긴 연주 사이에 현우와 현준이는 음악적 관계, 음악적 필요 등을 다양하게 시도하였고, 치료사는 미리 앞서가거나 지시하지 않으며 음악으로 반영하면서 이 사이에서 중재를 계속 지속하였다. 특히 음악적 공간을 보다 다양하게 제시하며 함께 합주해 가는 과정을 경험하게 하여 관계의 중립을 지키고 힘의 균형을 맞추며 서로 더욱 친밀해지기를 유도하였다.

이러한 치료사의 시도는 오래되지 않아 형제의 음악에 본격적으로 드러났다. 17회기에서 치료사로부터 의도치 않게 이전 프레이즈(phrase)가 미완성된 짧은 음악적 공간이 나타났는데, 현준이가 이 공간을 지나치지 않고 완성시켜 연주한 것이었다. 이를 현우가 알아차리고는 본인이 앞부분을 만들고, 현준이가 자연스럽게 마지막 부분을 완성하며 둘이 협력하여 하나의 프레이즈를 만들기 시작한 것이다. 점차 음악은 보이지 않는 역할을 찾아가기 시작했으며, 이는 비단 마이너스 원(minus 1)[1] 기법에 국한된 모습은 아니었다. 형제가 함께 만든 프레이즈는 역할이 분리되어 하나로 합쳐야 하는 프레이즈 형태에서 벗어나 점차 동시에 연주되는 프레이즈로 이어졌다. 서로의 역할을 능동적으로 찾아가며 연주를 완성해 가는 모습은 마치 대위선율(counterpoint, counter-melody)을 만들 듯 동시다발적인 음악이 창조되어 이전보다 진일보한 음악으로 발전하였다.

이는 기존에 힘을 과시하고, 자신의 음악을 더 강조하거나 공유를 거부했던 음악

1) 마이너스 원(minus 1) 기법: 한 마디의 마지막 박이나 프레이즈의 마지막 부분을 비워 두고 완성하지 않음으로써 내담자가 빈 부분을 연주하거나 노래하도록 유도하여 음악을 완성시키도록 하는 치료 기법이다. 보통은 치료사가 이를 의도적으로 유도하여 사용하지만, 즉흥연주나 노래에서 이 같은 현상이 자연스럽게 나타나기도 한다.

과는 달랐으며, 조화로운 합주를 탐색하고 함께 만들어 가는 구조였다. 이때 음악에는 쉼표와 이를 근거로 드디어 프레이즈가 만들어지기 시작했으며, 서로의 음악을 탐색하고 경청하고 함께 만들어 가기 시작한 음악은 한 사람의 주도적인 연주로 열정적이기만 했던 분위기에서도 점차 벗어나게 되었다. 빠르기는 훨씬 자유롭고 여유로웠으며, 쉼을 누리고, 함께 만든 음악이라는 자부심이 점차 음악에 대한 확신을 주고 있었다. 형제의 음악에 상당한 변화가 나타난 것은 누구의 강요도, 지시도, 교육도 아니었다. 이는 음악 그 자체의 고유함을 추구하려는 그들 내면의 자발적이고도 의도적인 음악아 때문이었다.

물론 크고 강렬한 전체적인 분위기는 여전히 나타났으며 더불어 간간히 다른 느낌의 차분하고 조용한, 때론 느끼하기도 한 음악이 동시에 연주되기도 하였다. 또 어느 순간 관성적으로 원래의 음악으로 돌아가기도 하였다. 그러나 이를 버텨 내는 것은 현우에게 그리고 현준이를 포함한 우리 모두에게 상당한 도전이었다.

또 한 가지 눈여겨볼 것은 즉흥 노래의 시작이었다. 초기에도 간헐적으로 노래를 부르기는 하였지만 그건 이미 알고 있는 노래나 함께 부를 수 있도록 미리 작곡되거나 구조화된 노래를 부를 때였다. 그러나 즉흥연주에서 시작된 음악치료 세션은 혼란기를 넘어가며 조금씩 깊이를 더해갔고, 17회기부터 자발적인 노래(흥얼거림)가 나타났으며 이후 점차 확장되어 갔다. 특히 현우의 노래하듯 말하듯 나타나는 소리의 형태를 치료사들이 바로 노래로 만들고 즉흥으로 이어 갈 수 있도록 재현하면서 즉흥노래에 집중할 수 있도록 도왔다. 즉흥연주에서 노래로의 이동은 음악 본연의 자연스런 탐색적 본성 때문이다(Aigen, 1998). 즉, 악기에서의 즉흥적 요소는 점차 몸으로, 그리고 악기보다 더 자유롭고 표현적이며 자기 존재인 목소리로 이동해 간다. 다만 노래는 현우에게만 나타난 음악적 특징이었고, 현준이는 거의 동참하지 않았다. 이는 우리에게 앞으로의 새로운 도전임을 암시하였다.

맺음말

장애를 가진 형과 비장애 동생을 위한 이 음악치료를 통해 현우는 능동적으로 참여하여 충분히 수용되고 다른 사람들과 함께 수렴될 수 있다는 것을 경험적으로 깨달았으며, 동생과 더욱 건강한 관계로 성장할 수 있게 되었다. 현준이는 형에 대한 보이지 않은 숨겨진 마음들이 조금씩 드러났지만 즉흥연주 과정과 경험을 통해 내적인 힘을 기를 수 있게 되었다.

이 같은 변화는 음악을 통해, 특히 음악 구조를 통해 지극히 자연스럽게 스스로 발견하고 창조해 내며 경험하여 터득해 갔다. 사실 치료사의 지시와 훈련과 교육으로 진행했다면 변화는 더욱 빨리 찾아왔을지도 모른다. 그러나 더디게 감에도 불구하고 이를 인내하고 기다린 것은 지시를 따르는 수동성이 기계적인 의무감일 수밖에 없기 때문이다. 특히 현우의 심리적 이슈—질책 및 부정적인 피드백으로 인한 권위에 대한 저항—로 더 이상 지시와 강요를 통해 변화를 기대하기 힘들었기에 최대한 인내하고 경청하고 동행하여 그 속도에 맞춰야만 했다. 나아가 자발적이고 자연스러우며 창의적인 발생을 통해 능동적이고 유기적인 연결을 만들어내려 했던 것이다.

이 사례에서 주로 다룬 '음악 구조'는 노도프-로빈스 음악치료에서 중요하고 강력한 음악치료 메커니즘(mechanism) 가운데 하나이다(Aigen, 1998; Ansdell, 1995). 음악 구조는 우리가 함께 동시에 머물고 움직일 수 있도록 하는 힘을 가지고 있으며, 그것은 즉흥연주 안에서 매 순간 선택적으로 나타나 유기적으로 움직인다(Aigen, 1998; Ansdell, 1995). 현우와 현준이의 음악 구조의 변화는 창의적이었으며, 음악에 대한 민감하고 순수한 반응이었다. 마치 조각가가 하나의 작품을 조각해 가면서 윤곽을 드러내듯 이들이 함께 만들어 낸 음악 구조는 큼직한 덩어리에서 점차 세밀한 조각으로 이어졌다. 개별적인 연주에서 통합적인 연주로, 지시와 독단적인 모습에서 배려하는 공동의 연주로 이끌었으며, 치료사가 미리 준비한 의도적이며 구조화된 음악에서 형제의 창조적 아이디어를 품은 즉흥연주로 이어졌다. 이와 같은 음악 구조의 창조적 발생과 세밀한 변화는 개인의 성장과 형제 관계의 변화와 맞물려 갔다.

이전의 노도프-로빈스 음악치료는 개별치료를 중심으로 치료사의 음악아와 내담자의 음악아가 서로 만나 음악적 변화를 이끌어 내어 치료하였다. 현재에는 그룹치료와 개별치료 사이의 중요성에 큰 차이가 없지만 그룹치료는 개별치료와 비교해 몇 가지 다른 점이 있다. 그룹치료에서는 치료사와 치료사, 치료사들과 내담자, 내담자와 내담자 각각의 관계를 모두 이해해야 하며, 역동의 흐름도 파악하고 있어야 한다. 특히 음악적인 면에 있어서는 더욱 그렇다. 치료목적도 개별치료는 개인의 복잡하고 다양한 양상을 고려하여 설정하지만, 그룹치료는 일차적으로 사회성의 테두리 안에서 섬세하게 목적을 찾아간다. 따라서 보통의 경우 그룹치료 전에 개별치료를 통해 준비의 과정을 가지게 된다(그러나 이는 우리나라의 현실에는 적용하기가 힘들다). 그러다 보니 치료사의 역할도 많은 차이를 가진다. 그룹 치료에서는 개별치료와 달리 제한적일 수밖에 없다. 그룹원의 변화와 성장의 순간을 음악으로 함께하며 지지하고 독려하겠지만, 다른 그룹원이 미치는 영향도 고려해야 하며, 그룹원 사이도 치료사 못지않게 건강한 관계를 맺을 수 있도록 돕는 역할을 하게 된다.

노도프-로빈스 음악치료에서 중요한 것은 음악아이다. 치료사는 매순간 내담자의 음악아에 끊임없이, 민감하게 반응하여 음악적 접촉을 시도하고, 음악을 탐색하게도 하고, 뮤지킹으로 발현되도록 도우며, 음악을 확장하여 다양한 음악의 변화와 발전으로 이어지도록 해야 한다. 음악아는 이 사례에서도 나타나듯 우리가 예측할 수 없는 순간에 불현듯 나타나 발현되기도 하고, 각 개인이 가진 특유의 고유함으로 어느 순간 풍부한 음악적 서사를 펼쳐내기도 한다. 치료의 모든 순간은 내담자의 음악아에 따른 선택으로 시작되고, 치료사와 함께 확장되어 알 수 없지만 분명한 음악의 세계로 여정을 떠나게 되는데, 이를 통한 음악적 변화와 성장, 그것이 곧 내담자의 성장과 직결된다(Aigen, 2005).

용어 설명

노도프-로빈스 음악치료(Nordoff-Robbins music therapy) 노도프-로빈스 음악치료는 폴 노도프(Paul Nordoff)와 클라이브 로빈스(Clive Robbins)의 17년에 걸친 공동 임상 및 연구로 시작되었으며, 창조적 음악치료(creative music therapy)라고도 한다. 이는 장애의 유무와 상관없이 모든 개인에게 선천적 음악성[또는 음악아(music child)]이 존재한다는 믿음 위에서 심미적 음악 형식을 창조하며 내담자의 성장과 발전을 촉진하기 위해 즉흥 음악을 주로 사용하는 음악치료 모델이다.

음악아(music child) 음악아는 음악적 경험에 반응하고, 그것에 의미를 부여하고, 참여를 원하며, 음악을 기억하고, 음악적 경험을 즐기는 내부 자아의 한 부분이다. 음악은 음악아가 반응할 수 있도록 하여 장애 아동을 넘어 성장과 변화를 할 수 있도록 돕는다.

아스퍼거 증후군(Asperger syndrome) 아스퍼거 증후군은 2013년 새로운 진단기준인 DSM-5(Diagnostic and Statistical Manual of Mental Disorders 5th edition) 이전의 진단명으로, 사회적 상호작용에서 심하고 지속적인 장해와 제한적이고 반복적인 행동이나 관심, 활동을 보이는 장애이다. 자폐성 장애와는 달리 언어발달이나 적응 행동의 발달, 환경에 대한 호기심의 발달에 있어서 심각한 지연이 없다. 새로운 DSM-5에서는 이를 자폐 스펙트럼 장애의 경미한 축의 끝에 위치하는 고기능 자폐증의 한 형태로 보며, 고기능 자폐증과 아스퍼거 증후군을 구별하여 진단하지 않는다.

주의력결핍 과잉행동장애(Attention Deficit/Hyperactivity Disorder: ADHD) ADHD는 과잉행동, 충동성, 주의력 산만이 주요 증상으로, 학령 전기 또는 학령기에서 가장 흔히 나타나는 장애 중 하나이다. 일반적으로 기질 및 생물학적 취약성과 사회 심리적 요인이 상호작용하여 발생하는 것으로, 타고난 기질적 · 생물학적 요인이 주요 원인이다.

참고문헌

김동민(2006). **음악치료 기법과 모델**. 서울: 학지사.

Aigen, K. (2005). *Music-centered music therapy*. New York: Barcelona.

Aigen, K. (2009). **노도프-로빈스 음악치료 초기사례 연구**(김영신, 김동민 공역). 서울: 학지사.

Ansdell, G. (1995). *Music for life: Aspects of creative music therapy with adult clients*. London: Jessica Kingsley Publishers.

Elliott, D. (1995). *Music matters: A new philosophy of music education*. Oxford: Oxford University Press.

Guerrero, N., Marcus, D., & Turry, A. (2016). **노도프-로빈스 음악치료**(김동민 역). 서울: 시그마프레스.

Nordoff, P., Marcus, D., & Robbins, C. (2007). *Creative music therapy: A guide to fostering clinical musicianship* (2nd ed.). New York: Barcelona.

Powell, T. H., & Gallagher, P. A. (2000). **형제자매: 장애인 가족의 특별한 관계**(김승돈, 안상희, 이지수 공역). 서울: 서울장애인종합복지관.

Robbins, C., & Robbins C. (1999). **창조적 음악치료 안에서의 자기와의 대화**(권혜경 역). 서울: 권혜경음악치료센터.

음악치료 임상사례집

21인의 음악치료사가 들려주는 임상이야기

제2부

청소년 사례연구

Korean Case Studies of Music Therapy

제10장

좀비(zombie)가 사라지고 가슴에 별들이 쏟아져요

-17세 소녀의 유년 시절의 트라우마에 대한 GIM심상음악치료-

김소진

아름다운음악치료센터 대표

임상음악전문가 1급

개요

이 사례는 7세 때 엄마의 죽음을 목격한 17세 사춘기 소녀 연두(가명)와의 개인 심리치료를 정리(10회기)한 것으로, 1년 동안 총 31회기(2016년 7월 31일부터 2017년 7월 22일까지) 심상음악치료(Bonny method Guided Imagery and Music: GIM) 세션이 진행되었으며 그 중에 트라우마에 대한 가장 적극적인 변형(transformation)이 경험된 1회기(2016년 7월 31일)에서 10회기(2016년 11월 12일)까지의 GIM 세션 진행에 관한 것이다. 치료사의 언어적 중재(verbal intervention)와 신체적 중재(physical intervention)를 통한 GIM 정신역동적인 기법은 연두가 자신의 문제를 대면하도록 신체감각 반응을 이끌어냈고, 그녀의 파괴적이고 고립된 황폐한 심상들을 변형의 심상경험으로 초대했다. 연두는 자신을 따라다니며 불안과 공포에 시달리게 했던 '좀비(zombie)'와 '죽은 여자'의 환상(illusion)은 어린 시절 경험한 친모의 죽음과 연관이 있음을 인식하고 왜곡된 자아상의 직면과 함께 통합 과정으로 나아간다. 연두 자신은 '지속적으로 따라다니는 죽음과 좀비들로 인해 계속 쫓겨 다닐 것인가? 아니면 대면하여 앞으로 나아갈 것인가?' 세션 중 고군분투하며 외친다! "나는 살 거다! 나는 포기하지 않아!" "저는 나아가야 해요!" 심상은 하늘로 향해 열리고 끝없이 펼쳐진 은하수가 있는 밤하늘을 보게 한다. 그리고 그녀는 이렇게 말한다. "좀비는 사라졌고 가슴에 별들이 쏟아져요!"

내담자 정보

연두가 센터를 처음 방문했을 때 17세의 여학생으로서 얌전하고 소극적인 모습을 하고 있었다. 전반적으로 신체적 증상은 에너지가 없어 보이고 어깨는 처져 있었다. 웃는 얼굴을 할 때에도 하얀 얼굴에 기운이 없어 보였다. 자리에 앉아서 대화를 할 때에도 다른 곳에 시선을 던지고 사물을 응시하는 눈빛을 하거나 전혀 초점이 없는 빛을 잃은 눈빛을 하곤 했다. 하지만 나의 질문에는 자신의 이야기를 충실하게 이어 나가는 모습을 보였다. 연두와의 첫 만남은 이렇게 이어져 갔다. 우리는 지속적인 상담과 함께 궁극적인 변화를 위해 많은 이야기를 나누었고, 나는 연두가 똑똑하고 모범적인 학생이지만 심리적 증상으로 우울과 불안, 학업에 대한 흥미 감소, 수치심과 함께 죽음에 대한 충동이 있다는 것을 알게 되었다. 자살 충동은 오래된 것으로, 연두 자신이 초등학교 시절에도 긴 끈을 가지고 놀다가 그 끈을 목에 걸고 몇 번이나 죽는 행동을 했다고 보고했다. 지금은 그런 행동은 하지 않지만, 자주 반복적으로 그만 삶을 끝내고 싶은 마음이 있다고 했다. 나는 연두를 치료하기 전에 절대로 자살행동을 하거나 그것과 비슷한 행동 자체도 하면 안 된다고 단단히 각오를 받아냈다.

연두는 어린 시절, 부모가 심하게 다투던 날 친모의 자살을 목격했다. 그녀는 어렴풋이 그때를 기억하고 있었고 그 기억으로 인해 그녀는 '외상 후 스트레스 장애(Post Traumatic Stress Disorder: PTSD)'를 겪고 있었다.

현재는 연두에게 진정으로 신경을 써 주고 잘해 주는 친아버지와 좋은 새엄마가 있지만, 연두는 자신의 꿈과 상상 속에서 그리고 마음속에서 집요하게 나타나고 따라다니는 좀비들과 마주하고 있고, 자신의 집에 "죽은 사람이 지속적으로 함께하고 있는 것 같다"라고 했다. 또한 학교의 친구들과 잘 어울리지 못하고 그들이 자신을 흉보거나 자신의 이야기를 하며 욕을 하는 소리가 들린다고 했다. 일부분의 '환청'과 '피해망상'으로 인해 일상은 편하지 않고 불안하고 무섭고 우울하고 혼자 있기 싫고 왜곡된 성 자극에 집착하게 되고 영원히 자신만을 돌봐 주는 자신만의 사람이 있길 바라고 있었다.

치료 방법

연두의 치료를 위해 사용된 방법은 Helen Bonny에 의해 창안된 심상음악치료(Guided Imagery and Music: GIM, 이하 GIM)이다. GIM은 음악이 중심이 되는 방법(music-oriented)으로, 특별하게 프로그램된 고전음악을 사용하여 우리의 내적 경험들의 역동적인 전개를 지지하고 자극하여 신체적 · 정신적 · 영적 통합을 제공하는 변형적(transformative) 치료 방법이다(AMI, 1990, 2003). GIM에서 음악경험을 통해 개인에게서 산출된 심상은 과거에 관한 정보, 그것과 연관된 정서를 파악하게 하고 현재 내담자가 가진 정신건강의 장애물을 이해하는 데 사용되며 정신건강의 변화를 꾀하기 위해 체계적으로 적용된다. 상상하는 과정을 체계적으로 사용하는 것은 감정적인 반응이나 근본적인 행동을 이끌어 내는 데 도움을 줄 수 있고, 사람의 감정을 탐색할 수 있을 뿐만 아니라 상상력을 동원해 더 많은 적응 행동을 만들어 낼 수 있다(Bonny, 2002a).

나는 연두에게 GIM 세션을 제공하기 전에 가족과의 긴 상담을 통해 연두의 상태와 상황을 자세히 파악했고, 연두의 치료를 위해 상담과 GIM을 실시하였다. 또한 나는 연두의 엄마와 같은 세대의 여성치료사로서 친모의 죽음과 관련하여 트라우마에 시달리는 연두와 나 사이에 '전이(transference)'와 '역전이(countertransference)'가 일어나지 않길 바라고, 또 우리 사이의 역동적 흐름을 자연스럽게 인식하면서 연두가 원하는 방식대로 내면세계를 열고 탐색하도록 지지하면서 GIM을 진행하였다.

세션 전, 나는 연두에게 GIM이 어떻게 진행되는지 설명해 주었고 음악을 듣기 전에 편안함과 이완 상태를 도울 것이며 심리치료를 위해 특별하게 디자인된 음악프로그램을 사용할 것이라는 것도 알려 주었다. 세션이 끝나고 나서 연두의 경험에 대해 서로 이야기를 나누고 토의할 것이며, GIM 경험에 대한 만다라(mandala)도 그리게 될 것이라고 알려 주었다. 또한 나는 연두에게 GIM 초기 세션 동안 어쩌면 더 큰 두려움과 만날 것이고, 또 그것을 처리하기 위해 더 고군분투할 것이고 일상으로 돌아가면 신체와 정신이 약간은 더 힘들어질 수도 있다고 이야기해 주었다. 연두는 기꺼이 자신의 치료를 위해 GIM을 수용하고 그 여정을 함께했다. 연두의 증상 중 하나인 일부 '환청' 경험에 대해서는 신경정신과에 진단을 의뢰하여 약물 사용을 병행했다.

연두의 치료 목적에 따라 선택된 GIM 음악프로그램들은 Helen Bonny Music Program 및 Atlantis Institute, Instructor에 의해 개발 · 보고된 음악들을 주로 사용하였다. 연두의 강한 공포감과 과도한 불안감을 증폭시키거나 자기 파괴적 경향이 전개될 수 있는 면을 고려하여 음악을 아주 신중히 선택하였고, 치료사의 지각과 직감을 활용한 적합한 상황 판단하에 적절한 음악을 적용해 나갔다.

치료 과정

심상과 만나기 위하여

음악을 듣기 전 연두는 자신의 심리적 두려움을 이야기했다. 불안이 너무 싫지만 불안은 늘 자신과 함께하고 있다고 했다. 나는 연두에게 첫날부터 지나친 두려움과 맞닿게 하는 것이 옳지 않다고 판단했으며, 첫 세션은 연두가 음악과 더불어 어떻게 심상 경험이 진행되는지, 어떤 반응을 나타내는지, 어떤 기억, 감각, 감정을 나타내는지 지켜봐야만 했다.

나는 음악을 제공하기 전에 연두의 불안감을 고려하여 편안한 환경을 마련하고, 나의 권유와 연두의 허락에 따라 연두를 침상에 편안하게 눕게 한 후 부드러운 쿠션을 제공하여 연두가 원하는 배와 가슴 부분에 쿠션을 올리도록 했다. 내가 만든 창의적 이완법(creative relaxation induction)에 따라 연두는 쿠션의 무게에서 느껴지는 안정감과 포근한 느낌을 깊은 호흡과 함께 신체의 각 부분에 순차적으로 가져갔다. 이것은 자율 훈련법(self-training law)에 특별한 감각을 더하도록 고안되었다. 연두는 나의 인덕션(induction)에 따라 안전감과 따스한 감각을 신체에 받아들이고 이완을 허락하면서 점점 자신의 내면에 몰입하였다. 나는 연두의 확장된 의식 상태(altered state of consciousness)를 도왔고, 이렇게 그녀의 GIM의 첫 입문은 시작되었다.

심상 경험 속으로

연두의 첫 세션에서 사용된 음악은 진단적으로 사용되는 음악프로그램으로서 첫 세션에서 흔하게 사용하는 음악프로그램을 사용하였다. 각 4곡으로 이루어진 이 프로그램은 총 30분 정도 소요되며, 각각의 음악마다 시대를 달리하는 음악적 화성(harmony)과 음색(tonality), 음악적 구조(texture), 음악의 형식(form), 그리고 음악적 분위기(mood)를 가짐으로써 우리 의식의 여러 단계의 층을 건드리고 심상들의 확장된 경험을 할 수 있는 가능성을 제공한다. 연두는 첫 번째 음악프로그램의 어느 음악 부분에서 어떤 주의가 가는 경험을 할 것이며, 어떤 의미 있는 반응과 상징적 심상(symbolic image)들을 꺼내어 놓을 것인가?

첫 세션은 중요한 세션 중에 하나이다. 많은 클라이언트는 긴 GIM 세션의 과정을 거치면서 여러 단계의 경험을 하지만 첫 번째 단계에서는 보통 어디로 가는 경험을 하거나, 경험하는 것을 그냥 보게 되거나, 음악이 기분 좋은 장소로 이끌게 된다. 그러나 우리 내면에 좋지 않게 느껴지는 것도 많아서 좋은 이미지만 경험하는 것은 아니다. 이미 어려움 상황에 직면해 있는 내담자들은 첫 세션에서 자신의 문제와 만나는 전조적 심상 경험과 의미 있는 분위기를 꺼내곤 한다. 연두가 그러하였다. 마치 스스로 자신의 구원을 위해 기다리고 준비된 것처럼 음악을 아주 빠르게 흡수하고 있었다. 이미 연두는 앞으로 전개될 자신의 문제와 자신이 가지고 있는 불안과 두려운 이야기들을 꺼내놓고 있었다. 연두는 트라우마로 인한 심리적 증상에 치달리고 있었다.

이상한 집, 무서운 숲, 좀비, 죽은 여자

연두의 첫 심상은 '이상한 집' '어둡고 무서운 숲' '좀비'가 나올 것 같은 상황, '죽은 여자'로 전개된다. 첫 번째 음악 Respighi의 〈Pines of Rome〉의 음악 요소가 다음의 연두의 심상을 이끌어 냈다. 다음의 내용은 세션 기록을 발췌한 것이며, 대괄호의 내용은 나의 관찰, 중재에 사용한 음악의 제목을 기록한 것이다. 생략 부호는 침묵 부분과 시간의 흐름을 나타낸다.

내가 계속 길을 걷고 있어요. 기찻길을 따라가고 있어요. [그렇게 따라가 보세요]…… 옆은 숲이고…… 이상한 집이 보여요! [계속 설명해 봐요] 붉은 원통의 굴뚝이 여기저기, 안은 아무것도 안 보여요. …… 들어가기 싫어요. 안이 어두운 것 같아요. 이상한 것이 있을 것 같아요. 창문이 뿌얘요. 먼지가 많아요. 가까이 가기 싫지만, 숲은 예뻐요. 햇살은 좋은데, 숲과 그 집이 안 어울려요. 묘하게……. 엄청 숲속…… 들어가긴 싫은데…… 어디로 가야 될지 모르겠어요……. [음악이 이끄는 데로 가 보세요]…… [〈The Sirenes〉 by Debussy(Part 3 of Debussy's Noctunes] 갑자기 숲이 무섭게 보여요. 어둡고 너무 무서워요! 까맣고 안개가 끼고 어둡고 숲은 축축하고 나무 밖에 없어요. [그 느낌을 더 느껴볼 수 있나요?]…… '좀비'가 나올 것 같아요! 무언가 숲속에서 소리가 들려요……. [좀 더 지켜봐요]…… 길도 없고, 나무 가운데…… [당신이 할 수 있는 것이 있나요?]…… 길이 없어서 나무를 타고 올라가요. 하늘에 떠 있어요. 벗어나서 좋아요. 파란색 비가 올 것 같아요……. 자고 싶은 기분이에요. 그러기에는 불안해요……. 구름 밑에 마을이 있어요. 아무도 없어요. [〈Salvation is Created〉 by Chesnokov, Russian choral] 건물이 낮고 평화롭고 햇빛이 비추는데…… 아무도 없는데. '좀비'가 나올 것 같아! 사람들이 왜 없지?…… 건물 안에 남자 어른이 죽었어요! 나왔는데. 사방이 다 집이고 다 집이라서 날아서 나왔는데, 아무것도 없고…… [〈Canon in D Major〉 by Pachelbel] 엄청 큰 호수를 보고 있어요……. 이걸 어떻게 건너지? 숲은 가기 싫은데. 숲이 무서워요!…… [음악과 함께 해 보세요]…… 물이 닿는 것이 싫어서 날아가고 있어요……. 집에 누군가가 죽어 있어요……. 피가 묻어 있고. 여자! 성인 여자가 죽어 있어!……. 〈마침〉

연두는 세션을 마무리하고 해결, 통합의 가능성을 제시하는 음악인 Pachelbel의 〈Canon in D Major〉에서조차도 '죽은 여자'의 경험을 하고 있었다. 음악이 끝난 후 나는 자리에서 일어나 앉아 있는 17세 소녀 연두를 안아 주어도 좋다는 허락 후에 뒤에서 지지하며 긴 시간 동안 안고 있어야만 했다. 연두는 무서운 경험과 만났고 두려움에 떨고 있었다. 연두를 다시 일상적 의식 상태로 완전히 돌아오게 하는 데에는 다소 시간이 걸렸다. 불안해하는 그녀를 잘 관찰하고 다독이며 나는 심상 경험에 대해 조심스럽게 이야기를 나누었다. "경험한 장면들과 지금의 기분을 이야기할 수 있겠니?" 연두는 말했다.

"좀비가 계속 나타나려고 해요."

"우리 집에 여자가 계속 들어오려고 해요. 들어오지 못하게 소리를 쳤어요!"
"왜! 우리 집에는 매일 죽은 여자가 있지?"

연두의 끔직한 트라우마의 경험은 '좀비'와 '죽은 여자'의 은유적 환상(metaphorical illusion)을 만들어 놓았다. 그러나 연두는 GIM 첫 경험에서 나타난 '죽은 여자'와 '자신의 친모'와의 죽음을 연결하지 않았다. 아마도 친모와의 기억을 덮고 싶은 것 같았다. 첫 세션에서 '좀비'와 '죽은 여자'의 심상을 꺼내놓고 무서워 불안해하는 자신을 나에게 나타냄으로써 자신을 치료해 달라고 호소하는 것만 같았다. 나도 '좀비'와 '죽은 여자'의 심상 경험에 대해서 더 자세히 이야기해 달라고 하지 않았다. 이것은 차후에 이야기를 나눌 수 있는 중요한 변형(transformation) 과정이 필요했기 때문이다. '좀비'와 '죽은 여자'는 다시 연두를 찾아올 것이다. 나는 연두가 집으로 돌아가서 더 힘들어질 수 있을 것이나 다음 세션을 기대하고 기다리면 편안해 질 수 있을 것이라 조언하였다. 그녀가 그린 첫 만다라는 주변에 뿌려지듯 칠해진 붉은색 선들과 검은색 머리를 길게 늘어뜨린 여자 두상의 그림이었다. 제목은 '죽은 여자'였다.

두 번째 세션과 그 이후에도 연두는 GIM을 실시하기 전 상담 중에 아무 생각이 없고 우울하다는 말을 자주하였다. 늘 비참한 기분이고 사람들을 만날 때 두려워지고 친구들로부터 무시당하는 느낌이 든다고 했다. 앞으로 대학도 가야 하고 사회생활도 해야 하는데, 학교를 계속 다니고 싶지 않고 의지가 안 생기고 무기력하며 항상 죽고 싶은 생각이 든다고 했다. 연두의 모습은 여전히 어깨가 처져 있고 허리는 구부정했으며 눈빛은 흐렸고 꿈속에서 좀비가 나오고 어디에선가 좀비가 나타날까봐 무섭다고 했다. 나는 연두에게 "너에게 좀비는 무엇이니?"하고 물었다. 연두는 잘 모르겠다고 대답했다. 나는 연두를 만나면서 그녀의 처참한 심상과 오랫동안 마주해야만 했다.

다음의 내용들은 두 번째 세션부터 열 번째 세션까지의 연두의 심리적 상태를 알려 주는 중요한 심상들과 그것을 대면하는 과정과 변형 과정이 이루어진 주목할 만한 내용들을 서술한 것이다.

파괴적 심상(죽은 나무, 산성비, 터진 지구, 좀비)에서 바다, 돌고래의 심상으로

두 번째 세션에서 연두는 배반(훗날 연두는 친모가 자신을 배반하였다고 표현한 적이 있다)당하고 버려진 느낌, 상실감, 심리적 불안감 등을 파괴적 심상을 통해 표현하고 있었다. 연두의 세션에서 나타나는 이 파괴적 심상은 나무가 떨어져 나가고, 나무가 타 죽고 강물이 흐르는데, 산성비가 내려 강물이 오염되고 모든 것은 다 시들고 메말라 있고 벼락을 맞고 다시 산성비가 내리는 것으로 이어진다. 좀비의 존재와 파괴적 심상은 네 번째 세션에서도 이어서 나타나는데, 좀비가 연두를 잡아먹으려는 늑대들을 물리치지만, 연두 자신을 계속 따라다니고 다른 길로 못 나가게 하고 밖에서 자신을 지키고 있다고 했다. 그 후 우주로 날아갔는데, 지구가 터져 버렸고 지구가 망한 심상으로 연결됐다. 연두는 절규했다.

> …… 절망하고 화가 나고, 나에게 어떻게 하라고…… 지구를 망치냐! 달은 빙글빙글 돌면서 다녀요……. 화가 나요……. 서러워요. 왜 나만 남고 지구는 망했는지…….

나는 고민하였다. 언제 연두에게 의식의 변형적 심상이 찾아올 것인가? 두 번째 세션, 끝 부분의 통합 과정에서 음악은 연두에게 별들을 보게 했고 바다로 데리고 갔다. 거기에는 햇살도 있고 책과 음식과 배를 운전해 주는 사람이 있었다. 중요한 것은 연두 자신을 도와주는 '돌고래'가 있는 것이다. 연두에게 '돌고래'가 무엇인지 묻자, 자신을 돕는 친구라고 하였다. 바로 이것이 상징적 심상의 하나이다. GIM 경험을 할 때, 우리의 정신(psyche)은 자신이 우선시하는 것을 먼저 내어놓고 그것을 경험하게 한다. 연두는 결국 책과 음식과 친구를 좋아하는 고등학생인 것이다. 그것이 필요한 것이다.

왜곡된 자아상, 고립감에서 따스한 큰 곰, 천사, 순수한 어린아이, 갓난 아기를 돌보는 경험으로

연두의 의식의 변형이 요구되는 주요한 또 다른 심상들은 '왜곡된 자아상'과 '고립된 상황'을 나타내는 심상들이다.

왜곡된 자아상

세 번째 세션에서 연두는 낮아진 자존감과 수치감으로 인한 왜곡된 자아상을 보여 주고 있었다. 거울이 있는 방에 연두가 있다. 자신은 완전히 늙어 있다. 머리카락이 하나도 없고 점점 작아지고 눈이 충혈되어 튀어나와 있다. 핏줄이 푸릇푸릇하게 다 비치고 있다. 심지어는 완전히 늙은 남자 같다. 그것은 '외계인' 같고 자신은 '문어' 같고 '문어'가 되었다고 했다. 징그러워서 먹물로 거울을 칠해 버리고 다시 거울을 닦아 보지만 늙은 아저씨의 모습이다. 나는 물었다. "무엇이 당신을 늙게 만들었나요?" 연두는 대답했다. "저 때문에…… 자기 자신 때문에 스스로 비참하게 만들었고 항상 억압되어 있어요!"라고 말했다.

> 풀어야 돼요! 나 스스로 풀고 드러내야 해요…… 리본을 풀어서 '저 자신'이 되었군요!

자신 스스로 풀어 내고 드러내야 한다고 했다. 리본을 풀어 긴 머리에 하얀 옷을 입고 있는 자신의 모습이 드러났지만 눈이 안 보이고 얼굴이 없고 징그럽다고 했다.

> …… 왜 얼굴이 없지?…… 거울이 너무 더러워서 닦아요. 닦아도, 몸으로 계속 닦아도 저의 모습은…… 그냥 청소년, 소녀인데…… 근데…… 얼굴이 뒤틀려 있어요……. 얼굴을 폈어요. 웃어 보려고 해요……. 〈중략〉

세션 후에 연두의 만다라는 '완전 늙은 이상한 아저씨'의 심상을 그렸는데, 그는 꼭두각시처럼 묶여 있는 연두 자신을 보고 웃고 있었다. 이 두 인물이 모두 연두 자신인 것이다. 연두는 이 그림을 그리면서 매우 불쾌했다고 했다.

고립감

네 번째 세션에서 연두의 심리적 고립감은 쫓기고 조급하고 어두운 숲이 있고 햇빛이 안 보이고 추워서 벗어나고 싶은 심상으로 표현되었다. 또한 어두운 길을 걷고 있는데, 양옆에서 손이 튀어나와서 화장실에 가서 숨고, 변기 안으로 들어가고, 좁고, 기어가고, 시멘트로 만들어진 사방에 갇히는 경험으로 이어졌다. 그곳에는 자신뿐만 아니라 다른 많은 사람이 창백한 얼굴을 한 채 갇혀 있다. 밖에 커다란 사람들이 체크를 하고 있는데, 반항하는 사람이 있으면 채찍으로 굴복시킨다고 했다. 느낌은 무섭다고 했다. 이와 같은 고립된 심상은 다섯 번째 세션에도 이어졌다.

…… 저녁인데…… 구름이 잔뜩 끼어 있어요……. [〈Prelude in B minor〉 by Bach] …… 바람이 휘몰아치는 사막, 바람이 불고, 자리를 못 잡은 야생 동물이 으르렁거리는 소리가 들려요……. 사자 한 마리가 있어요! 저를 위협하는 건지 주위를 빙글빙글 돌아요……. [무슨 일이 일어나는지 더 지켜봐요]… 사자가 사촌동생과 저를 데려가요. 데려가는 데 피를 토하면서 쓰러져요……. [〈Adagio in C〉 by Bach]…… 공사장에 와 있어요. 사람들이 일만 하고 있고, 저도 일해요. 석탄…… 석탄…… 숨을 쉬기가 어려워요. 힘들고 빨리 집에 가고 싶어요……. 사람들이 하나씩 쓰러져요. 너무 피곤해서…… 내가 돌이 되고 있나 봐요. 〈중략〉

나는 연두를 지속적으로 지켜보고 중재하면서 앞의 심상들을 대면하는 연두가 안타깝게 느껴졌다. 몸서리치도록 깊은 트라우마의 경험은 배출이 필요한 심상을 쏟아 내고 있는 것이다. 나는 이 과정을 '필요한 과정'이라고 명명했다. 그리고 결국 자신을 지키고 자신을 살리는 힘은 연두 자신 안에 있는 것이 아닌가? 나는 연두가 변형적 경험을 하길 지켜보고 바랐다. 연두가 고립된 심상과 대면하는 사이에 음악은 끝을 향해 가고 있었다. 음악의 힘은 얼마나 대단한 것인가? 음악은 연두의 심상을 점차적으로 다음의 변형 과정으로 이끌고 통합시키는 역할을 하고 있다. 이어지는 음악과 함께 연두는 다음과 같은 경험을 진술했다.

큰 곰, 천사, 순수한 어린아이, 갓난아기를 돌보는 경험으로

세 번째 세션: …… [〈Air on G〉 by Bach]…… 바다…… 눈부신 햇살…… 편안하게 누워 있는데, 큰 곰이 달려와요. 곰을 안았어요. 보들보들, 폭신폭신, 새끼 곰 세 마리를 데리고 왔어요…… 혼자 엄청 눈이 부신 공간에 있어요. 사방이 하얘요. 천사가 웃고 있어요. 같이 걸어가고 있어요, 막 춤춰요……. [그 움직임에 음악을 가져가 보세요]…… 제가 먼

지가 되고 있어요. 하얀 공간의 한 부분이에요. 천사는 계속 웃고 있어요……. 눈이 내려요……. 나는 어린아이예요. 순수하고 하얀 눈을 보고 좋아하고 있어요. 〈마침〉

연두에게 '큰 곰'에 대해 물었다. 좋은 포근한 친구 같다고 했다. 큰 곰은 다음 세션(네 번째 세션)에 이어서 나타났다. 힘들 때 곰의 심상은 연두에게 안정감을 주는 존재로 등장한다.

네 번째 세션: …… 마트 안에 있어요. 물건이 많아요. 저는 막 그냥 골라 담아요……. 누가 올까 봐 더 담아요……. 무서운 좀비가 올 것 같아요. 무서워요……. 착한 좀비인데 왜 무섭지? …… 큰 곰 인형이 있어요. 너무 커서 못 들어요. 기대서 자고 싶다! ……. 〈마침〉

연두는 자신의 꿈과 상상과 심상에서 자신을 쫓아다니던 '좀비'를 '착한 좀비'라고 표현하고 있다. 좀비(첫 번째부터 아홉 번째 세션까지 등장한다)에 대한 변형이 시작되었기 때문이다. 또한 세 번째에 이어 네 번째 세션에서도 큰 곰 인형이 나오는데, 나는 순간(이것은 나의 투사이다) 연두가 품고 있는 모성에 대한 그리움과 관련된 느낌이 들었다.

다섯 번째 세션: …… 저는 약간 몸이 없는데……. [〈Ave Verum〉 by Mozart] …… 영혼 같아요……. 그런 상태로 돌아다녀요……. 노숙자와 눈이 마주쳤어요……. [노숙자라고요? 노숙자가 어떤가요?]…… 노숙자가 아이에게 밥을 줘요……. 노숙자가 웃으며 죽었어요. 아이가 저에게 있어요. 저는 천사에게 아이를 주었어요. 아이를 안고 올라가고…… 천사가 다시 저에게 주었어요. 제가 키워야겠다……. [당신이 키워야 하는군요!, 당신이 아이에게 해 주고 싶은 것이 있나요?] 우유를 먹이고 잠을 재우고 씻기고 놀아줘요……. 잘 자고 있어요……. 사람들이 춤을 아름답게 춰요……. 구경을 해요……. 이제 사람들과 춤을 춰요……. 멋있고 예술적으로……. 〈마침〉

여기서 연두가 말하는 돌봐야 하는 갓난아기는 자신인 것이다. 결국 연두는 자기 자신을 먹이고 재우고 씻기고 놀아 주면서 키우고 있는 것이다. 연두의 의식에 점차적 변형이 시작된 것이다.

변형의 시작

GIM에서 음악의 초월적인 힘은 내담자들에게 의식의 변형을 일으키는 강력한 도구이다. 이 음악의 힘은 내담자가 자신의 정체성 확립을 얻기 위해 마음 깊은 내면의 소리로부터 변화를 경험할 때 의식의 변형이 시작된다(AMI, 2003).

싸울 수 있는 힘

여섯 번째 만남부터 이제 연두는 싸울 힘이 생겼다. 그러나 연두는 센터를 방문했을 때, 우울한 기분이었다. 음악이 진행되면서 연두는 어두운 곳에서 뼈밖에 없는 이상한 영혼들이 귓속말로 떠든다고 했다. 뼈들은 녹슬고 비가 올 것 같다고 했다. "어디로 가야 될까?" 하는데 사람들이 연두를 비웃으며 툭툭 치고, 계속 건드린다고 했다. 이때 나는 연두가 싸울 수 있도록 쿠션을 사용하여 신체중재를 하면서 그들에게 행동을 표현하고 얘기해 보라고 했다. 연두는 싸우며 소리쳤다!

…… [〈Concerto de Aranjuez –Adagio〉 by Rodrigo]…… 어둡고, 이상한 영혼들이 방에 있어요. 이 영혼들이 쑥덕거리며 일제히 보고 돌면서 놀리는 것 같아요…… 두렵고, 나한테 왜 그럴까?…… 비웃고 툭툭 치고, 계속 건드려요……. 싫어요!…… [싸워 볼 수 있는지 연두에게 묻고, 쿠션으로 연두를 툭툭 건드렸다]…… [신체중재]…… 하지 마요! 하지 마요!…… [쿠션을 이용해 서로 밀치며 싸우게 했다]…… 그러지 마요!…… 욕하지 마!…… 나를 어떻게 알아?…… 나는 그런 사람이 아니야!…… 나는 잘하고 싶어!…… 서툴러서 그래!…… [연두는 대면하고 싸우고 있었다]…… 그런 식으로 나에게 하지 마!…… 독수리가 저를 둥지로 데려가고 있어요. 그리고 먹을 것을 갖다 주어요……. 〈중략〉…… [〈Czech Suite Romance〉 by Dvorak] 괜찮아! 잘했어!…… 저녁 별이 보여요. 아름답다! 보름달이 예뻐 보여요!…… 하늘의 공기가 너무 상쾌하고 좋아요……. 아름다워요……. 바다 위를 날고 있어요.…… 나를 쓰다듬어 줘요……. 너는 참 나에게 고마워!…… 한 번 웃고 날아가요……. 나이가 들어 편안한 흔들의자에 앉아 이런 일…… 저런 일…… [당신은 지금 몇 살인지 알 수 있나요?] 80세에요. 옛날엔 힘들었지만 참 좋았다. 햇빛을 받고 있고, 밖에 나무 정원에 아이들이 있어요. 잔디에서 놀고…… [당신 자신에게 하고 싶은 말이 있나

요?]…… 모든 것이 다 소중하다! 독수리를 믿고 주변 사람들에게 잘하자! 〈마침〉

세션 후에는 내담자가 음악적 감정에 의해 촉발된 자신의 심상에 대해 상징적인 의미를 찾도록 돕는데, 경험한 심상에 대한 통찰을 돕기 위해 연두와 나는 연두의 경험에 대해 함께 의미를 찾고 의논, 통합하는 시간을 가졌다. 세션 시 연두는 강한 정신역동적 경험을 하였는데, 그녀는 소리를 지르고 무찌르고 싸우는 행동을 할 수 있어서 좋았고, 치료사가 신체중재를 실시하자 더 크게 말하고 표현할 수 있어서 해방되는 카타르시스를 느꼈다고 말했다. 신체중재는 확장된 의식 상태에서 클라이언트의 심리적인 것이 신체를 통해 표현되도록 더 감각을 강화하고 신체를 통한 정신역동적인 경험을 하도록 도와준다. 이것은 부정적 상황에 효과적이다. 그리고 신체중재 전에 내담자에게 "중재를 해도 될까요?"라고 묻고 암시를 주어야 한다(Stokes, Carol, & Jim, 1999). 물론 상황에 따라 묻지 않고 시행할 수도 있으며 내담자의 경험에 따라 다르다. 나는 신체중재 전에 연두에게 싸울 준비가 되었는지 물었고, 연두는 좋다고 했다.

트라우마가 있는 내담자들은 종종 외적인 모습이나 행동에서도 자신이 없는 태도와 자세를 취하거나 신체적 증상으로 통증을 동반하기도 한다. 나는 연두가 집에 돌아가기 전에 그녀에게 똑바로 서 보라고 했다. 그리고 눈을 크게 떠 보라고 했다. 어깨를 펴고 허리를 펴고 힘들어도 씩씩하고 당당하게 걸어가라고 했다. 그녀는 치료실을 그렇게 걸어나갔다.

좀비가 사라지고 가슴에 별이 쏟아져요

일곱 번째 세션에서 연두는 무의식적 경험 안에 있는 모든 것을 쏟아놓듯이 빠르게 온갖 혼란스러운 심상들을 휘몰아치듯이 내어놓았다. Bach의 〈Passacaglia and Fugue in C minor〉 음악의 역동적 역할이 연두의 심상을 휘몰아가게 했다.

[〈Passacaglia and Fugue in c minor〉 by Bach]…… 아주 큰 교회예요……. 무릎을 꿇고 기도해요……. 영혼이 빠져나가 하늘로 올라가고 먹구름이 끼고 엄청난 비가 와요……. 숲은 축축하고 추워요……. 생쥐가 나무를 씹어요……. 저리 가! 저리 가!…… 달

밤에 달이 보이는데, 번쩍번쩍…… 소름끼쳐요……. 하늘이 안 보이고 바다가 까맣고 바다에서 으르렁거리는 소리가 들려요……. 우박을 맞아요, 우박이 녹아요……. 내가 위로 올라가요……. [〈Come Sweet Death〉 by Bach]…… 까만 옷을 입은 사람이 있어요……. [자세히 이야기해 보세요]…… 한 사람이에요. '미소'를 지으며 까만 곳으로 가요. 말도 안 하고…… 웃기만 해요……. 검은 사람이 땅으로 내려왔는데, '좀비'……. '좀비'가 죽었어요…… [좀비가 죽었군요? 느낌이 어때요?] 쓸쓸해요……. 〈중략〉

연두에게 좀비에 대해서 물으니 좀비는 여전히 무서운 존재, 두려운 존재라고 했다. 그러나 이 세션에서 좀비가 죽는 경험을 하는데, 연두는 좀비가 죽어서 쓸쓸하다고 표현했다. '좀비가 연두에게 무엇인가?' 이 좀비의 존재는 여덟 번째 세션에서도 지속적으로 나타났다. 그러나 도시를 가득 채우던 좀비는 사라지고 연두는 밤하늘의 별이 가슴으로 쏟아져 내리는 경험을 했다.

GIM 세션을 수많이 해 오면서 대부분의 내담자가 GIM의 여섯 번째 혹은 일곱 번째, 여덟 번째 세션에서 자신의 문제에 대한 획기적인 변형을 경험하기 시작한다는 것을 관찰했고, 나는 그 시기를 알고 있었다. 연두 또한 자신의 길이 멀다고 느껴질지라도 천천히 변화를 위한 마음의 문을 열고 있었다.

여덟 번째 세션: [Strauss, except from 〈A Hero's Life〉]…… 해가 떠오르는 것이 예뻐요……. 물 밖으로 나왔어요, 공기가 시원하고 상쾌하고 바람이 불어요……. [그것을 느껴봐요]…… 두려운 것이 있어……. 땅에 있는 존재가 다 '좀비'예요……. 사람들이 다 '좀비'예요……. 다 같이 물어뜯어요……. 육지랑 바다밖에 없는데 둥둥 떠 있어요……. [Brahms sym #3, 〈Poco allegretto〉]…… 갑자기 배와 심장이 아파요! 가슴이 아파요……. [가슴에 음악을 가져가 보세요]…… 지금은 괜찮아요……. 심장이 없는 것 같아요……. 제가 밥을 먹어요. 끝도 없이 먹어요……. [원하는대로 해 보세요]…… [Brahms Piano Concerto #2, 〈Andante〉]…… 한 마리, 돌고래…… 같이 놀아요……. 예쁘게 생겼네…… 기특, 기특…… 돌고래가 기특해요, 재미있네요……. 예쁜 도시로 데려가요……. 육지는 좀비 천국!…… 가 버려…… 가 버려…… '좀비'가 없어지니…… 아무것도 없네요……. 꽃밭에 누워 있는 기분이에요……. 좀비는 사라졌고 하늘에 별들이 가슴으로 쏟아져요……. [그 장면을 가슴으로 가져가 보세요]…… 반딧불도……. 〈마침〉

연두는 이 세션을 마치고 자신의 만다라에 밤하늘에서 빛나는 오색찬란한 무지개 같은 별똥별들을 그렸다. 그리고 자신의 만다라 옆에 이렇게 적었다. "제목은 별, 별은 꿈이다, 그리고 희망이다. 나는 이 장면을 보았고 별들을 받아들였다. 할 수 있다는 느낌이 들고 자신감이 생겼다! 또한 내 마음 안에는 청소하는 사람이 있다. 잡념의 생각을 청소한다." 나는 연두를 안아 주었고 서로 바라보고 웃었다.

좀비는 생명이 아니고, 죽은 것들…… 그리고 신(神)과의 만남

아홉 번째 세션에서 연두의 무서움과 두려움은 지속되는 듯했다. 숲속이고 새벽이고 안개가 있고 '두렵고 무섭다'. 고깔모양의 끝이 휘어진 '이상한 집'이 있는데, '마술사의 집'이다. 그 집은 색깔이 알록달록하다. 그러나 마술사의 집은 무섭다. 마술사의 고깔모자는 반짝반짝 빛나고 있다. 그곳에 개가 있는데, 으르렁거린다. 개가 묶여 있다. 개가 비실비실한 것이 아파 보이고 상처가 있어서 친근하고 불쌍하다. 다시 '산성비'가 내린다.

> [〈Fountains of Rome-Villa Medici〉 by Respighi]…… 앞뒤가 끝없는 바다…… 산성비가 내려요……. 기계가 돌아가요. 있는 것은 기계뿐이에요……. [Chopin Piano Concerto #1-2nd Mvt-Romance]…… 비가 그치고…… 밤하늘이고 별들이 떠 있어요. 수없이 많은데…… 나무가 숲속에 있어 그쪽을 봐요. 좀비만 있어……. 다 죽은 것들! [반영: 그래요! 다 죽은 것들이에요]…… 생명이 아니고…….

반복적으로 나타나면서 연두를 공포와 불안에 떨게 했던 '좀비'의 존재는 이제 연두에게는 '죽은 것들이다! 생명이 없는 것들이다!'. 더 이상 좀비는 연두에게 나타나 활동하는 존재가 아닌 것이다. 결국 심상 경험이 무섭고 어둡지만 어두운 곳으로 자꾸 가면 중요한 것을 발견하고 높은 영적인 이미지를 갖게 된다. 영적인 체험을 하기 전에는 힘든 단계를 거쳐서 그 단계로 나아가는 것이다. 연두의 심상은 음악을 타고 서서히 바뀐다.

> [Rachmaninoff Symphony #2-3rd Mvt-Adagio]…… 저는 솟구쳐 올라갔어요. 올라

갔는데⋯⋯ 빛이 있고, 구름이 있고⋯⋯ 따뜻하게 느껴지는데 역시 아무도 없어요⋯⋯. [함께하고 싶은 것이 있나요?]⋯⋯ 하느님의 목소리가 들릴 것만 같아요⋯⋯. [어떤 소리가 들리는지 말해 봐요!]⋯⋯ "보호해 줄 테니⋯⋯ 여기 있어라!"⋯⋯ [반영: 보호해 줄 테니⋯⋯ 여기 있어라!]⋯⋯ 따뜻하고 한없이 작은 존재임을 느껴요⋯⋯. 제가 두려웠던 감정이 없어지고 점점 안정되는 것 같아요. [나는 여기서 눈물이 날 뻔했다!]⋯⋯ 그래도⋯⋯ 계속 기도하고⋯⋯ 저를 지켜주세요⋯⋯. 그냥 고개를 끄덕이시는 것 같아요⋯⋯. [더 뭐라고 하시는 말씀이 있나요?] 제가 있는 곳에 하느님이 계시다!⋯⋯ 빛으로 빨려 들어가고 있어요⋯⋯. 하느님께로 갔는데⋯ 발밖에 안 보여요⋯⋯. 그 분의 발밖에 안 보여요⋯⋯. 그냥 빛만 있어요⋯⋯. 거기에 사람들이 많은데⋯⋯ 서로 손을 잡고 빙글빙글 돌고 있어요. 〈마침〉

연두의 경험에서 나타나듯이, GIM에서의 이러한 경험들은 '경험하는 자아와 더 높은 자아의 경합과 통합'을 통해 내담자의 의식을 더 높은 의식 수준으로 끌어올리는 수단으로 작용한다. 결국 GIM은 초의식 영역의 경험들을 통해 내면의 갈등을 치료하는 데 유용하다(Bonny, 2002b). 연두는 Rachmaninoff의 〈Symphony〉가 진행되는 동안 초의식 영역의 경험을 하고 있었다. 하느님(초월자)을 만나서 하느님과 대화를 나누고 자신을 초월자 그분께 의탁한 것이다. 연두 자신의 내면에서 치유의 힘은 이렇게 흘러나오고 있었다. 엄청난 변형 경험을 통해 치유의 에너지를 갖는 순간이다. 이 세션의 만다라에서 연두는 노란색을 사용하여 엄청나게 큰 '신의 발'을 원의 삼, 사분면 위에 그렸다. '신의 발'에서 노란색의 빛이 뿜어져 나오고 있다. 그 '큰 신의 발'은 흰색과 하늘색의 구름 위에 그려졌고, 연두 자신은 그 '발' 아래에 있다. 만다라 제목은 '신의 발'이고 안도감과 안정을 느꼈다고 썼다.

엄마와의 만남

열 번째 세션에 와서 연두는 나에게 일상적인 이야기와 학술동아리 모임과 부스 설치, 학교 동아리 후배에 대한 학교이야기를 늘어놓았다. 자신이 지금 하고 싶은 '버킷리스트(bucket list)'도 늘어놓았다. 종종 연두는 또 불안해질 수 있고 우울할 수 있겠지만 나는 연두에게 변화가 찾아왔음을 실감했다.

열 번째 세션에서도 연두는 낮은 에너지를 호소했고 불안하고 우울한 기분이 든다고 했다. 연두는 자신의 일상에 변화를 느끼지만, 아직도 그녀는 힘이 없다. 나는 먼저 연두에게 죽은 엄마에 대한 이야기를 꺼낼 수 없었다. 기다려야 했다. 드디어 열 번째 세션에서 연두는 내가 그렇게 기다려 온 '죽은 여자'가 아닌 '돌아가신 친엄마'에 대한 이야기를 꺼내기 시작한 것이다. 연두는 7세 때 사건을 기억하고 있었고, '죽은 여자'는 이미 첫 번째 세션에서 경험되었다. 연두가 세션 중에 엄마를 만나는 방법은 과거의 7세 때 목격한 '죽은 엄마'의 심상을 '재경험'하는 형태가 아니라 다음과 같이 돌아가셨으나 '하늘에 계시는 엄마'를 만나는 경험을 한 것이다. 음악이 시작되면서 연두는 바다에서 돌고래를 만났지만, 날씨가 안 좋고 비가 오고 번개가 치는 경험 안에 있다. 그런데 검푸른 바다에 햇빛이 들어온다. 그 후 연두는 자신의 경험을 말했다.

[〈Mein Jesu〉 by Bach] …… 뭘까?…… 왜 이럴까?…… 엄마가, 그냥 엄마가…… 천사 같은 옷을 입고 웃고 있어요!…… 엄마한테서 빛이 나요!…… 잘 지내고 계세요?…… [엄마와 이야기할 수 있나요?] 왜 저를 버리고 가셨어요?…… [나는 또 눈시울이 뜨거워짐을 느꼈다]…… [더 얘기해 봐요]…… "버린 것이 아니란다!…… 매일 기다리고 있을게…… 천천히 와!……." 엄마는 가셨어요!…… [지금 어때요?]…… 우울하고 불안하고 힘이 들어요……. 그런데…… 이 말을 할 순 없어요……. 엄마는 죄책감이 있으실 거야!…… [엄마에 대해서 더 얘기할 수 있겠어요?]…… 모르겠어요……. 그런 상황…… 감정적인 행동…… 어떻게 한 순간에 죽지?…… 나를 버리고 죽고…… 무책임하게…… 아빠에게 큰 상처를 주었어요……. 엄마도 알고 있어요……. 엄마는 울면서 갔어요…….

연두는 이렇게 GIM 경험 중에 하늘나라에 있는 엄마를 만났다. 연두가 엄마를 만나는 경험을 할 때, 엄마는 지상과 천상의 중간쯤에 있는 것 같다고 했다. 이것은 놀랍게도 음악의 힘이 이렇게 의식의 높은 단계와 의식의 여러 단계를 경험하게 이끈 것이다. 다음의 심상 경험이 이어진다.

[〈Easter Cantata Chorale〉 by Bach]…… 비가 세게 내려요……. 깜깜해지고…… 먹구름이 있어요……. 혼자 있어요……. 점점 가라앉아요……. 고래한테 먹히고…… 고래 뱃

속인데 썩었어요……. 악취가 나고 사람들이 다 썩었어요……. 녹아내려요……. 사람들이 녹아내려서 무서워요……. 그 사람들이 먹으려고 따라와요……. 도망쳐요……. 오지 마!!…… 난 살 거야!…… 저리 가!…… [그래요! 그렇게 말해요!] [반영: 저리 가!]…… 고래 뱃속에서 나왔어요. 제 몸에서 악취가 나는 것 같아요……. 나는 저 사람들과 달라! 나는 살 거다! [반영: 나는 살 거다]…… [〈Hope from Prayer Cycle〉, Jonathan Elias]…… 초원으로 나왔어요. 풀이 많고…… 별이 많고…… 뛰어다녀요……. 나는 이겨 낼 거야! 포기하지 않아!!…… 저는 계속 나아가야 해요. [그래요! 할 수 있어요]…… 울면서 가요……. 빛이 있어요. 빛이 온몸으로 쏟아져요……. [빛을 받아 봐요]…… 따뜻하고 안도감이 들어요……. 나는 빛을 놓지 않을 거야!…… 무서워요……. 떨떨 떨고 있지만, 주저 앉아 있지만 웅크리고 있다가 일어나요……. ['Now We Are Free' from the Soundtrack, The Gladiator]…… 바다!!…… 집어삼킬 듯한 검푸른 바다…… 돌고래가 춤춰요……. [돌고래에게 음악을 선물해 줘요]…… 잘했다고 박수를 쳐 줘요……. 구름이 없어지고 햇빛이 온통 내리쬐고, 푸르고 맑아요……. 편안하고 자유롭고 해방된 느낌…… 〈하울의 움직이는 성〉(애니메이션의 제목)의 사람들과 소피처럼 춤춰요……. 〈마침〉

연두는 이번 세션에서 하늘에 있는 엄마를 만나는 엄청난 경험을 했고, 세션 후 일상적 의식으로 돌아오는 데 적지 않은 시간이 걸렸다. 토의 시간에 돌아가신 엄마에 대해서는 (연두의 눈이 젖어 있었지만) 담담하게 이야기를 했다. "하늘에 잘 계세요!" 나는 그 장면에 대해서 더 토의하지 않았다. 이번 세션에서 자신에게 가장 의미 있는 경험은 '초원에서 달리기'와 '빛 받기'가 가장 중요한 장면이라고 했다. 불안과 우울함에 대해서 포기하지 말고 "계속 달려야 한다!"고 했다.

음악의 사용과 역할

연두를 위해 사용한 음악프로그램들은 Helen Bonny의 음악프로그램과 Atlantis Institute, Instructor에 의해 개발되고 보고된 음악들을 주로 사용하였으며, 본 치료사에 의해 2곡 혹은 3곡이 기능적으로 삽입되거나 재구성된 음악들이 사용되었다. 연두는 음악의 다양한 요소와 음악적 변화, 음악의 사용에 아주 민감한 반응을 보여 왔기 때문에 음악의 선택이 아주 조심스럽고 신중하게 적용되어야만 했다. 음악 안에서의 음악적 요소들이 전하는 메시지와 연두의 반응은 너무나 예민하게 관여되어 있어 음악과 강하게 관련을 짓거나 그 이상의 예민한 정서적 반응을 나타내곤 했다. 이것은 단순한 카타르시스적인 경험의 추구를 넘어 그 이상의 것, 즉 자신의 정신적 손상, 트라우마와 관련되어 있음을 알게 하였다. 이는 음악을 사용하는 데 있어 우리가 통상적으로 선택된 음악을 듣고 이해하고 추론하고 예상하는 음악적 반응을 뛰어넘는 왜곡된 파괴적인 경험과 관련짓거나 극도로 불안한 정서적 반응을 나타냈기 때문이다. 그러나 나는 음악으로 연두의 이러한 경험을 회피하도록 만들지 않았다. 음악이 다시 연두에게 새로운 변화의 선물을 주고, 새로운 차원의 기억 정보와 정서 반응을 제공해 주며 그녀에게 통찰을 얻게 하는 더 높은 수준의 의식으로 이끌어 갔기 때문이다.

맺음말

나는 연두의 세션 기록을 보고 정리하면서 연두에게 다시 큰 감명을 받았다. 그리고 음악의 힘과 역할에 다시 감동받았고, 또한 신께 감사를 드리며 기도했다. 나와 연두의 만남이 마치 예정되어 있었다는 느낌이 들었다.

나는 연두를 치료하면서 더 자주 명상하고 기도를 해 왔다. 연두의 트라우마로 인해 나타나는 심리적 · 신체적 증상과 그 기억에 자리한 몫들을 온전히 공유하고 함께 감내해야 했기 때문이다. 연두의 세션들은 '역동' 그 자체였다. 내담자가 온전히 자신의 변화와 치료를 위해 어마어마한 역동적인 GIM 경험 속으로 들어갈 때에는 치료사와 내담자 간에 큰 신뢰가 바탕이 되어야만 한다. 이것은 내담자가 치료사에 대해 긍정적인 전이를 갖는 것이고, 나는 또한 그녀의 긍정적 전이에 따른 긍정적 역전이를 취한 것이다. 또한 연두는 대학 입시를 앞둔 고등학생이었지만 이미 준비된 내담자였다. 연두처럼 GIM 치료를 받기 위해서 심리적으로 준비된 내담자들은 더 큰 GIM의 역동적 체험 속으로 자신을 기꺼이 초대한다. 그 후 연두는 음악에게 자신을 맡기고 음악이 협동치료사로서 자신을 이끌어 변화시키길 자처했다. 이와 같이 음악으로 인해 연두 자신은 음악과 혼연일치를 이루며 자신의 정서적인 변화와 함께 심상의 더 큰 변형을 경험하게 된 것이다.

연두에게 '좀비'는 '죽은 여자'와 같이 공포감을 주는 존재였다. 연두는 엄마의 죽음을 목격하고 묻힌 그 장면을 통해 기억과 자신의 감각과 상상과 환상 속에서 '좀비'를 만들어 내고 공포에 시달려 왔다. '죽은 여자'가 항상 집에 있고, 그 환상과 상상은 '좀비'를 만들어 내고 공포를 주는 존재로 살아 나타나 따라다녔던 것이다. 그녀에게 공포와 두려움을 주었던 '좀비'의 존재는 이제는 더 이상 그녀에게 두려움의 존재가 아니다. 이제 '죽은 것들' '생명이 없는 존재'로 인식하고 있다. 좀비가 사라진 자리에는 연두의 희망의 상징인 '밤하늘의 별들'이 빛을 내며 함께하고 있다. 또한 항상 집에 있는 '죽은 여자'는 애도해야 할 '엄마의 죽음'이 아니라 '죽은 여자'의 환상(illusion)인 것이었다.

나는 연두가 유년 시절에 '엄마의 죽음'을 목격하고 트라우마에 시달렸지만 통합해 가는 과정이 또 다른 나의 연구 「트라우마에 대한 GIM의 적용 사례」(김소진, 2011)와는 다른 양상을 띠고 있다는 것을 알았다. 본 사례 연구에서 살펴본 연두 엄마의 죽음 사건은 연두에게 심인성 기억 상실을 남기지 않았다. 연두는 지금까지 엄마의 죽음을 인식하고 있었고, 그것은 과거 기억 속에 있는 '죽은 여자'의 환상으로 남아 있었다. 연두는 이를 열 번째의 GIM 세션 경험에서 '죽은 여자'의 환상을 '하늘나라에 있는 엄마'로 변형적 경험을 함으로써 기억 속에 두려움으로 남아 있던 '죽은 여자'를 통합한 것이다.

후기—역설에 대하여

현재 연두는 31회기의 GIM 여정(journey)를 마치고 공부에 열중하고 있다. '환청'도 사라졌고, 안정을 찾아가고 있다고 했다. 나는 일시적 종결을 권했다. 그러나 아직도 연두의 갈 길은 멀 수 있다. 종종 불안이 찾아오고 우울해질 수도 있으며, 또 죽은 엄마의 기억이 다시 찾아올 수 있다. 그러나 이제는 엄마의 죽음과 사건을 바라보는 시각과 방식이 달라져 있기를 바란다. 또한 나는 연두가 성장해 가면서 인생의 역설(paradox)을 이해하고 알아가기를 바란다. 우리는 종종 서로 대립되는 안과 밖의 이중성의 세계(빛과 어둠, 남자와 여자, 성장과 감소, 고통과 기쁨)에 살고 있고,

인생은 처음 한 방향과 또 다른 반대 방향으로 우리를 끌어당기는 전쟁터가 될 수도 있다는 것(Stokes-Stearns, 2014)을 말이다. 연두는 불안, 어둠, 두려움을 만나서 고군분투하는 자신과의 싸움 후 통합 과정에서 '하늘의 밝은 빛'을 자주 만났다. 이것이 바로 역설의 힘이다. 우리는 어둠 후에 놀랄 만한 엄청난 빛이 찾아오고 있음을 알아야 한다. 역설은 우리의 가장 가치 있는 정신적인 잠재력이며 오직 역설의 이해만이 삶의 충만함을 이해하는 곳으로 우리를 가깝게 데려갈 수 있다(Stokes-Stearns, 2014).

용어 설명

외상 후 스트레스 장애(Post Traumatic Stress Disorder: PTSD) 사람이 충격적인 사건을 경험한 후 발생할 수 있는 정신·신체 증상들로 이루어진 증후군이다.

만다라(mandala) 산스크리트에서 유래한 단어로, 그림의 대부분이 한 원 안에 그려진 그림을 말한다.

전이(transference) 치료사와 내담자의 관계에 있어 내담자는 자신과 연관된 중요한 사람(주로 부모)에 대한 긍정적인 감정을 치료사에게 투사하면 긍정적 전이라 하고, 부정적 전이에서는 부정적 감정을 투사하는 것이다.

역전이(countertransference) 내담자의 전이에 대한 치료사의 반응으로, 치료사의 의식적·무의식적 반응에 관한 것이며, 긍정적 역전이는 치료사의 이러한 개인적 반응이 내담자의 치료에 유익하게 사용될 때 일어나고, 부정적 역전이는 치료사가 내담자에 대한 개인적 반응을 인식하지 못할 때 일어난다.

은유적 환상(metaphorical illusion) 은유적 의미를 갖는 형태적 심상으로, 심상을 경험하는 사람의 삶과 관련되어 나타나는 환상이다.

자율 훈련법(self-training law) Schultz가 고안한 자기컨트롤 법으로, 정신을 집중시킴으로써 심신의 긴장을 풀어 주는 것을 목적으로 하며 집중적 자기이완법이라고도 알려져 있다.

심인성 기억상실증(psychogenic amnesia) 심리적 외상으로 인해 기억을 상실하는 것이다.

참고문헌

김소진 (2011). '트라우마(trauma)'에 대한 심상음악치료(GIM)의 적용 사례: 30년 전의 트라우마에 대한 재경험 중심으로. **한국심상음악치료협회, 워크숍 8차**, 10-22.

Association for Music and Imagery. (1990). *Definition of the Bonny Method of Guided Imagery and Music*. Approved at the Annual Conference of AMI, Blue Mountain Lake, NY.

Association for Music and Imagery. (2003). *Core elements of the Bonny method of guided imagery and music*. http://www.nas.com/ami/Cor Elements.html

Bonny, H. L. (2002a). Facilitating guided imagery and music sessions. In L. Summer (Ed.), Music and consciousness: *The evolution of guided imagery and music* (pp. 269-298). Gilsum, NH: Barcelona Publishers.

Bonny, H. L. (2002b). The role of taped music programs in the guided imagery and music process. In L. Summer (Ed.), Music and consciousness: *The evolution of guided imagery and music* (pp. 299-321). Gilsum, NH: Barcelona Publishers.

Stokes, S. J., Carol B., & Jim, B. (1999). Level I, II GIM Training. Mid-Atlantic Institute.

Stokes-Stearns(2014). *The Music of Paradox*: Harmonizing Shadow and Light. *Journal of the AMI Volume, 14*, 75-104.

제11장

리드미컬하게 흐르는 말

-말더듬(리듬장애)을 위한 병합적 언어치료와 음악심리치료-

이지우

음악치료학 박사

동아대학교 대학원 음악문화학과 음악치료학전공 교수

개요

이 사례는 말더듬 문제로 내원을 한 고등학교 2학년 남학생을 대상으로 하였다. 대상자는 초등학교 4학년 때 학교에서 어려움을 겪은 후부터 말더듬이 시작되었으나 심리적 안정 이후 말더듬이 사라졌다가 최근 다시 말더듬이 심해져서 방문하였다. 현재 대상자는 말더듬 감소를 위한 언어치료를 실시하고 있으나, 말더듬이 심리적인 원인으로 인해 재발되었기 때문에 음악심리치료를 병행할 필요가 있어서 언어치료와 음악치료를 병행하였다. 음악심리치료는 주로 음악 듣기를 통한 심상음악치료와 성악심리치료를 10회기 실시한 후 말더듬이 감소하여 종결하였다.

내담자 정보

박심리(가명)는 현재 고등학교 2학년에 재학 중이며 다른 사람과의 대화 상황에서 말더듬이 심해서 의사소통의 어려움을 보여서 내원하였다. 초기 상담 중에 대상자가 자신에 대해서 말한 내용은 다음과 같다. 박심리는 U시에서 태어나서 5세까지 살다가 K시로 이사를 한 후 초등학교 1학년까지 살았으며, 초등학교 2학년 때 S시에서 살다가 초등학교 4학년에 다시 U시로 이사를 와서 현재까지 U시에 거주하고 있다.

초등학교 4학년 때 괴롭힘을 좀 많이 당하고, 말더듬이 시작되었어요. 그때부터 심하게 더듬었어요. 그전에는 말 더듬지 않았고요. 그때부터 더듬었어요. 말하면 막혀 가지고. 진짜 엄청 두려워요. 엄청 부끄러워요. 가만히 있어요. 초등학교 5학년 때 4개월. 1학기 때 그리고요. 중학교 3학년 2학기 때 5개월. 지금이요. 고등학교 2학년. 학교 성적은 평균 50점. 말 더듬는 거 따라하고요. 석준이랑 다른 애들은 따라해요. 짝지 김영민은 혀가 짧아서 발음 안 되고 말을 더듬거든요. 짝지는 석준이한테 떡준이라고 해요. 얘들은 다 따라해요. 책 읽어 봤고요. 저기서 한 번 해 봤어요. 유치해서. 부모님은 괜찮아요. 가족이니까요. 안되게 생각해요. 형도 괜찮아요. 친구하고 선생님은 불편해요. 대화하기 좀 힘들어요. 나를 깔볼까 봐 걱정돼요. 살이 좀 없잖아요. 제가 오늘 학교에서 안 좋은 일이 좀 있었어요. 제가요 원래는 석준이하고 친구였어요. 그런데 제가 말을 하면 일단 석준이가 씹고요. 부르지 말라고 소리 지르는 거예요. 기분 안 좋다고요. 제가 가만 있으면 친구들끼리 제 욕을 하고 그러더라고요. 그래서 제가 욕을 한마디했어요. 사태 파악이나 하라고. 저보고 사기꾼이래요. 특히 하정환이 좀 심해요. 정환이는 100kg이거든요. 팔뚝이 이만해요. 찌질이예요. 친한 친구는 이대한이고 같은 반.

(여기에 소개된 이름은 모두 가명임). 전체 음절이 494음절인데, 말더듬 특성(음소 반복, 막힘, 연장)은 23번 나타남.

초기 상담에서 박심리는 말더듬 검사를 시작하겠다고 하였더니 긴장을 하면서 얼굴이 굳어졌다. 또한 모든 언어 진단 검사를 실시할 때, 눈 깜빡임이 4~5초에 한 번씩 지속적으로 나타났으며, 검사 초반에는 모든 단어에서 깜빡임을 나타냈다. 또한 말이 막히는 경우에는 눈을 부릅뜨거나 웃음으로 말더듬을 탈출해 보려는 행동을 보였다. 검사를 실시하는 동안 치료사와 눈을 마주치지 못하는 특성을 보였다.

치료 방법

말더듬 치료에서 음악심리치료와 언어치료를 병행해야 하는 이론적 근거

음악이 사람 뇌의 변연계(limbic system)에 영향을 미쳐 정서를 안정시킨다는 이론은 음악치료를 하는 사람이라면 누구나 알고 있는 이론이다. 이 대뇌의 변연계는 정서 경험에 주요한 부위로 어떤 국소 영역이 아닌 회로로 봐야 한다(Papez, 1937). 그러나 이 변연계가 인간의 말 산출과 관련이 된다는 것에 대해 음악치료를 하는 분에게 소개된 적이 없기 때문에 이론을 근거로 설명할 필요가 있다고 판단되어 이 사례를 통해서 소개하고자 한다.

말-언어장애의 종류에 유창성장애(말더듬)가 포함된다. 유창성장애란 리듬장애로 정의되는데, 구어의 정상적 흐름이 깨져서 구어의 시간 맞추기(timing)와 리듬의 부적당한 패턴으로 인해 말의 흐름이 깨지는 것으로 정의할 수 있다(Logan, 1999). 그러므로 말더듬 치료는 말더듬 행동만을 목표로 해서는 안 된다. 왜냐하면 말더듬 행동은 가장 겉으로 드러나는 부분이며 겉으로 드러나는 말더듬 행동만을 치료할 경우에는 재발 가능성이 높다. 그러므로 말더듬의 행동적 측면, 말더듬의 정서적 측면, 그리고 말더듬의 신경학적 측면을 모두 고려한 중재를 실시해야 치료가 효과적이며 재발을 방지할 수 있다. 특히 성인 말더듬 환자를 치료하는 것은 매우 어렵고 재발이 많이 발생하는데, 그 이유는 공포와 부정적인 정서 반응에 기초한 학습을 소거할 수 없기 때문이다(Logan, 1999).

말더듬의 원인은 정서와 관련되는 변연계와 깊이 관련된다. 이러한 연구 결과는 신경학적 영상 연구에 근거한다. Papez(1937)는 대뇌 구조가 정서에 기여한다는 연구를 발표하면서 정서회로는 변연계(편도체, 띠이랑, 시상하부, 해마)로 구성되며, 대뇌피질에 연결된다고 설명하였다. 또한 Joseph(1982)는 유아 발성은 주로 초분절과 관련되는 발성을 통해 정서적 표현을 하는데, 이러한 초분절은 변연계가 담당을 하며, 변연계의 초분절은 생각, 정서, 기타 욕구들을 운동 근육을 조직화하는 브로카 영역으로 정보를 보내어 발성을 산출하게 한다. 즉, 정서를 표현하기 위해서는 구어 산출을 담당하는 브로카로 정보를 전달한다. 지금부터 변연계의 각 부분이 말 산출과 관련이 된다는 신경학적 연구를 살펴보겠다.

편도체

변연계에는 아몬드 모양의 편도체(amygdala)가 포함되는데, 이 편도체는 변연피질–띠이랑–해마이랑을 통해 자극을 받으며, 감정을 조절하고 공포에 대한 학습 및 기억에 중요한 역할을 담당한다. 또한 이 편도체는 시상과 직접 연결되어 있고 시상을 통해 기저핵의 다른 구조들, 전전두 운동영역(prefrontrl motor area) 그리고 대뇌의 보조운동영역(supplementary motor area) 및 일차운동영역(primary motor cortex)과 연결되어 있어 말 산출과 운율을 담당하는 영역과 깊은 관련이 있다(Guyton, 1976).

띠이랑

변연계에 포함되는 띠이랑(cingulate gyrus)은 발성의 시작, 발성에 따르는 정서적 표현과 관련되며, 말더듬의 특징인 후두의 긴장성 막힘이 띠이랑의 경계면에서 시작될 수도 있다.

시상하부

변연계에 포함되는 시상하부(hypothalamus)는 작은 핵들의 집단으로, 제3뇌실의 기저를 형성한다. 시상하부는 정서 반응(불안, 공포 등)을 수반할 뿐 아니라 말더듬의 간헐성 및 긴장성 구어 특성을 반영한다. 특히 시상하부는 정서 및 운동 반응, 그리고 동기 및 학습 등의 기능을 담당한다.

해마

해마(hippocampus)는 변연계의 모든 부분과 광범위하게 연결되어 있으며, 해마를 자극한 결과 신체에 긴장 또는 간헐적인 움직임과 관련이 있었다(Guyton, 1976). 그러므로 말더듬은 긴장 및 근육의 움직임과 관련된다.

우반구

대뇌의 우반구는 리듬과 멜로디와 같은 음악적 재능, 공간 관계 등을 담당하며, 우반구가 손상되는 경우 실율증(aprosodia)을 나타내는데, 실율증은 말 또는 몸짓의 감정적 · 정서적 요소를 해독하는 능력의 손상을 말한다.

변연계 모델

변연계가 활성화되면 좌우의 운동 피질 및 기저핵이 활성화되며, 이러한 자극은 말의 산출을 담당하는 브로카를 활성화시킨다.

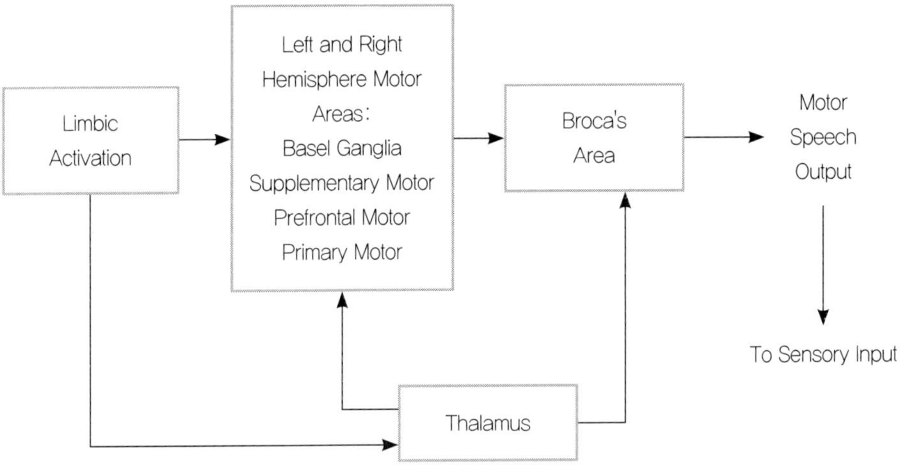

그림 11-1 **변연계 모델**

출처: Logan, R. (1999), p. 76.

말더듬의 언어치료

말더듬의 시작은 3세 이하의 아동에게서 시작될 위험이 가장 높다. 또한 발생의 방법은 갑자기, 중간 정도, 점진적으로 발생하며, 갑자기 발생하는 경우가 가장 많은 비율을 차지한다. 이러한 말더듬은 다양한 신체적 · 정서적 · 언어적 스트레스와 관련되어 시작되며 말더듬의 첫 증상은 다양하다. 첫음절과 짧은 단어의 반복이 초기 증상이다. 또한 신체의 여러 부위, 특히 머리, 얼굴, 목 등의 긴장된 움직임과 같은 말더듬을 수반한 행동(이차적 행동)도 초기부터 한 가지 이상 수반하는 경우가 많다(Yairi & Ambrose, 2002). 말더듬을 위한 언어치료의 방법은 다양하지만 몇 가지를 소개하고자 한다.

리드믹 구어

리드믹 구어(rhythmic speech)는 메트로놈 보조에 맞춘 보조훈련 방법으로, 주로 말더듬 성인에게 적용하는 방법이다. 치료 환경에서 탁상용 메트로놈을 가지고 매우 느린 리드믹 속도로 시작하여 대상자가 집에서 연습할 때 구어 단위의 크기뿐 아니라 리드믹 속도도 점차 증가시킨다. 다음으로 소형 메트로놈을 사용하면서 다양한 일상 상황에서 실행한다. 마지막으로 메트로놈을 간헐적으로 사용하다 완전히 사용을 종료한다(Brady, 1971).

쉽게 말하는 음성

사전에 준비된 그림들의 이름을 속삭임 음성이나 연장구어를 사용하여 유창하게 말할 수 있는 1음절 단어들의 짧은 발화로 말하게 함으로써 유창성을 확립하는 것으로 시작한다. 대상자는 아주 부드러운 음성으로 시작하여 점차적으로 더욱 정상적인 목소리를 사용하도록 유도한다(Shine, 1980).

말더듬 중재 프로그램

이 프로그램은 유창한 구어를 유도하는 방법으로, 첫째, 느리고 길게 뺀 구어를 훈련하게 되는데 1음절 단어로 시작하여 다음에는 1음절이 결합한 단어로, 다음절 단어로 훈련한다. 첫음절을 길게 빼고 더 긴 문장으로, 궁극적으로는 자발적 구어로 진행한다. 둘째, 대상자는 전반적으로 목소리 강도를 낮추어서 발화의 첫음절에서 특히 부드러운 음성을 사용함으로써 부드러운 대화 음성을 연습한다. 셋째, 구어의 부드러운 흐름은 한 호흡 내에서 단어들을 혼합시키는 것이다. 대상자는 자신의 집게손가락을 사용하면서 말을 하는 동안에 단어에서 단어로 실시한다(Pindzola, 1987).

치료 과정

진단검사

말더듬에 대한 언어치료 초기 진단 검사 실시: 표준화된 파라다이스 유창성 검사(P-FA)

말더듬을 위한 표준화된 언어검사로 파라다이스 유창성 검사(P-FA)를 실시하였다. 검사 결과, 그림 보고 낱말 말하기의 35음절 검사에서 단어마다 눈 깜빡임을 보였으며, 막힘은 3회 나타났다. 또한 따라 말하기의 133음절 검사에서 모든 단어에서 눈 깜빡임을 보였으며 막힘은 1회 비유창성 특성을 보였다. 읽기 800음절 검사에서는 정상 속도로 읽기가 가능했으며, 그림 보고 말하기 및 따라 말하기 과제보다 편안하게 글을 읽었다. 글을 읽는 동안 한 줄에 한 번 정도 눈 깜빡임을 나타냈으며 막힘을 2회 나타냈다.

그러나 그림을 보면서 그림을 설명하는 과제는 전체 350음절의 검사인데, 초반에는 거의 막힘이 나타나지 않았으나 150음절 이후에는 막힘이 나타나기 시작했으며 전체 24번의 막힘이 나타났다. 이러한 결과에 따르면, 박심리는 단순한 과제에서는 막힘이 덜 나타나지만 자신의 생각을 문장으로 표현하는 과제에서는 말더듬의 비유창성 특성이 현저하게 증가함을 보였다. 또한 부수행동 검사 결과는 3점으로, 눈 깜빡임이 매우 거슬리는 정도이며 의사소통 태도검사 결과는 20점으로 중간 정도의 결과를 나타냈다.

다면적인성검사(한국아이던스)

다면적인성검사 결과, 3번 히스테리 영역이 단독 상승을 나타냈다. 이러한 결과는 타인과의 친밀한 관계나 조회를 중시하며 지나치게 관습적인 사람으로, 타인의 승인이나 자기애정을 지나치게 추구하며, 분노 표현, 독립적인 의사결정을 내리는 상황을 불편하게 느낀다. 또한 갈등을 부인하거나 억압하는 방어기제를 사용하며 갈등을 의식 밖으로 차단하거나 모호한 신체 증상으로 돌림으로써 갈등의 직면을 회피하는 특성을 보였다(최정윤, 2007).

문장완성검사

문장완성검사 결과, 박심리가 가장 슬픈 것은 '친구하고 사이가 안 좋은 것'이며, '학교에 가면 답답하다' '교실에 오면 힘이 없다'라고 기술하였다. 또한 나를 가장 화나게 하는 것은 '친구가 먼저 시비를 거는 것이며', 대부분의 아이가 '나를 싫어한다'고 표현했다. 가족과의 관계는 좋은 편이며, 내가 가장 바라는 것은 '친구들하고 사이좋게 지내는 것'이라고 기술하였다.

에니어그램 성격검사

에니어그램 성격검사 결과, 7번이며 6번 날개를 사용하는 것으로 나타났다. 7번 성격 유형의 특성은 명랑하고 즐거운 분위기를 갖고 있으며, 주위 사람들을 즐겁게 하는 서비스 정신이 있으며, 여러 가지 계획을 세우는 것을 좋아하며, 그것에 대해 다른 사람들과 이야기하고 있을 때가 가장 즐거운 성격 유형이다(윤태익, 2003).

현재의 심리 상태를 알아보기 위한 음악을 이용한 심상유도검사

박심리와 첫 번째 만남에서 대상자가 느끼는 현재의 문제를 파악하기 위해서 음악 감상방법으로 three door를 실시하였다. 첫 번째 대문에서는 '놀이동산'이라는 단어가 보였으며, 중학생인 여자친구와 함께하는 심상을 떠올렸다. 두 번째 대문에서는 '스페인 마을'이라고 적혀 있었고, 세 번째 대문에서는 '바닷가'라고 적혀 있었는데, 여자친구 그리고 남자친구들과 바닷가에서 수영도 하고 맛있는 것을 먹고 있는 것을 떠올렸다.

치료적 중재 과정

말더듬을 위한 언어적 중재 과정

말더듬의 외현적 행동인 비유창한 말을 중재하기 위해서 매 회기마다 15~20분 정도 다음에 기술한 일곱 가지의 방법 중 네 가지에서 다섯 가지의 치료 방법을 반복적으로 실시하였다.

❶ 동화책 읽고 다시 말하기 중재

이 방법은 동화책을 읽으면서 주인공, 사건, 사건의 해결 방법, 중심 내용 등을 단기 기억에 저장하면서 책을 읽은 후 책의 내용을 다시 말해 주는 활동으로, 읽기와 대화상황의 중간 단계의 치료 과정이다. 본 연구에서는 책을 읽고 내용을 파악하는 것이 목적이 아니기 때문에 대상자의 요구에 따라서 쉽고 간단한 동화책을 선정하였다.

❷ 후두 마사지

이 방법은 후두 주변을 손가락으로 마사지하는 것으로, 이 방법을 통해 후두 연골이 좀 더 내려가고 후두의 내외부 근육이 부드럽게 이완된다. 근육이 부드럽게 이완되면서 말더듬의 특징인 막힘으로 인해 근육이 긴장되는 것에 도움을 준다(Daniel et al., 2005). 본 연구에서는 치료를 시작하기 전에 2분 정도 후두 마사지를 시도한 후에 치료를 시작했으며, 중간에 한 번 더 후두 마사지를 시도하였다.

❸ 다양한 음도 연습

말소리를 내기 위해서는 성대가 진동을 통해 진동수가 많으면 높은 소리, 진동수가 적으면 낮은 소리를 산출하게 된다. 말더듬은 말이 산출되는 순간에 성대가 긴장이 되면서 자연스러운 흐름이 방해되기 때문에 유치원 아동 소리(440Hz: 높은 소리), 낮은 소리(120Hz: 아빠 목소리), 중간 음도 소리(220Hz: 엄마 소리) 등의 다양한 음도의 연습이 필요하다. 본 연구에서는 대상자가 청소년으로 낮은 음도로 말을 산출하였기 때문에 피아노로 음도에 맞는 음을 쳐서 음도를 확인한 후에 다양한 음도에 맞춰 말하기를 연습하였다.

❹ 다양한 강도 연습

사람들은 말을 할 때, 다양한 강도를 산출해서 말을 하게 된다. 여러 청중이 듣는 경우에는 큰 소리, 도서관에서는 속삭이는 소리를 산출한다. 적절한 강도의 음성을 산출하는 과정은 말더듬인에게 다양한 상황에서 적절한 강도로 말을 할 수 있도록 도움을 주기 때문에 필요하다. 본 연구에서는 시각적으로 속삭이는 소리부터 큰 소리까지 시각적으로 동그라미를 그려서 대화 상황에서 시각 자료를 보면서 강도를 조절하면서 말을 산출하도록 하였다.

❺ 다양한 감정 상황에서 말하기

우리는 기쁠 때, 슬플 때, 화가 났을 때, 놀랐을 때 등과 같이 다양한 감정 상황에 따라서 음성의 변화를 갖게 된다. 이러한 다양한 감정 상황에서 말하는 것을 연습함으로써 다양한 상황에서 말더듬 없이 대화를 할 수 있게 된다. 본 연구에서는 대화 상황 또는 예전에 경험했던 일들을 회상하거나 동화책의 내용에서 다양한 감정 상황을 제시하고 그때 느끼는 감정에 따라 대화를 실시하였다.

❻ 전화 통화하기

전화 통화는 얼굴을 보면서 대화를 하는 상황과 달리 시각적인 단서를 제공하지 않기 때문에 상대방의 의도나 감정을 파악하기가 더 어렵다. 그렇기 때문에 전적으로 말을 사용해서 의사소통을 해야 하는 상황이므로 말더듬인들에게 전화 통화는 심리적인 부담을 주게 되며, 말더듬이 증가하는 상황이 된다. 본 연구에서는 대상자와 서로 다른 방, 또는 집에 돌아간 후 등에 전화 통화를 시도하였다.

❼ 다른 사람을 설득하기

다른 사람을 설득하기 위해서는 자신의 신념이 확고해야 하며, 그 신념을 상대방에게 적절한 문장을 구사하여 적절한 음성 강도 및 음도에 맞춰 설득을 해야 한다. 그러므로 말을 하기 위한 모든 에너지를 말 산출에 쓰기보다는 자신의 생각을 정리하는 데 에너지를 나눠야 하므로 말더듬이 더 증가하는 상황이 된다. 본 연구에서는 특정 주제를 가지고 서로 왜 자신의 생각이 맞는지에 대해서 근거를 가지고 주장하는 연습을 하였다.

음악 듣기를 통한 심리적 안정 치료 과정

긴장이 이완된 상태에서 클래식 음악을 이용하여 심상을 떠올리는 활동을 10회기 진행하였으며, 진행 과정에서 떠올린 심상을 주제별로 분류한 결과는 다음과 같다.

❶ 여행

박심리는 긴장이 이완된 상태에서 클래식 음악을 들으면서 독일, 스페인, 프랑스, 중국, 제주도, 그리고 바닷가 등을 여행하는 경험을 하였다. 특히 바닷가를 여러 번 떠올렸는데, 어릴 때 겨울철에 얼음이 얼었는데 그 속에 빠졌던 실제 경험이 있어서 그 두려움이 아직 해결되지 않아 계속 떠오르는 것 같다고 말했다. 또한 중학교 2학년 때 놀이공원에 가서 바이킹이 무서워서 타지 못하고 친구들이 타는 것을 구경하고 있는데, 친구들이 "너는 겁쟁이지?"라고 말했다.

이러한 결과로 볼 때, 박심리는 아직 해결되지 못한 물에 빠진 경험과 친구들이 겁쟁이라고 말한 것을 해결하지 못한 것으로 볼 수 있다. 그러나 6회기에 바닷가에 갔는데 모래가 씻겨 주는 것 같아서 시원하고 기분이 좋았으며, 8회기에는 냇가 근처의 집에 갔는데, 자신이 거기 살고 있고 수영한 후 집에 와서 요리도 하여 기분이 상쾌했으며 물이 무섭지 않다고 말했다.

❷ 누구와 함께

박심리는 독일과 스페인을 혼자서 배낭여행을 하는 것을 떠올렸으며, 제주도 여행은 가족여행으로 겨울에 눈이 쌓여 있는데 형하고 눈싸움을 하고 있고 엄마와 아빠는 사진을 찍고 있다고 했다. 또한 중학교 2학년 때, 수학여행에서 친구들과 선생님과 함께 있는 모습을 떠올렸으며 여자친구가 장기자랑에서 노래를 불러서 기분이 좋다고 하였다. 이러한 심상을 통해 현재 박심리는 친한 친구가 아무도 없는 반면, 가족과는 친밀한 관계가 형성된 것을 볼 수 있었다.

❸ 언어

독일, 스페인, 프랑스는 영어를 사용하지 않아서 힘이 든다고 하였다. 그래서 빨리 우리나라에 오고 싶다고 하였다. 이러한 심상은 자신이 말을 하는 데 어려움이 있기 때문에 언어와 관련된 심상이 떠오른 것 같다고 이야기를 나누었다.

❹ 힘들어요

초등학교 4학년 때, 서울에서 전학 왔다고 하니 친구들이 신기해 하면서 나를 괴롭혀요. 나는 울고 있고, 그 친구는 벌을 서고 있어요. 괴롭힌 친구들과 대화를 유도

하였을 때, "내가 너 때문에 얼마나 힘들었는데, 말도 더듬고…… 너희 같은 친구들은 처음 봤다" "너는 왜 나를 괴롭혔니?"라고 물으니 친구는 "재미있어서"라고 말했다. 또한 초등학교 4학년 때, 시험을 못 봐서 앉았다 일어섰다, 토끼뜀을 하고 있어요. 그리고 내가 화가 나서 친구를 때려 주었더니 엄청 아파하네요. 그러니까 마음이 조금 편해졌어요. 심상에서 과거의 해결되지 않은 경험을 떠올리며 과거에 하지 못했던 말을 하고 또는 하고, 싶었던 행동을 함으로써 감정이 조금씩 해결되는 것 같다고 이야기를 나누었다.

❺ 행복했던 순간

초등학교 1학년 입학식에 부모님과 형이 왔고 선생님 얼굴도 밝은 표정이라 너무 좋고요. 교실에 친구랑 함께 앉아 있어서 기분이 좋고. 너무 좋아서 눈물이 나요.

❻ 현재 친구 관계

가장 친했던 친구는 시험 때 박심리가 모르는 것을 잘 알려 주는 좋은 친구였는데, 어느 날부터 박심리를 투명인간 취급했다. 친구와 대화를 유도하였더니, "말 더듬기 싫은데 내가 말을 더듬으면 화가 나. 말할 때마다 막혀서 미안해. 내가 앞으로 성질 내도 이해해 줄 수 있니?" 라고 친구와 대화 주고받기를 시도하였다. 이 과정을 통해 말을 더듬어도 친구에게 하고 싶은 말이 있으면 솔직하게 이야기를 하는 것도 좋은 방법이라고 이야기를 나누었다.

❼ 종결

박심리는 독수리를 떠올리며 독수리가 하늘을 날고 있어요. 독수리가 노트북을 메고 날아가는 데 기분이 상쾌해요. 노트북이 무거워서 친구를 불러 함께 메고 가고 있어요. 기분이 좋아요.

성악심리치료를 이용한 치료 과정

말더듬인들은 노래를 부르는 상황에서는 말더듬이 발생하지 않는다. 그러므로 치료를 시작할 때, 대상자가 좋아하는 노래 부르기를 통해 정서적인 안정을 추구하는 방법을 사용하였다. 또한 대상자는 그동안 말더듬으로 인한 스트레스를 겉으로 표현하지 못하고 억압하였기 때문에 목소리를 통해서 밖으로 억눌린 것을 표출할 필요가 있었다. 이러한 문제를 해결하기 위한 방법으로 성악심리치료(vocal psychotherapy)는 2개의 코드가 반복되면서 구조적으로 안정을 제공하기 때문에 내면에 숨겨진 다양한 감정을 안정된 구조에서 표출할 수 있도록 도움을 준다. 본 연구에서는 대상자가 원하는 코드를 2개 선택한 후, 먼저 모음으로 자유롭게 노래를 시작하면서 치료사가 먼저 대상자의 현재 상황을 코드에 맞춰 노래하기 시작하면 대상자가 치료사의 노래를 받아서 자유롭게 노래 부르기를 시도하였다.

맺음말

사람은 다른 사람과 말을 주고받으면서 의사소통을 한다. 그런데 말더듬인들은 말을 주고받는 과정에서 음소 반복, 막힘, 연장 등의 외현적인 특성을 나타내면서 다른 사람과 대화를 주고받는 것에 심각한 스트레스를 경험하게 된다. 이러한 스트레스가 다양한 상황에서 반복되면서 심리적인 어려움을 동반하게 되고, 그로 인해 눈 깜빡임, 머리 위로 쳐들기 등의 부수적인 행동도 수반하게 된다.

그러므로 말더듬은 외현적인 행동인 말을 더듬는 것만을 치료해서는 재발이 반복되며, 심리적인 치료가 병행되어야 한다(권도하 외, 2012). 이러한 심리적 치료를 병행하기 위해서는 우리 뇌의 신경학적 기전을 알 필요가 있으므로 앞에서 우리 뇌의 변연계가 말 산출과 매우 관련이 된다는 점을 설명하였다. 특히 변연계는 음악과 매우 연관이 있기 때문에 음악을 사용하여 심리적인 안정을 제공하면서 말더듬의 외현적 행동 특성을 치료하여 말더듬을 없앨 수 있다.

일반적으로 말더듬은 언어치료 분야에서 담당한다고 생각하기 때문에 음악치료사의 영역이 아니라고 생각하기 쉽다. 그러나 본 사례를 통해서 음악치료의 영역을 말더듬까지 확장시킬 필요가 있다. 앞으로 이 사례를 통해서 많은 음악치료사가 말더듬의 어려움을 갖고 있는 사람들에게 희망을 줄 것이라고 기대해 본다.

용어 설명

성악심리치료(vocal psychotherapy) 목소리를 기반으로 하는 심리치료 방법이다.

참고문헌

권도하, 김시영, 김효정, 박진원, 신명선, 안종복, 장현진, 전희숙, 정훈(2012). **유창성 장애**. 서울: 학지사.

심현섭, 신문자, 이은주(2004). **파라다이스 유창성 검사**. 서울: (재)파라다이스 복지재단.

윤태익(2003). **타고난 성격으로 승부하라**. 서울: 더난출판.

최정윤(2007). **심리검사의 이해**. 서울: 시그마프레스.

Brady, J. P. (1971). Metronome-conditioned speech retraining for stuttering. *Behavioral Therapy, 2*, 129-150.

Daniel, R. B., Stephen, C. M., & Shelley, L. V. (2005). *The voice and voice therapy* (7th ed.). Boston: Pearson education Inc.

Guyton, A. C. (1976). *Textbook of medical physiology*. Philadelphia: WB Saunders.

Joseph, R. (1982). The neurophysiology of development: Hemispheric laterality, limbic language and the origin of thought. *Journal of Clinical Psychology 38*(1). 4-33.

Logan, R. (1999). *The three dimensions of stuttering: Neurology, behavior and emotion second Edition*. London: The university of central arkansas.

Papez, J. W. (1937). A proposed mechanism of emotion. *Archives of neurologic psychiatry 38*, 725-743.

Pindzola, R. H. (1987). Stuttering intervention program: age 3 to grade 3. Austin, TX: PRO-ED Inc.

Shine, R. (1980). Direct management of the beginning stutter. In W. Perkins (Ed.), *Strategies in stuttering therapy*. New York: Thieme.

Yairi, E., & Ambrose, N. G. (2002). Evidence for genetic etiology in stuttering. *Perspectives, 12*(2), 10-15.

제12장

별을 품은 소년, 샛별을 만나다

-학교 부적응 청소년을 위한 GIM심상음악치료-

지은미

지음심리치료교육연구소 대표

임상음악전문가 1급

개요

학교부적응 A가 심층심리치료인 Bony method of Guided Imagery and Music(심상음악치료: 이하 GIM)을 통해 내면의 부정적 감정을 표출하면서 스트레스가 해소되었고, 긍정적 감정 인식과 정서조절 과정을 통해 사회적 관계 기술이 향상되었다. 특히 긍정적 모성 영역의 회복은 어머니와의 관계 개선에 도움이 되었고 A는 자신감을 회복하고 정서적 안정을 갖게 되었다. 그 결과 A는 안정적인 학교생활을 하게 되었고 무사히 고등학교를 졸업한 후 대학에 진학하였다.

내담자 정보

A는 산만하고 과잉행동적이며 주의력이 부족하여 ADHD 진단하에 초등학교 1학년 때부터 고등학교 1학년 현재까지 정신과 병원에서 약물치료를 받고 있다. 심리평가 재검사 시 Axis I. Adjustment Disorder with Depressed mood ADHD(우울기분을 동반한 주의력결핍 과잉행동장애)(이정균, 김용식, 2008) Hx Axis II. Borderline Intellectual Functioning(경계선급 정신지체) 진단을 받았다. A는 불안하고 우울하며 위축되어 있는 상태로, 학업이 부진하며 쉽게 산만해지는 등 주의집중 문제가 시사되며, 규율을 어기고 무단결석을 하며 음주와 흡연을 하는 등 규칙위반 문제가 임상수준으로 보고되었다. 또한 피곤, 두통 등의 신체화 증상을 나타내고, 나이에 비해 어리게 행동하는 미성숙한 경향은 준 임상범위로 보고되고 있다. A는 학교에서 연계된 대안학교를 다니면서 심리치료로 GIM을 진행하게 되었다.

치료 방법

GIM은 확장된 의식 상태에서의 내면 탐색과 일상의 의식 상태에서의 언어적 상담으로 구성되는 세션으로(Bruscia, 2018), 사용되는 음악은 Bonny Method의 GIM 음악프로그램을 사용하였으며, 곡의 길이에 따라 삽입 또는 수정하여 순서를 재구성하였다.

치료 목표

- 부정적 감정 표출 및 해소
- 적절한 감정 인식과 정서 조절
- 사회적 관계 기술 향상
- 긍정적 모성 영역 회복
- 자신감 회복 및 정서적 안정

치료 과정

1회기: 현재의 상황 바라보기

현재 학교를 졸업할 수 있을지에 대한 자신도 없고, 짜증과 우울이 반복된다고 하였다. 학교도 낯설고 전반적으로 학교에서 수업 받는 것이 힘들다고 해서 우선 학교 출석을 한 후 선생님께 말씀을 드리고 센터로 오려고 했으나 말하지 못하고 그냥 왔다고 하였다. 현재의 상황을 세션을 통해 바라보는 시간을 가졌다.

심상세션을 통해서 A는 비 오는 우울함을 지속적으로 경험했으며, 한쪽 얼굴은 우울하고 다른 한쪽은 미소 짓는 자신을 경험하였다. 비 오는 곳을 날아다니면서 힘들고, 우울한 감정을 지속적으로 경험하였다. 성 위를 둥둥 떠다니다 놀라는 자신을 발견하고 성으로 들어오다가 한쪽에서 자신을 바라보는 여자를 만나면서 세션이 끝났다.

심상세션을 통해 신기함과 흥미 있어 하였고, 나타난 심상을 통해 A를 바라보는 시간을 가졌다. 현재 자신을 제어할 수 없는 부분에 대해서 자신도 뭐가 뭔지 모르겠다고 하였다. 비 오는 날의 우울함은 A가 늘 경험하며, 그 상태가 익숙하고 편안하다고 하였다. 세션을 통해서도 지속적으로 가슴의 통증과 두통을 경험했으며, 그 원인에 대해서는 좀 더 세션을 진행하면서 찾아 나가기로 하였다.

2회기: 답답한 감정 바라보기

학교 적응 기간이 끝나고 학교의 일정에 맞춰 생활해야 하는데 도무지 자신이 없다고 하였다. 부모님이 학교까지 바래다주는데, 교실에 들어오면 바로 가슴이 답답하고 알 수 없는 감정이 치밀어 올라 교실에 머물지 못하고 학교를 나오게 된다고 하였다.

심상세션을 통해 A는 머리 아픔을 경험, 세션을 통해 짜증, 희열, 화 등의 감정을 경험하였다. 익숙한 장소에서 한 여인과 보라색 티셔츠를 입고 있는 자신을 만나 가쁜 숨을 들이쉬며 알 수 없는 감정을 경험하였다. 웃는 자신을 바라보다가 한 문이 있어 문을 열었더니 누군가의 결혼식이 진행되고 있고, 자신이 있어 바라보니 신나게 즐기는 자신을 만나는 경험을 하였다.

평상시에도 피곤하거나 배고픔을 느낄 때, 화가 날 때 두통의 경험을 자주 한다고 하였다. 두통을 느낄 때에는 화가 나곤 하며 이유 없이 화가 자주 치솟곤 한다고 하였다. 세션을 통해서 자신에게 나타나는 다양한 감정을 경험하였으며, 자신도 알 수 없는 감정에 휩쓸려서 행동할 때가 많으며, 충동적인 행동으로 인해 자신도 혼란을 겪고 있음을 알게 되었다. 부정적인 감정과 희열감을 찾고자 하는 A의 욕구를 살펴봄으로써 부정적인 감정은 적절한 방법으로 표출할 수 있도록 도와주고(지은미, 2002), 희열의 동기가 무엇인지, 또 적절한 대안점을 찾기로 하였다.

3회기: 학교에서의 생활 바라보기

지속적으로 학교에 적응하지 못하고 심리적인 압박감과 답답함을 호소하였다. 며칠 동안 혼자만 있고 싶고, 주변의 모든 상황이 귀찮고 버겁고 학교에서나 부모님이 자신이 학교를 잘 다닐 것이라는 기대감이 견디기 힘들다고 하였다. 이것저것 아무 생각도 하기 싫으며 학교를 다니는 것에 대한 자신이 없다고 하였다.

심상세션을 통해서 학교 상황의 이미지와 호숫가에서 혼자 낚시하는 자신을 바라보는 모습에 지속적으로 머무르는 시간을 가졌다. 반복적으로 가파른 호흡과 함께 어지러움, 손의 무거움과 몸의 무거움 등 신체적 반응의 경험을 하였다.

세션 후의 나눔을 통해 현재의 상황에 대한 부담감을 신체적으로 경험한 것 같다고 하였다. 자신이 학교를 잘 다니리라는 부모님의 바람은 크고, 자신도 학교를 잘 다녀야겠다는 생각은 하는데 생각과 달리 학교에 있으면 다시 나오고 싶은 충동을 견뎌 낼 수 없어서 혼란스럽다고 하였다. 어디론가 멀리 가서 혼자 있고 싶은 심정이 심상을 통해 편안함을 느낄 수 있었다고 하였다.

4회기: 혼란스러운 감정 바라보기

제시간에 학교는 출석을 하지만 학교에 적응이 안 되어서 오래 머물지 못하고 집으로 되돌아간다고 하였다. 수업에 참석하는 시간이 너무 길게 느껴져서 학교를 포기해야 하는 것인가라는 생각이 들어서 어떻게 해야 할지 혼란스럽다고 하였다. 부모님은 학교만이라도 잘 다니라고 하는데 자신이 없고, 학교에 있으면 주변의 눈초리와 느낌이 싫고 그 느낌이 자신을 학교에 못 있게 하는 것 같다고 하였다.

심상 경험 중 나온 노래에서 여성의 목소리에 심한 화와 짜증을 내며 듣기 싫다고 하였다. 보라색 드레스를 입은 파란 눈과 곱슬머리를 한 여인을 보았고, 추모식 장소에서 검은색 관에 누군가가 누워 있는데 검은색의 정장을 입은 자신이 그것을 바라보며 배꼽을 잡고 웃는 심상을 경험하였다.

세션에서 화, 짜증 등의 감정을 지속적으로 경험하면서 화와 짜증을 풀어내는 심상이 진행되었고, 화와 짜증의 원인을 알아보는 과정을 통해 어머니의 잔소리와 요구에 많은 짜증을 갖고 있음을 알아냈다. 어머니 외에도 다른 사람들이 큰소리를 내거나 명령조의 말투에 신경이 곤두섬을 알게 되었다. 또한 추도회의 관을 보면서 웃는 A의 이미지를 통해 상반된 감정과 감정의 불일치를 경험할 수 있었다. 지속적인 세션 경험을 통해 자신의 감정을 바로 알고 주변 상황에 맞는 행동과 감정을 표현할 수 있는 방법을 습득하도록 함을 알게 되었다.

5회기: 나 바라보기

중학교 때 알던 친구와 함께 온 아이는 학교를 그만둔 상태여서 다시 복학을 하고 싶다는 이야기를 하면서 앞으로의 계획에 대해 이야기를 하는 시간을 가졌다. 대상자가 친구와 함께 이야기를 나누며 학교를 그만두지 않고 고등학교는 졸업해야겠다고 생각이 드는데 자기 자신을 잘 모르겠다고 하여 A를 바라보는 시간을 가졌다.

두 명의 자신이 서로 싸우다가 한 명의 자신을 총으로 쏘았다. 비가 오는 숲에서 얼굴이 창백하고 한쪽 눈동자가 빨간 자신에게 한 여인이 다가왔다. 검은 새와 검은 방에서 과거의 A가 살아왔던 생활이 필름처럼 지나감을 경험했다.

A가 심상세션에서 자신과 또 다른 자신의 모습을 바라보면서 총으로 쏴 죽이고 싶은 마음, 빨간 한쪽 눈알의 섬뜩한 자신을 보았다. 세션을 통해 자신과 또 다른 자신이 서로 싸우고 있는 경험을 통해 학교를 잘 다녀야겠다는 자신과 학교를 거부하는 또 다른 자신의 모습을 보며 혼란한 심정을 경험하였다. 세션의 마무리 과정에서 자신의 의지를 키워서 학교를 잘 다닐 수 있도록 노력해야 한다는 사실을 얻을 수 있었다.

6회기: 지난 세션에 본 여인 만나기

학교는 잘 다녀야 하는데 생각처럼 잘 안 되고, 어머니의 학교를 잘 다녀야 한다는 반복적인 말이 자신을 힘들게 한다고 하였다. 이런저런 생각을 하다 보면 머리가 너무 복잡해져서 친구들과 어울리게 된다고 하였다. 친구들과 함께 있다 보면 아무 생각이 안 나서 편안하여 친구들과 함께 있는 시간이 좋다고 하였다. 지난번에 나온 여인에 대해 좀 더 만나는 시간을 가졌다.

지난 심상세션에 본 여인을 다시 만나는 이미지로 세션이 시작되었다. 모르지만 익숙한 여인 같았으며, 20세 초반의 여자로 이전 세션 이미지에서는 뒷모습만 보였는데 이번에는 앞모습을 보았다. 그 여자 외에 여러 여자를 보았는데, 그중에서 자신을 쳐다보는 한 여인의 두 눈에서 피눈물이 흐르고 있었지만 얼굴은 웃고 있었다. 그 모습과 눈길에서 화와 분노를 느껴서 총으로 쏘아 죽이고 몸의 무거움과 화와 통쾌함을 지속적으로 경험하였다.

A가 피눈물을 흘리며 웃는 여인에게 분노와 화를 느껴서 총으로 쏴 죽였을 때 가슴이 시원하게 느껴졌다고 하였다. A가 무의식적인 이미지를 통해 자신의 부적절한 여성상(어머니상)을 표출하였고, 여성의 이미지에 자신의 분노적인 성향을 표출

함으로써 A의 부적절한 성향이나 행동적인 요소를 직시하여 좀 더 바람직한 방향으로 성장할 수 있는 계기가 되었다.

7회기: 새로운 환경 바라보기

초등학교 때 왕따 문제로 이사를 하면서 친구들도 못 만나고 새로운 환경에 적응한다는 것이 자신에게 큰 스트레스였다고 하였다. 요번에 이사를 가 보니 생각한 것보다는 편안하다고 하였다. 스트레스 요인으로 생각했던 부분이 편안함으로 느껴진 부분에 대해 얘기를 하면서 새로운 환경에 대한 마음을 다루는 시간을 가졌다.

심상세션 중 호흡작업을 함께 진행하였다. 지속적인 호흡작업을 통해서 A가 신체의 여러 가지 감각을 느끼는 시간을 가졌고, 호흡 가운데 이미지를 계속 찾아다니는 경험을 하였다. 주로 검은색의 이미지가 지속적으로 나타나는 가운데 알 수 없는 세계를 다니면서 마지막에 자신이 나라를 구하는 영웅이 되는 이미지를 경험하고 세션을 마쳤다.

이전에 비해 가슴의 답답함이나 머리의 통증은 많이 감소되었다고 하였다. 지속적으로 검은색의 이미지 속에서 판타지 요소의 이미지를 많이 경험하였고, 나라를 구하는 영웅의 이미지를 통해서 자신이 영웅이 된 것 같은 기분을 경험하였다. 현실 인식능력과 대처하는 기능이 약한 A가 자신을 드러내고 싶고, 자신감을 얻고자 하는 심리가 나타남과 동시에 잠재된 능력을 키우는 동기 유발 시점의 세션이었다.

8회기: 어린 시절 바라보기

A가 초등학교 1학년 때 왕따의 경험으로 많이 힘들었음을 이야기하였다. 그 경험으로 인해 1학년 때부터 과격해져서 여자애들을 때리고, 카사노바란 별명을 들어서 마음의 상처가 많았다고 하였다. 4학년 때 학교를 전학 간 후 문제되는 아이들과 어울렸다고 하였다. 초등학교 시절 느꼈던 경험에 대해 바라보는 시간을 가졌다.

황토색의 운동장에 태양이 비추고 어린 자신을 보았다. 문이 있어 열어 보니 이전에 나왔던 여인이 다른 남자와 결혼을 하는 것을 보고 화가 나서 총의 방아쇠를 당겼는데 방아쇠가 당겨지지가 않았다. 여인이 원래는 자신을 좋아했는데 다른 남자와 결혼을 해서 아쉽다는 말에 A가 눈물을 흘렸다. 절벽 한쪽의 구멍에서 빛이 비춰지는 풍경이 아름다웠고, 자신은 아름다운 풍경 안에서 빛을 받으며 앉아 있었다.

어린 시절의 자신을 만나는 경험을 하며 어릴 때 좋아했던 여자아이가 힘 있는 남자친구의 여자친구였던 부분에 대해 이야기를 하였다. 또한 힘 있는 아이에게 맞았던 경험을 떠올리면서 자신의 내재된 상처의 감정을 바라보는 시간이었다. 세션 속에서 자신이 좋아했던 여자아이가 자신을 좋아했다는 심상을 통해 위안을 받으며 A가 스스로에게 힘을 받는 세션이었다.

9회기: 의식과 무의식의 나 만나기

무의식의 자기가 의식의 자기에게 많은 것을 양보한다고 하였다. 무의식의 자기는 창의적이고 자유롭고 힘이 있고 많은 것을 할 수 있는 자기라면, 의식의 자기는 무감각하고 자신이 없고 힘이 없다고 하면서 의식의 자기는 학교를 가려고 하지만 무의식의 자기가 학교에 못 있게 하는데 요즈음은 무의식의 자기가 양보를 해서 의식의 자기가 학교에 있게 도와주는 것 같다고 하였다. 하지만 무의식의 자기를 완전히 파멸시키고 싶지는 않다고 하였다. A는 의식의 자기와 무의식의 자기가 서로 통합을 하면 더욱 자신 있고 많은 능력을 가진 A가 될 수 있음에 대해 이야기를 나누었다.

자신이 나왔는데 그 모습은 자신이 바라는 모습을 하고 있었다. 힘 있고 자신감이 넘치는 자기를 보며 만족감을 경험하였다. 상이 바뀌면서 어린 자기를 경험하였다. 작고 힘 없는 어린 자기의 모습을 보면서 현재의 자신의 모습과 같다고 하였다. 어린 자신을 보면서 불안해하는데 또 다른 자신을 불러와서 안정감과 힘을 얻었다.

세션에서 두 모습의 자기를 경험하면서 여러 가지 나타나는 자신의 상에서 자신에 대해 좀 더 알 수 있었다고 하였다. A에게 무의식의 자기가 의식의 자기가 잘 생활할 수 있도록 양보를 하고 도와주는 과정을 A에게 인식시킴으로써 좀 더 힘을 내서 학교생활이나 전반적인 생활양식에 잘 적응할 수 있도록 하였다.

10회기: 불편한 감정 바라보기

이전보다는 학교를 잘 다녀야겠다는 생각이 많이 들면서도 학교에서의 어색함이 자신을 학교에 오래 머물게 하지 못한다고 하였다. 하지만 이전보다는 학교에 잘 적응하려고 노력하고 있고, 어머니도 자신에 대해 기다려 주는 것이 있는 것 같아서 좀 더 학교생활을 잘하고자 노력한다고 하였다. 빈번이 느끼는 불편한 감정에 대해 바라보는 시간을 가졌다.

초등학교 때 다니던 장소에서 어린 자신을 바라보는 경험을 하였다. 어린 자신이 학교에서 이곳저곳을 돌아다니며 무서운 무리들을 만났을 때 자신이 신체 변환이 되어 자신을 위협하는 무리들을 칼로 찌르고 무찔렀다. 교실 안에 들어가니 계속 어두운 뱀 같은 무리들이 자신을 위협해서 칼로 무찔렀다. 피투성이가 된 곳에 한 여자아이가 있어서 자신이 안고 나오면서 장면이 바뀌고 결혼식장으로 들어갔다. 빨간 눈의 여자아이가 자신을 쳐다보고 있고 피눈물을 흘리는 여자아이를 데리고 나오는 데 갑자기 벼랑 끝으로 떨어졌다. 떨어진 곳은 초원이었고, 그곳에서 자신이 정장을 입고 웃고 있는데, 그 옆에는 현실 속의 자신이 서 있는 모습을 경험하였다.

어린 시절의 경험을 통해 상처받은 내면의 아이는 과거에 자신을 힘들게 했던 사람들에 대해 자신의 폭력성을 투사하면서 자신의 힘들었던 시간을 표현하였다. 대상자가 현실의 자신은 힘이 없고 자신감이 없지만, 상상 속의 자신은 힘이 있는 대상자로 나타남으로써 자신에 대한 대리만족과 자신이 원하는 상을 만들고 있는 것으로 나타났다(최덕규, 2018). 또한 무의식 속에 여자는 모성 지배로부터 독립하여 자기정체성을 찾고자 하는 부분도 나타났다. 좀 더 지속적인 심상세션을 통해 무의식과 의식의 통합을 통해 자신에 대한 조절력과 정체성을 키우도록 할 예정이다.

11회기: 또 다른 나 만나기

학교에는 잘 나가고 있지만 정상적인 수업이 이루어지지 않아서 어떤 부분이 문제일까에 대해 이야기를 나누었다. 학교에 있을 때에는 이방인 같은 생각이 들고 현실의 자신은 학교에 있으려고 하는데 상상 속의 자신이 학교에 머물지 못하게 하는 것 같다고 하였다. A에게 현실의 자신과 상상 속의 자신 모두 A의 의지로 조절할 수 있고 그 힘을 키울 수 있도록 하면서 심상세션에 들어갔다.

심상세션을 통해서 지속적인 압박과 우울한 감정을 경험하였다. 이전에 본 여자아이가 자신을 보고 웃는 것이 좋은 것 같기도 하고 안 좋은 것 같기도 한 상반된 경험과 가슴의 통증을 느끼며 자신을 바라보았다. 심상 속의 자신은 활발한 모습인데, 지켜보는 현실의 자신은 피곤하고 우울한 두 개의 자신의 모습을 보면서 세션을 마쳤다.

현재 A가 가지지 못한 모습이 심상 속의 자신으로 나타났다. 심상 속의 대상자가 현재의 모습으로 될 수 있으며, 두 모습이 다른 것 같지만 같은 모습이라고 하자 좀 더 심상 속의 자신이 됐으면 좋겠다며 조절하려고 노력하지만 생각처럼 잘 안 되는 자신의 답답함과 갈등을 표현하는 시간이었다. 지속적으로 나오는 여인을 통해 어머니에 대한 불안정한 애착관계에 대해 알아볼 수 있는 시간이었으며, 앞으로 좀 더 심상작업을 통해 내재된 A의 통합과 안정적인 모성 영역을 통해 자아정체감을 키워 갈 예정이다.

12회기: 압박감을 바라보는 시간

한동안 어머니가 자신을 기다려 주고 지지해 줘서 좋았으나 다시 안 좋은 말들을 듣자 어머니에 대한 압박감이 자신을 힘들게 한다고 하였다. 학교를 갔다 왔는데도 자신을 믿지 않는 어머니에 대해 화가 난다고 하였다. 어머니가 A를 믿지 못한다면 A가 믿을 수 있게 행동을 하는 것도 중요하다고 알려 주고, 끊임없이 밀려드는 압박감을 바라보는 시간을 가졌다.

심상세션을 통해서 A가 경험한 이미지는 비가 오는 날에 새로 짓고 있는 집이 나타났다. 검은색 옷을 입은 자신을 집으로 못 들어가게 막는 사람들을 칼로 죽이는데에도 계속 사람들이 나왔다. 마지막에 들어가는데 검은색의 눈에 확 찍어진 입을 한 여인을 보면서 그저 웃는 자신을 보며 세션을 마쳤다. 세션 중간중간에 자신을 저지하는 과정에서 가슴에서 뭔가 올라오는 경험과 끝없이 혼자 가기는 경험을 하였다.

현재의 무언가에 쫓기는 감정을 세션을 통해 경험을 했으며, 없애도 계속 나오는 이미지를 통해 힘든 자신의 상태와 그것에 대해 적절한 반응으로 화가 나거나 두려운 자신이 나타나는 것이 아니라 눈이 없는 자신의 이미지를 통해 상황에 대해 적절하게 대처하지 못하고 회피하는 자신의 생활 패턴을 깨닫는 시간이었다. 또한 여자에 대한 반응이 분리되는 시점으로 모성 지배에 대한 아니마(anima)에서 자신의 아니마를 찾아나가는 것으로 나타났다.

13회기: 쫓기는 나 바라보기

A가 ADHD 약을 먹다 안 먹다 반복되는 상황이 일어나서 자신이 임의대로 약을 먹는 것이 아니라 일정하게 먹다 차츰차츰 줄이는 것이 중요하다는 이야기를 나누었다. 자신의 행동이 조절되지 않아 오늘은 두 알 혹은 세 알을 먹고 왔다고 하면서 A가 몽롱하며 쫓기는 상황이라고 하여 이 부분에 대해 바라보는 시간을 가졌다.

지난 세션과 연결된 이미지를 경험하였다. 망상의 집이 나오고 주변이 다 어두워 골목길을 뛰었는데 엄청나게 큰 구멍이 있고 구멍 밑에는 악마가 있고 흉측한 아이들이 쫓아와서 자신이 칼로 베어낸 후에 자신이 죽인 시체를 사방에 매달아 놓고 그것을 바라보는데 아무 느낌 없이 웃는 자신을 보았다. 잠시 후 자신이 큰 구멍으로 떨어졌는데 물속에 첨벙하고 떨어져서 주위를 돌아보니 우울한 자신이 있었다. 벚꽃 길을 걷다가 산에 올라가서 벚꽃을 배경으로 석양을 바라보며 앉아 '괜찮아!'라고 위로하는 자신을 바라보았다.

지속적으로 쫓기는 경험 속에서 화가 난 자신의 감정을 표현하였다. 죽인 후의 느낌이 없음과 우울, 괜찮아 하는 감정의 변화를 통해 어떠한 상황에 대해 적절하게 대응하고 해소하기보다 그저 웃고 넘기는 자신을 알게 되었다. 지속적으로 쌓인 감정을 바라보고 그 감정의 원인을 살펴보면서 A의 내재된 문제를 풀어나갔다. A가 세션을 통해 자아와 초자아의 갈등이 나타나고 점차 초자아적인 힘이 커지면서 자신에게 나타나는 문제점들을 흉측한 아이들로 투사하고 이겨 나가는 단계의 시발점으로 보였다(이부영, 1999).

14회기: 관계에 대하여 바라보기

A가 학교에 지속적으로 나가지만 학교에서 A가 왔다 갔다는 것을 확인 할 수 없다는 어머니의 말씀에 대해 이야기를 나눴다. 자신을 안 믿는 어머니에게 화가 난다고 하였다. A에게 자신의 상황을 상대방이 납득할 수 있게 행동을 했을 때 신뢰가 형성됨을 알려 주며 관계에 대해 바라보는 시간을 가졌다.

한 여인이 자신에게 미안하다는 말에 가슴이 아픔을 경험하였다. 성당에 그 여인이 무릎을 꿇고 자신은 다른 사람과 결혼을 하지만 실제로 좋아하는 사람은 자신이라고 말을 하며 눈물을 흘리는 것을 바라보고 있다. 다시 어디론가 이끌려 가 보니 언덕이었는데 그 밑에는 많은 시체가 있고 석양이 비추고 있는 그곳에서 피곤해 하면서 멍하니 앉아 있는 자신을 보며 세션을 마쳤다.

자신을 좋아하지만 다른 사람을 선택한 여인의 이야기를 통해서 다른 사람과 비교했을 때 자신에 대해 느끼는 초라함과 자신 없음을 표현하였다. 특히 부모님이 자신을 딴 사람과 비교할 때 참을 수 없는 화가 많이 난다고 하였다. 세션 속에서 자신이 선택받지 못함에 대한 슬픔이 신체적 현상으로 나타남을 경험하였다. 선택받지 못하는 것은 자신의 감정이나 생각을 상대방이 알 수 있게 표현하는 능력이 부족함을 깨달으면서 앞으로는 자신의 감정에 대해 자신만이 아는 것이 아니라 상대방이 알 수 있게끔 적극적으로 표현하도록 함이 중요함을 깨닫는 시간이었다. 세션에서 남성과 여성의 만남을 통해 자기에 대한 정체감이 점차 확립되는 것으로 나타났다(이부영, 1999).

15회기: 마음에 들지 않는 나 바라보기

치료를 받으러 올 때 머리 손질이 마음에 들지 않아서인지 모든 것이 귀찮아 세션 받으러 오기 싫었지만 잘 참고 왔다고 하였다. 거울 속에 비친 자신이 모습이 너무 마음에 안 들고 초라해서 견딜 수 없었다고 하였다. 초등학교 때부터 자신의 얼굴이 부어 있어서 늘 자신이 못나 보였고 늘 혼자 있는 느낌이 들었다고 하여서 자신의 내재된 참모습을 볼 수 있는 세션으로 심상 경험이 시작되었다.

검은색이 땅을 삼키려 하고 울고 있는 자신을 보며 어쩔 줄 몰라 하였다. 모든 것을 깨부수는 것 같은 상황에서 알 수 없는 우울함이 자신을 서럽게 울게 하였고 지친 사람들이 자신에게 달려 들었다. 우울함에 지친 자신은 아무런 감정도 없는 것처럼 보였다. 자신의 동상이 갈라지면서 금이 가는 모습을 지켜보고 있다. 금이 간 자신의 동상을 보면서 기분이 안 좋고 안아 주고 싶은 마음이 들어서 금이 간 자신의 동상을 안고 울었다.

자신의 이중적인 모습에 대해 이야기를 하였다. 자신에게 어둠과 빛이 공존하는데 어두움은 부정적이고 절망적이고 우울하다면, 빛은 자신의 어둠을 지켜 내는 것이라고 하면서 아직은 어두움이 자신을 지배하지만 빛이 있기에 자신의 어두움이 걷힐 것 같다고 하였다. A가 자신의 모습을 금이 간 동상으로 표현하면서 울고 싶은 자신의 마음과 위로받고 지지받고 싶은 자신을 표현하였다. A가 자신의 그림자에 대해 알고 인식하면서 현실의 자신에 대한 의식을 키워 줌으로써 건강한 자아가 나타나기 시작했다.

16회기: 친구관계에 대하여

친구와의 문제로 힘이 든 것을 견디기가 힘들어 약을 네 알 먹었다고 하였다. 약을 먹으면 자신의 복잡한 상황이 몽롱해져서 고통이 절감된다고 하였다. 정에 약한 A가 자신에게 잘해 주는 사람에게 마음이 쏠리고 그러한 마음이 옳고 그름보다 마음이 끌리는 것이 그르다 할지라도 자꾸 그곳으로 마음이 끌린다고 하였다. 현실 속의 자신과 상상 속의 자신이 서로 맞붙어서 어떻게 해야 할지 모르겠다고 하여 세션을 통해서 자신의 현재 친구와의 관계에서 힘든 상황에 대하여 바라보는 세션이 진행되었다.

묘지 앞에 안개가 펼쳐져 있고 어두운 비 오는 거리를 계속 걸었다. 눈에서 빨간 피를 흘리는 여인이 자신을 쳐다보는데 여자는 귀신의 모습이었다. 총을 쏘면서 교실 안으로 들어갔는데 교실 안에는 정상인과 귀신들 두 패로 나누어져 있었다. 담배를 피우고 있는 여자를 총으로 쏘아 죽이고 A가 해변을 걷고 있는데 총으로 쏘아 죽인 여인이 다시 나타났다. 악마와의 계약을 통해 자신을 제어하는 여인을 총으로 쏘아서 사라지게 하였다.

자신의 연약한 모습이 좋지 않은 상황이나 힘든 상황에 이끌리지만 악마의 강한 힘을 빌어서 좋지 않은 상황에서 벗어날 수 있는 힘을 얻었다고 하였다. 현재의 자신은 거절을 못하고 아픔에 괴로워하지만 악마의 강인함을 얻어서 현재 친구관계로 인한 문제를 잘 해결할 수 있는 힘을 얻었다. 악마가 나쁜 의미의 악마가 아니라 자신에게 힘을 주는 긍정적인 요소의 악마 이미지를 경험함으로써 자신에 대한 지지적인 힘을 줄 수 있는 동기 유발제가 된다고 하였다. 이 세션을 통해 페르소나와 자아에 맞춰 사회 적응을 키울 수 있는 것으로 나타났다(이부영, 1999).

17회기: 나에게 필요한 것

현재 마음과 몸의 상태가 안 좋아서 두 알을 먹던 약을 세 알로 먹어야겠다고 하였다. 상태가 안 좋은 상황과 약에 대해 이야기를 나눈 후 자신에게 필요한 것이 무엇인지에 대해 알아보는 시간을 가졌다.

자신에게 각성된 악마를 끌어내어 지옥으로 들어갔더니 교회가 있어서 교회 안으로 들어가니 자신이 아는 누나와 친구가 있었다. 밤이 되고 비가 올 때 다시 교회 안으로 들어가니 아는 사람들이 있었는데, 친구는 죽어 있었고 아는 누나가 있었다. 천사와 악마가 서로 나타나서 자신을 바라보고 있는 상황에 A를 좋아한 것이 실수였다고 말하는 누나를 A가 죽였는데도 계속 화가 나서 죽인 누나를 눕힌 다음 총으로 여러 번 쏜 후에야 마음이 편안해졌다고 하였다. 누나의 시체를 못을 박고 매단 후 밖으로 나오니 편안한 배경이 있는 숲이 보이고 그 아래 구멍을 보니 지옥이 있었다. 현 세상으로 돌아올 때 자신을 감싸고 있던 악마의 탈을 벗겨 내어 작은 상자 안에 넣고는 자물쇠를 잠가 놓았다.

A가 심상세션을 통해 자신의 힘으로 할 수 없는 일을 악마의 힘을 빌려서 자신이 할 수 없는 일을 해내고 싶어 하는 자신의 마음을 표현하였다. 자신이 떨쳐내고 싶어도 떨쳐지지 않는 마음을 총으로 쏘아 죽이고, 자신의 상처받은 근원에 대해 수없이 총을 쏘아대는 세션을 통해 자신의 억압된 감정을 표출하는 시간이었다. 대상자가 현재 자신의 유약함에 대해 악마의 강인함을 얻음으로써 자신의 내재된 힘을 키워 스스로 자신이 조절할 수 있는 능력을 키우도록 하였다.

18회기: 나를 만나는 시간

A가 우울한 감정에 휩싸여 많이 힘들다고 하면서 특히 새로 사귄 친구들과 어울리면서 자신에 대해 여러 가지로 생각을 하게 되었고 현재의 자신에 대해 문제점을 깨달게 되었다. 특히 자신이 상황에 맞게 적절하게 표현하지 못하고, 끊고 맺음이 없음이 자신을 힘들게 한다고 하였다. 세션을 통해 나를 만나는 시간을 가졌다.

자신과 또 다른 자신과의 만남을 지속적으로 가졌다. 초등학교 때로 돌아가서 자신과 또 다른 자신이 함께 다니면서 어린 자신에게 다른 곳으로 가라고 해도 가지 않아서 함께 있었다. 진실과 가짜를 찾는 과정에서 부모님을 만났는데 부모님을 칼로 찔러 죽였고 그 기분은 좋았다. 여자 그림자가 자신을 바라보고 눈알이 빨간 여자가 피눈물을 흘리며 웃고 있는 그곳에서 몸을 빼서 도망을 치는 가운데 또 다른 자신은 사라지고 본래의 모습으로 돌아왔다.

자신과 또 다른 자신과 함께 다니면서 스스로의 내재된 감정을 찾아나갔다. 자신과 또 다른 자신과 함께 다니며 내재된 감정을 찾아다니던 A가 세션에서 자신의 못난 모습을 죽이면서 새로운 자신을 만들어 가는 힘을 나타내기 시작했고, 부모님을 죽이면서 좋다고 했지만 실제로는 자신의 그러한 마음이 있다는 것에 대한 거부감을 보이며 부모님의 심상을 보고 싶지 않다고 하였다. 앞으로도 세션을 통해 부모님에 대한 갈등과 상처를 좀 더 들여다보면서 내면아이 치료가 들어갈 예정이다.

19회기: 가족 바라보기

A가 학교 출석에 대해 어느 정도 안정을 찾아가는 듯 보이지만 학교에 대한 애착과 필요성을 크게 느끼지 못했다. 새롭게 사귄 친구들을 만나는 것에 자신의 존재성을 느끼는 듯 보였다. 부모님과 늦게 귀가하는 부분에서 갈등이 많이 나타나면서 자신이 좋아진 부분에 대해서는 알아주지 않고 또 다른 요구를 하는 것에 화가 난다고 하였다. 자신을 좀 더 자유롭게 두지 않고 관섭하는 것에 짜증이 난다고 해서 가족에 대한 심상을 진행하였다.

어린 시절로 다시 돌아가서 어린 자신과의 만남을 가졌다. 어린아이가 안쓰럽고 외로워 보여서 손을 잡고 놀이공원에서 함께 놀았다. 어린아이에게 솜사탕도 사 주면서 자신과 보내는 시간을 즐겁게 하기 위하여 애를 썼다. 눈을 맞추며 아이가 즐겁게 웃는 모습을 보면서 자신도 즐거운 경험의 시간을 가졌다.

어린 시절 시골집에서 부모님은 곁에 없고 늘 외롭고 서러웠는데, 그때의 외로움과 서러움이 현재의 부모님의 지나친 관섭이 상반되게 나타나서 좋은 감정도 좋지 않게 느끼는 자신을 깨닫게 되었다. 앞으로도 A의 어린 시절의 상처를 치유하면서 긍정적인 부모상과 긍정적인 자아상을 강화할 수 있도록 세션이 진행될 예정이다.

20회기: 변화된 나 바라보기

A가 병원에 갔더니 이전보다는 증세가 많이 호전되어서 복용하던 ADHD 약의 양이 줄었다고 하였다. 현재 친구들과 어울려서 귀가 시간이 늦어지고, 그 일로 인해 집에서 마찰이 일어나고 있다고 하였다. 처음에는 학교 출석 문제만 해결하면 될 것

같다고 하더니 이제는 공부하지 않는다고 화를 낸다고 해서 A의 변화된 모습에 또 다른 기대치가 있는 것을 인식하고 세션을 시작하였다.

바닷가와 숲길을 걸으며 끊임없이 무엇인가를 찾아다니면서 좋은 일도 있고, 기분 나쁜 일도 경험을 하였다. 하지만 그것이 무엇인지는 구체적으로 나타나지 않고 명확하지 않은 감정에 계속 길을 찾아다녔다. 길게 노을진 석양을 바라보며 지쳐 가는 자신을 바라보며 그 모습이 좋지도, 싫지도 않음을 경험하였다.

명확하게 알지는 못하지만 자신에게 여러 감정이 있고, 그 감정에 대한 원인을 알고 그것을 바로 아는 세션을 통해 자신을 통제할 수 있는 조절력을 좀 더 강화하는 작업이 진행되어야 할 것으로 나타났다. 이 부분은 A에게 긍정적인 지지 기반이 될 것으로 보인다.

21회기: 지금의 나 바라보기

지난주에 외박과 외출 시간으로 인해 부모님과 크게 다툼이 있었지만 자신이 왜 그런지를 잘 말했고 그 부분에 대해 아버지도 수긍을 했다고 하였다. 예전보다 자신의 표현을 잘하고 그런 자신이 신기하다고 하였다. A에 대한 믿음과 신뢰가 필요하다고 하자 요즈음은 자신을 믿을 수 없다 생각하다가도 좀 더 믿을 수 있다는 생각과 자신감이 생긴다고 하였다.

심상세션을 통해서 A가 슬픔의 감정에 휩싸여 있고 그 감정이 어디서 오는지 잘 모르겠다고 하였다. 성 안에서 자신이 주인이 되어 성 안의 사람을 마음대로 움직이면서 통쾌함과 시원함을 느꼈다가 세션 후반에는 지속적으로 혼자 외로움을 느끼는 자신을 경험한 후에 자신에게 필요한 것은 근성임을 깨닫고 새로운 힘을 얻는 시간이었다. A가 심상세션을 통해 현실에서는 이루어지지 않는 상황을 상상 속에서 이루었지만 이제는 현실을 인식하는 능력이 향상되었다. 현실에서 자신에게 필요한 것은 자신을 지켜 내고 버틸 수 있는 근성이 필요하고, 이 근성으로 현실을 잘 직시하고 지낼 수 있는 힘이라고 스스로 알게 되었다. A가 차츰 상상에서 현실을 인식하면서 현실 인식력이 키워지고, 점차 현실 적응력도 강화되는 것으로 나타났다.

맺음말

A는 21회기의 세션을 통해 정서적 안정성과 자신에 대한 자신감이 향상되면서 학교에 대한 적응력이 키워졌고 대안학교에서 본 학교로 돌아갔다.

A는 심상세션을 통해 부정적인 감정을 표출하고 자신의 문제에 대한 통찰을 하는 시간이었다. 특히 의식과 무의식의 갈등 속에서 통합하는 과정을 거쳤으며, 낮은 자존감이 과대로 포장되거나 환상 속에 빠지거나, 현실감각이 없었던 부분에서 자신의 그림자를 찾아 아니마와 아니무스의 분석 과정을 통해 자신의 정체성을 찾아 의식이 강화될 수 있었던 것으로 나타났다. 학교생활이나 사회생활에 필요한 페르소나와 자아의 강화작업은 친구관계와 외부 사람과의 관계에 대한 불편함이 해소될 수 있었던 것으로 나타났다. 특히 어린 시절 부모의 부재로 인한 모성 영역의 결핍에서 긍정적인 모성 영역을 확립할 수 있었으며, A가 스스로 자신의 아니무스를 찾아 자신의 정체감을 키울 수 있었던 것으로 보였다. 세션을 통해 A는 자신의 내재된 잠재력도 보게 되었고, 자기에 대해 의식을 키움으로써 자아존중감과 정서적 안정성도 키울 수 있었던 것으로 보인다(지은미, 2002). 다음의 그림들은 A가 그린 만다라이다. 지면을 고려하여 세션회기 순서로 수록하였다.

〈만다라〉

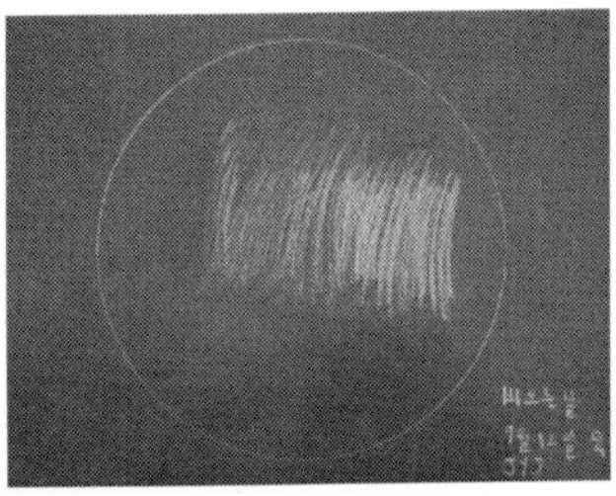

그림 12-1 비 오는 날 1

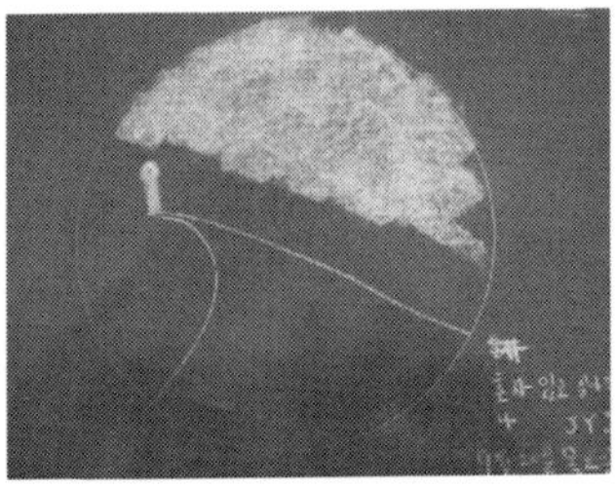

그림 12-2 희열감 2

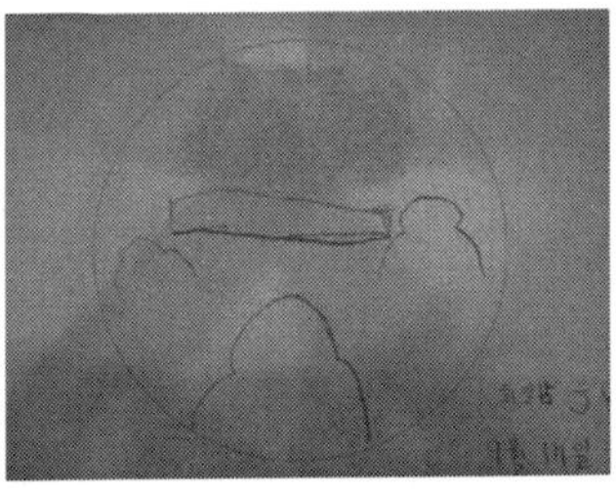

그림 12-3 혼자 있고 싶은 나 3

그림 12-4 한 여인 4

그림 12-5 또 다른 나 5

그림 12-6 YJ가 죽인 여자 6

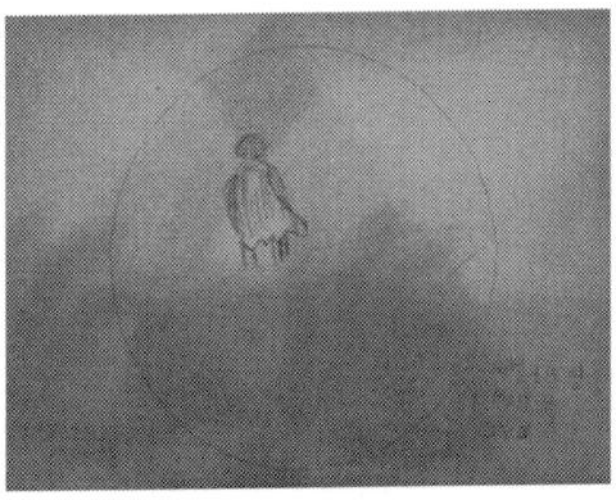

그림 12-7 나라를 구한 영웅 7

그림 12-8 무섭게 생겼지만 좋아하는 YJ 8

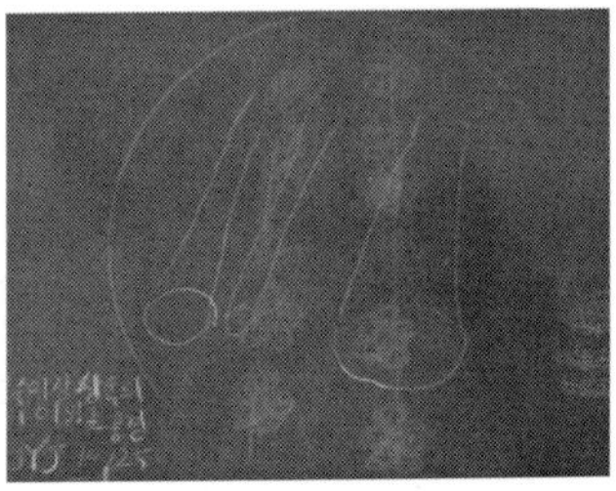

그림 12-9 YJ의 상상 속의 의미 있는 풍경 8-1

그림 12-10 알 수 없는 나 9

그림 12-11 행복한 자신 10

그림 12-12 신부 10-1

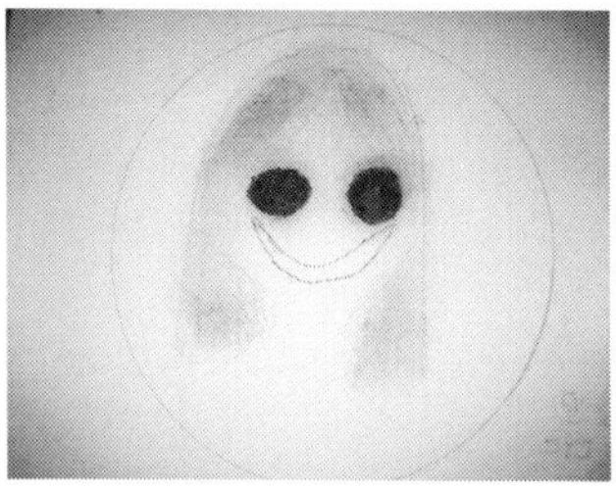

그림 12-13 뭘 웃어 11

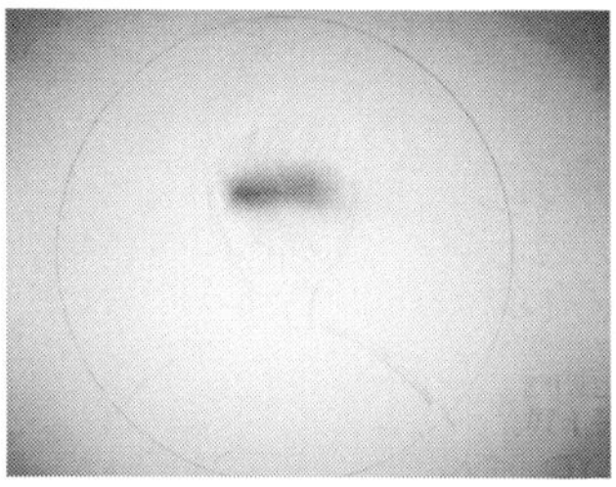

그림 12-14 눈이 없는 남자 12

그림 12-15 그저 웃고만 있는 YJ 13

그림 12-16 석양에 비치는 나 14

그림 12-17 어둠과 빛 15

그림 12-18 악마와의 계약 16

그림 12-19 너의 후회를 알라 17

그림 12-20 나를 죽인 나 18

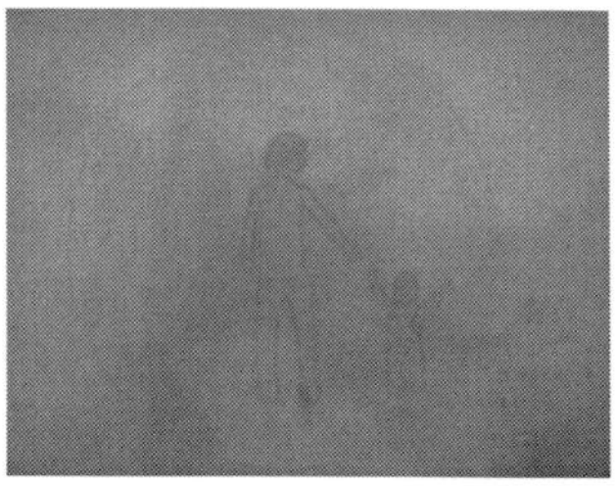

그림 12-21 과거 속으로… 서러움으로 19

그림 12-22 피곤한 하루 20

그림 12-23 무언가를 기다리는 YJ 21

용어 설명

Adjustment Disorder with Depressed mood ADHD 우울기분을 동반한 적응장애를 말한다.

주의력결핍과잉행동장애(Attention Deficit Hyperactivity Disorder: ADHD) 주의력 결핍 및 과잉 행동 장애를 말한다.

병력(Hx) 환자의 과거 병력, 현재 병력, 경과, 검사소견 등의 경력을 말하며, 진료 기록에 기록한다(임상약어연구회, 2016).

Axis II, Borderline Intellectual Functioning 경계선급 정신지체를 일컫는다.

각성 정신을 차리고 주의 깊게 살피어 경계하는 태도를 말한다(두산백과사전).

무의식(unconsciousness) 일반적으로 각성되지 않은 심적 상태, 즉 자신의 행위에 대하여 자각이 없는 상태를 일컫는다(표준국어대사전).

의식(consciousness) 현재 직접 경험하고 있는 심적 현상의 총체를 말한다.

자아(ego) 사고, 감정, 의지 등의 여러 작용의 주관자로서 이 여러 작용에 수반하고, 또한 이를 통일하는 주체를 말한다.

자아존중감 자신의 약점을 인식하면서도 자신의 강점을 소중히 여기며 자신의 가치를 인정하는 것을 뜻한다(상담학사전).

정서적 안정성 주변의 상황이나 자신의 감정에 쉽게 휩쓸리지 않고 자기가 계획하고 목표한 일을 꾸준히 실행해 나아가는 것을 말한다.

페르소나 '가면'을 뜻하는 희랍어로, 개인이 사회적 요구들에 대한 반응으로서 가지는 공적인 얼굴이라는 의미이다. Carl Jung은 진정한 자기와는 분리된 채로 남들에게 좋은 인상을 주거나 자신을 은폐시키기 위해 타인들이 정의한 자신의 인습적 역할을 그대로 받아들이는 현상을 기술하는 용어로 사용된다.

참고문헌

서울대학교 교육연구소(1995). 교육학용어사전. 서울: 하우동설.

이부영(1999). 아니마와 아니무스. 경기: 한길사.

이정균, 김용식(2008). 정신의학(제4판). 서울: 일조각.

임상약어연구회(2016). 의학 · 간호 약어해설사전. 서울: 대광의학.

지은미(2002). 음악활동이 비행청소년의 정서적 안정성과 자아존중감에 미치는 영향. 숙명여자대학교 대학원 석사학위논문.

최덕규(2018). 뇌는 바보다. 서울: 청어.

Bruscia, K. E. (2018). GIM 심상음악치료(김경혜, 정은주 공역). 서울: 하나의학사.

Oxford Advanced Learner's English-Korean Dictionary

두산백과사전

상담학사전

표준국어대사전

음악치료 임상사례집

21인의 음악치료사가 들려주는 임상이야기

제3부

성인 사례연구

Korean Case Studies of Music Therapy

제13장

종현이와 함께한 2년여의 여정

-그리고 계속되는 이야기, 음악치료-

곽은미

한빛음악심리상담센터장

한빛음악공작소 대표

개요

이 사례는 교통사고로 인한 반혼수(semi-coma)와 혼미(stupor)의 중간 정도 상태에서 치료를 시작하여 2년여의 재활을 통해 다시금 걷고, 말하고, 노래 부르고, 치료사에게 농담을 건네기도 하는 20대 남성 환자와 함께한 음악치료 여정에 대한 기록이다. 중환자실에서 치료사와 처음 만나 시작된 이 여정은 퇴원 후 통원치료를 앞두고 있는 현재까지도 계속 이어지고 있으며, 앞으로 어떤 변화와 성장이 이어질지 그 누구도 알 수 없기에 더욱 흥미롭고 희망적이다. 치료사와 함께하는 종현이의 도전은 지금도 현재 진행형이다.

내담자 정보

종현(가명)이는 2015년 11월 4일 교통사고로 인하여 뇌와 다리, 팔, 골반 등에 심각한 외상을 입었으며, 생명을 유지하기 위해 두개골 절제술, 기관 절개술, 션트 수술 등 여러 차례에 걸쳐 각종 수술과 시술을 받은 상태이다. 치료사는 2015년 12월 4일 처음 중환자실에 입원한 종현이를 만나게 되었으며, 2017년 12월까지도 치료는 계속해서 이루어졌다. 각각의 시기별로 내담자에게 행해진 치료의 방법들과 가족과의 협력, 치료사로서의 생각들을 정리하였다.

치료 과정

반혼수 혹은 혼미의 중간 상태

2015년 12월 3일 목요일 오전, 나는 여느 때와 같이 대학원에서 강의를 진행하던 중이었다. 수업에 방해가 되지 않도록 휴대 전화를 무음으로 설정한 상태였지만 전화가 쉼 없이 걸려오는 것을 알 수 있었다. 모르는 번호였지만 절박함을 드러내기라도 하듯 전화는 5분, 10분 간격을 두고 연속적으로 울리고 있었다. 강의 후에 확인한 용건은 '조카가 교통사고로 A병원에 입원 중이며, 음악치료사의 도움이 필요하다'는 내용이었다. 다음날인 2015년 12월 4일 금요일, 인공호흡기에 의지한 채 중환자실에 누워 각종 기계장치에 둘러싸인 종현이를 처음 만났다. 불과 1개월 전만 해도 종현이는 21세의 건강한 청년이었다. 뇌의 부종으로 인한 두개골 절개술, 기관 절개술, 폐렴 등 생사의 고비를 몇 차례 넘기고 아직 자가 호흡조차 어려운 상태에서 간신히 안정을 찾은 종현이는 반혼수(semicoma)와 혼미(stupor)의 중간 정도였다. 24시간 간호사가 배치된 독립된 중환자실에서 만난 종현이는 수많은 기계 장치와 인공호흡기, 기관 절개술, 위장 삽관, 배뇨관, 고관절 골절, 다리 골절로 인한 외고정 장치 등 생명 유지에 필요한 모든 의술의 도움을 받고 있는 상태였다(정천기, 김용휘, 2015).

전화를 통해 어머니와 대화를 나눈 뒤 내가 제일 먼저 요청한 사항은 종현이가 평소에 가지고 있었던 음악재생기기, 컴퓨터, 스마트폰 등에서 많이 들었던 노래 10곡을 정해 달라는 것이었다. 이외에도 종현이와 우애가 좋았던 남동생이 12곡을 추가로 선정해 주었다. 12곡 중 한 곡은 〈그라나도 에스파다〉라는 MMORPG(대규모 다중 사용자 온라인 롤플레잉 게임)의 주제곡이고, 또 다른 한 곡은 드라마 〈시크릿가든〉에 나왔던 연주곡이었고, 나머지는 모두 팝송이었다. 나는 면회 시간을 이용해 가족이 종현이에게 음악을 들려주고 변화를 보이는 생체 징후가 있는지 살펴볼 것을 요청했다. 12곡 중에 〈그라나도 에스파다〉의 주제곡을 듣고 심박수가 잠시 높아진 것을 제외하고는 별로 반응이 없다고 하였다. 주어진 면회 시간은 하루에 2회이며, 1회 방문객은 2명으로 제한되었고 허락된 시간은 단 30분이었다. 가족의 관계는 매우 돈독하여 대기실에는 종현이의 부모님과 조부모님, 친척들까지 항상 대기 중이었다. 제한된 면회 시간을 치료사에게 나누어 주는 것은 사실 너무나 어려운 일이었으나, 보호자의 결단으로 나는 일주일에 평균 3회 이상 방문하여 세션을 진행하기로 하였다. 초기에는 방문 당시 종현이의 상태에 따라 짧게는 5분, 길게는 10분 정도 중환자실에 머물면서 세 곡 가량의 노래를 들려주었다. 차례대로 노래를 들려주면서 박자에 맞추어 손을 주물러 주었고, 박을 세며 종현이가 직접 움직여 보도록 기다려 주었다. 노래가 이어지면 다시 박을 세며 기다리고 또 주무르고를 반복했다. 단순한 방식이었지만 리듬의 기본 박이 종현이에게 전해지도록 천천히 기다리며 생체 징후에 변화가 있는지를 살폈다. 안타깝게도 혈압, 맥박, 산소포화도 등에 특별한 반응이 나타나지는 않았다. 그러나 내가 진행한 방식은 간단하고 보호자도 충분히 이행할 수 있는 방식이어서 기회가 있을 때마다 종현이의 부모님도 같은 방식으로 종현이에게 음악을 들려주고, 박을 세며 몸을 주물러 주고, 이를 반복하도록 요청하였다.

2015년 12월 29일, 치료를 시작한 지 1개월 남짓한 시간이 흐른 뒤 인공호흡기의 도움 없이 자가 호흡이 가능해진 종현이는 중환자실에서 준중환자실(Sub ICU)로 이동하였다. 병실 이동 소식을 접한 나는 부푼 기대를 안고 에그 쉐이커, 징글벨, 카주 등을 챙겨 방문했지만, 너무 이른 희망이었다. 체온, 맥박, 호흡, 혈압, 산소포화도 등의 수치들을 계속해서 곁눈질하며 나는 다시 음악에 맞추어 종현이를 주무르고 반응 살피기를 반복했다. '보고 있으니 어디든 움직이자'라는 말과 함께. 2015년은 그렇게 마무리되었다.

2016년 1월, 종현이의 전체적인 활력 징후는 많이 안정되었지만 아직 다른 변화는 일어나지 않았다. 특별히 의학적 처치가 필요하지 않은 상황이라면 6주 이상의 입원이 불가한 국내의 병원 입원 규정상 종현이는 1월 9일에 타 병원으로 이동하였다. 아직은 아무 반응이 없는 종현이었지만, 나는 항상 "오늘은 하지 않았지만, 다음에 오면 해 줄 거지? 움직이는 것 자체도 중요하지만 신호를 보내는 것이 중요해"라는 말로 인사를 대신했다. 지금의 상태에 대해서도 솔직하게 이야기해 주되 계속해서 희망을 품도록 긍정적인 표현을 사용했고, 종현이가 우리의 대화를 다 듣고 있다는 전제 하에 모든 이야기를 했다.

종현이와의 치료에 대한 이론적 근거는 '뇌 가소성', 즉 스스로 회복하는 능력, 다친 부분을 우회하여 만들어 내는 새로운 정보의 전달 통로였다. 그를 위해 가장 광범위하게 뇌에 자극을 줄 수 있는 비침습적 자극인 음악을 지속적으로 제공하고, 신체적 반응을 유도하여 자극과 반응 사이의 연결 고리를 만드는 작업을 진행했다(Hedge, 2014; Li et al., 2015; O'Kelly et al., 2013).

반혼수에서 혼미에 더 가까운 단계

1월과 2월에는 지루한 기다림이 계속되었다. 우리에게는 전언어적 단계의 소통이 필요했다. 눈 깜빡이기, 종현이의 오른쪽과 왼쪽에 ○와 ×를 두고 시선 방향으로 '예'와 '아니오' 표시하기, 긍정일 때에는 손을 한 번 쥐고, 부정일 때에는 손을 두 번 쥐기, 엄지손가락 올리기 등으로 소통을 시도하였으나 어떤 것에도 분명한 반응은 없었다. 어떤 날은 방문하면 '혼수상태구나'하는 생각이 들고, 어떤 날은 방문하면 '반혼수상태가 맞구나!' 하는 생각이 드는 날들이 계속되었다. 여전히 의식의 큰 변화는 없었다. 2월 중순부터는 손에 힘을 줄 수 있거나, 박자에 맞추어 간혹 손가락이나 발가락을 움직이기도 했으나 지속적으로 이어지지는 않았고, 수의적 움직임으로 인정하기 어려운 날이 더 많았으며, 박자에 맞추어 움직이는 것은 불가능하였다. 전체적으로 반응이나 움직임이 좋아지기는 하였으나 이것이 의식적인 움직임인지 경련과 같은 불수의적인 움직임인지 확신할 수 없는 움직임이 나타나기 시작하였다(Lee et al., 2013).

세션은 이전과 동일하게 주 3일 진행되었고, 박자에 맞춰 주물러 주고, 반응을 유도하고, 기다리고, 다시 박자에 맞추어 주물러 주는 방식으로 진행되었다. 분명하지 않은 반응 중에서 그래도 신뢰할 수 있었던 반응 중 하나는 눈을 깜박이는 것이었고, "이 곡이 좋아? 좋으면 눈을 두 번 깜박거려 봐!" 해서 찾은 곡은 Ne-Yo의 〈So Sick〉이었다. 세션 시간은 좀 더 연장되어 15분에서 20분 정도로 유지되었다. 방문하는 동안 가족과의 대화도 많아지고, 종현이에 대한 좀 더 다양한 정보가 모이면서 어렸을 때 많이 불렀던 〈꿍따리 샤바라〉, 〈Circle of Life〉 등 기억할 만한 곡들을 연주하며 반응을 살피기 시작하였다. 이 무렵에 시도하기 시작했던 것이 노래 따라 부르기였다. 기관 절개술을 한 상태여서 목소리는 낼 수 없더라도, 입 모양이라도 노래 부르기를 따라한다면 의식의 상태가 좋아졌음을 판단할 수 있는 지표가 될 수 있고, 환자와 가족에게 희망이 생길 수 있는 큰 변화이기 때문에 종현이의 현 상태에서 손발의 움직임과 함께 시작할 수 있는 좋은 인지재활의 한 방법으로 판단되었다. 영어 가사를 기억 못할 수 있는 측면을 생각하여 한국 노래 중에서 〈고향의 봄〉과 〈둥근 해가 떴습니다〉 〈So Sick〉 등 세 곡을 선택하여 노래 부르면서 어떤 부분이든 따라 부르거나 입 모양을 만들도록 했으나, 반응은 빨리 나타나지 않았고 원인을 알 수 없는 고열이 나타나면서 2월이 마무리되었다.

2016년 3월, 종현이의 의식 상태에는 큰 변화가 없었지만 외모에는 많은 변화가 있었다. 입원 초기 뇌압 상승으로 인해 머리 앞쪽의 두개골 절제술을 시행했던 것이 뇌압도 잘 조절되고 있고, 전체적인 건강 상태도 호전되어 다시 복구할 수 있을 정도의 상태가 되었다. 3월 30일에 3D 프린터를 이용한 티타늄 두개골을 이식하는 두개골 복원술을 받아 외모는 본래의 늠름했던 모습으로 돌아왔다. 의식 수준이나 반응 수준에 별다른 변화는 없었으며, 2월 중순에 시작하였던 노래 따라 부르기 작업은 약 6주간 시도하다가 변화가 없어 중단하고 신체 움직임에 더 집중하였다. 본인이 좋아한다고 표현했던 〈So Sick〉에 맞추어 8박을 세며 주무르고, 이젠 종현이 차례이니 움직이라고 이야기하고, 자신의 움직임을 볼 수 없는 종현이에게 "지금 왼쪽 엄지발가락 움직였다, 오른쪽 엄지발가락 움직였다" 등과 같이 움직임이 보이는 어떤 부위라도—그것이 수의적이든, 불수의적이든—계속 알려 주었고, 아주 작은 움직임 하나하나까지도 이야기하였다. 움직임 중의 일부는 수의적이라고 보기 어려웠지만, 지속해서 움직임으로 인정하고 이야기해 주었고, 3월 중순부터는 왼쪽 엄지발가락을 음악에 맞추어 움직이는 것이 간헐적으로 발견되기 시작하였다. 왼쪽

손은 위팔 쪽의 골절이 완전히 낫지 않은 상태였기에 자극을 주기 어려워 오른손에 중점적으로 자극을 주고 움직임을 요구하였고, 왼발과 오른발에 자극을 주고 반응을 기다리는 일이 반복되었다. 3월에도 아이패드나 ○, × 사인 등을 이용하여 의사소통의 수단을 찾는 일은 계속해서 시도하였지만, 2월과 유사하게 정확하게 '예'와 '아니오'를 구별하여 명확히 의사를 전달하지는 못하였다.

중환자를 돌보는 일은 매우 많은 시간과 절차가 필요한 일이었다. 기관 절개술을 받은 환자들은 2~3시간에 한 번씩 습도 유지를 위해 수분을 공급해 주고, 가래를 제거해 주어야 한다. 이런 일들이 환자 돌봄에 있어 많은 시간을 차지하고, 위장관으로 음식물을 섭취하는 것도 생각만큼 쉽지 않아서 하루에 3번, 1시간씩, 매일 3시간 가까이 되는 시간이 필요하였다. 병원에서는 생명과 직결되는 숨쉬기, 음식물 섭취하기에 그렇게 많은 시간이 들었고, 의학적 처치에도 많은 시간이 사용되었다. 두개골 복원술 이전에는 환자를 좌우로 움직이거나 침상을 세우는 것도 금지된 상황이었다. 3월 말에 두개골 복원 수술을 받은 이후에야 종현이는 침대의 위쪽을 조금 올릴 수 있을 정도의 상태가 되었다. 그동안은 여러 가지 위험 요소로 완전 평면의 상태로 누워서만 지내고 있어 욕창의 위험도 매우 컸고, 기본적인 돌봄을 진행하는 일도 매우 조심스러웠으며, 치료를 진행하는 일에도 여러 가지 제약이 있었다(정천기, 김용휘, 2015).

재활치료의 시작

아직 의식이 완전히 돌아온 것은 아니었지만, 드디어 기다리던 기본적인 재활치료가 시작된 것은 2016년 4월 4일이었다. 아직은 관절의 가동 범위를 넓혀 주는 정도의 수동적 관절 운동이었지만, 그래도 종현이가 물리치료를 시작한 것은 회복에 대한 큰 기대를 품게 하였다. 이 시기부터 음악치료에서도 움직임의 범위를 확장하여 손가락, 발가락 위주의 움직임에서 오른쪽 팔을 수의적으로 움직이게 하는 일에 집중하기 시작하였다. 종현이의 기본적인 자세는 누워서 팔이 45도 각도로—가슴의 방향으로—되어 있는 상태였고, 수동적으로 박자에 맞추어 2박에 약 45도씩 천천히 움직여서 90도, 135도, 180도로 팔을 천천히 완전히 펴고, 다시 8박에 원래의 위치로 오는 활동을 시작하였다. 이 활동 역시 8회의 반복 후 종현이가 스스로 움직이도록 유도했고, 아주 미세하게 90도에서 120도로 이동하는 것이 가능하였다. "시동 걸어 줄게"라는 표현으로 팔의 위치를 90도로 만들어 주고, 8박을 세며 대기하면 약간씩의 움직임이 나타나기 시작했고, '100도, 110도, 120도'라는 표현으로 종현이가 움직이고 있음을 지속해서 알려 주었다. 그렇게 움직이고 나면 팔을 완전히 펴는 감각을 알 수 있도록 박자에 맞추어서 다시 180도까지 움직여 주고, 다시 120도의 위치로 만들어 주면서 "시동 걸었다, 나머지는 네가 해야 해" 등으로 표현하여 다시 90도의 위치까지 움직이도록 유도하였다. 사용하는 문장이나 표현은 일정하게 유지하였고, 부모님이 시도할 때에도 같은 표현을 사용하도록 요청하였다.

4월까지도 '예'와 '아니오'의 기본적인 의사소통의 수단은 찾지 못한 상태였고, 아직도 반응의 정확도가 많이 떨어져 있는 상태로 의사 표현을 완전히 신뢰하기는 어려운 상태였다. 세션의 끝에는 "오늘은 어디까지 성공했고, 다음에 올 때에는 어디까지 해 주었으면 좋겠다"는 목표를 말한 뒤 종료하였고, 이 무렵부터 간병인이나 부모님이 음악을 틀어 주면 혼자 손가락 혹은 발가락을 박자에 맞추어 움직이는 모습이 자주 관찰되기 시작하였다. 두개골 복원술을 준비하는 과정에서 경추의 위치가 어긋나 있는 것이 발견되었고, 수술의 필요성이 대두되어 5월 초에 경추를 다시 바로잡는 수술이 결정되었다.

운동 영역의 초기 회복기

5월 10일 경추 수술 후 중환자실에서 일반 병실로 옮긴 직후 종현이를 방문하게 되었다. 그날의 느낌은 뭐라 표현하기 어렵지만, 어둡고 조금은 침침했던 방에 밝은 불이 하나 더 켜진 것 같은 느낌이었다. 마치 바로잡아 놓은 경추가 눌려 있었던 신경을 풀어 준 것처럼 의식이 훨씬 더 명료해진 느낌이었다. 시선이나 질문에 대답하는 상태 등이 다른 날과는 확연히 다르다는 느낌을 받으면서 회복에 대해 기대도 커졌다. 이후에 급속도로 의사소통의 정확도가 높아지기 시작하였다. 그러나 3~4월에 비교하여 좋아진 것이었지 완전히 신뢰할 수 있는 상태는 아니었다. 수술 다음날인 5월 11일에 시행된 혼수 회복 지수(R-Coma Recovery Scale: R-CRS) 평가에서 11점을 받았으며, 이에 대해서는 인지재활 영역에서 설명할 것이다.

종현이의 부모님은 인지재활을 위해 다양한 방향을 모색하기 시작하였다. 나는 아이패드 구입을 권유했다. 다양한 교육이나 재활을 위한 애플리케이션이 개발되어 있고, 언어로 의사소통하는 것이 최선이지만, 필요하다면 전언어적 의사소통 단계의 대체 의사소통 수단으로 사용할 수 있는 도구로는 아이패드가 가장 적절할 것으로 판단되었다. 아이패드에 5~10분 정도의 짧은 동영상, 뮤직비디오 등을 설치해 주고 여유 있는 시간에 볼 수 있게 해 주었으나 아직 인지의 상태가 좋지 못해서 그런지 특별한 관심이 없었고, 여러 가지 애플리케이션의 구동을 시도해 보았으나 아직 침상을 완전히 일으킬 수 있는 상태는 안 되었기에 불가능했다(침대 윗부분은 약 30도 전후로 세울 수 있는 상태였다). 아이패드를 시선 방향과 관절 가동 범위 안에서 고정할 방법이 없어서 결국은 치료사가 손으로 들고 종현이가 터치하도록 할 수밖에 없는 상태였는데, 치료사 혼자 진행하기가 어려워 결국 부모님과의 협동작업이 필요했다. 그러나 얼굴 위에 아이패드를 들고 있는 상황도 안전하지 않기에 침상을 90도로 올릴 수 있을 때까지 보류하였다.

신체재활은 기존과 같은 방법으로 진행되고 있었다. 8박 혹은 16박을 세며 수동적으로 움직이고, 같은 박만큼 자발적으로 움직이도록 유도하고, 박자에 맞추는 것을 매우 중요하게 이야기하고 있었지만, 종현이는 박자에 맞추는 것을 어려워하였다. 박자가 잘 맞지 않는 것은 소뇌의 어려움, 혹은 기저핵의 어려움을 의미할 수도 있는 것이라서 지속해서 박자에 맞추는 것을 요구하였으나, 수의적 움직임으로 판단하기 어려운—떨림과 같은—굉장히 빠른 움직임을 보이지만 박자에 맞추는 동작은 어려워하였다. 선호하던 노래 중 리듬감이 확실하게 느껴지는 Eminem의 〈Not Afraid〉, Ne-Yo의 〈So sick〉, Jason Mraz의 〈I won't give up〉 등을 신체재활에 주로 사용하였고, 한 곡이 끝날 때까지 치료사와 종현이가 교대로 하며 같은 동작을 반복했다. 아직 골절이 완전히 회복되지 않은 왼팔을 제외하고, 나머지 손발을 움직이는 연습을 꾸준히 했다. 움직임이 보이지 않을 때에는 "움직이는 것 자체도 중요하지만 신호를 보내는 것이 중요해. 계속해서 신호를 보내"라는 말로 격려하며 중재하였다. 오른팔의 움직임이 좀 더 원활해져서 90도에서 135도로 움직이는 각도가 거의 유사하였고, 지시에 반응하는 속도도 빨라지고, 움직임 자체도 빨라졌다. 가슴 쪽으로 올리는 것에는 변화가 없었으나, 135도에서 150도 정도까지는 가끔 움직일 수 있었다. 발은 왼쪽 발가락의 움직임이 매우 좋아져서 발목의 움직임을 진행하였고, 다리의 움직임을 시도는 하였으나 팔과 같은 움직임은 나타나지 않았다. 발목은 간헐적으로 움직일 수 있었으나, 지속해서 수행은 어려웠다. 세션은 평균 주 3회로 꾸준히 진행되고 있었고, 세션 시간은 많이 늘어나 30~40분까지 진행할 수 있게 되었다.

수술 후 안정기를 지난 5월 중순부터 에리고(erigo)라는 기계 장치를 이용한 보행 훈련이 시작되었다. 에리고는 하지 재활 운동 로봇으로, 환자의 인식 상태가 완전히 회복되지 않고 상체를 유지하지 못하는 상태에서도 시작할 수 있는 기계 장치로, 중추신경계 손상으로 인한 운동장애 환자의 초기 재활에 주로 사용되는 장비였다. 환자의 관절 가동 범위와 근력, 키와 다리의 길이 등을 고려하여 환자가 누워 있는 상태에서 고정하여 기계를 조절해 환자를 약 60~80도까지 직립시킨 후 20~30분 정도 기계적으로 하지의 움직임을 지속하는 장치였다. 경추 수술 이후 종현이는 가슴부터 목까지 보호하는 미네르바 보조기를 착용하여 수술 부위를 보호하고, 안전하게 결합될 수 있도록 하였다. 에리고를 시작으로 종현이의 일과는 아침 9시부터 저녁 6시까지 점심시간 1시간을 제외한 모든 시간이 에리고, 경사 침대, 자전거 타기, 작업치료, 언어치료 등의 재활 일정으로 하나둘씩 채워지기 시작하였다. 5월 말부터 종현이는 음악치료사를 포함하여 약 15명의 치료사와 함께하기 시작하였다.

6월 3일, 종현이는 처음으로 침대에서 벗어나 휠체어에 앉을 수 있게 되었고, 본격적인 재활이 시작되었다. 6월 초부터 수의적으로 보기는 어렵지만 손을 지속해서 떨거나 움직이는 모습이 관찰되었고, 의지적인 동작으로 만들어 주기 위하여 6월 중순에 침대의 각도를 올려서 침대에 기대어 앉은 상태로 연필을 잡고, 받쳐 주는 용지를 돌리면서 자신의 이름을 쓰는 작업을 시작하였다. 이는 두 가지 목적을 가지고 있었는데, 하나는 가시적으로 본인이 하는 작업을 볼 수 있게 하려는 목적과 내담자 본인과 가족에게 희망을 주려는 목적이 있었다. 가족, 치료사, 종현이조차도 본인만의 능력으로 글씨와 비슷한 것이 나온 상태가 아니라는 것을 너무나 확연히 알면서도 모두 크게 기뻐하였고, 다시금 희망을 품을 수 있었다.

인지재활

실제적인 인지의 상태가 좋아지기 시작한 무렵은 5월 10일 경추 수술 이후로, 식물인간(vegetative state)과 미미한 의식 상태(minimally conscious state)를 구분할 때 사용되는 R-CRS에 의하면, 23점 만점을 기준으로 2016년 5월 22일 11점에서, 7월 25일 16점으로 약 64일 동안 11점에서 16점으로 향상되었다. R-CRS는 여섯 가지 영역(청각, 시각, 운동, 입 운동, 의사소통, 각성 상태)에서 검사가 시행되며, 종현이는 최초 검사에서 청각에서는 큰 소리에 반응을 보이고(1점), 거울의 움직임을 따라 눈을 움직일 수 있고(3점), 손에 공을 주었을 때 잡으려는 시도가 있고(4점), 혀의 움직임이 나타나고(1점), 언어소통의 수단은 없고(0점), 자극 없이도 눈을 뜨고 있는 상태(2점)였다(Giacino, Kalmar, & Whyte, 2004; Kalmar & Giacino, 2005). 8월부터는 간이정신상태검사(MMSE)로 검사가 바뀌어 8월 10일 10점에서 2017년 1월 8일 26점으로 5개월 동안 15점의 향상으로 경도 인지장애에 해당한다. 이후 추후 검사는 시행되지 않은 상태이다.

◆ 표 13-1 ◆ 인지검사 결과

R-CRS(25점 만점)		MMSE(30점 만점)	
측정일	점수	측정일	점수
2016. 5. 22	11	2016. 8. 10	10
2016. 6. 14	12	2016. 9. 초	20
2016. 7. 5	15	2016. 10. 초	22
2016. 7. 25	16	2016. 11. 4	26
		2017. 1. 8	26

치료사는 주로 언어재활과 신체재활에 관여하였으며, 인지재활을 위해서는 다른 인지치료에서 진행되고 있는 여러 가지 정보를 취합하여 현재 사용하고 있는 재활 프로그램과 같거나 유사한 아이패드에 있는 재활 관련 애플리케이션을 검색한 후, 종현이의 단계에 따라 연습할 수 있도록 제공하며, 가족이 이를 진행할 수 있도록 도왔다. 주로 사용했던 프로그램들은 대체의사소통, 사물의 명칭 기억, 인지 촉진, 청지각 능력 회복, 시지각 능력 회복, 손가락 기민성 회복 등을 위한 다양한 애플리케이션을 각각 시행해 보았다. 종현이의 회복 단계에 따라 필요한 것들이 달랐으며, 시점에 따라 유용했던 것이 불필요해지기도 하고, 어려워서 전혀 할 수 없었던 것도 할 수 있게 되는 등 지속적인 관찰과 민감한 난이도 조정이 필요하였다. 특별히 유용했던 몇 가지 중 초기 단계부터 설명하면 손가락으로 스크린을 터치하면 밑에 그

림이 나오는 애플리케이션을 이용하여 의도적으로 손가락의 움직임을 유도하였고, 다음 단계에서는 4조각 퍼즐을 맞추는 게임을 이용하였다. 〈Oticon Medical〉은 듣기 훈련을 할 수 있는 게임 형식의 애플리케이션으로, 제시되는 소리가 무슨 소리인지 맞추는 프로그램이다. 물소리, 전자레인지 소리, 화장실 물 내리는 소리, 시계 소리 등 다양한 생활 소음을 들려주고, 화면에서 사물을 클릭하거나 사물의 명칭을 대답하는 형식으로 진행하였다.

〈Visual Attention Therapy〉는 외상성 뇌손상, 뇌졸중 환자의 재활을 위하여 개발된 애플리케이션으로, 난이도가 낮은 단계에서는 같은 모양의 상징(symbol) 찾기, 높은 단계에서는 문자 찾기 등을 진행하는 애플리케이션으로, 다행히 종현이의 경우 한글이나 영어 읽기에는 처음부터 문제가 없었기 때문에 비교적 쉽게 과제 수행이 가능하였다. 소근육 운동 발달을 위한 애플리케이션은 〈Dexteria-Fine Motor Skill Development〉을 사용했으며, 세 가지 프로그램이 있는 애플리케이션으로 엄지와 검지를 이용해서 돌아다니는 게를 잡는 게임, 엄지를 고정하고 다른 4개의 손가락으로 스크린을 터치하는 연습을 하는 프로그램, 알파벳의 순서를 필순에 따라 쓰는 프로그램 등이 있었다. 아직은 연필을 잡고 쓰는 것보다는 터치스크린의 기능을 이용하는 것이 용이해 글씨를 쓰는 순서를 이 애플리케이션을 통하여 진행하였다. 이는 종현이가 지루하지 않게 손가락 기능을 회복하기에 매우 적절하였으며, 스스로 하고 싶다고 아이패드를 요청하게 만드는 애플리케이션 중 하나였다. 종현이는 오른손보다 왼손의 기능이 현저히 저하되어 있어 왼손과 병행하여 진행하며, 오른손의 움직임을 기억하여 왼손을 움직이도록 중재하였다. 인지재활 영역에서 음악치료 중재는 언어재활의 영역과 함께 진행하여 사물의 명칭을 기억하는 것을 돕기 위한 활동을 하였으며, 이는 노래하기 그리고 말하기 부분에서 설명할 것이다.

노래하기, 그리고 말하기

7월 31일, 언어치료실 검사에서 치료사가 "밤말은 쥐가 듣고"로 시작하니까 "낮말은 새가 듣는다"를 입 모양으로 표현했다는 소식을 접하고, 이런 상태라면 노래 부르기도 가능하겠다 판단하여 세션에서 동요를 부르기 시작하였다. 기관 절개술로 인해 아직 목소리가 나오는 상태는 아니었지만 "퐁당퐁당"하고 시작하자 입 모양으로 "돌을 던지자" 하고 반응하였다. 내가 너무 놀라서 〈학교종〉 〈산토끼〉 등등 동요를 부르기 시작하자, 분명하게 알 수 있는 입 모양으로 노래를 부르기 시작하였다. 지난 2월, 6주에 걸쳐 시도했던 입 모양 만들기 이후 시도해 보지 않았는데, 운동재활에 신경을 쓰고 있는 사이 종현이는 인지 기능에 많은 회복을 보였던 것이다. 그날 나는 부모님과 함께 마음껏 기뻐했다. 종현이도 아직은 표정이 다양하지 않아 분명한 표정은 아니었지만, 치료사와 부모님이 기뻐하는 표정을 보고 좋아하는 것처럼 보였다.

다음 세션부터는 다양한 동요를 시도하였고, 사물의 명칭에 대해 바로바로 대답하지 못하는 명칭 실어증의 증상을 보여 사물이 점점 작아지는 노래인 〈돌과 물(바윗돌 깨뜨려)〉, 연상 작용을 이용한 〈원숭이 엉덩이〉 노래를 이용하여 사물의 이름을 기억하도록 활동을 기획하였다. 처음 세 번은 치료사가 불러 주고, 다음은 한 소절씩 불러 주며 다음 가사가 나오도록 중재하였다. 바로 대답이 나오지 않는 경우, 다시 처음부터 불러 주고 반응을 기다렸다. 세 번의 시도까지도 안 나오면 다시 전체를 노래로 불러 주는 과정을 반복하였다. 내담자가 너무 좌절하지 않도록 지나치게 요구하지 않았으며, 생각나지 않을 수 있음을 지속해서 강조하였다. 나는 종현이가 결과보다는 과정에 집중하도록 초점을 맞추었다. 동시에 〈네모의 꿈〉을 활용해 다양한 사물의 명칭을 기억하도록 하였고, 이와 함께 아이패드의 〈Flashcards Maker〉 애플리케이션을 이용하여 〈네모의 꿈〉에 나오는 사물들을 보여 주면서 노래를 진행하였다. 노래를 부른 후에는 다시 같은 애플리케이션을 이용하여 사물을 명명하는 작업을 진행하여 정보를 입력하는 과정과 산출하는 과정을 반복적으로 진행하였다.

동요와 〈네모의 꿈〉을 세션에 활용하던 중, 작업치료사와 함께 거북이의 〈비행기〉라는 노래를 부르며 세션을 하였다는 보고를 받았고, 노래를 찾아서 불러 주자 정확한 입 모양으로 노래를 부르며 웃는 모습을 보여 주었다. 이때 이후 종현이는 자신이 기억하는 가요들을 치료사에게 설명하면서 찾기 시작하였다. 노래의 제목을 정확하게 기억하는 때도 있었지만, 가사의 일부분을 기억하거나 가수의 이름을 말하면서 원하는 곡들을 찾기 시작하였다. 다양한 경로를 통하여 정보를 알아내고, 찾아서 들려주면 원하는 곡이 아닌 경우에는 "아니에요"를 반복하면서 좋아하는 곡들을 찾아내기 시작하였다. 초기에 찾았던 곡은 팀의 〈사랑합니다〉, 동방신기의 〈오-정반합〉, 〈주문-미로틱〉, 더 자두의 〈김밥〉, 버즈의 〈겁쟁이〉 등이다.

종현이는 새로 배운 〈네모의 꿈〉과 사물의 명칭이 많이 들어가는 〈돌과 물〉 〈원숭이 엉덩이〉 등은 어려워했지만, 기존에 알았던 곡들의 가사를 매우 정확히 기억하고 있어서 노래 부르기를 매우 좋아했으며, 치료사가 원하는 곡을 찾아 주고 어머니께 전달하면 자신이 계속 듣고 싶은 곡을 어머니나 아버지께 틀어 달라고 요구하였다. 8월 24일 기관 절개술을 받았던 목 튜브가 제거되고, 목소리가 나오기 시작하여 8월 말에는 목소리로 대화가 가능해지기 시작하였다. 명칭을 잘 기억하지 못하는 증상이 지속되었고, 플래시 카드 애플리케이션을 통한 중재는 지속해서 시행하였다. 지난 세션에 맞혔던 사물도 맞히지 못할 때가 있고, 반대의 경우도 있어서 종현이는 생각이 나지 않을 때마다 답답해하거나, 안타까운 표정을 짓는 등 감정의 변화를 확연히 드러내기 시작하였다. 그럴 때마다 나는 "그럴 수 있어. 그러니까 연습하는 거지"라는 메시지를 반복해서 전달하면서 감정 자체는 인정해 주지만 연습의 중요성, 여기까지 환자 본인이 얼마나 열심히 했는지 강조하면서 감정의 변화에 민감하게 반응해 주었다.

목소리가 나오기 시작하자 말 명료도가 떨어지는 것이 확연하게 드러나기 시작하여 언어치료에서 진행되고 있는 말 명료도 향상을 위한 단어, 음절 등을 보고받아 음악으로 만들어서 진행하였다. 모음 '아에이오 우어'는 혀의 위치가 입의 뒤쪽에서 앞쪽으로, 아래에서 위쪽으로 (모음삼각도 참조) 연속적으로 이동하면서 연습할 수 있도록 구성되었다. 이를 바탕으로 '아에이오 우어'를 반복적으로 연습할 수 있는 노래를 만들어 연습하였다.

악보 13-1 아에이오 우어

자음의 조음에서는 양순파열음(/ㅂ/, /ㅃ/, /ㅍ/)은 비교적 쉽게 발음되나, 치경마찰음(/ㅅ/, /ㅆ/)과 경구파찰음(/ㅈ/, /ㅉ/, /ㅊ/)의 발음은 상대적으로 불명확해서 2016년 11월부터는 같은 음절을 반복 훈련하는 짝자극기법(paired stimuli technique)을 바탕으로 메트로놈을 이용하여 챈트 형식으로 진행하였다(석동일, 1996). 짝자극기법에서는 목표 음소가 나오는 두 개의 단어를 짝지어 연속적으로 발음하도록 하는데, 이미 정확한 발음을 하는 단어를 중심에 두고 오류가 발생하는 단어와 함께 발음하도록 한다. 따라서 [그림 13-1]에 있는 것과 같은 단어를 발음할 때의 순서는 짠지-찜질, 짠지-짜장, 짠지-쪽지로 진행한다. 다시 말을 하기 시작하는 초기 단계에서는 말을 하면서 침을 삼키는 동작도 내담자에게는 이중과제에 해당한다. 말의 흐름 가운데 틈틈이 침을 삼키는 데 어려움이 있어 침을 삼킬 수 있는 시간적 여유를 가질 수 있도록 시각적 신호를 만들어서 제공하였다. 빠르기는 80bpm으로 고정하고 한 박에 한 음절씩 발음하도록 하고, 회색 동그라미 안의 글자를 읽기 전에는 8박의 여유 시간을 주어 치료사도 80bpm에 맞추어 '침 삼키고, 쉬었다가'로 언어적으로 중재하였다. 중재에 익숙해진 이후에는 스스로 8박자 동안 침을 삼키고, 호흡을 가다듬는 시간을 가지고 다시 진행하도록 하였다. 제공된 예는 경구파찰음인 'ㅉ'의 발음 연습으로, 이와 같은 단어가 첫음절, 둘째 음절, 셋째 음절에 위치하는 단어로 세트를 구성하여 단어의 어떤 부분에 나와도 발음할 수 있도록 연습하였다.

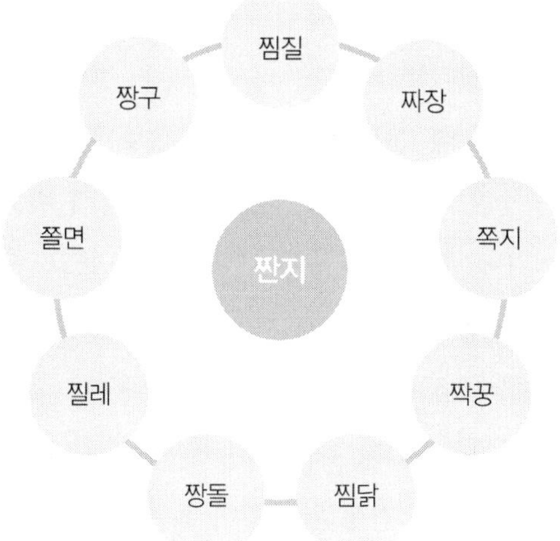

그림 13-1 짝자극기법 시각 자료

운동 기능의 향상기

재활에서 넘어야 하는 커다란 산은 다시 걷기 시작하는 것이다. 에리고와 로봇 보행 훈련기구를 통하여 종현이의 걷기 연습은 시작되었으나, 도움 없이 자발적으로 걷기까지는 여러 단계가 필요하였다. 경사 침대를 통해 직립으로 서고, 에리고를 통해서 약 60~80도 정도로 서 있는 상태에서 기계의 도움으로 다리를 움직이는 연습과 고정 자전거로 다리의 근력을 키우는 연습을 하고, 다음 단계에서는 로봇 보행 훈련기구를 이용하여 상체는 기구에 의해서 지지가 된 상태로 로봇 다리를 다리에 부착시켜서, 기계의 움직임에 의해서 다리를 보행하는 것과 같은 순서로 움직이게 하는 연습을 하였다. 이와 동시에 처음에는 침대를 45도 각도로 세워서 앉아 있기, 보조도구 없이 앉아 있기, 누워 있는 자세에서 일어나 앉기, 침대에서 다리 내리기, 다리 내려서 혼자 일어서기, 혼자서 휠체어 타기 등과 같은 단계들도 함께 진행이 되었다.

종현이가 처음으로 혼자서 누워 있는 자세에서 일어나 앉기 시작한 것은 10월 중순부터 가능해졌다. 이때부터 보행능력은 빠른 회복세를 보이기 시작하였다. 이 같은 이정표마다 케이크를 준비해 '백일 지났다' '돌 지났다' '2세가 되었다'와 같이 초의 개수를 늘려나가면서 한 단계 한 단계 전진해 나가는 것을 가족과 함께 기뻐하며 과정에 감사하고 인정하는 의식을 통해 정서적인 지원도 함께 진행해 나갔다. 여러 단계의 작업을 거쳐서 종현이는 보호자의 보조 없이 10m 이상 독립보행을 하기 시작한 무렵인 1월 중순부터 신경학적 음악치료의 한 기법인 리듬 청각 훈련(RAS)을 이용한 중재를 시작하였다(Baker & Tamplin, 2006; Thaut & Hoemberg, 2014). 처음 RAS 훈련을 시작하였을 때, 분당 보행 수는 80으로, 일반 성인 남자의 평균 보행수인 112~120보다는 늦은 편이었으나, 다른 내담자들과 비교해서는 시작 지점이 좋은 편이었다. 이 시기에 종현이는 독립 보행이 가능했고, 주치의의 허락하에 주 3회, 30분을 기본으로 진행하였으나 만약의 경우를 대비하여 보행 벨트를 착용한 상태에서 보호자의 밀착 보호 아래서 활동하였다. 폭 5m, 길이 약 8m의 공간에서 트랙을 도는 것처럼 연습하였으며, 초기 단계에서는 2회 도는 것을 목표로 진행하고, 보행 연습 사이에는 앉아서 진행하는 언어 혹은 인지 재활 관련 중재를 하면서 휴식을 취하였다. 첫 3회기는 3번의 시도를 통해 6회를 돌았으며, 1주에 한 번씩 빠르기도 약 5%씩 증가하여 7주에 걸쳐 빠르기가 110까지 올라갔으며, 훈련 공간을 도는 횟수도 한두 바퀴씩 증가하여 1회 시도에 10회 연속 걸어서, 20회까지 걸을 수 있게 체력적으로, 균형 감각적으로 운동 기능이 향상되었다.

7월 중순부터는 주치의의 요청으로 이중과제 훈련을 시행하였다. 이중과제란 신체활동과 인지활동을 동시에 하거나, 두 가지 신체활동 과제를 동시에 하는 것을 의미한다. 걸으면서 100에서 7씩 빼기, 혹은 100에서 13씩 빼기, 특정 자음을 시작하는 단어 말하기, 숫자를 세면서 3의 배수는 제외하기, 즉 1, 2는 말하고 3은 말하지 않고, 4, 5는 말하고 6은 말하지 않는 등으로 100까지 혹은 200까지 진행하기와 같은 인지활동을 걷기활동과 함께 진행하였다. 두 가지 신체활동을 동시에 진행하는 활동으로는 걸으면서 손에 들고 있던 공 넣기와 같은 활동이 있는데, 이와 같은 활동은 이중과제 수행능력을 향상시켜 주고, 보행능력과 인지능력을 모두 향상시켜 준다는 연구에 근거한 접근이었다(Fritz, Cheek, & Nichols-Larsen, 2015; Liu, Yang, Tsai, & Wang, 2017; McCulloch, Buxton, Hackney, & Lowers, 2010; 김현애, 서교철, 2013). 처음 이중과제 훈련을 할 때에는 생각할 때 걸음을 멈추거나, 걸음을 박자에 맞추어 걷지 못하는 등의 현상이 나타나기도 하였고, 착석해서 하면 어려움 없이 진행하는 인지활동도 계산하는 데 시간이 오래 걸리거나 혹은 오답을 말하는 등의 오류를 범하였다. 약 7주에 걸친 이중과제 훈련에서 종현이는 신체활동이 중단되는 일이 없어졌고, 계산의 시간도 오류가 감소하였다. 3의 배수의 숫자를 누락하고 숫자를 세는 활동에서 2보에 하나씩 이야기하는 것, 즉 오른발을 중심으로 이야기하면 '1-오른발, 왼발, 2-오른발, 왼발, 말하지 않고-오른발, 왼발'의 방식을 시도하였으나, 7주 후인 8월 말까지도 어려워하였다. 수학적인 인지활동과 함께 특정 자음으로 시작하는 단어말하기활동도 진행하였으나, 수학적인 인지활동과 비교하였을 때 상대적으로 매우 어려워하였다. 초기 단계에서는 생각나는 대로 말하기로 진행하였으나 어려워하여 착석 상태에서 생각나는 단어를 10개를 찾고 걸으면서 이를 기억하는 작업으로 진행하였으나 어려워하였다. 다시 5개로 축소하여 진행하였으나 정보를 산출하는 데 어려움을 호소하였고, 착석 상태에서 보이는 연습실 내의 다섯 가지 사물(컴퓨터, 키보드, 바구니, 시계, 달력)로 시각 자료를 주면서 하는 작업도 시행하였으나 이 훈련과제도 1개에서 2개의 사물을 기억해 내지 못하는 현상이 지속되었다.

맺음말

종현이와의 치료는 아직도 현재 진행 중이다(2019년 기준). 이제 2년, 9월 19일은 종현의 23번째 생일이자 사고 후 2번째 맞는 생일이다. 첫해에는 휠체어에 앉아 있는 것만으로도 감사하며 간호사 및 스태프들과 케이크를 함께 먹었고, 두 번째 해에는 병실에 스스로 걸어 들어와서 축하를 받으면서 함께 시간을 나누었다. 초기 단계에는 의식의 회복을 위해서 다양한 감각 자극과 함께 언어적·음악적 자극을 제공하여 의식과 운동 기능 회복을 위한 치료를 중심으로 진행하였다. 재활치료가 본격적으로 이루어지기 전까지의 6개월은 의학적 처치 이외에는 음악치료가 종현이에게 실시되었던 유일한 재활 관련 치료였다. 2016년 7월 31일, 입 모양으로 노래를 따라 할 수 있음을 알기 시작한 이후에는 언어, 인지, 운동의 세 가지 영역을 위해 음악치료가 진행되었고, 종현이의 필요에 따라 영역의 비율이 변경되었다. 다른 인지 영역과 비교하면 단기기억은 빠르게 회복되고 있지 않으며, 세션 때마다 물어보는 점심 메뉴에 대한 질문에는 거의 매번 "밥, 국, 김치"라는 대답을 하고 구체적으로는 대답하지 못한다.

종현이는 아직 한 번에 두 가지 일을 동시에 처리하는 이중과제를 어려워한다. 걷는 것, 계단을 오르거나 내려오는 것, 균형 잡기 등이 매우 좋아졌지만, 서서 몸을 구부려서 바닥에 있는 물건을 잡기는 아직 하지 못한다. 왼팔 상완부의 골절이 빨리 회복되지 않아 초기 단계에서 중재를 자제하였던 왼손의 기능이 가장 저하된 상태이며, 이 부분은 의문으로 남아 있다. 주물러 주거나 상완부를 건드리지 않고도 중재할 방법이 많았는데, 초기 단계에서 등한시한 것이 이런 결과를 가져온 것은 아닌지 치료사로서 자문하는 상태이다. 이제 종현이는 혼자 화장실 출입이 가능하지만, 아직은 불안한 낙상 고위험군 환자로 분류되어 있다. 이전에는 TV 드라마나 웹툰 등에 별로 관심을 보이지 않았으나 외출이 가능해지기 시작한 2017년 5월 무렵부터는 과거에 보았던 시리즈물 영화의 개봉 소식을 듣고 영화관에 다녀왔으며, 9월부터는 사고 이전에 보았던 웹툰을 기억하고 찾아보기 시작하였다. 주 1회씩 나오는 웹툰은 과거에 보았던 것에서 100회 이상 진행되어 있었다. 종현이는 2018년 1월 퇴원하여, 통원하며 인지, 언어, 물리, 작업 등의 재활치료를 지속적으로 받고 있으며, 음악치료도 평균 주 3회 진행하고 있다.

지난 2년여 동안 평균 주 3회, 약 104주에 걸쳐 300회의 세션을 진행하였다. 아직은 넘어야 할 산들이 많이 있다. 종현이의 상태가 변화하는 것에 따라 고비고비마다 자료를 찾아보고 가장 적절한 중재 방법을 생각하고 적용하고 수정하고 재적용하는 과정이 끊임없이 반복되었으며, 물리치료, 작업치료, 언어치료 등 다양한 분야의 치료사들에게 자문을 구하고, 종현이의 상태에 대해 논의했다. 현실적이지만 긍정적인 부모님의 태도, 그리고 무엇보다도 종현이 자신의 적극적인 태도와 참여가 이 모든 과정의 원동력이었던 것 같다. 이제는 "그만하면 안 돼요?" "여기까지만 합시다" 등의 표현을 하지만, 2017년 6월 말까지만 하더라도 "오늘은 그만해야 하지 않을까?"라고 치료사가 자제시켜야 하는 경우들이 더 많았다. 물론 종현이도 가끔은 우울해하고, "못 해요" "안 돼요" 등의 부정적인 표현을 사용하기도 했다. 그때마다 나는 일정하게 반응하고자 노력했다. "못하니까 연습하는 거지. 잘하면 왜 연습을 할까?" "3번만 더 해 보고 그만하자" 등 결과보다는 과정에 중점을 두도록 격려했다. "오늘은 못 했지만 연습하면 할 수 있다" "내일은 해 줄 것으로 기대한다" 등의 말로 지금의 상태에 대해 정확하게 표현하되 희망을 놓지 않도록 언어적 중재를 사용하였다.

이제 종현이는 혼자 있을 때, 자주 나와 함께했던 연습을 하곤 한다. 치료사로서 참 감사한 일이다. 무엇보다 자신의 재활 의지가 큰 차이를 만들어 내는 것 같았다. 종현이와 함께한 2년 동안 치료사도 참 많이 성장하였다. 종현이와 같은 내담자를 만나 기적과도 같은 치료의 전 과정을 경험할 수 있었던 것은 큰 행운이었던 것 같다. 이 사례를 통해 내담자와 가족, 그리고 치료사들에게 미약하나마 희망을 줄 수 있기를 소망한다.

용어 설명

모음삼각도 한글 모음을 조음 위치 및 개구도에 의해 삼각형으로 분류하여 그린 그림을 말한다.

반혼수(semicoma)와 혼미(stupor) 의식의 정상적인 상태와 병리적인 상태를 명료

(alert)–기면(drowsy)–혼미(stupor)–반혼수(semicoma)–혼수(coma)의 다섯 단계로 구분한다. 반혼수는 자발적인 활동이 거의 보이지 않는 혼미와 어떤 자극에도 반응을 보이지 않는 혼수의 중간 단계로, 아주 심한 자극을 주어도 깨울 수는 없으나 반사적인 움직임은 보이는 상태를 의미한다.

참고문헌

김현애, 서교철(2013). 이중 과제유형에 따른 순환 과제훈련이 만성뇌졸중 환자의 보행수행 능력에 미치는 영향. **대한물리학회지**, 8(3), 407-415.

석동일(1996). 짝자극기법에 의한 언어장애치료의실제. **현장특수교육**, 3(1), 96-103.

정천기, 김용휘(2015). **신경외과중환자관리(개정판)**. 서울: 서울대학교출판문화원.

Baker, F., & Tamplin, J. (2006). *Music therapy methods in neurorehabilitation: A clinician's manual*. UK: Jessica Kingsley Publishers.

Fritz, N. E., Cheek, F. M., & Nichols-Larsen, D. S. (2015). Motor-cognitive dual-task training in neurologic disorders: A systematic review. *Journal of Neurologic Physical Therapy, 39*(3), 142-153.

Giacino, J. T., Kalmar, K., & Whyte, J. (2004). The JFK Coma Recovery Scale-Revised: Measurement characteristics and diagnostic utility. *Archives of Physical Medicine and Rehabilitation, 85*(12), 2020-2029.

Hegde, S. (2014). Music-based cognitive remediation therapy for patients with traumatic brain injury. *Frontiers in Neurology, 5*, 34.

Jung, H. Y. (2008). Assessment of Patients with Minimally Conscious State: Recent Advances. *Brain & Neurorehabilitation, 1*(2), 129-135.

Kalmar, K., & Giacino, J. T. (2005). The JFK coma recovery scale-revised. *Neuropsycholo gicalrehabilitation, 15*(3-4), 454-460.

Lee, T. M., Savage, J., McKee, H., Flament, M. P., D'Onofrio, S., & Eckert, S. (2013). How do you know when your patient is "waking up": Coma recovery assessment in a complex continuing care setting. *Canadian Journal of Neuroscience Nursing, 35*(2), 27-33.

Li, S., Zaninotto, A. L., Neville, I. S., Paiva, W. S., Nunn, D., & Fregni, F. (2015). Clinical utility of brain stimulation modalities following traumatic brain injury: Current evidence. *Neuropsychiatric disease and treatment, 11*, 1573-1586.

Liu, Y. C., Yang, Y. R., Tsai, Y. A., & Wang, R. Y. (2017). Cognitive and motor dual task gait training improve dual task gait performance after stroke-A randomized controlled pilot trial. *Scientific Reports, 7*, 4070.

McCulloch, K. L., Buxton, E., Hackney, J., & Lowers, S. (2010). Balance, attention, and dual-task performance during walking after brain injury: Associations with falls history. *The Journal of head trauma rehabilitation, 25*(3), 155-163.

O'Kelly, J., James, L., Palaniappan, R., Taborin, J., Fachner, J., & Magee, W. L. (2013). Neurophysiological and behavioral responses to music therapy in vegetative and minimally conscious states. *Frontiers in human neuroscience, 7*, 884.

Thaut, M. H., & Hoemberg, V. (Eds.). (2014). *Handbook of neurologic music therapy*. UK: Oxford University Press.

세션에 필요한 단어 찾기에 도움이 되는 사이트(http://jaum.kr/index.php)

Dexteria-Fine Motro Skill Development(https://itunes.apple.com/app/dexteria-fine-motor-skill/id420464455)

Dexteria-Visual Motor Integration(https://itunes.apple.com/us/app/dexteria-vmi-visual-motor/id994021869?mt=8)

Erigo(https://www.hocoma.com/solutions/erigo/)

Oticon Medical(https://itunes.apple.com/us/app/rehabilitation-game/id576754388?mt=8)

Visual Attention Therapy–Cognitive Training(https://itunes.apple.com/us/app/visual-attention-therapy-lite-cognitive-training/id554546572?mt=8)

제14장

잃어버린 소리를 찾아가는 길고 긴 여정

-인지재활을 위한 음악치료-

김성애

고려수의료재단 부설 고려수치료연구소 소장

숙명여자대학교 음악치료대학원 임상실습 슈퍼바이저

개요

K는 뇌수막염에 의한 인지장애 환자로 청력 상실을 주 호소로 2011년 4월 6일 연구소에 의뢰되었다. 지금은 더디지만 음악치료를 통해 소리에 집중하고 표현하는 방법을 되찾고 있다. 리듬에 의한 말 속도 조절과 음악을 통한 청각주의력 활동은 K가 세상과 소통하게 하는 유일한 방법이다.

* * *

내담자 정보

큰 키에 제법 체구가 있는 30대 후반의 남자 환자가 연구소를 찾아왔다. 이전에도 연구소에서 치료를 받았던 경험이 있는 환자 K였다. 장기입원의 제한으로 전원을 갔다가 다시 돌아온 것이다. K는 나에게 그동안 있었던 일을 나에게 이야기해 주었다. 쉬지 않고 재잘재잘 말도 잘했다. 하지만 어딘지 모를 어눌함이 느껴졌고, 발음은 다 무너져 있었다. 말하는 속도가 정말 빨랐는데, 치료사가 큰 소리로 "천천히 말씀하세요"라고 지시를 줄 때마다, 드문드문 말의 속도가 느려지는 것이 보였다. 침을 튀기며 이어지는 K와의 대화에서 사실 확인이 어려운 내용도 많았고, 치료사는 말을 해석하느라 진담을 뺐다.

K는 2010년 4월 결핵성 뇌수막염(tuberculous meningitis)을 앓았고, 후유증으로 중첩발작(status epilep-ticus) 증세가 있었으며, 뇌염, 뇌척수염에 의한 인지장애(cognitive dysfuntion), 왼쪽 귀는 청력 상실(hering loss), 그리고 마비말장애(dysarthria)를 진단받았다. 대화가 끝난 후, 구체적인 목표를 설정하고 치료 진행을 위해 여러 가지 표준화된 검사를 이어나갔다. 하지만 K는 검사 도중에도 말을 잘 알아듣지 못했고, 조음 또한 부정확했다. 베르니케 실어증(Wernicke's aphasia)과는 달리 치료사가 천천히 말해주고, 치료사의 입 모양을 관찰하면서 주의를 기울인다면 충분히 말의 내용을 이해할 수 있다. 그런데 이는 기질적 손상에 따른 청력 상실에서 나타나는 임상 증상으로서, 말을 듣고 이해하는 것에 문제가 생긴 것이 아닌 소리를 지각하는 뇌의 영역이 손상되어 보이는 모습이다.

일정 수준 이상의 청력은 정상적인 조음을 하기 위해 필수적이다. 청력 손상이 생기면 청각 자극에 대한 피드백을 주고받을 때 소리 지각에 어려움이 나타날 수 있으며, 결과적으로 말의 속도가 빨라지고 조음이 떨어지는 마비말장애의 특징을 보이기도 한다.

치료 방법

진단평가와 치료 목표 설정

병원 세팅에서는 표준화된 평가도구를 사용하여 진단한다. 이에 K에게 언어치료사를 통해 한국판 웨스턴 실어증 평가(K-WAB)와 조음음운평가(U-TAP)를 진행하였다. K는 비언어적인 표현에 집중하여 상황을 끼워 맞추는 현상을 보였고, 일상적인 질문에도 제대로 된 대답을 하지 못했다. 에두르기, 대치하기를 빈번하게 보이고, 특히 과제 수행 시 주의력이 현저히 떨어져 예상 가능한 상황에서도 적절한 반응을 보이지 못하는 등 의사소통에 어려움이 있는 것으로 나타났다. 또한, K는 조음평가에서 다른 음절은 변별할 수 있었지만, 동일 음절 변별엔 큰 어려움을 나타냈다.

이어 훈련된 음악치료사가 K의 인지평가를 위해 전산화 신경인지 검사(Computerized Neuro-Cognitive Funtion Test: CNT)를 시행하였다. K는 언어평가 때와 마찬가지로 인지평가 중에도 불필요하고 부적절한 말을 지속해서 하는 모습을 보였고, 평가 거부로 끝까지 진행할 수 없었다. 그 결과 K는 청/시각 주의력과 언어/시각 기억력에서 현저한 부주의, 감각 경로 변별력 부족, 충동성, 억제 및 조절 능력의 저하를 경험하고 있으며, 기억장애 및 학습장애가 시사되는 것으로 평가되었다.

음악치료 인턴과 슈퍼바이저인 나는 평가 결과와 임상 특징을 고려하여, 인지 재활을 위한 음악치료를 통해 주의력, 기억력 증진과 청력 상실에 의한 불명확한 조음 증진을 목표로 삼고, 전반적인 치료 프로세스를 설계하였다.

치료 과정

음악치료를 시작하며

참 다행하게도 K는 음악치료 시간을 좋아하는 것처럼 보였다. 아무래도 이 시간만큼은 반복되고 무료한 병원 생활 중 유일하게 일대일로 충분한 시간을 가지며, 여유 있게 대화할 수 있는 시간이기 때문일 것이다. K는 연구소 문을 열고 들어서면서 누구라도 마주치면 끊임없이 자신의 이야기를 하기에 바빴다. 치료사 대부분이 K의 말을 한 번에 알아들을 수는 없지만, 침착하게 대화를 이어가고 있다. 그리고 K는 지금까지 성실하게 음악치료에 참여하고 있다.

다음은 2015년 하반기 인턴과 함께한 헬로우송 가사이다.

오늘을 기다렸어요.
K님, 안녕하세요.
보이지 않아도 우린 느낄 수 있죠. 음악!
음악을 통해 행복한 이 시간.

청각주의력 증진을 위한 연주

음악치료실답게, 치료실 안은 늘 신나는 행진곡이나 비트가 강한 음악이 흘러나왔다. 이날도 마찬가지로 〈보기 대령 행진곡(Colonel Bogey March)〉이 치료실을 가득 메웠다. '쿵쿵'하며 울리는 큰 소리의 베이스나, 무거운 소리의 관악기가 행진하듯 분명한 박으로 연주되는 곡이었다. 나는 환자의 청각주의력 증진을 위해 계속해서 박자에 따라 연주하게 하였고, 음악의 분위기가 달라질 때마다 지각할 수 있게 하여, 다른 연주를 할 수 있도록 치료를 설계했다.

드럼으로 연주하던 환자는 음악과 무관하게 점차 큰 소리로 점점 더 빠르게 연주하기 시작했고, 치료사는 멈추지 않고 주의를 기울이며 연주할 수 있도록 소리 내어 박을 잡거나 멜럿을 함께 쥔 채로 연주했다. 환자는 연주 중에 "힘들어요"라고 말하고, 틈만 나면 활동과 무관한 대화를 시도하기도 했다. 3분도 안 되는 곡을 따라 지속해서 주의를 기울이며 연주하는 것은 겉으로 보이는 것과 달리, 환자와 치료사 모두에게 힘든 일이다.

여기서 말한 주의력은 가장 기본적인 인지기능이다. 과제를 할 때 뇌의 정보를 조절하는 것에 주의력 곤란이 생기면 지각 운동과 인지 처리가 느려진다. 주의력 곤란 환자들은 긴 활동에 참여할 수 없고, 인지가 요구되는 과제를 일찍 끝내고 싶어 하는 경향을 보인다. 주의력은 급성기 동안에 매일 다를 수 있어서 평가를 하루 만에 하는 것은 적합하지 않다. 그래서 여러 날에 거쳐 수행의 최고점, 최하점을 기록하고 난이도를 설정하여 치료해야 한다.

특히, 청각주의력은 어떤 상황에서도 정확하게 지시를 듣고 실행에 옮길 수 있게 해주므로 과제 수행의 기초가 된다. 청각주의력 결핍은 뇌 손상 환자들에게 흔하게 보이는 증상으로써, 훈련을 통해 단기간에 향상되기도 한다(Ben-Yishy et al., 2000).

나는 청각주의력 증진을 위한 다음 활동으로 〈고장난 시계(The Syncopated Clock)〉를 선곡하였다. 이 곡은 앞서 행진곡보다 악기 편성이 적은 곡이다. 즉, 소리 지각을 방해하는 청각적 요소가 적은 곡이라 할 수 있다. 활동을 시작하기까지 무관한 말을 계속하는 환자에게 치료사는 "이제 시작할게요. 음악을 들어보세요"라고 말하며, 과제에 집중하도록 손을 탁탁 치고 음악을 들려주었다.

여전하게도 치료사의 개입 없이는 음악의 변화를 바로 지각하지 못했지만, 다른 과제보다는 높은 수행력을 보임을 느낄 수 있었다. 치료사의 "여기서 들어보세요. 똑딱똑딱 소리 안 나죠?"라는 말에 다급하게 연주를 멈추기도 하고, "소리를 듣고 점점 크게 연주하세요"라는 말에 장난치듯 멜럿을 높이 들어 올리는 행동을 하기도 했다. 환자의 연주 수행은 1, 2회기를 반복하며 점차로 좋아졌다. 하지만 3회기에 들어서 치료사가 선택주의력 증진을 위해 음악과 별개의 악기로 연주를 시작하자마자, 얼굴을 붉히더니 멋쩍은 웃음을 보이며 당황해했다. 반면 여러 번 반복하면서 예상할 수 있도록 선택주의력 과제를 주자 환자는 점차 안정적으로 연주해 나갔다. 물론 완벽한 연주는 아니었지만, 소리에 집중하고 변화를 지각하며 선택적으로 집중하는 과제를 이해하고 경험했다.

연주를 글로 표현하다 보니 마치 평온하고 아름답게 연주되는 것처럼 보이는 듯하다. 하지만 치료 단계에 들어간 치료사는 환자가 소리에 집중할 수 있도록 언어적, 비언어적 피드백을 쉬지 않아야 하고, 같은 악기 혹은 다른 악기로 연주하며 몰입해야만 한다. 연주가 끝나고 나면 온몸에 땀이 흐르고, 기진맥진한 상태에 빠져든다. 이처럼 음악치료는 치료사도 환자도 온 열정을 기울여 집중하고, 또다시 집중하는 노력을 반복해야 한다.

기억력 증진을 위한 감상

환자는 치료실에 들어서면서 말하기를 즐겼다. 오랜 병원 생활로 딱히 특별한 이벤트는 없었지만, 원래부터 말하는 것을 좋아했다. 환자의 기억 속 과거 정보들은 뒤죽박죽 엉켜 있었지만, 입원 초기에 곁에 있었던 여자친구 이야기와 가족 이야기는 일관성 있게 말했다.

치료사는 환자의 기억을 민감하게 받아들이고 정리할 필요가 있었다. 왜냐하면, 환자는 비워진 기억을 채우기 위한 노력으로 작화증을 보일 수 있기 때문이다(Loring, 1999). 뇌 손상 환자는 일부 기억력이나 학습장애를 겪는다. 기억력은 재활을 방해하는 요인으로, 환자의 학습능력을 최대화하고 정보를 회상하는 것이 중요하다. 측두엽의 손상은 새로운 정보를 통합하거나 구분하는 데 어려움을 줄 수 있고(Ponsford et al., 1995), 전두엽의 손상은 정보를 조직화하고 구조화하는 것에 결핍을 초래한다.

나는 환자의 원격 기억(remote memory)을 회상하기 위해, 다섯손가락의 〈풍선〉을 감상했다. '지나가 버린 어린 시절엔 풍선을 타고 날아가는 예쁜 꿈을 꾸었지~'라는 가사에 따라 어린 시절을 회상하고, 함께 이야기하기 위해서이다. 장기기억을 조직하고 정리하는 활동은, 최근 기억을 조직화하고 새로운 정보를 입력하는 것을 원활하게 해주는 역할을 해주게 된다. 첫 감상을 마친 후 환자는 가사의 의미와 내용을 인지하지 못하였다. 그 후 치료사가 음악의 주제를 환자에게 말해주고 다시 감상하게 해주자, 환자는 그제야 여러 이야기를 꺼내놓기 시작했다.

그는 어린 시절에 판잣집에 살았고, 그곳은 현재 현대아파트로 재개발되었다고 했다. 그는 판잣집 지붕이 바람에 날아갔다고 회상했다. 자신의 어린 시절 꿈은 재벌이었고, 고등학교를 졸업한 후 사촌 형 회사에 들어가 설계 일을 했다는 등의 이야기도 했다. 여기서 치료사는 기억을 정리해 볼 필요를 느꼈다. 이에 환자에게 음악을 다시 감상하자고 했지만, 환자는 자격증 이야기를 계속하며 과거에 들고 다녔던 명함을 꺼내 보여 주었다. 그 명함은 이미 오랜 세월의 흔적을 간직한 채 많이 낡아 있었다. 노래를 감상하는 동안 환자는 집중해서 기억을 회상하지 못하였고, 부족한 발음으로 노래 가사를 따라 부르거나 산만한 모습을 보이기도 했다.

사실 환자는 처음에 이 노래를 모른다고 했다. 하지만 기억 속에 노래가 저장되어 있어 지금처럼 따라 부를 수 있었다. 이 증상은 뇌 손상 환자들에게서 흔히 볼 수 있는 증상 중 하나이다. 처음에는 잘 모른다고 하지만 막상 노래가 시작되면 따라 부르는 경우가 많다. 노래가 끝나자마자 환자는 불쑥 "어린 시절로 돌아가고 싶네요"라고 말했다. 치료사는 다음 시간까지 생각을 정리해 보기로 하고 마무리했다.

시간이 지나 다음 치료 시간에 그 환자를 만났다. 치료사의 "잘 지내셨어요?"라는 인사에 환자는 고개를 갸우뚱 저으며 활동을 시작했다. 지난 시간의 내용을 다시 정리하고 감상을 시작했는데, 환자가 갑자기 "치매……"라는 말을 꺼냈다. 치료사가 "치……?"라고 말하니, "치매에 걸리면 기억해야 해요"라고 말했다.

치료사는 환자가 계속 음악 감상에 집중하도록 유도하고 이끌었다. 하지만 환자는 곡의 흐름과 상관없이 "랄라라"라고 하며 노래를 부르기 시작했다. 치료사는 흐트러짐 없이 어린 시절에 대한 주제를 유지하며 환자에게 질문을 이어나갔고, 이에 환자는 부품 설계와 재벌에 대한 자신의 지난 꿈을 이야기했다. 그러나 곧 "할머니에게 알려 주어야 해요" "친구들과 술 마시고 싶어요" "여자친구가 있었어요"라며 주제에서 벗어난 다른 말만 하기 시작했다. 반면 치료사는 "지금은 어린 시절의 꿈을 정리하고 있어요"라며 지속해서 주제를 유지하고자 거듭 내용을 정리하고 알려 주기를 반복하였다.

원격 기억을 정리하는 치료의 마지막 날이었다. 치료사가 그동안의 대화를 정리해서 읽어 주자, 환자는 "감사합니다"라고 대답했다. "회상 마지막 날이니 함께 노래를 불러볼까요?"라는 치료사의 말을 들은 환자는 마치 책을 소리 내 읽듯이 박과 멜로디를 무시하고 쭉 읽기 시작했다. 주제를 유지하며 대화를 나누는 것은 힘들었지만, 환자의 아주 오래전 기억을 정리하는 경험은, 환자의 기억을 재생하고 조직한다는 점에서 치료적 의미가 있었다.

말소리 조절을 위한 노래하기

그날도 치료사의 "잘 지내셨어요?"라는 인사와 함께 세션이 시작되었다. 환자는 고개를 흔들며 자리에 앉더니, 자꾸 목을 만지기 시작했다. 치료사가 비염이 더 심해졌느냐고 묻자, "그건 아니고, 수……"라며 알아들을 수 없는 말을 계속했다. 치료사가 자신의 말을 못 알아듣자, 환자는 손가락으로 허공에 글을 쓰기 시작했다. 그가 쓴 글은 '수명'이었고, 자신의 손금을 보여 주며 수명이 짧다고 했다.

청력 상실로 소리를 지각하는 것을 어려워하는 K는 말을 듣는 것과 말을 하는 능력 둘 다 상실했지만, 치료를 통해 사람의 입 모양을 읽는 것이 크게 향상되었다. 즉, 치료사가 말하면 어느 정도는 무슨 말을 했는지 이해할 수 있는 수준이 되었다. 하지만 본인이 하는 말은 볼 수가 없으므로, 호전되는 속도가 훨씬 느렸다. K는 말할 때마다 각 어절이 첫음절에 붙어 빠르게 무너지고, 명료도가 현저히 저하되었다. 그래서 그의 말은 거의 알아들을 수 없었고, 인턴이 바뀔 때마다 새로운 인턴들은 크게 당황했다. 나는 청력 상실에 따른 증상을 개선하기 위해, 말의 속도와 발음을 명료하게 할 필요가 있다고 생각했다. 그 방법으로 리듬 있는 말하기 신호를 선택했다. 이 기법은 대부분 마비말장애 환자의 언어재활을 목적으로 시행한다. K의 경우, 뇌병변은 다르지만, 임상 증상이 거의 유사하므로, 같은 방법을 시행해 볼 수 있겠다고 판단하였다. 메트로놈 혹은 비트박스에 음악을 삽입해서 말의 속도를 제어하고, 환자의 명료함을 향상하기 위해 속도를 조절하는 치료 방향과 목표를 설정했다(Baker et al., 2005).

메트로놈을 105 bmp에 맞추고, 한 음절을 한 박 혹은 두 박에 넣어 〈빠라빠빠〉를 시작했다. 또한, 가사보와 치료사의 지시를 같은 박으로 진행하여 환자의 청지각을 돕도록 진행하였다. 어절 내에 속도가 워낙 빨랐기 때문에 '미 (쉬고) 지 의 (쉬고) 세 계 를 향 해' 구간이 계속해서 무너졌다. 치료사는 스스로 자각하도록 지시를 계속하였다.

재활에서 가장 중요한 것은 반복 훈련이기 때문에, 치료사는 계속해서 환자에게 지시를 했다. 반복되는 긴 훈련을 마치고 치료사가 "잘하시네요"라며 격려의 말을 건네자, 환자는 "머리가 울려요"라며 불편을 호소하였다. 급성기의 환자라면 그들의 컨디션과 보고에 민감하게 반응해야겠지만, K는 이미 만성 환자로서, 그가 힘듦을 표현하는 나름의 방식으로 판단하고 활동을 지속해 나갔다.

환자의 수행률이 높아짐에 따라, 속도 또한 점차 올리며 계속 연습했다. 어느덧 메트로놈 속도는 130 bpm까지 빨라졌다. 이렇게 속도를 올린 후, 첫 연습에서 실수하기도 했지만, 이는 점차 좋아졌고, 발음도 명료해졌다. 치료사는 K의 동의하에 노래하는 것을 녹음했고, 첫 훈련과 마지막 훈련을 비교하며 들었다. 마지막 훈련을 감상하는 도중 K는 갑자기 노래하기 시작했고, 치료사는 "아니요, 들어보세요"라며 다시 감상하도록 했다.

녹음 파일을 다시 들어보니, 처음보다 발음이 많이 좋아지는 것을 확인할 수 있었다. 하지만 감상이 끝나고 "목……"이라며 말이 다시 빨라졌다. 치료사는 해석했다는 듯 "목소리 때문에요? 원래 목소리 들으면 어색해요"라고 말했다. 훈련하는 동안엔 크게 호전되는 모습을 보였지만, 훈련이 끝나자마자 또다시 돌아간 것이다. 이는 환자들이 의식하고, 의지를 가지고, 계속 노력해야 하는 점으로서, 이것이 일반화의 어려움이다. 훈련 때는 되지만, 일상생활에까지 적용되지 않는 것, 그것이 늘 아쉽다. 치료사는 늘 K에게 천천히 말하며 본인의 말을 들어 보기를 권하지만, 그게 말처럼 쉽지 않다.

다음날 노크하며 환자가 들어왔다. 환자의 표정은 어두웠고 치료사가 걱정 어린 목소리로 이유를 물었다. 소매를 올리더니 반창고가 있는 부분을 가리키며 "부……"라고 말했다. 치료사가 다시 묻자 달력을 뜯는 상황에서 실랑이가 있어서 부딪혔다고 했다. 같은 병실의 아저씨가 '팍' 밀었다고 했는데, 목소리가 갑자기 커져서 치료사는 당황할 수밖에 없었다. 이는 극적인 상황을 표현하기보다는 말소리의 크기를 지각하면서, 조절하는 것에 어려움이 있으므로 일어난 일이다.

비트박스를 틀고 〈폼생폼사〉의 가사를 읽기 시작했는데, 환자는 박을 인지하지 못했다. 치료사는 비트박스 볼륨을 더 높인 후 처음부터 다시 시작했다. 집중해서 훈련은 계속되었고, 환자의 속도가 어긋날 때마다, 치료사는 더 크게 손가락을 두드리며 지속해서 박을 유지했다. 치료사는 특별히 이 곡은 쉬는 부분이 많으므로 그 부분을 주의해야 한다고 말하고 다시 훈련을 시작했다. 노래가 끝난 후 환자는 스스로 조금 빨랐다고 했고, 치료사도 웃으며 "맞아요. 조금 빨랐어요. 말을 빨리하면 상대방이 잘못 알아듣게 되잖아요. 그러니까 K님도 더 천천히 해 보세요"라고 말해주며, 일반화를 위해 한 번 반복해서 목표를 이야기하고 또다시 훈련했다.

이 방법은 2011년 환자를 처음 만난 시점부터 현재까지 계속 적용하고 있다. 누군가 이번 회기를 관찰한다면, 가사보를 보고, 비트박스를 들으면서도 어눌하게 노래하는 환자가 잘 못 한다고 판단할 수도 있다. 하지만 처음 이 훈련을 시작하던 그날을 떠올려보면, 환자는 오랜 시간 정말 열심히 치료받았다고 말할 수 있다. 게다가 더디지만, 많이 호전되었다. 청지각이 전혀 안 되던 처음 시점엔 환자가 메트로놈의 소리를 지각하지 못해서, 치료사는 손이나 악기로 열심히 두드리며 전적인 도움을 주었다. 하지만 오늘 K는 자가 모니터링하고 빨라지는 부분과 문제가 되는 곳을 어떻게 수정할지 스스로 말할 수 있게 되었다. K는 더디지만 성실하게 더 나은 삶으로 가고 있었다.

행정 기능 향상을 위한 음악 자서전과 노래 만들기

인지재활을 위한 음악치료를 받으면서, K의 주의력은 30분간의 치료에도 지속해서 참여할 수 있을 정도로 향상되었다. 게다가 실행 기능을 향상하기 위한 다음 단계의 치료로 목표를 상향 조절할 수 있었다.

그동안의 치료를 회고하며 정리하고, 앞으로의 계획을 새로이 정립하기 위해서 음악 자서전의 방법으로 진행하였다. 음악 자서전은 연대기에 따라 기억을 정리하고, 전체적으로 균형 있게 조직한다는 점에서, 환자의 실행능력 증진을 위한 활동으로 매우 적절하다. 치료사는 여러 회기 동안 K의 원격 정보를 들어온바, 그의 히스토리를 어느 정도 알고 있었기 때문에, 각 시대를 대표할 만한 곡을 제시할 수 있었다.

'저의 (   ) 시절의 주제는 (   )이고' 라고 정리하며 각 시절을 마무리했다. 초등학교 시절 아버지께서 썰매를 만들어 주신 이야기는 〈징글벨〉로, 중고등학교 시절은 〈거위의 꿈〉, 조립식 제품을 좋아해서 여러 번이나 분해하고 재조립한 청년 시절의 이야기와 주식회사에서 지인의 소개로 제품을 만드는 회사로 옮긴 이야기는 〈핑계〉로 정리했다. 그동안 나누었던 이야기를 계속 반복하며 활동이 진행되었다. K의 기억은 제한적이고, 여러 번 반복되었으며, 사실을 확인할 수 없는 부분도 있었다.

▶현재

–주제: 영화

♪ 나 이런 사람이야: 병원에서 답답할 때, 성룡이 나오는 액션 영화를 보고 스트레스를 푼다.

▶미래

–주제: 완치, 여행

♪ Bravo, My Life: 빨리 완치되어 제품을 설계하고, 샘플을 가지고 다니고 싶다.

학교 동창들과 스키장에 가서 스키를 타고 싶다.

앞의 가사는 문제를 해결하고, 창조적 과정을 바탕으로 감정적 내용을 구조화하기 위해 만든 가사이다.

듣기, 말하기, 생각하기에 모두 어려움이 있는 K가, 음악치료를 통해 본인의 과거 기억과 현재, 미래를 구성하여 완성된 가사는 다음과 같다.

살다 보면 병이 들어 힘들 때 있지만
좋은 선생님 만나서 퇴원하면 좋겠네

살다 보면 갑자기 병이 들어 힘들 때도 있지만
좋은 친구들 만나서 놀러 갔으면 좋겠네

K의 주제는 늘 직장, 친구, 가족으로 제한적이었고, 특히 불확실한 미래에 대한 불안이 가득했다. 장기입원 환자들은 특성상 새로울 것이 없다. 그래서 항상 같은 주제를 반복하고, 여러 번 이야기하게 마련이다. 이에 치료사는 다양한 음악 활동을 바탕으로 주제를 다양한 각도에서 바라보면서, 새롭게 편성할 수 있도록 일반화하는 훈련을 제공할 필요가 있다고 느꼈다. 따라서 음악치료의 다양한 방법을 제시하여 맥락에 따른 문제 해결, 추론, 파악하는 절차를 가지도록 진행하였다.

중간평가

연구소에서는 3개월에 한 번씩 중간평가를 진행한다. 이는 환자의 경과를 확인하고 다른 치료팀, 보호자와 소통하기 위함이다. K는 장기입원 환자였던 만큼 그동안 수차례나 중간평가를 진행하였다. 기록되어 있는 K의 중간평가 결과는 현저한 부주의 증상을 경험하고, 전반적인 지적 수준에 대한 검사가 필요하고, 기억장애 및 학습장애가 시사되는 것으로 똑같이 나타났다.

청각주의력 증진을 위한 악기 연주에서는 3분 이내의 곡을 혼자 연주하지 못했지만, 치료사의 피드백에 따라 끝까지 연주할 수 있었고, 에피소드나 원격 기억을 한

번에 유창하게 말하지는 못했지만, 치료사가 주제를 유지하면서 가이드해주면 맥락을 이어가며 말할 수 있게 되었다. 특히, 청지각은 안 되지만, 사람들의 입 모양을 보며 소리와 의미를 추리할 수 있게 되었고, 박이 주어지면 본인의 말 속도와 조음을 조절할 수 있을 정도로 향상되었다. 하지만 여러 검사에서도 검사 시행과 재현성의 오차로 인해, 이러한 차이를 확인하기가 어려운 경우가 있다.

치료사는 환자의 행동을 세심히 관찰하고 진보를 설명할 수 있어야 한다. 관찰한다는 것은 치료가 필요한 부분과 치료를 위해 개선해야 할 것들을 찾아내어 설명할 수 있어야 한다는 것이다. 또한, 진보를 설명한다는 것은 환자가 나아갈 방향을 분명하게 하고, 목표를 향한 노력과 성과를 알려 줄 수 있어야 한다는 것이다. 중간평가를 마무리할 때마다 늘 아쉬움이 남지만, 진보와 노력을 설명하고, 격려하고, 응원을 보내면서, 환자가 걸어가야 할 길을 함께 걷고자 한다.

K를 위한 앞으로의 치료 목표는 행정 기능 증진에 있다. 그동안 치료에서 주의력과 기억력에 초점을 두었다면, 기법 및 접근방식의 다양성을 활용하여 상위 인지기능 증진을 목표로 활동을 진행하고자 한다. 다양한 음악 작품 활동을 통해 주의력과 기억력을 최대로 활용하고, 조직적이고 구조적으로 치료를 계획할 수 있도록 할 것이다.

글을 마무리하며

기말고사 시즌이었다. 학교에서 신경재활 음악치료를 강의하고 있는데 한 학생이 손을 들더니 물었다. "그렇게 하면 치료가 되나요?" 참 재미있는 질문이다. 음악이 신경학적으로 환자에게 어떤 영향을 미치는지, 특별히 정리된 기법으로 대상, 방법, 효과를 설명하고 있는 나에게 그런 질문을 하다니 말이다. 나는 웃으며 학생에게 물었다. "학생은 치료가 뭐라고 생각하나요?" 학생은 나의 질문에 아무 말도 하지 못했다. 이어 나는 다시 대답했다. "저는 신이 아니에요. 발병 이전의 모습으로 환자를 데리고 갈 수 없고, 병의 흔적이 사라지게 할 수 없어요. 학생이 생각하는 치료가 발병 이전의 모습으로 완전히 깨끗해진 상태라면, 저는 치료할 수 없어요."

재활에서의 치료는 뇌 손상 환자의 기능을 최대로 끌어올려서 삶의 질을 향상하는 것이다. 이에 완치의 개념보다는 훈련과 반복을 통한 가소성을 말하고 있으며,

즉 잔존 기능을 최대로 하여 더 나은 삶을 주는 것이다.

K는 과거로 돌아가고 싶다는 이야기를 자주 한다. 예전에 다니던 회사의 명함을 아직도 들고 다니고, 여전히 아주 오래전에 헤어진 여자친구 이야기를 한다. K를 치료한 지 벌써 7년이다. 내가 아무리 열심히 한다고 해도 예전의 삶으로 데리고 갈 순 없고, 앞으로 계속 치료한다고 해도 중간평가가 보여 주는 것처럼 결과를 극적으로 보여 줄 수는 없다. 하지만 예전보다 의사소통이 잘되고, 병동이나 치료실에서 일어나는 일들을 조금 더 잘 이해하고, 자신의 경험을 절차에 따라 설명하는 것을 도울 수 있다. 그렇게 K는 조금 더 나은 오늘을 살도록 치료받고, 나는 치료하며 함께 걸어가는 것이다.

'기나긴 터널처럼 그 끝이 보이지 않더라도, 재활의 긴긴 훈련 여정은 치료사와 환자가 함께 가는 것이 아닐까?' 생각해 본다.

맺음말

음악치료가 시작되기 전, K는 세상과 단절된 채로 자신의 목소리를 스스로 피드백하는 것도, 필요한 것을 요구하기 위해 소통하는 것도 어려워했다. 하지만 음악은 K를 서서히 소리에 집중하도록 하였고, 어느새 리듬에 따라 어절과 문장을 구조화하고 전달 가능한 속도로 말하기 시작했다. 소리를 지각하면서 대화를 통한 치료가 가능해졌고, 주의력, 기억력, 문제 해결을 위한 다양한 인지치료가 이루어졌다.

오랜 기간의 치료를 통해 K는 무엇보다 리듬에 집중하고, 음악에 따라서 노래 부르는 부분이 아주 많이 향상되었다. 물론 아쉬운 부분도 많다. 여전히 혼자 말할 때는 발음과 속도가 무너진다. 하지만 치료를 통해 소리에 귀 기울이며 연주할 수 있게 되었고, 말하는 훈련에서는 주의를 기울이는 방법을 알게 해주었으며, 이를 통해 사람들과의 소통을 가능하게 했다. 이는 K가 음악 안에 머무는 방법과 감상하고 즐기는 방법을 서서히 터득하면서, 자신을 성실하게 변화시킨 결과이다.

인턴과 담당 치료사가 수차례 바뀌었던 긴 시간 동안 K와 함께한 나는, K의 언어와 인지가 음악을 통해 얼마나 향상되었는지 확인할 수 있었고, 앞으로도 더 나은 회복을 만들어 갈 수 있을 것으로 믿고 있다. 음악의 각 요소는 상실한 기능 하나하나에 섬세하게 관여하면서 K를 이끌어 갈 것이다.

용어 설명

인지장애(cognitive dysfuntion) 기억력, 주의력, 언어능력, 시공간 능력과 판단력 등이 저하된 상태를 말한다.

지각신경청력상실 소리가 내이에 도달하지만, 신경 임펄스로 바뀌지 못하거나(지각 상실), 신경 임펄스가 뇌로 전달되지 못하는 상태(신경 상실)를 말한다.

마비말장애(dysarthria) 조음기관의 근육을 통제하는 중추신경계나 말초신경계에 결함을 보이는 것으로, 근육의 마비나 약화 현상을 보인다.

작화증 스스로 허위를 인식하지 못하고, 자신의 공상을 일제의 일처럼 말하는 것이다.

원격 기억 아주 오래된 장기기억을 말한다.

실행 기능 문제 해결, 계획, 행동의 억제, 사고의 유연성 등으로 구성되고, 여러 인지 과정을 통제, 조절, 관리하는 인지적 과정을 포괄적으로 지칭하는 개념이다.

참고문헌

뇌졸중임상연구센터(2015). **뇌졸중진료지침**. 서울: 뇌졸중임상연구센터.

Baker, F., Tamplin, J., & Kennelly, J. (2006). *Music Therapy Methods in Neurorehabilitation: A Clinician's Manual*. Jessica Kingsley Publishers.

Baker, F., Wigram, T., & Gold, C. (2005). The effects of a song-singing programme on the affective speaking intonation of people with traumatic brain injury. *Brain Injury, 19*(7), 519-528.

Ben-Yishay, Y., & Daniels-Zide, E. (2000). Examined lives: Outcomes after holistic rehabilitation. *Rehabilitation Psychology, 45*(2), 112-129.

Broadbent, D. E. (2013). *Perception and communication*. Elsevier.

Kim, Y. H., Jang, E. H., Lee, S. J., Park, J. W., Ko, M. H., Park, S. H., Shin, S. H., & Kim, Y. K. (2003). Development of Computer-assisted Memory Rehabilitation Programs for the Treatment of Memory Dysfunction in Patients with Brain Injury. *Journal of the Korean Academy of Rehabilitation Medicine, 27*(5), 667-674.

Lappe, C., Herholz, S. C., Trainor, L. J., & Pantev, C. (2008). Cortical plasticity induced by short-term unimodal and multimodal musical training. *The Journal of Neuroscience: The Official Journal of the Society for Neuroscience, 28*(39), 9632-9639.

Loring, D. W. (1999). *INS Dictionary of Neuro-psychology*. New York: Oxford University.

Paraskevopoulos, E., Kuchenbuch, A., Herholz, S. C., & Pantev, C. (2012). Evidence for Training-Induced Plasticity in Multisensory Brain Structures: An MEG Study. *PLoS ONE, 7*(5).

Ponsford, J. L., Olver, J. H., & Curran, C. (1995). A profile of outcome: 2 years after traumatic brain injury. *Brain Injury, 9*(1), 1-10.

Silverman, M. J. (2010). The effect of pitch, rhythm, and familiarity on working memory and anxiety as measured by digit recall performance. *Journal of Music Therapy, 47*(1), 70-83.

Thaut, M. H. (2005). *Rhythm, Music, and the Brain: Scientific Foundations and Clinical Applications*. Routledge.

Zatorre, R. J., Chen, J. L., & Penhune, V. B. (2007). When the brain plays music: auditory-motor interactions in music perception and production. *Nature Reviews Neuroscience, 8*(7), 547-558.

제15장

다시 부르는 희망의 노래

-가정폭력 여성을 위한 페미니스트 관점의 음악심리치료-

음승희

이난복음악치료연구소 부소장

숙명여자대학교 음악치료대학원 임상실습 슈퍼바이저

개요

국제 통계(Domestic Violence Statistics, 2012)는 9초마다 여성이 매를 맞거나, 강제적으로 성관계를 갖거나, 혹은 남편이나 연인에게 살해를 당하고 있음을 보고하였다. 이처럼 폭력적 행동이 만연한 현 추세에서의 여성 폭력에 대한 높은 비율을 고려해 볼 때, 앞으로 음악치료 상황에서 보다 빈번히 만나게 될 학대여성 피해자를 둘러싼 전반적 문제에 대한 지식 및 경험에 대해 적절한 준비가 필요할 것이라 사료된다. 전개될 내용은 가정폭력으로 인해 쉼터에 거주하고 있는 한 여성에게 제공되었던 음악심리치료에 대한 사례 보고서로서, 여성폭력 피해자의 회복을 위해 음악심리치료가 어떠한 도움을 제공할 수 있는지에 대한 이해를 돕고자 작성되었다.

내담자 정보

M은 사실혼 관계에 있었던 남편의 폭력을 피해 현재 한 여성 쉼터에 거주하고 있는 60세 여성이다. 3남 3녀 중 막내로 태어났지만, 40대 초반 양가 부모님을 모두 여의었고, 다른 가족들과는 거의 연락을 끊은 상태이다.

처녀 시절 유부남과의 길지 않았던 동거생활을 정리한 후 첫 남편과의 결혼을 통해 슬하에 1남 1녀를 두었으나 남편의 죽음 후, 시어머니의 학대를 이기지 못해 딸만 데리고 시댁을 나오게 되었다. 딸의 분가 후 M은 두 번째 결혼을 하였고, 이후 7년 동안 가장 행복했던 부부생활을 유지하였으나, 결국은 사별하고 말았다. 이후 혼인 신고는 하지 않았지만, 사실혼 관계를 유지하며 5년 동안 동거를 유지해 왔던 알코올 중독자인 동거남과의 생활 중, 그의 무능력과 폭력으로 인해 M은 여러 쉼터를 전전하다가 현재 머무르고 있는 쉼터에서 생활하고 있다. 비교적 행복했던 두 번째 결혼생활을 통해 노후 자금을 마련해 놓았지만, 사실혼 관계에 있었던 마지막 동거남에게 이를 빼앗길까 두려워 딸에게 노후 자금을 잠시 맡겨 놓았으나 이후 딸의 연락 두절로 인해 이를 되찾지 못하고 있어 물심양면으로 어려움을 겪고 있다.

치료 방법

폭력 피해여성을 위한 임상적 적용에 있어 기존의 음악심리치료 중재들을 병합하여 다양한 방법을 사용해 오고 있는데, 주로 사용되어 왔던 음악심리치료 방법들로서 감상적(수용적) 음악치료, 즉흥연주, 작곡적 음악치료 방법 등이 있다(Curtis, 2013). 감상적(수용적) 음악치료를 위해 이완을 위한 음악 감상, 가사 분석, Bonny Method of GIM 등의 방법이 즉흥연주 음악치료를 위해 목소리(혹은 악기)를 사용하여 정해진 주제 유무와 상관없는 즉흥연주 방법들을 사용하고 있고, 작곡적 음악치료를 위해 노래 만들기와 녹음(혹은 녹화)의 방법들이 적용되고 있다(Curtis, 2013; Hahna, 2004; York, 2006).

이와 같은 음악심리치료 방법들이 일반적이고 공통적이게 적용되고 있는 것과 더불어 아직은 생소한 음악치료 접근법이지만 학대 여성을 위한 음악치료 방법으로, 페미니스트 음악치료(Feminist Music Therapy: FMT)가 보다 효율적인 접근법으로서 주목받고 있다. FMT는 1970년대의 미국 페미니스트 행동주의의 두 번째 파도를 타고 성장했던 페미니스트 치료의 영향을 받아 발달된 방법으로, 기본적으로 다음의 다섯 가지 페미니스트 치료 목적을 가진다. 첫째, 내담자 스스로 자신의 경험과 직관을 신뢰하도록 돕는 것, 둘째, 내담자 스스로 자신의 여성적 가치의 진가를 알도록 돕는 것, 셋째, 여성 스스로 자신을 돌보도록 격려하는 것, 넷째, 여성 스스로 자신의 성적 욕구에 따라 행동할 수 있도록 돕는 것, 그리고 다섯째, 여성 스스로 자신의 몸을 받아들이고 좋아하는 것이다(Worrell & Remer, 2003).

내담자의 배경 정보와 더불어 M이 처해 있는 현실적 및 심리적 어려움들을 고려해 볼 때, 학대 여성을 위해 적용되어 왔던 기존의 음악심리치료 중재들을 사용하는 것에 있어 FMT 관점을 병합하는 것이 보다 적절할 것이라는 판단을 내리게 되었는데, 그 이유는 두 번의 사별 경험과 잦은 학대 경험으로 인해 M은 여성으로서의 자신의 가치를 매우 낮게 평가하고 있었으며, 이로 인해 더욱 낮아진 자존감으로 스스로를 돌보고자 하는 욕구를 상실했기 때문이다.

이 같은 이유를 근거로 M은 여성으로서의 자신의 가치를 찾아가도록 하는 것을 통해 자존감을 회복하여 내적 힘을 갖춘 여성으로서 삶을 영위할 수 있고자 하는 것을 음악심리치료의 목적으로 설정하였고, 이를 위해 2017년 3월 7일부터 5월 23일까지 매주 1회(총 12회기)의 FMT 관점을 병합한 다양한 음악심리치료 방법을 경험하였다. 이 시간을 통해 주로 사용되었던 음악심리치료 기법은 감상적(수용적) 음악치료, 즉흥연주, 노래 토의 및 작곡적 음악치료 방법 등이었다.

치료 과정

1단계: 적응

1회기

처음으로 치료실을 찾은 M은 낯선 환경이 편치 않은 듯 긴장된 표정을 나타냈고,

몸도 마음도 지쳐 있는 듯 기운 없는 모습이었다. 좁은 로비에서 간단히 인사를 나눈 후 음악치료실 안으로 들어가길 권했으나, M은 로비 의자에 앉아 차를 마시면서 이야기를 나누는 것이 편하다며 치료사의 제안을 우회적으로 거절하였다. 교육의 정도가 높지 않은 M은 정확치 않은 발음과 함께 두서없는 나열로 그동안 자신이 겪어 왔던 어려움들에 대해 이야기하였지만, 감정이 절제된 듯한 표현이었다. 이처럼 자신의 감정을 배제하려고 애쓰는 모습이 역력했으나, 동거남으로부터 받았던 물리적 · 언어적 폭력에 대해 이야기할 때에는 슬프고 억울한 감정이 조금씩 전달되기도 했다. 치료사와의 이야기 도중 M은 이따금씩 문이 열려 있는 치료실 안을 쳐다보기도 했는데, 이때마다 치료실에 함께 들어가기를 다시 권하곤 했지만 로비에서 이야기하는 것이 더 편하다는 반응과 함께 이를 계속 거절하는 모습이었다.

2회기

M은 첫 만남에서처럼 약속 시간보다 일찍 도착해 여전히 긴장된 모습으로 로비에 앉아 시간이 되기를 기다리고 있었다. 시간이 되어 치료실에 들어가 편안히 이야기 나누기를 제안하였으나, 여전히 로비에서 시간을 보내고 싶다는 표현과 함께 다음 회기부터 치료실 안에 들어가겠다는 약속을 하였다. 치료사의 질문 없이도 자신에 대한 이야기를 먼저 시작했던 지난 시간과는 달리 치료사의 질문에도 불구하고 길지 않게 대답하는 모습이 대부분이었다. 주로 표현했던 이야기는 현재 쉼터에서 함께 지내는 다른 사람과의 갈등에 대한 이야기가 대부분이었고, 이따금씩 딸과 자신의 관계에 대해 이야기하였으나, 이를 자세히 나누려고 하지는 않았다.

3회기

이전에 비해 조금은 편안해진 표정으로 인사를 나누었고, 로비에서 준비했던 차 한 잔을 들고 스스로 치료실 안에 들어왔다. 다양한 악기가 놓여 있는 치료실이 낯설기도 하고 신기했는지 한참을 둘러보는 모습이었다. M은 다양한 타악기에 관심을 보였는데, 특히 피아노에 유독 오랫동안 눈길을 주었고 건반을 눌러 보고 싶어 했으나 실제로 행동에 옮기진 않았다. 이처럼 악기들에 대해 관심을 보이는 M에게 연주해 보고 싶은 악기들을 골라 보라고 하자, M은 천천히 악기들을 살펴본 후 젬베 하나를 가져왔는데 지금 기분을 악기로 표현할 수 있을지에 대한 제안에 몇 번 두드려 볼 뿐이었다. 치료사가 피아노로 현재의 감정을 표현하자, M은 피아노로 다가와 잠시 머뭇거리더니 결국은 시도하지 않고 피아노 의자에 앉아 눈시울이 붉어진 모습으로 한참을 머물렀다. 이후 많은 말을 하진 않았지만, 현재 자신이 이러한 처지까지 놓이게 된 것에 대한 후회와 설움이 복받치는 듯했다.

2단계: 만남

4회기

어렵지 않게 치료실에 들어왔으나, 여전히 무엇인가를 조심스레 탐색하는 듯한 모습이었다. 구석에 놓여 있는 악기들까지 다가가 이들을 살펴보다, 가운데 놓여 있는 피아노 앞에 앉아 건반 몇 개를 두드리더니 치료사에게 피아노를 잘 연주하는지에 대해 물었다. 치료사가 피아노를 배워 어느 정도 연주할 수 있다고 대답하니, M은 치료사에게 연주를 부탁했다. 이에 대해 치료사는 M이 특별히 좋아하는 곡이 있는지를 물었고, M은 제목이 선뜻 떠오르지 않았는지 한참을 생각하다가 최진희가 불렀던 〈천상재회〉라는 곡을 연주해 줄 수 있는지를 물었다. 치료사가 알지 못했던 곡이라 악보와 음원을 찾아 함께 들어본 후 M에게 곡을 부를 수 있겠는지 물었더니, M은 고개를 끄덕였고, 치료사의 반주에 맞춰 노래를 부르기 시작했다. 처음엔 작은 소리로 부르기 시작했으나, 곡이 진행될수록 목소리가 조금씩 커지며 슬픈 감정이 실리는 듯하더니 결국엔 노래를 부르며 울음을 터뜨렸다. M이 처음으로 자신의 감정을 있는 그대로 드러냈던 순간이었다. 이후 울음의 이유를 물었을 때 M은 자신을 가장 아껴 주었던 두 번째 남편과 어머님의 사랑이 그리웠기 때문이라고 대답하였다. M은 치료사와 함께 노래를 부르며 자신의 감정을 어느 정도 함께 나눌 수 있었던 영향 때문이었는지 치료사와 치료적 환경에 대해 조금은 편안해진 듯 보였다.

천상재회 (노래 최진희)

그대는 오늘밤도 내게 올 순 없겠죠.
목메어 애타게 불러도 대답 없는 그대여
못 다한 이야기는 눈물이 되겠지요.

나만을 사랑했다는 말 바람결에 남았어요.
끊을 수 없는 그대와 나의 인연을 운명이라 생각했죠.
가슴에 묻은 추억의 작은 조각들 되돌아 회상하면서
천상에서 다시 만나면 그대를 다시 만나면
세상에서 못 다했던 그 사랑을 영원히 함께할래요.

끊을 수 없는 그대와 나의 인연을 운명이라 생각했죠.
가슴에 묻은 추억의 작은 조각들 되돌아 회상하면서
천상에서 다시 만나면 그대를 다시 만나면
세상에서 못 다했던 그 사랑을 영원히 함께할래요.
세상에서 못 다했던 그 사랑을 영원히 함께할래요.

5회기

M은 조금은 편안해진 표정으로 치료실을 방문하였고, 자연스럽게 음악치료실 안으로 들어가 자리에 앉았다. 쉼터에서 식사 때마다 순번을 정해 식탁을 차려야 하는 것 이외에는 별달리 하는 일이 없어 몸은 편안하지만 처해 있는 현실과 미래에 대한 불안함으로 인해 마음이 불편하다며, 그나마 음악치료 시간에 자신의 속마음과 감정을 표현할 수 있어 좋다는 이야기를 하였다. 특히 지난 시간 치료사와 함께 M이 좋아하는 곡을 부르며 감정을 해소할 수 있어 좋았다는 말과 더불어, 둘째 남편과 함께 지내던 시절 비교적 안정된 직장에 다니며 직장 동료들과 이따금씩 회식 자리에서 노래방에 자주 갔었던 기억을 떠올릴 수 있어 더욱 좋았다고 이야기하였다. 이러한 이유 때문이었는지 M은 비록 정확한 노래 제목들을 기억하진 못했지만, 치료사와 함께 선호하는 곡들을 찾아 노래 부르는 시간을 갖자는 제안을 하였고, 이후 불렀던 여러 곡 중, 조용필의 〈그 겨울의 찻집〉에 제일 의미와 감정을 담는 모습을 보였다.

그 겨울의 찻집 (노래 조용필)

바람 속으로 걸어갔어요.
이른 아침의 그 찻집

마른 꽃 걸린 창가에 앉아
외로움을 마셔요.

아름다운 죄 사랑 때문에
홀로 지샌 긴 밤이여

뜨거운 이름 가슴에 두면
왜 한숨이 나는 걸까

아아 웃고 있어도 눈물이 난다.
그대 나의 사랑아

6회기

M은 침울한 표정으로 치료실을 찾았고, 치료사와 대면하자마자 그동안 자세히 드러내지 않았던 딸과 마지막 동거남에 대한 이야기들과 감정들을 비교적 깊이 토로하는 모습을 보였다. 동거남과 처음 만나게 되었던 기억을 시작으로 동거남의 무능력과 폭력성으로 인해 신체적으로, 정신적으로 받았던 고통들을 이야기하며 많은 눈물을 흘렸고, 동거남과 지내는 동안 그에게 돈을 빼앗길까 염려된다는 이유로 딸이 M의 전 재산을 자신에게 임시로 맡겨 놓으라고 했지만, 돈을 맡긴 후 연락이 두절되었다는 사실과 함께 얼마 전 겨우 딸과 전화로 연락이 닿았지만, 맡겨 놓은 돈을 달라고 요구하자 거절과 더불어 심한 말을 하며 인연을 끊자는 마지막 말을 남겼다며 설움에 복받쳐 큰 울음을 터뜨렸다. 기운이 빠질 정도로 울음을 보였던 M의 심신을 안정시키기 위해 편안히 누워 눈을 감고 마음을 진정시킬 수 있는 음악을 감상할 수 있겠느냐는 치료사의 제안에 M은 그냥 의자에 앉아 듣고 싶다는 대답과 함께 편안한 자세로 음악(〈Heartstrings〉)을 들었다. 음악을 듣는 동안에도 M은 작은 흐느낌과 함께 흐르는 눈물을 멈추지 못했다.

7회기

어디에도, 누구에게도 의지할 수 없는 현실에 대한 극심한 외로움과 두려움에 짓눌렸던 M은 마음의 안정과 의지할 곳을 찾기 위해 종교를 갖고 싶다는 이야기를 하였고, 종교와 관련한 자신의 과거 경험을 이야기하며 가톨릭 종교를 가지고 싶은데 방법을 알려 달라고 하였다. 마침 치료사의 종교와 다르지 않아 M에게 방법을 알렸더니 M은 당장 오늘부터 쉼터 근처에 있는 성당을 찾아 기도드리고 싶다고 말하였다. 이야기를 마친 후 심리적 안정을 위한 음악 감상을 권유했을 때 M은 지난 시간처럼 의자에 편안히 앉아 음악을 듣고 싶다고 이야기하였고, 곡(〈Scalatti-Pastorale〉)을 감상하며 마음의 위안을 얻는 모습이었다.

3단계: 표현

8회기

마음의 위안을 찾고자 한 주 동안 성당에서 미사와 함께 기도를 드렸던 M은 보다 편안해진 모습이었다. 신부님의 강론 말씀과 기도문들, 그리고 미사 중 불렀던 성가 가사의 구절들로부터 큰 위로를 받았다는 말과 함께 치료사에게 함께 성가 부르기를 먼저 제안하였다. 두 개의 성가곡(〈주께선 나의 피난처〉 〈불의가 세상을 덮쳐도〉)을 치료사와 함께 불렀고, 특별히 M이 〈주께선 나의 피난처〉라는 곡에 더 마음을 두었기에 이 곡이 M에게 어떠한 의미로 다가오는지에 대해 이야기를 나누었다. M은 이 곡에 대해 "가사 구절구절마다 제 이야기가 아닌 게 없어요. 딸마저 날 버렸는데, 제가 갈 곳이 어디 있고 마음 둘 곳이 어디 있겠어요…… 오직 주님만이 내 처지를 불쌍히 여겨 주시고, 내 외로움을 알아주시지요"라고 이야기하였다. M은 1절과 2절 모두를 몇 번씩 반복하며 이 곡을 노래했고, 노래를 부르며 M의 감정을 함께 담아내는 모습이었다.

주께선 나의 피난처

주께선 나의 피난처 의지할 곳 주님뿐
풍파가 심할지라도 내게는 평화 있네

메마른 우리 영혼에 새 생명 주옵시며
주 안에 영원한 안식 누리게 하옵소서

내 갈 길 아득히 멀고 나의 힘 기진한데
내 본향 집을 향하여 가는 길 비추소서
메마른 우리 영혼에 새 생명 주옵시며
주안에 영원한 안식 누리게 하옵소서

9회기

비록 간단히 진행되었던 음악 감상이었으나 M에게 그 경험이 좋았는지 조금은 더 깊은 감상 경험을 유도하고자 하는 치료사의 제안을 받아들였고, 누울 수 있는 환경이 마련된 치료실에 편안히 누워 치료사에 의해 제시되는 음악 감상 과정을 따랐다. 긴 시간의 감상은 쉽지 않을 듯하여 Helen Bonny의 GIM 음악 프로그램 대신에 Atlantis Institute에 의해 고안된 비교적 무겁지 않고 안전하게 음악경험을 하도록 돕기 위한 짧은 contemporary music program 중 하나인 Bitter Sweet short program을 감상곡으로 들려주었다. 음악 감상을 통해 깊은 심상 경험을 하진 않았지만, 가슴 부분에서 슬픔의 감정을 보다 깊이 느낄 수 있었고, 깊은 흐느낌과 함께 감정을 모두 쏟아내는 듯하였다. M은 이러한 경험에 대해 "마치 단단한 돌덩이처럼 가슴 속에 응어리져 있었던 멍들이 모두 녹아 몸 밖으로 빠져 나간 것 같다"라고 표현하였고, 이에 대한 만다라를 그렸다([그림 15-1] 참조).

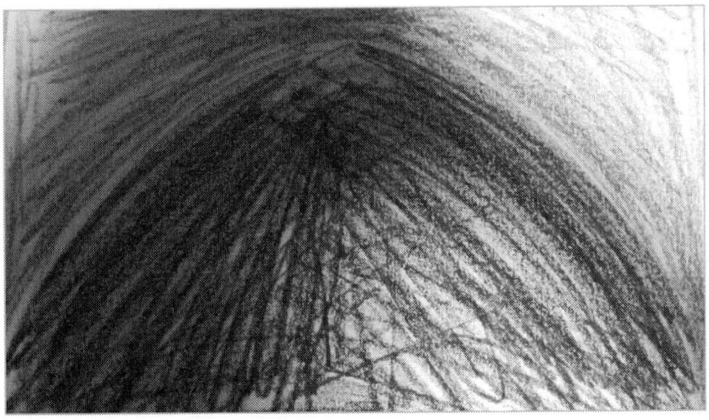

그림 15-1

10회기

지난 시간에 이어 역시 Atlantis Institute에 의해 고안된 비교적 무겁지 않은 contemporary music program 중 하나인 〈The Unforgetting Heart〉를 통한 감상 경험을 진행하였고, M은 감상 동안 조금 더 깊은 몰입을 할 수 있었다. M의 심상은 지난 시간과 연결되었는데, 가슴 속의 덩어리들이 빠져 나간 그 자리가 기름진 흙이 되어 그 안에 풀이 생겨나고 다양한 꽃이 만발해지는 경험을 하였고, 이러한 경험이 자신에게 조금이나마 희망을 가지게 하는 것 같다고 표현하였다. 심상 경험 이후 만다라 대신 즉흥연주로서 M의 희망을 표현하기를 제안하였을 때 M은 어색해 했지만, 윈드 차임과 핑거 심벌즈의 음색을 이용해 자신의 경험을 나타내고자 했다.

4단계: 소생

11회기

내면 안에 자리한 긍정적인 힘과 더불어 조금의 희망을 경험했던 M을 위해 그녀가 선호하는 곡(〈주께선 나의 피난처〉)의 선율에 M이 만든 가사로 그녀의 노래를 만드는 활동에서 비록 정리되지 않은 표현이었으나 치료사와의 작업을 통해 노랫말에 적절하도록 가사를 다듬어 다음과 같이 만들 수 있었다. 말 주변 없는 자신이 이와 같은 가사를 만들었다는 사실에 대해 많이 기뻐하는 모습이었다.

내 안엔 좋은 땅 있네, 풀과 꽃들 가득한
내 안에 아름다운 곳, 희망이 가득하네
내 비록 가진 것 없어도 주님과 함께라면
난 다시 살아가리라, 아름다운 그곳에서

12회기

보다 의미 있는 세션 종결을 위해 어떤 음악 활동을 했으면 좋겠냐는 치료사의 질문에 M은 지난 시간에 자신이 만들었던 노래를 불러 보고 싶다고 했고, 치료사의 피아노 반주와 함께 M이 다른 악기로 노래 반주를 해 줄 수 있겠냐는 치료사의 제안에 레인스틱을 연주하겠다고 대답했다. 레인스틱 연주와 함께 M이 만든 곡을 몇 번 반복해 부르다가 연주가 점점 잦아들기 시작하면서 M은 치료사와 함께 자연스레 허밍으로 선율만을 표현했다. 이후 치료사가 표현하던 선율을 멈추고 두 개의 코드(Dm-A7)를 피아노로 반주하며 허밍으로 연주하자 M은 비록 코드 밖의 선율로 허밍을 표현했지만, 자신의 감정을 깊게 담은 듯하였다. 시간이 조금 지나 가사를 담아 표현할 수 있겠냐는 치료사의 제안에 M은 허밍 연주를 조금 지속하다가 "난 살아갈 거야…… 난 살아갈 거야…… 난 할 수 있어…… 난 할 수 있어……"를 반복하며 흡족한 표정과 함께 연주를 마무리하였다.

맺음말

길지 않았던 치료 기간으로 인해 보다 깊은 경험을 이어가진 못했지만, 주어진 시간 동안 M은 의미 있는 치료적 여정을 체험했다 사료된다.

M을 짓눌러 왔던 학대 경험들은 여성으로서의 자신을 존중치 못하게 했고, 이로 인해 낮은 자존감을 가질 수밖에 없도록 했다. 1단계 치료 과정에 있어 M의 이러한 모습은 치료사와 낯선 환경에 대해 방어적 태도뿐 아니라 이들을 믿지 못하는 모습으로서 역력히 드러나게 되었다. 하지만 2단계 과정에서 비로소 음악을 경험하게 됨으로써 자신의 내면의 감정을 있는 그대로 마주할 수 있었고, 이를 통해 자신이 처한 상황까지도 어느 정도 받아들일 수 있게 되었다. 2단계 과정에서 결정적 역할을 했던 음악 활동은 M이 좋아하는 곡을 선택해 이를 노래하도록 한 것이었는데, 이는 그동안 차단되어 있었던 M의 감정이 가사 내용을 통해 직접 표현됨으로써 감정을 직면토록 하는 것에 있어 큰 도움을 주었던 것이라 사료된다. 3단계에서의 음악과 심상 경험은 M으로 하여금 딱딱하게 응고되어 왔던 멍에를 밖으로 분출시키도록 했고, 또한 자신 안에 존재해 왔던 아름다움과 힘을 발견토록 했다. 이러한 M의 경험은 4단계 치료 과정(노래 만들기를 중심으로 하는)을 통해 비로소 보다 적극적인 표현으로서 소생하였고, 결국 M은 희망의 노래를 다시 부를 수 있게 되었다.

M은 자신의 음악심리치료 경험을 통해 여성으로서의 자신의 가치를 되찾을 수 있었을 뿐 아니라, 자존감을 회복하여 마른 땅에서 다시 소생한 희망의 꽃을 피울 수 있었는데, 비록 FMT 관점을 적극 적용한 사례는 아니었지만, 내면의 힘과 자신의 목소리를

다시금 찾을 수 있도록 도왔던 다양한 음악심리치료 방법이 M의 사례 안에서 페미니스트 음악치료의 힘을 드러내도록 하는 것에 적지 않은 도움을 준 것이라 사료된다.

용어 설명

음악심리치료 치료사와 클라이언트 사이의 관계 형성을 촉진하기 위해 음악경험을 사용한다.

감상적(수용적) 음악치료 수동적 음악치료는 음악감상을 중심으로 하는 음악치료 방법으로, 음악감상을 통해 치료 과정이 진행된다.

페미니스트 음악치료(Feminist Music Therapy) 페미니스트 치료목적과 원칙들을 음악치료에 적용하는 것으로서, 내담자로 하여금 자신의 경험과 직관을 신뢰하도록 도울 뿐 아니라, 자신을 돌볼 수 있도록 격려하고 자신의 가치를 인정하고 받아들일 수 있는 것에 목적을 두는 음악치료 방법이다.

참고문헌

Curtis, S. L. (2013). Women survivors of abuse and developmental trauma. In L. Eyre (Ed.), *Guidelines for Music Therapy Practice: Mental health*(pp. 263-268). Gilsum, NH: Barcelona.

Domestic Violence Statistics. (2012). *Domestic Violence Statistics: Let's put a stop to domestic violence and abuse*. Retrieved from http://domesticviolencestatistics.org.

Hahna, N. D. (2004). *Empowering women: A feminist perspective of the Bonny Method of Guided Imagery and Music and intimate partner violence*. Unpublished master's thesis. Radford University, Radford, VA.

Worrell, J., & Remer, P. (2003). *Feminist perspectives in therapy: Empowering diverse women*. New York: Wiley.

York, E. (2006). Finding voice: Feminist music therapy and research with women survivors of domestic violence. In S. Hadley (Ed.), *Feminist perspectives in music therapy* (pp. 245-265). Gilsum, NH: Barcelona.

제16장

어두움의 동굴에서 찬란한 빛으로

-공황장애 여성과의 GIM심상음악치료-

이난복

이난복음악치료연구소 소장
숙명여자대학교 음악치료대학원 겸임교수

개요

이 사례는 공황장애로 인하여 가정과 직장에서 여러 문제를 야기할 뿐만 아니라 여러 차례 반복적으로 응급실에 들락거리느라 삶의 질이 현저하게 저하되어 역기능적 삶을 살고 있는 공황장애 여성 A와의 심상음악치료(Bonny Method of Guided Imagery and Music, 이하 GIM) 과정을 소개하고 있다. A가 22회기의 GIM을 통해 그녀를 매우 고통스럽게 하던 공황 증상에서 어떻게 벗어나고 치유되어 공황장애를 극복하고 새로운 삶을 살아가는지의 과정을 보여 줄 것이다. 특히, 고전음악 시퀀스로 구성된 GIM 음악프로그램들이 어떻게 그녀가 무의식 속에 억압하여 완전히 잊어버렸던 트라우마적인 기억들을 불러내어 그녀를 치유시키고 회복시켰는지 확인할 수 있을 것이다.

내담자 정보

A는 60세의 여성으로서 수도권에 있는 ○○상담센터의 책임자로 근무하고 있었다. 남편과는 20년 전에 사별하였으며 2명의 자녀를 두고 있다. GIM은 연구자의 음악치료연구소에서 2009년부터 2010년도에 걸쳐 총 22회를 실시하였다. 그녀는 GIM을 시작하기 여러 해 전부터 갑자기 불안이 엄습해 왔으며, 불안의 강도가 점점 심해지고, 빈도가 잦아짐에 따라 갑자기 호흡발작을 일으키며 죽을 것 같다는 공포로 119 구급차로 응급실에 실려 가기를 여러 차례 반복하였다. 그녀는 최초로 공황장애 진단을 받았을 때 스스로 치료를 해 보기로 결정하였다. 공황발작 증상을 극복하기 위해 다양한 치료방법을 시도해 왔으나 별다른 차도가 없었다. 그래서 집 가까이에 있는 병원에서 다시 공황장애 진단을 받고 약물복용과 함께 다양한 치료방법을 시도하였으나 1년이 지나도 증상이 개선되지 않았으며 별다른 차도가 없었다. A는 저자의 음악치료연구소를 방문하기 일주일 전에 다시 공황발작으로 119 구급차에 실려 응급실에 다시 가게 되었으며, 이때 죽음의 공포를 매우 크게 느꼈다고 했다. 그래서 새로운 치료방법을 찾던 중에 저자의 내담자였던 지인의 소개로 GIM을 통해 도움을 받고자 하였다.

A는 그 당시 병원검사결과 DSM-IV의 공황발작 증상이 7개 정도가 나타났다고 하였다. 그녀는 우울검사(Beck Depression Inventory)에서 30점으로 높은 우울 수치를 보였으며, Spielberger의 상태-특성 불안검사(State-Trait Anxiety Inventory)에서도 63점, 58점으로 매우 높은 불안을 보였다. A의 주호소 문제는 이 검사들의 결과 및 HTP 검사(House, Tree, Person Test), SCT(Sentence Completion Test)와 내용면에서 크게 일치하였으며, 병원에서 공황장애 진단을 받고 약을 복용 중이던 A가 다양한 심리검사를 원하지 않았으므로 종합심리검사(Full Battery)를 실시하지는 않았다. 특히 그녀가 GIM 치료를 시작할 당시에 보였던 가장 큰 증상과 주호소 문제는 불안과 분노 조절이 되지 않아 온몸이 떨리는 것이 자주 나타나고, 어떤 원치 않는 일이 발생하면 호흡을 못하고 쓰러지며, 버스나 기차와 같은 곳뿐 아니라 폐쇄적인 공간에서 호흡이 지속적으로 곤란해지는 것이 반복됨에 따라 곧 죽을 것 같다는 공포와 두려움으로 인해 고통스러워하는 것이었다. 그녀는 GIM을 통해 이러한 증상이 없어지기를 간절히 원했다.

공황장애

우리 사회에서 증가하고 있는 공황장애(panic disorder)는 반복적으로 예기치 못하게 나타나는 극단적인 불안 증상, 강렬한 공포 상태, 즉 공황발작(panic attack)이 주요한 특징인 질환으로 불안장애의 한 유형이다. 공황발작은 극도의 공포심이 느껴지면서 심장이 터지도록 빨리 뛰거나 가슴이 답답하고 숨이 차며 땀이 나는 등 신체 증상이 동반된 죽음에 이를 것 같은 극도의 불안 증상을 말한다. 전두엽에서 '불안의 원인이 무엇인지' 찾으라고 지시하지만 그 불안의 원인이 무엇인지 찾지 못해 '공포'와 '두려움'의 형태로 대뇌변연계(limbic system)의 편도체(amygdala)에 각인화가 이루어져 극심한 불안 반응으로서 공포에 압도되는 것이다. 불안과 공포는 구체적인 대상이 있는가 없는가로 구분한다. 그러나 심리적인 측면에서는 결국 같은 뿌리를 가지고 있다. 불안과 공포는 우리의 생존을 보장해 주는 보호 기능과 함께 신체적 · 정신적 장애를 가져올 수 있는 것으로, 정신건강에 역기능을 가져온다(APA, 2015, p. 221; 박현순, 2005, p. 48; 위키백과, 2018).

공황발작은 극심한 공포와 고통이 갑작스럽게 발생하여 수분 이내에 최고조에 이르러야 하며, 그 시간 동안 다음 중 네 가지 이상의 증상이 나타난다(APA, 2015).

공황발작의 진단 기준 A

1. 심계항진, 가슴 두근거림, 또는 심장박동 수의 증가
2. 발한
3. 몸이 떨리거나 후들거림
4. 숨이 가쁘거나 답답한 느낌
5. 질식할 것 같은 느낌
6. 흉통 또는 가슴의 불편감
7. 메스꺼움 또는 복부의 불편감
8. 어지럽거나 불안정하거나 멍한 느낌이 들거나 쓰러질 것 같음
9. 춥거나 화끈거리는 느낌
10. 감각 이상(감각이 둔해지거나 따끔거리는 느낌)
11. 비현실감(현실이 아닌 것 같은 느낌) 혹은 이인증(나에게서 분리된 느낌)
12. 스스로 통제할 수 없거나 미칠 것 같은 두려움
13. 죽을 것 같은 공포

치료 방법

A의 공황발작 증상을 완화시키기 위해 제공한 음악치료 방법은 Helen Bonny가 개발한 심상음악치료(Guided Imagery and Music: GIM)였다. GIM은 음악중심의 치료방법으로 의식의 확장(consciousness-expanding)을 통해 치료하는 방법이다. GIM 치료사는 내담자가 확장된 의식 상태(Altered State of Consciousness: ASC)에서 심상(image)을 경험하도록 프로그램화된 클래식 음악들을 사용하는데, 심상 산출(imagery) 경험을 통해 웰빙(well-being)에 대한 정신적 · 정서적 · 신체적 · 영적 측면을 통합할 수 있다(AMI, 2018). GIM은 무의식에 빠르게 접근하는 음악의 특성을 사용하는 방법으로, 음악을 감상하면서 의식과 무의식을 초월한 다양한 심상(image)을 경험하는 것을 통해 숨겨진 감정의 근원을 규명하고 문제를 해결해 가도록 한다. 즉, GIM은 깨어 있는 상태에서 꿈을 꾸는 것(waking dream)과 같은 '확장된 의식 상태'에서 음악을 감상하고, 의식을 초월한 다양한 심상을 경험하며, 그 심상의 상징적 의미를 찾고, 이로부터 통찰을 얻어 자신을 이해하고 문제를 해결해 가도록 인간의 내적 세계를 광범위하게 다룬다.

이러한 GIM은 자신의 무의식적 세계를 탐색하여 자신에 대한 이해를 얻고, 자신을 잘 조율할 수 있는 능력을 개발하며, 삶에 필요한 대응전략과 문제해결력을 획득하고, 존재의 목적을 인식함으로써 신체와 정신, 영혼을 통합하도록 하여 궁극적으로는 자기실현에 이르도록 도와 과거에서 비롯된 뿌리 깊은 심리적 문제에서부터 일시적인 스트레스 관리에 이르기까지 정신건강을 위협하는 다양한 요인에 노출되어 있는 현대인의 정신건강 회복과 유지를 위해 효과적인 심층음악심리치료 방법이다(이난복, 2011, 2013).

GIM은 내담자들이 음악경험을 통해 산출하는 심상(image), 상징(symbol), 원형(archetype)에 많은 초점을 두고 있다. 그 이유는 GIM 음악이 일반적인 방법으로는 접근하기 힘든 개인 및 집단 무의식(collective consciousness)에 있는 자료들이 표출되도록 하여 그들의 삶의 문제와 은유적으로 만나게 하고, 상징적 원형들과 만나게 하는 데 특히 유용하기 때문이다(이난복, 2010; Bush, 1995; Ward, 2002). 이와 더불어 GIM은 자아초월 경험(Transpersonal experience)을 중요시한다. GIM에서는 자신의 존재를 인간의 형태뿐 아니라 다양한 자아초월적 심상과 원형의 형태로 경험하는데, 심상의 상징적 의미에 대한 통찰을 통해 자신에 대해 전체적인 시각을 가지고 보다 깊이 있는 이해를 얻게 된다. 즉, 내면세계를 탐구함으로써 내재된 욕구들을 규명하는 기회를 갖게 되고, 존재의 의미와 정체성을 확인하며, 이때 획득한 통찰력은 현실에서 자기실현을 촉진하는 데 기여하는 것이다(Burns & Woolrich, 2004).

이와 같은 특성을 가진 GIM은 정신건강을 위해 다양한 분야에서 적용되어 오고 있다. 앞에서 설명한 것처럼 GIM은 내담자의 정신적/영적 성장에 대한 연구가 다양한 분야에서 활발하게 이루어지고 있는데, 특히 정신건강의 문제를 가져오는 정신적 외상(Trauma, 이하 트라우마)과 관련된 문제를 다루는 데 효과적인 것으로 보고되고 있다(이난복, 2010, 2011; Blake & Bishop, 1994; Borling, 1992; Brusica, 1998; Clark, 1991; Rinker, 1991). GIM은 내담자의 해결되지 않은 문제를 표면화시키고 그 원인을 찾도록 도와주어 문제를 해결하게 한다. 특히 GIM은 내담자가 음악 감상경험 속에서 감정의 상태, 시각적 심상, 신체적 심상 및 반응과 같은 상징적 형태로 자신의 트라우마적인 과거의 사건이나 상황을 재경험하는 것을 통해 자신을 이해하고 문제를 해결하게 하는 독특한 치료방법이다(이난복, 2018). 이러한 GIM의 특성은 공황장애로 고통 받는 사람들의 근원적인 문제를 해결해 주는 데 도움을 줄 수 있다.

Bonny가 개발한 GIM 치료 방법은 독특하게 4개의 부분으로 나뉘어져 있으며, 이 4개의 부분이 전체적으로 연결되도록 구성되어 있다. GIM의 절차적 진행 과정은 다음과 같다.[1] 첫 번째 과정은 대화를 통해 내담자의 문제(issue)와 관련하

1) GIM의 절차적 과정에 대한 용어는 Bonny Method of Guided Imagery and Music(이하 GIM)의 세계협회인 Association for Music and Imagery(AMI, USA)에서 2017년도에 개정된 『Competencies, Training Program Standards, and Procedures for The Bonny Method of GIM』 중 'Competencies for the Practice of the Bonny Method of Guided Imagery and Music' 부분의 내용을 그대로 표기하였다. GIM은 내담자가 GIM에 적합한지 평가(assessment)한 다음 적합하다면 다음의 정해진 절차에 따라 시행한다. GIM의 절차는 본문에서 소개한 것처럼 'Prelude → Induction → Music and Guiding → Postlude'로 이루어지며, 이 4개의 부분이 하나로 연결되어 전체를 이루는 독특한 구조로 구성되어 있다. GIM의 이 절차는 Helen Bonny가 GIM을 창시할 때의 고유한 절차 그대로 유지되고 있다. 절차에 대한 보다 자세한 내용은 Barbara L. Wheeler 편저의 『Music Therapy Handbook』(전국음악치료사협회 역, 2016) 중 '음악치료 철학과 접근법' 부분에서, 음악치료학과 교수이면서 AMI의 Primary Trainer인 Madelaine Ventre와 Cathy McKinney가 공동 집필한 'Bonny Method of Guided Imagery and Music(16장)'을 참고하기 바란다.

여 그날의 치료 목표(주제)를 정하는 단계이다(Prelude). 두 번째 과정은 깊이 있는 음악 감상경험을 위해 '확장된 의식 상태'로 유도하기 위해 이완이 포함되는 단계(Induction)이며, 세 번째 과정은 '확장된 의식 상태'에서 음악을 감상하며 치료사의 가이딩(Guiding)에 따른 대화 및 중재를 통해 내담자의 반응과 심상(Image)을 이끌어 내는 음악경험 단계이다(Music and Guiding). 이때 치료사는 음악감상 시(時) 내담자의 경험에 대해 할 수 있을 만큼 자세하게 기록하며, 가이딩한다. 이 기록은 세션을 통합하는 마지막 단계에서 내담자와 함께 음악경험의 흐름을 파악하는 데 도움을 줄 뿐 아니라, 음악경험(심상경험)의 의미를 찾고 통찰을 획득하는 데도 중요한 역할을 한다. 마지막으로 네 번째 과정은 전체를 통합하는 단계(Postlude)로, 음악감상 후 일상적인 의식 상태로 되돌아온 내담자가 자신의 음악경험을 구체화시키기 위해 만다라를 그리거나, 즉흥연주 외에 적절한 방법으로 표현하고 난 다음에 그 음악경험(심상경험)들에 대해 내담자가 다루고자 했던 문제(issue)와 자신의 삶과 연관시켜 의미를 찾고, 통찰하게 하여 삶에 적응하도록 돕는 것으로 마무리한다.

또한 GIM은 치료를 위한 세팅에서도 독특한 구조를 가지고 있다. 대체적으로 앞에서 설명한 4개의 과정 중 첫 번째 주제(목표)를 정하는 과정에서는 앉아서 대화하는 것으로 진행하며, 두 번째(induction)와 세 번째(Music) 과정에서는 안대를 쓰고 매트리스, 침대나 카우치에 누워서 진행하게 되며, 마지막 과정(Postlude)에서는 다시 앉아서 진행하도록 구성되어 있다. 소요 시간은 보통 1시간 30분에서 2시간 정도이다. A의 모든 세션은 이난복음악치료연구소의 GIM 치료실에서 이루어졌다.

GIM 음악을 통해 내담자들이 경험하는 이미지의 유형(type)은 매우 다양하다. 내담자들이 인간에 대해 경험하는 이미지의 유형들 중 하나는 과거를 재경험하며 그들이 삶에서 체험했던 것을 기억하고 회상하는 것이다. 그 기억이 긍정적이든, 부정적이든 간에 과거의 인간관계나 사건들을 재경험하는 것은 많은 긍정적인 결과를 가져오게 된다. GIM 세션에서는 내담자가 살아온 자취가 여러 단계로 나타나는데, 특히 자신의 과거를 재경험하는 것은 내담자들의 정서 기억(emotional memory)과 연관이 있다. 정서기억은 어떤 일을 당했을 때 자신이 경험한 사건이나 기억을 낱낱이 있는 그대로 떠올리는 것이 아니라, 그 기억 속에 자신이 느꼈던 감정이 들어 있는 것으로, 즉 어떠한 상황의 느낌을 되살려 주는 그런 기억을 말한다(이난복, 2013, 2018). 연구자의 임상에서 GIM 내담자들이 과거를 재경험하는 것은 매우 흔하며,

거의 모든 내담자가 과거를 재경험하는 것을 볼 수 있다.

치료 과정

A의 변화 과정을 살펴보기 위해 그녀의 공황장애 증상과 관련이 있는 세션과 역기능적 정신건강으로 인해 겪고 있는 문제들의 원인이 나타나는 대표적 세션, 그리고 큰 발전을 보여 주는 세션의 주요 심상과 통찰을 중심으로 설명하고자 한다. 내담자의 경험을 생생하게 전달하기 위해 A의 표현을 가능한 한 스크립트에 기록한 그대로 기술하였다. 언어적인 상담과 GIM에 대해 소개하고, 심상 경험에 대한 이해를 돕기 위해 간단하게 음악경험을 한 첫 회기는 제외하였다. A의 모든 세션은 이난복음악치료연구소의 GIM 치료실에서 이루어졌다.

22회기의 세션이 진행되는 동안 특히 A는 음악경험에서 과거를 재경험하는 하는 것이 많았는데, 이 경험들이 그녀가 공황발작을 감소하게 하고 성장시키는 좋은 결과를 가져오게 하였으므로 이러한 세션들을 중심으로 소개할 것이다. 또한 관련된 만다라도 소개할 것이다. 모든 만다라는 다양한 색깔을 사용하여 그렸으며, 이 장에서는 흑백으로 제시하지만, 책 서두에 만다라 컬러 도판을 추가하였으니 참고바란다. 사용한 모든 음악프로그램은 그녀가 다루길 원하는 주제와 그녀의 감정적 · 신체적 상태를 고려하여 선곡하였다.

굳게 닫힌 무거운 마음

A의 1~2회의 GIM 세션은 진단 및 공황발작에 대한 긴장을 완화시키기 위한 것이었다. 이를 위해 치료사는 A가 안전하게 느낄 수 있는 음악을 사용하여 접근하였다. A는 1회 세션에서 경험한 심상들 중 '덕수궁 정문 같고 굳게 닫힌 한옥집 대문에 대한 심상'을 '덕수궁 문처럼 굳게 닫혀 있고 무거운 마음'과 연결하였다([그림 16-1] 참조). 그녀가 가슴에서 깊게 올라오는 기침을 자주 하는 것이 공황발작으로 연결될지도 모르기 때문에 치료사는 조금 긴장하기도 하였으나, 구토하거나 발작 증상은 전혀 나타나지 않았다. 2회에서는 '하늘에서 들판을 내려다보는 데 구름에 가리어 잘

보이지 않았던 심상'을 '인정받고 싶어 하지만 속으로는 안 그런 척하며 감추는 자신의 어둡고 무거운 마음과 위선적인 모습'으로 연결하였다. A의 음악경험에서 보여주듯이 GIM 음악프로그램은 내담자의 심리적 상태를 진단할 수 있는 매우 유용한 도구이다. 치료 초기에 그녀는 시각적 심상보다 신체적 반응을 더 많이 경험했으며, 음악경험 시 힘든 심상을 경험해도 공황발작은 한 번도 나타나지 않았다.

그림 16-1 **1회**

몸에 밴 불안

3회 세션에서 A는 '항상 몸에 불안이 배어 막대기 같이 긴장으로 굳어져 있는 원인이 무엇인지 알아보기'를 원하였다. 사용한 음악프로그램은 〈Exploration〉이었다. 첫 음악이 시작되자 A는 계속해서 움직이는 회색빛 뭉게구름이 보이는 것으로 시작하였는데, 얼마 후 이유는 모르지만 무슨 일이 생길 것 같은 불안함이 지속되자 몸의 여러 부분이 긴장되어 가고 있는데, 특히 어깨가 너무 무겁다고 하였다. 2번째 음악 〈Siren〉에서 그녀가 현실에서 늘 좋지 않은 일들이 많아서 또 좋지 않은 일이 생길까 봐 불안해하며 살던 모습이 그대로 음악경험에서 드러났다. "무슨 일이 생겨도 아무도 날 도와주는 사람이 없어요……. 무슨 일이 생겨도 내가 혼자 다 해야 하니까…… 나는 힘이 없는데…… 너무 무서워……"라고 온몸을 떨며 말하였다. 그 후 종교적 특성이 짙은 3번째 음악 〈Salvation is created〉에서 A는 성당에서 기도하는 경험을 하면서 한참을 서럽게 울었다. 음악의 구조가 안전하게 컨테이너가 되어 주는 D장조의 Canon에서 그녀는 울음을 멈출 수 있었다.

음악경험 후 다시 의식으로 돌아온 상태에서 자신의 음악경험을 구체화하기 위한 만다라를 그린 다음 삶과 연결시키며 A는 "음악 들을 때 어두운 구름이 보이다가…… 내 몸이…… 특히 가슴이 불안해지고…… 어깨와 팔다리가 무겁고…… 항상 긴장하는 것은 남편 없이 혼자 가정을 꾸려가는 데 자녀가 다 컸지만 지금까지 생활에 아무 도움이 되어주지 않는 것이 오랫동안 A에게 짐이 되어 무겁고, 주변에서 도와줄 사람이 아무도 없어 힘이 없으므로 자주 그러듯이 안 좋은 일이 생길까 봐 두려워서 불안이 몸에 배어 그랬다"는 것을 알게 되었다([그림 16-2] 참조). 이 내용은 6회, 7회 세션과도 연결되었다.

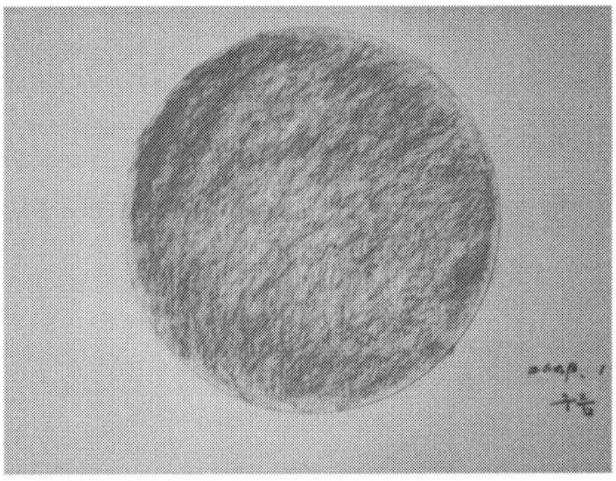

그림 16-2 **3회**

50년이 지나서야 알게 된 수치스러운 비밀

5회 세션에서 A는 '지금까지 살아오면서 힘들다는 소리를 한 사람에게도 못하고 살아올 수 밖에 없었던 것의 원인과 이것이 공식적인 자리에서 발표 못하는 것과 어떤 연관이 있는지에 대해 다루기'를 원했다.

사용한 음악프로그램은 〈Melancholy〉였다. A는 음악이 시작되고 얼마 지나지 않아 자주 기침을 하고 몸도 긴장하여 굳어 가는 모습을 보였는데, 4번째 곡인 〈Easter Cantata〉가 시작되자 갑자기 A는 "삼촌이 집 안에 아무도 없는데 9세의 어린 나를 성폭행하고 있어요. 아무것도 안 보이고 가슴이 답답하고 무서워요"라고 하며 소리 죽여 울부짖고 있었다. 마치 직접 경험하는 것처럼 아이의 목소리로 크게 소리도 내지 못하고 몸을 떨면서 고통스러운 표정으로 울고 있었다. 그 경험을 얼마

동안 하다가 그녀는 용기를 내어 그 삼촌에게 욕을 할 수 있었고, 더 나아가서 그 삼촌에 대해 분노를 표현하고 표출할 수 있었다. 이 세션에서 그녀는 다음과 같이 통찰하였다. "이 사건은 나 자신에게 아무 일도 아닌 줄 알았고, 정말…… 정말…… 잊은 줄 알고 살았는데 잊은 것이 아니었네요. 그때부터 그것이 수치스러워 누구에게라도 들킬까 봐…… 소리도 못 지르고…… 사람들 눈치를 보게 되었던 것 같아요. 이제 보니 남편과 부부 관계하는 것이 너무 싫었는데, 이래서였나 봐요. 남편이 나보다 나이가 8살이나 많은데도 자기 일에 책임지지 못하는 사람이라고 늘 무시했고, 어디에서든 남자들과 일할 때에도 제가 더 능력이 있는 것처럼 행동했는데 아마도 이제 보니 남자가 무서워서 그랬던 것 같아요. 마치 오늘 삼촌이 내게 그럴 때 내가 아무것도 할 수 없었던 것처럼 또 당할까 봐……"라고 말했다.

잠시 침묵이 흐른 다음 A는 말을 이어 나갔다. "그 이후 단 한 번도 삼촌에 대해 분노를 느껴본 적이 없었어요. 엄마에게 말했는데 입 다물고 조용히 지내라고 해서……. 그런데 지금까지도 내 마음이 이런 줄 몰랐다"고 하며 이 경험이 너무 뜻밖의 것이었다고 다시 흐느끼며 말하였다. "이걸 50년이 지나서야 알게 되었다니……"하며 한숨을 쉬고는 울기를 반복하였다. "몸이 긴장된 후에 그 당시의 장면이 보였어요. 그때처럼 숨을 쉬기 힘든 느낌이었어요. 음악이 커지고 음악이 말하라고 도와주는 것 같아서 무서워서 숨죽이고 있다가 소리지를 수 있었어요. 선생님(치료사)이 음악이 함께한다고, 하고 싶은 말 하라고 격려해 주어 삼촌에게 소리 지르고 욕할 수 있었어요……."

그녀는 이 세션에서 자신에게 상처를 크게 주어 인생에 부정적인 영향을 미쳤지만 억압하여 내면 깊숙하게 묻어두고 잊고자 했던 기억을 음악을 통해 떠올리고 생생하게 재경험하고, 그것에 대해 언어적으로 다루고 난 후부터 불안증상이 점점 감소하기 시작하였다. 그 이후 여러 차례의 세션을 거치면서 불안이 감소했고, 공식적인 행사에서 덜 떨게 되었다. 음악경험을 통해 그녀는 "삼촌이 성폭행한 것이 이렇게 평생 내 삶에 영향을 미치는 줄 몰랐다. 집안의 수치스러운 비밀로 엄마에게도 보호받지 못하고…… 삼촌의 성폭행이 힘들어도 누구에게 말하지 못하고 마음을 감추고 눈치만 보게 만든 원인이다. 그때부터 남자들을 우습게 보고 이기려고 하게 되었다는 것을 알게 되었다. 직장에서 긴장하는 것은 아이들을 키워야 하므로 잘리지 않으려고…… 잘 보이려고 했기 때문이다"라고 통찰하였다.

GIM은 트라우마 및 외상 후 스트레스 장애(PTSD)를 위해 다양하게 적용되어 오고 있다. 특히 어린 시절에 학대받은 사람들에게 그 효과가 큰 것으로 보고되고 있다. 여러 연구가 어린 시절에 학대를 경험한 후 극심한 고통으로 그것을 억압하여 마치 없었던 일처럼 잊고 살았지만 삶에 부정적인 영향을 지속적으로 미쳐 왔던 경우 GIM에서 그것을 재경험함으로써 그때 일어났던 사건에 대해 성인의 관점에서 통찰을 얻고, 학대의 기억이 가져온 혼란스럽고 복잡한 감정을 이해하고 해결하게 되는데, 때로는 음악경험 안에서 가해자들과의 대화를 통해 해결하기도 한다고 보고하고 있다(이난복, 2018; Borling, 1992; Clark, 1991; LeVier, 1986; Rinker, 1991; Skaggs, 1984; Tasney, 1993; Ventre, 1994). A처럼 GIM 경험 중에 과거의 사건들을 플래시백(flashback)과 같이 생생하게 재경험하는 것은 자주 발생하는 현상이다(이난복, 2013). 이것은 음악이 내담자의 무의식적인 과거를 경험하도록 감정적인 기억, 즉 기억 중에서 가장 질긴 정서기억(emotional memory)을 불러일으키도록 직접적으로 영향을 미치기 때문이다. 5회 세션에서 보여 주는 것처럼 GIM 음악은 무의식적인 기억이나 심상을 쉽게 표면으로 떠오르게 하여 문제의 근원을 매우 빠르게 찾도록 돕는다. 또한 앞의 내용을 통해 엄청나게 수치심을 유발하는 폭행을 당했으면서도 어린 A가 엄마에게 보호받지 못했던 정서 기억이 그녀가 어떻게 역기능적으로 삶을 살아가게 했는지 볼 수 있다.

불안을 먼저 인식하고 반응해 온 내 몸

6회 세션에서 A는 '예측하지 못한 돌발 상황이 발생하면 당황스럽고 패닉 상태가 되는 이유 찾기'에서 5회와 유사하게 불안하면 나타나는 신체 증상인 어지러움을 경험하기 시작하였는데, 신체가 점점 긴장되고 굳어 가는 경험을 한 다음에 "몸에게 그동안 혹사시켜 미안하다"는 사과를 하자, 사과를 받은 몸이 긴장이 풀리고 자연스럽게 움직이게 되자 구름, 햇살, 꽃을 경험하며 마쳤다. 그녀는 이 경험들에 대해 "음악이 힘든 것들을 생각나게 했는데도 다른 때와 달리 공황발작이 일어나지 않았다. 항상 무섭다고 해도 누구도 나를 해치려는 사람은 없었음을 알았다. 내가 두려운 나머지 비합리적으로 생각해 왔기 때문에 내 무의식이 이런 행동을 하게 했음을 알았다. 두려워하지 않아도, 겁먹지 않아도 됨을 알았다"고 통찰하였다.

7회 세션에서는 '불안하면 공황발작 증상으로 내 몸이 반응하는 이유가 무엇인지 찾기'를 주제로 정했는데 음악경험에서 그녀의 심상들은 자녀들과 연관된 것이었다. A는 그동안 자녀에게 하고 싶었지만 참아왔던 말들을 음악의 역동성을 통해 직접 마주 보고 대화하듯이 할 수 있었다. 남편 없이 혼자 자식을 키우느라 너무 고생하는 내 마음을 몰라 주는 성장한 자녀에 대한 서운함이 생각보다 큰 것을 알게 되었는데 "아이들에게 나의 속상함을 말로 표현하지 않고 몸으로, 발작으로 겁 주는 것 같다. 이유를 알고 나니 우습다"고 하였다.

9회 세션에서 A는 "평상시 아무 일이 없는데도 나쁜 일이 생길까 봐 불현듯 겁이 나고 두려워지는데 그 원인을 알고 싶다"고 하였다. 그리고 그녀는 음악감상하며 경험한 심상들을 통해 "지금의 불안은…… 노후에 편안한 삶을 살기 위해 나를 돌보지 않고, 열심히 일하면서 애들에게 투자를 많이 했는데 아이들에 대한 기대치가 깨져서, 내게 무슨 일이 있으면 장성한 애들이 해결해 줄 거라고 생각했는데…… 그 실망 때문에 온 것임을 확실히 알게 되었다"고 하였다. 이 세션에서 그녀는 큰 소나무 심상에 대해 이렇게 사시사철 푸르고, 힘 있고, 건강한 나무이고 싶은 것이 나의 희망사항이며, 가슴이 뜨거워진 경험은 자신에게도 힘이 있음을 알게 해 주는 것이라고 의미를 부여하였다([그림 16-3] 참조).

이난복(2018)의 연구에서 보여 주듯이, GIM에서 시퀀스로 구성된 음악들이 어린 시절이나 과거의 사건들을 재경험할 때 그 자리에 없는 대상과 대화를 하도록 돕는 것은 자주 관찰되는 현상이다. 또한 A는 앞에서 보여 주듯이, 음악경험 시 기침, 헛구토, 현기증, 사지마비 등 신체적인 반응이 많이 나타났는데 A의 신체적 반응을 촉진시키기 위해 치료사는 다양한 신체 중재(body work)를 사용하였다. GIM에서 음악경험 중 내담자가 어떤 신체적 반응을 통해 심상을 경험하거나 분노를 표출하는 등의 경우에 치료사는 그 경험과 반응에 적절한 언어 중재뿐만 아니라 음악 중재 및 신체 중재를 통해 내담자의 경험을 강화시켜 표출하도록 하거나, 감정적 해소 및 안정을 효과적으로 도울 수 있다. 몸으로 반응이 자주 오는 A에게 음악의 역동성을 이용한 신체 중재는 매우 유용한 중재였다.

10회 세션에서 A가 다루길 원했던 주제는 '나에게는 왜 따뜻한 마음이 없는지 찾고 싶다'였다. 그녀는 귀퉁이에 비굴하게 쪼그리고 앉아 있는 남편, 지하철에서 손 내미는 장애인, 잘난 척하는 엄마, 12세, 15세의 어린 자신, 성당의 촛불과 같은 심상들을 경험하면서 "나는 차가운 사람이 아니라 촛불 같이 따뜻한 사람임을 알았다. 나는 가족에게만 차갑게 대했고, 지하철의 장애인에게 남편의 모습을 투사한 것을 알았다"고 하였다([그림 16-4] 참조).

이후 11~12회 세션에서 A는 투자에 실패한 것, 아주 친했으나 몇 년 동안 연락하지 않았던 친구에 대해 다루면서 그동안 이 친구를 측은하게 생각한 적이 없음을 알게 되어 그 친구에게 먼저 연락을 시도하기로 하였다. 그리고 꿈의 의미를 찾기 위한 13회 세션에서는 "꿈속의 할머니가 자신을 돕는 어떤 수녀님이시고, 성모님이시다. 나에게 길을 안내해 주시는 성모님이 계시니 도와주실 것이라는 것을 알게 되었다"라고 하였다. 14회 세션에서 A는 "자신의 현재 직장은 태양 같이 든든한 직장이며, 애들에게도, 직장에서도 너무 뜨겁지 않은 해(태양) 같이 행동하라"는 지혜를 얻었다.

그림 16-3 9회

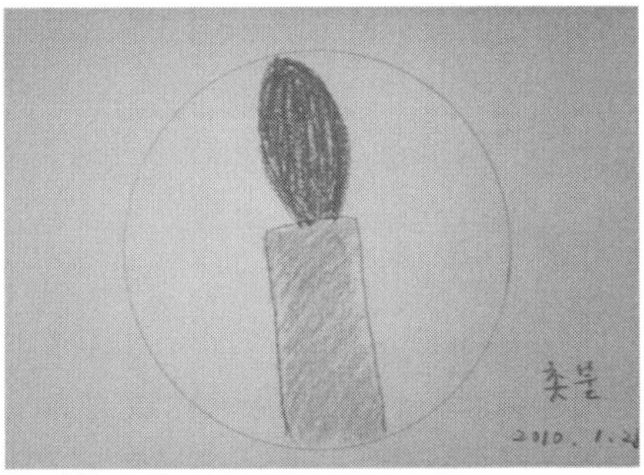

그림 16-4 10회

난 엄마처럼 안 살 거야!

15회 세션에서 이전보다는 나아졌지만 '공식 석상에서 여전히 자신의 의견을 제대로 말하지 못하고 얼굴이 빨개지는 것 때문에 스트레스가 너무 심하고 슬프다고 하였다'. 그래서 이것을 다루기로 하였다. A가 다루길 원하는 주제, 감정 및 신체 상태를 고려하여 음악프로그램은 〈Sorrow〉로 선곡하였다. 이 세션에서 그녀는 3번째 곡인 Barber의 〈Adagio for String〉에서 초등학교 5학년 어린 아이가 되었다. 몸을 부르르 떨더니 아이의 목소리로 말하기 시작했다. "엄마는 학부형 회장인데 지금 교단에 서서 애들에게, 선생님에게 돈 갖다 주라고 말하며 잘난 척하고 있어요. 못사는 애들에게(가난한)······. 그런 엄마가 너무나 창피해요. 못됐어요. 숨고 싶어요. 너무 싫어······ 너무 싫어······ 너무 창피해······ 미쳤어······ 미쳤어······ 웃겨 정말······." 그녀는 흐느껴 울면서 "저는 죄인 같아요. 고개를 숙이고는 아무 소리도 못해요"라고 몇 차례 반복하였다. "집에서는 아무것도 안하면서······ 못 사는 애들에게 돈이나 가져오라고 하고······ 불쌍한 사람들이나 돕지······. 말로만 돕는다고 하고······ 진짜로는 하지 않으면서······ 엄마가 너무 창피해. 엄마는 위선자야!"

A가 이 세션에서 과거를 재경험하며 얻은 통찰은 "내가 남 앞에서 발표나 의견을 말 못하는 것이 내가 바보 같아서라고 생각했는데······ 이제 내가 바보 같아서가 아니라 그날 엄마의 그 모습이 너무나 창피하고 싫어서 나는 절대로 그렇게 안 살 거라고 작정했던 것 때문이었던 것을 알았어요. 엄마처럼 말로 하지 말고 행동으로 살려는 것이었어요. 예전에는 내가 그것 때문에 이러는지는 정말 몰랐는데······ 이제는 알았으니 할 말은 해야겠어요. 할 수 있어요. 남자 목소리(Sviridov, Choruses)가 위협적일 때 치료사가 음악으로 안내했어요. 음악을 믿으라고 하니 신기하게도 엄마가 그때 모습과 똑같았어요. 교실 분위기도요. 힘없는 내 친구도 똑같았어요. 오늘 내가 바보가 아닌 것을 알게 되어서 너무 기분 좋아요. 음악은 아주 명쾌하게 정리하게 하네요"라고 하면서 세션을 마쳤다.

6회 세션의 '꽃, 해', 9회의 '뜨거워진 가슴', 10회의 '촛불'의 심상을 통해 A의 긍정적인 측면이 나타나기 시작하고 있음을 알 수 있다. 11회 세션 이후부터 좀 더 많은 긍정적인 심상을 경험하며 변화되고 있음을 알 수 있다. 그리고 15회 세션의 '교탁에서 아이들에게 돈 가져오라고 떠드는 엄마' 심상의 재경험을 통해 A는 그동안 삶에서 전혀 인지하지 못했던, 말로 설명하기보다 주로 행동으로 보여 주고자 했던 자신의 삶의 패턴과 그 원인까지도 함께 확인할 수 있었다. 뿐만 아니라 음악을 통해 알아낸 직장에 대한 자신의 긍정적인 반응의 경험을 통해 직장을 그만두려고 했던 생각을 바꾸어 사표를 내지 않기로 결정하였다. 이 세션 이후 A에게 커다란 변화가 나타났는데 어떤 회의나 모임을 주재하여도 떨지 않게 되었고, 직업과 관련된 많은 기관과 큰 행사도 잘 주관하여 "주위 사람들이 나의 변한 모습에 놀라워해요"라고 하였다. 15회 세션 이후 그녀는 각종 공식행사에서 자신의 의견을 말할 수 있었고, 종결 직전에는 국회 공청회에 기관대표로 참석하여 발표하고 질의응답을 잘하여 일과 관련하여 만족한 생활을 할 수 있게 되었다.

진실을 알게 되니 환하고 밝게 변하는 마음

16~20회까지의 세션에서 A는 가족 구성원에 대해 다루었는데, 그녀는 감정적 기억들을 회상했던 것을 통해 "엄마와 나의 역할이 뒤바뀐 상태로 살았어요. 엄마는 우월주의자로 나를 대리만족의 도구로 삼았고, 항상 자신만 인정받고 싶어 하며, 우리를 위해서는 행동은 하지 않으며…… 남에게는 듣기 좋게 말하고 떠벌리며 내가 받아 주지 않으면 섭섭해만 했어요. 지금도 여전히 그래요. 이런 엄마가 싫어서 빨리 결혼해 집에서 벗어나고자 했어요……. 나는 항상 아들에게 최선을 다해왔다고 믿어 왔는데 아니었네요……." A는 남편과 아들은 다른 사람인데 아들에게 남편의 모습을 동일시하고, 투사해서 아들의 부정적인 측면을 크게 부각하여 아들에게 따뜻한 눈빛조차도, 사랑을 주지 않았던 진실을 확인할 수 있었다. "이렇게 확인하고 나의 잘못도 알고 나니 그동안 답답했던 과거보다 지금이 더 행복하고 내 마음이 환하고 밝게 변하네요"라고 하였다.

이와 같이 심상은 내담자의 개인적 삶과 연관된 의미를 갖고 있음을 알 수 있다. GIM에서는 치료사가 심상을 해석해 주지 않고 내담자 스스로 그 의미를 찾고 통찰하게 하여 내적 성장을 가져오도록 한다. 또한 음악을 통해 자신의 내면이 무의식적으로 스스로 만드는 심상이므로 생각에 의해 인지적으로 자신을 만나는 것이 아니라, 자신의 진실된 감정과 만나게 되므로 산출된 심상이 타인에 의한 것이 아님을 의심의 여지가 없이 확인하므로 더욱더 효과적이라고 할 수 있다. 또한 A가 상처받은 내면아이(inner child)를 만나고, 어린 시절에 어머니에게서 제공받지 못했던—Winnicott이 말하는—'이만하면 충분히 좋은 엄마(good enough mother)'의 역할을 음악이 훌륭하게 대신해 주었음을 알 수 있는데, 이것은 GIM 음악들이 그녀의 뇌에 직접적으로 영향을 미쳐 어린 시절뿐 아니라, 여러 부분의 감정적 기억을 불러 일으켜 잊혀진 기억들과 생생하게 만나게 했으며, 때로는 중간대상으로, 때로는 부모의 역할(re-parenting)을 하며 상처 받은 아이인 그녀를 치유로 이끌었기 때문이다(이난복, 2013, 2018). 또한 그녀는 어린 시절에 어머니로부터 친밀감을 받지 못했던 것이 학습되어 아들에게 전가되어 왔음도 알 수 있게 되었는데, 실제로 A는 아들과 스킨십을 한 적이 거의 없이 살아왔다고 하였다. 그러나 A의 긍정적 변화가 지속되면서 아들과의 친밀감도 증가되었으며, 가족, 친구, 직장에서의 관계도 적절한 거리두기를 할 수 있게 되어 점점 편안하게 관계를 할 수 있게 되었다([그림 16-5] 참조).

그림 16-5 16회

축복 받는 위대한 나의 삶

A의 20, 21, 22회 세션에서는 그녀가 이전 세션들을 통해 자신의 삶에 부정적인 영향을 주었던 상처에 대해 알게 되었으므로 '이제는 오히려 그 부정적인 경험들이 삶에 어떻게 긍정적으로 작용했는지 다루기로 하였으며, 그로 인해 가지게 된 장점들과 긍정적인 힘을 찾기로 하였다.' 음악프로그램은 동질성의 원리에 따라 그녀가 다루길 원하는 주제들에 적합한 것들로 선곡하였다. 이 세션들을 통해 A는 살면서 간지럽다고 자녀에게 한 번도 사랑한다는 말을 한 적이 없음을 알게 되었으며, 음악을 통해 '큰 가슴과 넓고 아름다운 풀밭에서의 뿌듯함'을 경험했는데, 이것은 그동안 남편 없이 혼자서도 잘 살아왔고, 자신이 직장에서 일처리를 잘하는 것을 이제 확실히 알게 되어 세상을 다 가진 것 같은 뿌듯한 상태라고 하였다. 그리고 '넓고 하얀 하늘, 농악놀이, 춤추는 자신'을 음악에서 심상으로 만나면서 이제는 '사랑해'라는 말도 표현하게 되었으며, 자신에게 넓고 하얀 하늘 같이 큰 힘과 욕심 없는 맑은 마음이 있다는

것을 알게 되었다. 또한 그녀는 그동안 혼자 사는 것이 지루했는데, 지금은 오히려 혼자 이렇게 잘 살 수 있어서 감사하게 느껴진다고 하였다. 그리고 자신의 장점들을 열 가지 이상 많이 찾게 되었다.

마지막 세션인 22회에서 A는 '매우 커다란 소나무'의 이미지를 통해 그녀가 좋아하는 사시사철 푸른 소나무처럼 크고 흔들림 없이 건강한 자신을 발견하게 되었다고 하였다. 또한 '여러 사람에게 축복받는 자신'을 음악 속에서 경험하면서 나 혼자 살았다고 생각했는데 이 세상에 나를 축복해 주는 좋은 사람들이 너무 많았다는 것을 알게 되었다고 하였다. 또한 '가슴 벅차고, 숨이 확 트이고, 뻥 뚫리게 하는 드넓고 광활한 평야'는 내가 혼자서 아이들을 다 키웠다는 후련함과 동시에 현재의 내 직책은 내가 필요한 것을 누구의 허락 없이 할 수 있어 좋은 것이며, '벤치에서 쉬는 심상'은 직장은 휴식을 취할 수 있는 편안한 곳이라고 하였다. 또한 A는 긍정적인 영향을 주는 어린 시절의 내면아이를 만났는데, 자신이 따듯한 잔디밭에서 자유롭게 춤추는 심상은 요즘의 기분 좋은 자신의 상태라고 하며, 유년 시절의 나는 이렇게 밝게 춤추고 놀았던 것 같다고 하며 자신도 이런 시기가 있었다는 것이 힘을 준다고 하였다. '여러 사람의 목소리가 들리는 것'을 나를 칭찬하고 인정해 주는 사람들의 소리로, '하얀 빛'은 맑고 투명하게 일하며 살아왔던 자신이라고 하였다. 이러한 경험들을 통해 A는 "나는 더 이상 혼자가 아니고 축복 받은 존재임을 알았어요. 이제 에너지도 받고, 소박하게, 맑고 투명하게, 씩씩하고 건강하게 감사하며 살 수 있어요. 지금까지 살아온 나의 삶은 위대한 것임을 알았어요. 굉장히 감동적이고 무엇인가가 꽉 찬 아주 축복받은 기분이에요"라고 하였다([그림 16-6], [그림 16-7] 참조).

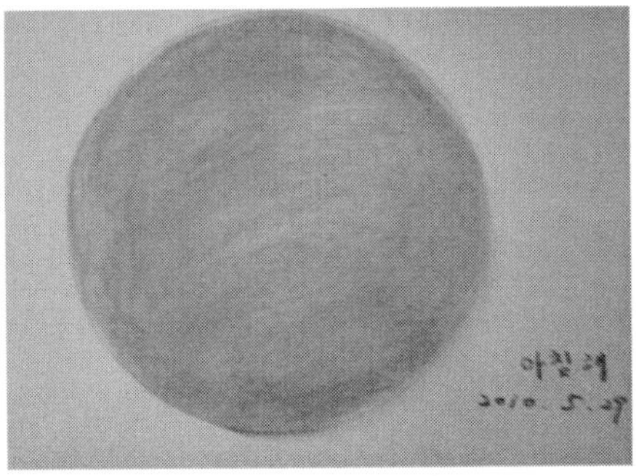

그림 16-6 20회

그림 16-7 22회

21, 22회 세션에서 나타나듯이, 자신의 부정적인 측면을 다루고 난 다음에 나타나는 밝은 심상들을 통해 찾아낸 A 자신의 긍정적인 측면들은 그녀에게 매우 큰 힘을 주고 있으며 바람직한 변화를 가져오고 있음을 알 수 있다. 특히 마지막 세션에서 경험한 심상인 '매우 커다란 소나무'는 A에게 매우 소중하게 받아들여졌다. A는 이 심상을 삶이 힘들 때마다 상기시키고 힘을 얻을 것이라고 하였다.

맺음말

이상과 같이 A의 GIM 치료 과정이 그녀에게 어떤 의미 있는 작업이 되어 공황장애를 치유시켰는지 간단하게 살펴보았다. 치료를 마치면서 소감을 묻는 저자의 질문에 A는 "GIM은 한 가지 방법만 사용하는 다른 치료 방법과 달리 음악을 통해 보고, 듣고, 감정이 변하고, 몸으로 느끼고 반응하고, 그림 그리고(Mandala), 토의(음악경험 후 앉아서 대화하는 것에 대한 A의 표현)를 통해 통찰을 얻는 등…… TV드라마나 영화처럼 모든 것이 다 포함된 유일한 전천후적인 치료 방법이에요. 그러니 이렇게 효과가 빠르고 좋을 수밖에 없지요"라며 밝게 웃었다. A의 말처럼 GIM에서의 음악경험은 시각, 청각, 촉각뿐 아니라 후각과 미각도 때로 경험하게 하는 매우 효과적인 도구이다. A는 종결 시의 '상태-특성 불안 검사' 결과 28점, 36점으로 안정적이었다. 우울검사 결과도 9점으로 매우 양호하였다. 종결한 후 1년 정도 지난 시기에 A는 직장일로 가슴이 좀 답답하다고 전화를 하였다. 이때 통화하며 저자는 그녀의 호흡을 가라앉게 한 후 마지막 세션의 심상이었던 '매우 커다란 소나무' 심상을 다시 떠올리게 하고 그 심상과 잠시 머물도록 제안하였는데 그 소나무를 떠올리니 안정된다고 하였고, 힘들 때마다 그 소나무 심상을 떠올리기로 하였다. 그리고 그 이후에는 공황 증상이 없이 잘 지내고 있다고 해마다 새해 초에 안부를 전해오고 있다. 이상의 내용에서 보여 주듯이, GIM은 공황장애로 고통 받고 있는 60대 여성을 '어두운 동굴 속에서 찬란한 빛(A의 후기 참고)'으로 이끌어 주었다.

과거의 상처들로 인해 조건화된 두려움은 없애기가 쉽지 않다. 그러나 비언어적인 의사소통 수단인 음악이 불러일으키는 감정에 따라 너무 강해서 억압할 수밖에 없었던 자신의 상처를 생생하게 재경험하고, 그것을 인식하고 받아들이고, 그것에 대한 감정을 잘 조절한다면 조건화된 두려움에서 벗어나게 될 것이다. 그러면 대뇌 변연계(limbic system)의 편도체(amygdala)는 안심하여 그 혼란스럽고 왜곡되었던 두렵고 공포스러운 기억과 감정에 제동을 걸어 그 기억이 통합되게 하므로, 트라우마나 공황장애로 역기능적 삶을 살아가는 사람들이 안정적으로 살아가게 돕는다.

A의 사례에서 보여 주듯이, 깊게 파묻혀 있는 과거의 흔적에 의해 현재의 삶을 방해 받고 있으면서도 그 고통스런 흔적들을 쉽게 기억해 내지 못하는 사람들이 GIM 음악을 통해 과거를 생생하게 재경험하는 것은 이들 스스로가 이해할 수 없었던 그들의 병리적인 삶의 원인인 왜곡된 기억 저편, 망각의 늪에 빠져 있던 과거의 흔적들을 하나씩 기억하게 되고, 회상하게 되면서 그 사람의 진실이 밝혀지도록 도와 빠르게 공황장애에서 벗어나게 한다. GIM에서 음악을 통해 과거의 진실을 기억하는(recollect) 것은 현재와 과거 사이에 놓인 시간을 뛰어 넘어 잃어버린 시간을 되찾게 해 주는 수단이 된다. 또한 그 고통스런 기억들이 다루어지고 치유됨으로써 그 상처가 오히려 그들의 삶을 성장시키는 원동력이 되도록 도울 수 있다. 기억은 오래된 미래이기 때문이다. GIM 음악을 통해 오랜 동안 파묻혀 있었던 감정적 기억을 불러내는 과거 재경험은 트라우마를 가지고 살아온 사람들에게 현재 자신의 모습을 일으켜 세우는 치료적 작업으로 그들의 삶에 희망의 순간을 제공한다(이난복, 2018). 즉, 기억하리라고는 생각하지 못했던 어린 시절의 상처들, 인간의 존귀함에 반대되는 온갖 억압 및 학대의 실체를 GIM 음악을 통해 재경험하며 그 실체를 놓치지 않도록 하고, 통합하게 돕는 것은 공황장애 및 트라우마를 가진 내담자들이 안정적으로 인간다운 의미 있는 삶을 추구할 수 있도록 돕는다.

실제로 A 이 외에도 각자 다른 다양한 증상을 가진 공황장애 내담자들은 음악 속에서 자신이 직접적으로 과거를 재경험하며 잊어야만 했던 기억들과 만나고, 현재 문제나 공황장애의 원인에 대한 진실을 빠르게 되찾는다. 또한 다양한 긍정적인 심상 경험들을 통해 그들은 자신의 가치를 알고 새로운 시각으로 삶을 살아갈 수 있다.

우리의 트라우마적인 기억은 늘 우리 곁을 맴도는 고여 있는 바람과도 같다. 고통스러운 트라우마로 힘든 삶을 살아가는 사람들에게 GIM은 자신의 기억과 마주서서, 맴돌던 그 바람이 지나갈 수 있도록 새로운 길을 열어 주어 눈부신 세상으로 채워질 미래의 기억과 만나도록 도울 것이다. 나의 내담자들이 음악을 통해 고통을 이겨내고 눈부신 세상으로 자신을 채우는 그 순간을…… 미래 기억이 잘 담아두길 기대해 본다.

다음의 글은 A가 마지막 세션을 마치고 남긴 글이다. A가 치료노트에 기록한 것을 그대로 옮기며 A의 GIM 사례 소개를 마치고자 한다.

치료 후기

심상음악치료(GIM) 체험은 정말 특별한 것이었다. 어찌 글로 표현할 수 있을까? 안개 속에서 살아왔던 것 같다. 어둠 속에서 헤매며 겁먹고 살아왔던 것 같다. 사람들 속에서 움츠러든 작은 몸뚱이였다. 사막에 나 혼자 버림받은 삶이었다. 지치고, 병들고, 상처투성이였다. 더 이상 어떻게 살아가야 할지를 전혀 몰랐다. 그동안 살아온 것이 잘 살았는지도 몰랐다. 살아온 날들도, 살아갈 날들도, 모두 무섭고 당황스럽고 암흑 같았다. 그러나 이젠 나도 무엇이든 할 수 있다. 그동안 난 잘 살아왔고, 앞으로도 난 잘 살 수 있다. 어둡고 캄캄했던 동굴 속에서 나는 환하고 아름다운 밖으로 나왔다. 찬란한 빛이 보인다. 천사들이 부르는 노래가 들린다. 지금까지 살아온 나는 참으로 위대하다. 수고했고, 고생했다. 장하다. 나는 항상 혼자였다고 생각하며 살았는데 아니었다. 많은 사람 속에서 함께였다. 이젠 보인다. 그리고 느껴진다. 모두의 감사함을…….

용어 설명

공황장애(panic disorder) 반복적으로 예기치 못하게 나타나는 극단적인 불안 증상, 강렬한 공포 상태, 즉 공황발작(panic attack)이 주요한 특징인 질환으로 불안장애의 한 유형이다(APA, 2015).

심상음악치료(Guided Imagery and Music: GIM) Helen Bonny가 개발한 음악중심의 치료 방법으로, 내담자가 확장된 의식 상태(Altered State of Consciousness: ASC)에서 음악감상을 하며 심상산출(imagery)의 경험을 통해 정신적 · 정서적 · 신체적 · 영적 측면을 통합하도록 돕는다.

트라우마(trauma) 정신에 지속적인 영향을 주는 격렬한 감정적 충격. 여러 가지 정신 장애의 원인이 될 수 있다.

과거 재경험(re-experiencing the past) GIM 치료 시 내담자들이 음악감상을 통해 과거를 다시 기억해 내어 경험하는 것을 의미한다.

정서기억(emotional memory) 삶에서 이전에 경험하였던 사실적 기억의 정보에 실린 감정의 에너지가 함께 기억된 것을 말한다.

확장된 의식 상태(expanded States of consciousness) Altered States of Consciousness (ASC)는 Non Ordinary State(NOS)와 거의 동일한 의미이지만 그동안 한국에서는 이 용어를 '전환된 의식 상태, 비일상적 상태, 변성의식 상태' 등으로 해석하여 사용해 왔으며, 아직 이 용어에 대해 하나로 통일하여 사용하지 못하고 있다(이 용어는 음악치료뿐 아니라 상담 및 심리치료 분야에서도 번역이 서로 다른 것을 확인하였다). GIM에서 그동안 ASC와 NOS는 혼용되어 사용해 왔다. 그러나 AMI(2018)에서 'Consciousness Expanding'이라는 단어로, Bruscia의 GIM 사례집에서 'Expanded States of Consciousness(ESC)'로 표기하고 있다. 이에 본 사례집의 편집자인 저자도 용어정리가 통일되는 것이 필요하다고 생각해 왔으므로 다양하게 알아본 결과 ASC, NOS, ESC는 모두 확장된 의식 상태를 의미하는 것으로 확인되어 본 사례집에서는 '확장된 의식 상태'로 통일하여 사용하였다.

참고문헌

박현순(2005). **공황장애: 공황, 그 숨 막히는 공포**. 서울: 학지사.

이난복(2010). 침잠의 시기에서 성숙의 시기로: 가정폭력 피해여성의 그룹 심상유도음악치료(GIM) 경험에 대한 현상학적 연구. **한국음악치료학회**, 12(1), 43-45.

이난복(2011). 심상유도음악치료(GIM) 과정에서 나타나는 내담자의 주관적 인식 유형과 특성 요인에 관한 연구. 숙명여자대학교 대학원 박사학위논문.

이난복(2013, June). *The influence of re-experiencing the past through musical imagery in Guided Imagery and Music*(GIM) on emotional memory. Paper presented at Association for Music and Imagery(AMI) Conference. Canada: Vancouver.

이난복(2018). Re-experiencing the past through The Bonny method of Guided Imagery and Music: The connection between music imagery, emotional memory, and brain.

Journal of the Association for Music and Imagery, 16, 45-75.

American Psychiatric Association (2015). 정신질환의 진단 및 통계 편람 제5판(권준수 외 공역). 서울: 학지사.

Association for Music and Imagery (2018). *Frequently asked questions*. Retrieved from https://ami-bonnymethod.org

Blake, R., & Bishop, A. R. (1994). The Bonny Method of Guided Imagery and Music (GIM) in the treatment of post-traumatic Stress disorder(PTSD) with adults in the psychiatricAetting. *Music Therapy Perspectives, 12*(2), 125-129.

Borling, J. (1992). Perspectives on growth with a victim of abuse: A Guided Imagery and Music(GIM) case Study. *Journal of association for Music and Imagery, 1*, 85-97.

Brusica, K. E. (2006). 음악심리치료의 역동성(최병철, 김영신 공역). 서울: 학지사.

Burns, D., & Woolrich, J. (2004). The Bonny method of Guided Imagery and Music. In A. Darrow (Ed.), *Introduction to Approaches in Music Therapy*. Silvery Springs: American Music Therapy Association, Inc.

Bush, C. (1995). *Healing imagery and music*. Portland, OR: Rudra Press.

Clark, M. (1991). Emergence of the adult Self in Guided Imagery and Music(GlM) Therapy. In K. E. Bruscia (Ed.), *Case Studies in music therapy* (pp. 321-331). Phoenixville, PA: Barcelona Publishers.

LeVier, K. (1986). *Healing the trauma of incest through GIM: A Jungian perspective*. Unpublished Masters thesis, New York University.

Rinker, R. L. (1991). Guided imagery and music: Healing the wounded healer. In K. Bruscia (Ed.), *Case Studies in music therapy* (pp. 309-319). Gilsum, NH: Barcelona Publishers.

Skaggs, R. (1984). *The experience of insect. Childhood victims in later life*. Unpublished Master Thesis, West Georgia College.

Tasney, K. (1993). Beginning the healing of incest through Guided Imagery and Music: A Jungian perspective. *Journal of the Association for Music and Imagery, 2*, 35-47.

Ventre, M. E. (1994). Healing the wounds of childhood abuse: A guided imagery and music case study. *Music Therapy Perspectives, 12*, 98-103.

Ventre, M. E., & McKinney, C. H. (2015). The Bonny method of Guided Imagery and

Music. In B. L. Wheeler (Ed.), *Music Therapy Handbook* (pp. 196-205). New York, The Guilford Press.

Ward, K. (2002). A Jungian orientation to the Bonny method. In K. Bruscia & D. Grocke (Eds.), *Guided imagery and music: The Bonny method and beyond* (pp. 207-224). Gilsum, NH: Barcelona Publishers.

Winnicott, D. W. (1971). *Playing and reality*. London, UK: Tavistock Publications.

위키백과(2018). https://ko.wikipedia.org/wiki/%EA%B3%B5%ED%99%A9%EC%9E%A5%EC%95%A0

내담자 정보

Y는 서른 중반으로, 아직 젊은 나이임에도 불구하고 대기업의 팀장이 된 성공한 커리어 우먼이다. 3개 국어에 능통해 직장 내에서 해외파트 업무로 인정을 받아 여러 부서의 상사들에게 칭찬을 받고 있다. 또한 그녀는 직장 내에서 젊은 여직원들의 롤모델이기도 하다. 일찍 가정을 꾸려 딸과 아들을 두고 있으며, 남편과의 소통도 원활한 편이다. 매주 빠지지 않고 교회를 다니고 있으며 바쁜 중에도 가정을 위해 시간을 내려고 무척 애를 쓰고 있었다. 삶의 모든 순간에 최선을 다한다는 게 그녀의 생활 철학이다. 그런 Y가 5년 전쯤부터 상사가 장난으로 하는 말에도 상처를 받고, 자기를 신뢰하지 못한다는 의심을 갖게 되었다고 했다. 또한 억울한 일이 있을 때 자기의 의견을 조리 있게 말하기보다는 감정적인 서운함 때문에 몇 주 동안 우울하거나 배가 아파오는 등 신체화 현상이 빈번해졌다. 그녀의 두 아이를 돌봐 주고 계신 친정 엄마를 보면 이유 없는 화가 치밀어 올라 집에 들어가기가 싫어지는 때도 있다고 했다. 최근 2년간은 그런 감정들이 쌓여 폭발하게 되는 일이 점차 늘어갔다.

Y는 아이에게 소리를 지르거나, 아이를 봐 주는 친정 엄마를 보고 물건을 던진 적도 있었고, 친구들을 만나면 늘 투덜거리고 서운함만 토로하니 친구들이 만나기를 꺼려 했다. 직장에서는 매우 약자에 속한 한 여성을 지속적으로 미워하고 비난하며 갈등을 빚고 있기도 했다. 외적으로는 부러울 것이 없는 그녀가 특별한 이유 없이 성격파탄자가 되어 가는 것 같아 친한 친구에게 조언을 구했다고 한다. 친구는 심리치료를 권했고, 신상이 노출되는 것을 두려워하던 중 음악치료를 알게 되어 용기를 내게 되었다. 그렇게 Y와의 성악심리치료 여정을 함께하게 되어 총 스물 두 번의 만남을 가졌다.

치료 방법

Y와 함께한 22회의 세션 동안 심상음악치료(Bonny method of Guided Imagery and Music: GIM)를 사용한 2회의 세션을 제외하고는 모두 '성악심리치료'를 적용하였

다. GIM으로 진행된 Y와의 첫 세션에서 음악을 듣던 중 언어보고가 어려운 옹알이(babble sign)이 현상이 나타났다. 이와 같은 표현이 영아기 때 감정을 억압한 신호일 수 있어서 치료사는 치료 방법에 대한 고민을 하게 되었다. Y가 자신의 문제를 머리로 인식하고 해결하는 것보다는 그녀가 스스로 소리를 낼 수 있도록 돕는 것이 먼저라는 판단이 들었다. 따라서 목소리를 사용하는 강력한 방법인 '성악심리치료'를 적용하게 되었다.

성악심리치료는 정신내적이며 상호적인 성장과 변화를 증진하기 위해 호흡, 소리, 성악 즉흥연주, 노래, 내담자-치료사의 관계 내에서의 대화를 사용하는 것으로 Diane Austin에 의해 만들어진 방법이다(Austin, 2012).

목소리는 그 사람의 정체성을 담고 있다. 목소리는 생득적일 뿐만 아니라 심리적 · 환경적 요인에 의해 달라진다. 쉬운 예로, 말할 때 아주 작게 말하는 사람을 보고 성격이 조용한 사람, 소극적인 사람이라는 평가를 하는 것처럼 '목소리'는 그 사람에 대해 말해 준다. 단순히 생물학적으로 '소리를 낸다'라는 의미가 아닌 것이다. 자기의 소리를 낸다는 것은—그것이 말이든, 노래이든—삶에 큰 변화를 주기도 한다. 그래서 성악심리치료는 개인의 목소리, 개인의 고유한 소리를 찾는 과정이 수반된다.

Austin(2012)은 유아기의 심리적 억압과 이슈와 목소리와의 관계에 대해 매우 중요하게 언급하였다. 인간의 목소리는 성대를 비롯한 음성 관련 근유형과 심리적 정서 반응으로 연결된다. 특히 이것은 초기 유아기에서도 나타난다. 착하고 바르게 보이는 것을 중요시하는 가정에서 자란 아이들은 본능적 반응들이 수용되지 못한 경험으로 인해 감정을 신체적으로 봉쇄하기도 한다. 우는 것을 금지하는 양육자 밑에서 자란 아이, 아픈 부모를 둔 집의 아이, 지나치게 엄격한 잣대를 가진 부모의 아이들이 가지는 심리적 봉쇄는 '목소리' 또는 '표현'에 대한 억압을 가질 때가 많다(Miller, 2010). 따라서 성악심리치료에서는 진정한 목소리의 회복 첫 단계에 '호흡'을 사용한다. 깊은 호흡뿐만 아니라 노래를 통해 호흡을 촉진한다. 실제로 이 사례의 Y는 본인이 숨을 쉰다는 것을 인식하는 것을 두려워했을 뿐만 아니라 얕고 불안한 호흡을 느끼면서 이를 고치지 않으면 죽을 것 같다는 표현을 했다. 그리고 한동안 호흡에 집중하는 것만으로 하루에 있었던 일들에 대한 감정을 정리할 수 있게 되기도 했다.

제17장

본연의 목소리로 부르는 자기를 위한 노래

-Inner child issues를 가진 여성과의 성악심리치료-

장문정

숙명여자대학교 음악치료대학원 초빙대우교수

임상음악전문가 1급

개요

이 사례는 '관계'의 문제로 직장, 가정에서 갈등을 경험하고 있는 30대 중반 여성과의 성악심리치료(vocal psychotherapy) 세션 과정을 다루고 있다. 내담자는 음악치료를 받게 된 이유를 '상사와의 갈등'의 문제라고 이야기 했으나 실제 치료 과정에서는 영아기부터의 상처가 관계 문제의 중심에 있다는 것을 알게 되었다. 따라서 이 사례의 전반은 '목소리'를 통해 자신을 찾아가는 과정과 내면아이(Inner child)를 다루는 과정을 통해 내담자가 심리적인 어려움을 해결해 가는 것을 보여 준다. 일반인 여성이 음악치료를 선택하고, 성악심리치료라는 낯선 방법에 몰입하기까지는 많은 용기가 필요했다. 그러나 음악, 특히 '목소리'가 이끄는 힘은 매우 강력했으며 내담자로 하여금 자기 자신을 만날 수 있는 기회를 제공해 주었다. 이 여성은 성악심리치료를 통해 초기 유아기와 성장기에 갖게 된 내면의 문제들을 탐색, 확인하고 충분히 표현할 수 있었으며 다른 사람과의 관계에 있어서의 투사(projection)를 멈추고 보다 건강한 자신으로 살 수 있는 힘을 얻게 되었다.

성악심리치료에 영향을 준 이론은 Jung의 분석심리학, 대상관계이론, 외상이론, 상호주관성 이론 등이다. Jung은 심리치료에 있어서 원형과 콤플렉스 등의 상징을 다양한 방법으로 이해하려 했다(Jung, 2009). 특히 무의식에 대한 이해, 개성화의 과정에서 표출되는 사람의 생각(의식), 말, 표정, 몸짓, 노래 등의 모든 행위의 과정을 세심하게 들여다보는 것은 치료 과정에서 매우 중요하다(Jung, 1961). 또한 그 과정에서 일어나는 전이와 역전이의 과정은 모든 심리치료에서 주요하게 다룬다. 성악심리치료는 내담자와 치료사와 '목소리'라는 직접적인 매개체를 주고받기 때문에 그 어떤 치료보다 직접적으로 전이와 역전이를 사용하게 된다. 내담자의 목소리와 노래 안에는 무의식적 · 의식적 상징이 나타나고, 음악 안에 함의된 콤플렉스들도 나타난다. 음악에 투사될 수도 있고, 치료사와의 관계를 통해 나타날 수도 있다.

Austin(2012)은 Alice Miller의 〈천재가 될 수밖에 없는 아이들의 드라마〉라는 서적을 통해 대상관계이론에 대해 무게감을 갖게 되었다고 하였다. 나 역시 Y와의 세션에서 이 책을 매우 많이 떠올리게 되었다. 너무나 가혹한 말일지 모르겠지만 부모가 아이들에게 주는 영향력은 우리가 생각하는 것 이상으로 크다. 어릴 때 아주 잠깐의 부정적인 애착 관계로 인해 인생 전체를 짐 지우는 일도 빈번하다(Miller, 2010). 이외에도 성악심리치료는 관련 심리치료의 이론과 기법들을 실제적으로 적용하며 내담자들의 마음의 문제에 접근한다. 본 사례가 이론을 소개하는 목적이 아니므로 이론에 대한 자세한 것은 앞에 언급한 서적을 읽어 보길 권한다.

성악심리치료에서 사용하는 대표적인 기법들에는 호흡(breathing)과 더불어 토닝(toning), 보컬홀딩(vocal holding techniques), 자유연상가창(free association singing) 등이 있다. 이 사례를 보다 잘 이해하기 위해 조금 더 자세히 기술해 보려 한다.

호흡은 깊은 호흡뿐만 아니라 그 사람의 호흡 패턴에 따른 자연스러운 호흡 역시 중요하다. 몸이 원하는 자연스러운 호흡을 통해 존재 자체를 느끼며 몸 전체로 흐르는 순환을 느낄 때 깨진 균형들이 맞춰지고 안정을 찾게 되기도 한다. 물론 여기에 다양한 명상이나 치료법에서 사용되는 호흡법들을 더하면 더 효과적이다.

토닝은 호흡의 맥락과 마찬가지로 깨진 균형을 회복하기 위해 모음을 지속적으로 사용하여 소리를 내는 것이다. 여기에 차크라(chakra) 진동을 사용하는데, 배, 명치, 가슴, 목, 미간, 정수리의 차크라에 모음의 소리들(오, 어, 아, 이)을 주어 울리게 하는 것이다. 내가 일하는 음악치료의 현장에서 환우들과 자주 토닝을 하곤 하는데,

대부분의 환자가 처음에는 어색해 하고 어지럽다고 하다가도 몇 회 반복되면 마음이 편안해지고 뭔가 '제자리'를 찾는 느낌이라는 말들을 많이 한다. 특별히 여러 명이 함께하는 토닝은 서로의 몸에 울려 주는 진동들을 풍성하게 경험할 수 있어 말로는 표현할 수 없는 위로와 균형감을 주기도 한다.

보컬홀딩은 반복되는 2개의 화성 안에서 치료사와 내담자가 즉흥적으로 노래를 하는 형태로, 성악심리치료에서 임상적으로 매우 자주 사용하는 기법이다. 반복되는 2개의 화성은 안전함을 제공해 주며 성악 즉흥에 대한 긴장감, 내면적인 불안을 내려놓고 자연스럽게 치료에 참여할 수 있도록 해 주는 환경이 되어 준다. 따라서 자기의 목소리를 내야 하는 것에 대한 부담감을 가진 일반인들에게도 매우 효과적이다. 가사의 유무와 상관없이 즉흥적으로 노래를 해야 한다는 것은 부담스러운 일이 될 수 있다. 하지만 2개의 코드가 반복되면서 안정감을 주고, 치료사가 제안하는 노래 안에서 이내 자발적으로 소리를 내기 시작한다. 물론 이것이 처음부터 잘되는 것은 아니지만 내담자들이 보컬홀딩을 통해 안전하게 자신을 표현한다는 것에 대부분 동의하는 것을 보았다.

보컬홀딩에서 치료사는 반복되는 반주와 함께 동음가창(sing in unison), 하모나이징(harmonizing), 미러링(mirroring), 그라운딩(grounding) 등을 사용하며, 내담자의 소리를 반영하고 확장하고 격려하고 수용해 준다. 노래를 통해 안전하게 자신을 여행할 수 있도록 다양한 방법으로 돕는 과정이라 할 수 있다. 이는 아주 초기에는 아주 짧은 시간 동안 진행되기도 하지만 회기에 따라서는 매우 오랜 시간 동안 진행되기도 한다. 나의 경우 Y와의 어떤 세션에서는 40분 동안 보컬홀딩이 이뤄지기도 했다.

자유연상가창은 의미단어, 가사화가 포함된 성악 즉흥의 기법으로 보다 직접적으로 무의식적 심상, 기억, 감정과 관련된다. Freud의 자유연상기법에서와 같이 떠오르는 무엇이든 표현하도록 하되, 자유연상가창에서는 언어 대신 노래를 사용하는 것으로 이해할 수 있겠다. 치료사는 내담자의 이슈와 관련하여 노래를 통해 어떤 역할을 할 수도 있고, 질문을 하거나 내담자의 감정을 확인하고 강조할 수 있다. 따라서 성악심리치료사는 단순한 테크닉을 제공하는 것이 아니라 내담자의 무의식적 심상을 이해하고 감정을 지원하며 내면의 문제를 충분히 다룰 수 있도록 통찰과 직관을 사용해야 한다. 일종의 이중자아(double ego)를 사용하게 되는데, 내담자가 느낀 감정 또는 표현하고 있지 못한 것을 1인칭으로 표현하면서 감정표현을 촉진하고 동일감을 느낄 수 있도록 한다. 이처럼 성악심리치료는 다양한 기법을 통해 내담자의 문제에 강력하고 직접적인 중재를 하게 되는 심리치료의 분야라고 할 수 있다.

치료 과정

2016년 여름, Y와의 음악치료 여정이 시작되었다. 가만히 있어도 땀이 날 정도로 덥고 오래 지속된 여름의 열기 속에서 어쩌면 더 뜨거운 마음으로 함께했을지도 모르겠다. 특별한 경우를 제외하고는 거의 매주 동안 이루어진 22회의 세션은 Y의 전 인생을 오롯이 마주하는 시간이었다. 그 과정을 모두 기술하여 소개하고 싶지만 지면 상의 이유로 각 세션의 흐름을 이해할 수 있도록 초기, 중기, 후기로 나누어 기술하고자 한다. Y의 내면 과정에서 꼭 이해가 필요한 초기와 후기 세션은 비교적 자세히 소개하고, 중간 과정은 요약하여 소개한다.

첫 번째 세션: 뜻밖의 모습

Y를 만난 첫 세션에서의 첫인상은 매우 강렬했다. 성공 가도를 달리고 있는 커리어우먼답게 세련된 정장을 입고, 스튜어디스 같이 곱게 붙인 머리에 어디 하나 흐트러짐이 없는 모습이었다. 음악치료 세션에서 누울 수도 있고, 움직임이 크게 있을 수도 있으니 편한 옷을 입고 오는 게 좋을 것 같다고 미리 안내를 했으나 Y는 평소 그녀가 입던 대로 입고 왔다. 처음 보는 나에게 90도로 깍듯한 인사를 할 정도로 모든 것에 완벽을 기했다. 이 날은 진단세션으로 GIM을 적용하였다. Y는 심상 경험 속에서 생각치도 않게 너무 많이 울게 되었다. 세션에서의 음악이 끝나고 호흡으로 그라운딩을 하자마자 화장실로 달려가서 화장을 고치고, 머리와 옷매무새를 다듬는 것에서도 그녀의 성격과 습관을 짐작할 수 있었다.

낯선 장소에서 낯선 사람과 '치료'라는 것을 시작하는 Y는 자리에 앉자마자 현재 자기가 감정적으로 겪고 있는 문제와 직장 내에서의 갈등에 대해 쉴 틈 없이 쏟아냈다. 특히 빈번하게 부딪히는 상사에 대한 불만을 긴 시간 동안 토로했지만 이야기의 귀결은 상사에게 인정받고 싶다는 것이었다. 나는 음악치료의 과정에 대해 설명을 하고 첫 세션은 누워서 음악을 듣는 형태로 진행될 것이며, 다양한 심상이나 감정이 올라올 수 있다고 설명했다. 그리고 그것을 자연스럽게 받아들였으면 한다고 말했다. Y는 "저는 뭐를 잘 떠올리지 못하고, 매우 이성적인 사람이라 아마 잘 안 될 거예요"라고 단정지어 말했다. 그러고는 안대를 하고 누워서 담요를 목까지 올려 덮었다. 내가 호흡을 유도하며 인덕션(induction)을 하는데 그녀의 가슴이 움직이기 시작했고, 울음을 참으려 하는 것이 감지되었다. 아직 음악이 시작되지도 않았는데도 말이다.

나는 계획했던 GIM 프로그램 대신 그녀의 감정선을 살필 수 있는 음악으로 바꾸어 적용했다. Atlantis Institute에서 GIM 프로그램을 사용하기에 어려움이 있는 내담자에게 사용할 수 있는〈Secret garden〉의 곡을 편성하여 만든 5곡의 짧은 piece로 구성된 프로그램을 사용했는데, 첫 곡에서 그녀는 갓난아기를 바라보는 자신을 떠올렸다. 그러고는 소리쳤다. "어, 저 애기가 나 같은데…… 혼자 있어요. 엄마가 없어요. 왜 없지? 어디 갔지?"하며 울기 시작했다. 2, 3번째 곡에서 그녀는 두서없는 말들을 했는데, 치료사가 호흡과 언어 중재를 했음에도 불구하고 중재에 반응하기보다는 앞뒤가 분명치 않은 단어들을 나열했다.

세션을 마친 후에 그녀가 말하기를 아이를 그대로 두면 안 될 것 같아서 뭐라도 하려고 했는데 어떻게 해야 될지 몰라 집안을 뛰어다니기도 했고, 우유를 탔다가 갈아입힐 옷을 찾다가, 밖으로 엄마를 찾으러 나갔다가 화를 냈다가, 다시 아기가 생각 나 들어왔다가 정신이 없었다고 했다. 계속 무언가를 했는데, 정작 아기에게는 우유도 못 먹였다고 한참을 흐느꼈다. 4번째 곡에서 그녀는 아기가 되었다. 음악을 듣는 내내 옹알이 같은 소리를 냈는데, 크게 울지도 못하고 옹알거리다 눈물을 흘리기를 반복했다. 마지막 곡에서 그라운딩을 하고 충분히 호흡한 뒤에 치료사의 유도에 따라 '엄마'라는 한마디를 겨우 할 수 있었다. 물론 5번째 곡에서도 Y의 울음은 그대로였다.

세션 후 Y는 무척 당황스러워 했다. 원래 상상도 잘 못하고 매사 이성적으로 살려고 노력하던 자기였는데 눕자마자 울음이 나온 것도, 다양한 심상을 경험한 것도, 아기가 되어 옹알거렸던 것도 매우 혼란스러워 보였다. 세션 후 과정(postlude)에서 아주 어릴 때 Y의 어머님이 산후우울증이 있으셨다는 이야기, 그 이후로도 늘 아프셨고 현재도 엄마의 주된 정서는 우울한 편이라는 얘길 했다. 성장 과정에서도 집에서는 항상 조용했어야 했고, 엄마를 신경 쓰게 하지 않으려도 노력했다고 했다. 그와는 반대로 학교나 교회에서는 매우 적극적으로 참여하고 열심을 다했는데 초등학교 때에는 과한 열심 때문에 친한 친구들에게서 왕따를 당한 경험도 있다고 했다. 물론 그런 이야기를 하는 그녀는 매우 담담함을 유지했다. 조금 전까지 울음을 터뜨렸던 사람 같지 않고 남의 이야기를 하듯이 유아기, 청소년기의 이야기를 풀어놓았다. 그러고는 시계를 보더니 친정 엄마를 보낼 시간이 되어 간다며 마무리하기를 원했다.

그녀와의 첫 세션을 마치고 나는 고민을 시작했다. 그녀가 겉으로 보이는 것과는 달리 세션에 너무 깊이 빠질 수 있고, 심상 안에서 치료사의 guide보다 자신의 무의식, 의식적인 힘에 이끌리는 것이 크게 나타났기 때문이다. 게다가 그녀의 내면아이(Inner child)가 갓난아기라는 점에서 언어적으로 풀어 가는 것이 더 어려울 수 있었다. 그래서 나는 고심 끝에 그녀와의 치료 시간을 '성악심리치료'로 함께하기로 정하고 그녀를 어떻게 도울지 준비를 하게 되었다.

두 번째 세션: 아이다운 웃음

두 번째 세션에서 Y는 치료실에 들어오자마자 지난 시간에 대한 이야기를 하며 과하게 웃는 모습이었다. "선생님, 저 지난번에 진짜 웃겼죠? 화장 다 번지고, 완전 몰골이 추하더라고요. 제가 생각해도 너무 웃긴데 선생님 보시기에 진짜 황당했겠어요. 하하하, 거울 보니 아주 가관이던데요? 하하, 오늘도 그러려나? 화장을 하지 말 걸 그랬나 봐요. 하하하, 그런데 그날 집에 가서 생각을 하니 그 애기한테 우유라도 먹였어야 하는데 못 먹인 게 너무 후회가 되더라고요." 그녀는 자신의 흐트러진 모습을 누군가에게 보였다는 것에 대해 매우 신경이 쓰인 모양이었다. 나는 그녀의 이야기에 살짝 웃어 보이며 "우유를 먹었어야 하는데 못 먹어서 배가 고팠겠어요. 아기가……"라고 말했더니 Y의 눈에 이내 눈물이 살짝 고이며 "배고픔이 익숙해요"라고 했다. 그녀의 서러운 감정이 금세 드러나는 순간이었다.

마음을 다루는 치료에서 내담자는 빈번하게 치료적 저항(resistance)을 가지게 된다. 머리로는 문제를 다 알고 있다고 하지만 정작 그것을 깊이 다루고 수용하는 것을 두려워한다. Y도 마찬가지였다. 주제를 다루려고 하면 다른 말로 피해 가는 상황이 여러 차례 있었다. 따라서 치료적 상황 자체에 대한 무거움을 가지기보다는 편안함을 줄 필요가 있었고, 그녀가 고유의 자신을 자연스럽게 표현할 수 있는 기회를 주기 위해 '목소리'를 사용한 다양한 게임을 함께했다. Y의 이름은 성도 특이하고 이름도 발음하기 쉽지 않아 자기의 이름에 대해 불만이 많다고 했던 것을 기억하여 '이름놀이'를 함께했다. 그녀 이름의 자음을 사용해서 리듬에 맞춰 이름을 소개하였는데, 이러한 놀이의 어색함을 줄이기 위해 재미있는 음악을 작게 틀어 놓고 치료사와 번갈아가며 놀이처럼 진행했다. 그녀가 제안하기도 하고 내가 따라하기도 했고, 내가 제안한 것을 그녀가 따라 하기도 했는데 'ㅋ'으로 시작되는 말에서 내가 재미있게 코를 씰룩거리며 "컹컹컹컹!"했더니 자지러지게 웃으며 매우 재미있어 했다. 그러더니 Y의 딸 이름으로도 해 보고 싶다고 제안을 하여 딸 이름에 들어간 'ㄱ'을 희화화하며 표현했더니 다시 한번 웃음이 터져서 눈물까지 흘리는 모습이었다. 한참을 그렇게 웃더니 "이렇게 박장대소를 한 게 몇 년 만인지 모르겠어요" 라며 집에 가서 아이들과 해 보고 싶다고 했다. 그런 그녀의 얼굴은 어린아이와 같았다. 성공한 커리어우먼의 페르소나(persona)가 벗겨지고 자신의 소리를 즐기는 모습으로 나타나는 것 같은 느낌이었다.

나는 머리로 생각하지 않고 그저 자연스럽게 나오는 소리를 내 보자고 제안하고 플로어탐(Floor Tom)으로 박을 맞춰 주었는데, 처음 2~3분은 나의 소리를 따라하는 듯했으나 점점 원시 형태의 소리와 옹알이가 섞이는 표현을 시작했다. 그리고 옹알이가 진행이 되자 눈물이 고이기 시작했고, 말없이 다시 화장실에 가서 화장을 고치고 돌아왔다. 그러고는 Y는 자신의 이야기를 시작했다. 지난주와 마찬가지로 치료에서의 진단이 이루어지는 시간이었으므로 그녀의 무드에 나의 에너지를 맞추고 최대한 경청의 자세를 유지했다. 그녀는 어린아이와 같은 비쭉거리는 자기의 모습이 싫다고 이야기하면서도 어릴 때 종종 이런 표정, 이런 느낌을 가졌다고 했다. 그러면서도 자기의 이야기를 꾹 참곤 했는데, 그때마다 숨이 많이 가빠져서 불쾌한 기분이었다고 했다.

Y는 떨지 않고 말하려고 말의 속도를 조절하였으나 이미 호흡이 가빠졌고, 말을 끊었다가 가슴을 스스로 토닥이며 진정시키기도 했다. 그래서 나는 그녀와 함께 호흡하기를 시작했다. 숨을 천천히 끝까지 들이마시고 내뱉는 호흡에서는 자연스럽게 소리를 낼 수 있도록 했다. 심호흡을 유지한 후에는 몸이 원하는 자연스러운 속

도대로 숨을 쉬게 하여 익숙하지 않은 호흡에 대한 불안감을 줄여 주었다. 얕고 가파른 호흡이 다소 잦아들고 편안해진 상태에서 다시 '교대비공(交代鼻孔)'을 유도했다. Y는 매우 진지하게 함께했고, 충분히 호흡하며 자신의 불안한 마음을 다독여 안정을 찾아갔다. 나는 반주 없이 〈섬집 아기〉를 허밍(humming)했다. Y는 눈을 감은 채 나의 노래를 듣다가 박에 맞춰 몸을 움직였다. 몇 번 반복이 되자 아주 작은 허밍으로 따라 불렀다. 거의 10분 이상을 함께 부르는 동안 눈을 감고 작은 소리를 유지했다. 눈을 감고 부르는 동안 Y는 자신의 아이를 재우는 모습, 지난주 심상에서 본 아기를 재우느라 작게 불렀다고 했다. 그렇게 두 번째 세션은 호흡만으로 의미가 있었으며 치료에 진지하게 몰입할 준비를 해 가는 시간이었다.

세 번째~다섯 번째 세션: 설레임과 두려움

Y는 상사와의 갈등이 있을 때 휴게실로 달려가 교대비공하거나 가슴에 손을 얹고 호흡을 조절해 보려 노력했다고 했다. 매번 잘된 것은 아니지만 당장 숨이 막힐 것 같은 기분을 완화시키는 데 큰 도움이 되었다고 했다. 호흡은 그렇게 신체 상태를 확인하면서 감정을 다스릴 수 있도록 하는 놀라운 효과를 가진다.

우리는 매 세션에서 충분히 호흡하고 기분을 탐색하는 과정을 거쳤다. 그리고 이때부터 토닝과 보컬홀딩을 시작하였다. 처음 토닝을 할 때 Y는 키득거리며 웃었지만 이내 몰입할 수 있었다. 물론 머리나 가슴의 차크라를 울리는 것에서는 익숙해했다. 아마 그간의 호흡 때문이었을 것이다. 요가에서는 생명의 에너지가 집합되어 있다고 하는 차크라를 울려 줌으로써 인체의 각 부분을 충분히 느끼고 우주와의 전일감을 느낄 수 있는 차크라 호흡법을 강조한다(Johari, 1996). 평소에 이에 대해 들은 바가 있고 요가를 해 보았다는 Y는 호흡에 집중하려고 노력했다. 하지만 목과 배 부분을 울리는 것은 매우 어려워하고 소리 내는 것도 힘들어했다. 이는 감정과 관련이 있음을 직감했다.

GIM에서와 마찬가지로 감정을 잘 소화하지 못하고 삼킨 경험들이 있을 때 종종 목이나 배에 신체적 신호를 보이곤 하는데, Y역시 그래 보였다. 그래서 나는 호흡을 내보내 주려 유도하기보다는 목에 호흡이 걸린 그 느낌에 잠시 머무르도록 했다. 그녀의 쓸쓸한 표정에 C minor, C/Fm 두 개의 코드를 반복해서 주며 보컬홀딩을 시작하였다. 목에 걸린 것 같은 소리를 반영하듯, 짧은 소리를 들려주며 목에 걸려 있는 소리 그대로를 허용해 주라고 말했다. 16박자 정도 지날 무렵, Y는 "으, 으, 으~ 으, 으~"라며 긴 소리와 짧은 소리를 반복하여 냈다. 나는 그녀보다 좀 더 작은 소리로 시간차를 두어 미러링을 했다. Y는 호흡을 짧게 끊어 사용하는 발성으로 노래를 해서 호흡이 다소 가쁜 듯 보였으나 이따금씩 큰 호흡 소리를 들려주자 나를 따라하며 용기를 내는 듯했다. 우리의 '으' 사운드가 조금씩 커질 무렵, 그녀의 목소리가 커지고 길어졌다. 무언가를 견디는 듯 다소 고통스러운 목소리로 흐느끼며 "으~~~ 으~~~으~~~~" 하며 노래했다. 동음가창과 미러링이 상승모드에 들어가자 '으'에서 '와'로 소리가 바뀌고 좀 더 거세졌다. 소리의 강도가 세지고 배에서부터 몰아내는 느낌으로 방 전체를 울리고 있었다. 그렇게 여러 번의 세션 속에서 마치 뱃속에 있는 무언가를 토해 내듯 보컬홀딩을 하게 되었다. 그녀는 오래 묵은 것을 뱉는 듯, 누군가에게 화내는 것을 허용하는 것 같아서 뭔가 설레고 후련하면서도 그 슬픔의 크기가 가늠이 되지 않아 두려운 마음이 함께 있다고 하였다. 그렇지만 치료사가 함께 있어 주어 안전했고, 마이너 코드가 자기의 마음을 그대로 반영해 주는 것이 고맙게 느껴진다고 하였다. 점점 더 자신의 감정이나 기억과 닿게 되는 중요한 순간으로 향해 가는 것으로 보였다. 그렇게 우리의 치료 여정은 조금 더 깊어졌다.

여덟 번째 세션: 저항

일곱 번째 세션까지 보컬홀딩을 통해 감정을 충분히 뿜어내며 자신을 위로할 줄 알게 된 Y와의 세션이 저항에 부딪혔다. 그녀와의 시간이 8주 정도 되었는데, 이따금씩 생각에 빠지기도 하고, 슬프면 울기도 하는 그녀를 보며 친정 엄마께서 걱정을 많이 하셨다고 했다. 또한 세션에서 함께 나눈 내면아이 이야기를 엄마에게 하자 엄마 역시 우울했던 예전의 기억을 되살리면서 죄책감을 표현하셨다고 했다. 그런 엄마를 보면서 그녀의 마음이 불편해졌고, 다시 엄마의 감정을 돌보는 것에 더 신경을 쓰게 되었다.

여덟 번째 세션에서 Y는 자신의 이야기를 하는 것을 피하고 회사 이야기, 부서의 행사이야기, 여행계획 등을 쉬지 않고 이야기하며 치료에 집중하는 것을 회피했다. 나의 눈치를 보다가 몸이 피곤하니 듣고 싶은 음악을 좀 들으면 어떠냐는 제안을 했고 나는 받아들였다. 댄스가요를 중심으로 한 여름 노래들을 틀어 달라고 하여 나는 그녀의 제안대로 두 곡을 틀어 주었다. 그런데 세 번째 곡에서 흥얼거리며 따라 부르다가 갑자기 눈물을 흘렸다. 그러더니 어지러워서 집에 가야겠다고 하다가 오늘 아이가 일찍 온다고 했다며 바쁜 마음을 내비쳤다. 그런 그녀를 치료 안으로 끌고 들어오는 것보다는 수용을 해 주는 것이 좋겠다고 판단하여 우리가 원래 하던 대로 호흡을 함께한 후 가자고 제안하였다. Y는 수락했고 '인디언 피리'로 연주된 잔잔한 음원을 틀고는 호숫가에 앉아 잠시 쉬는 마음으로 호흡을 해 보도록 했다. 교대비공을 7번쯤 하고, 그다음으로는 몸이 원하는 속도로 호흡하되 들이마시는 호흡에 음악을 가져가도록 했다. 그리고 그 음악과 호흡을 가장 필요로 하는 몸의 부분에 집중해서 보내도록 했다. 그녀는 머리와 가슴으로 음악을 보냈고, 불안한 마음이 다소 가라앉았다.

나는 그녀와 함께 들었던 세 번째 곡을 아주 느린 템포로 한 번 불러준 뒤 꼭 안아주며 그녀를 보냈다. 이 노래를 가끔 생각하며 부르고, 무엇이 눈물을 주는지 생각하되 힘들면 호흡을 해 보라는 과제를 함께 주었다. 그녀는 알 수 없는 표정으로 집으로 향했다. 그렇게 그녀의 저항을 수용하면서도 짐짓 허용하는 마음의 여지를 갖도록 했다. 치료사로서 걱정되는 마음도 있었지만 그간의 여정에서 알 수 있었던 것처럼 그녀가 다시 용기를 낼 수 있을 거라고 믿었다. 내담자를 믿어주는 치료사의 마음이다.

아홉 번째: 용기

여덟 번째 세션을 하고 난 뒤 사흘째 되던 날 Y에게 장문의 메일이 왔다. 그날에 대한 이야기였다. 사실 여러 번의 세션을 통해 현재 자신이 직장에서 갖게 된 갈등, 감정적 문제들이 어린 시절 자신의 상처로 비롯되었다는 것이 인식되었고, 그것을 다루어야 함에도 불구하고 얼마나 감당하기 힘들지 두려운 마음이 엄습했다고 했다. 그래서 진지하고 힘든 과정을 회피하고 싶었다고 말이다. 또한 그 과정을 거치며 자기에게 집중하는 동안 가족에게 소홀해질 수도 있고, 특히 우울함을 자주 겪던 친정 엄마에게 걱정을 끼치는 게 너무 죄송한 마음이 들었다는 것이다. 그런데 지난 시간 이후 댄스곡이던 세 번째 노래를 자기도 모르게 자주 부르게 되었다고 했다.

그럴 때마다 아기의 모습인 자신도 생각났고, 어린 자기가 부르는 것 같았고, 사람들의 사랑을 받기 위해 너무나 애썼던 청소년기도 생각이나 스스로가 너무 불쌍한 마음이었다고 했다. 또한 그런 감정들을 방치하다 보니 직장에서 실수하는 일도 벌어졌고, 상사에게 미움 받을까 봐 걱정하는 마음이 커졌다고 했다. 그래서 다시 용기를 내기로 했다는 것이다.

Y는 나를 보자마자 "선생님, 지난번처럼 한번 꼭 안아 주시면 안 될까요?"라고 하며 애교스러운 표정을 보였다. 나는 그녀를 흔쾌히 꼭 안아 주었다. 두려웠을 마음을 안아 주듯, 다시 가지게 된 용기를 응원하는 마음을 담아 한참을 안아 주었다. 우리의 호흡, 토닝, 보컬홀딩이 시작되었다. 누가 먼저랄 것 없이 자연스럽게 노래로 이어졌는데, 숨을 내뱉으면서 '후' '뿌' '뚜' 같은 소리를 냈고 한참 지속되었다. 이것은 아주 어린 아기의 옹알이 같았다. 나는 동음가창과 미러링으로 지지하였는데, 그녀의 소리는 단조롭다가도 과한 에너지가 느껴지기도 했다. 훌쩍 거리는 듯도 했다가 화가 난 것 같기도 했다. 아기가 낼 수 있는 옹알이 형태의 '띠' '뚜' '뿌'였지만 그 속에는 많은 의미가 담겨 있었다. 심심한 아기, 엄마를 찾는 아기, 배고픈 아기, 화가 난 아기의 다양한 소리였다고 했다. 소리들이 단 선율로 지속되는 보컬홀딩 후반에 내가 하모나이징을 하자 잠시 소리를 멈추고 씽긋 웃어 보였다. 줄곧 눈을 감거나 앞을 보고 있었는데 갑자기 나를 쳐다보더니 살짝 웃으며 나를 안았다. 그녀가 나의 하모나이징에서 엄마를 느낀 것을 알 수 있었다.

나는 잠시 Y를 포근하게 안고 지난번에 불렀던 세 번째 곡을 나지막하게 불러 주었다. 그녀는 흐느꼈다. 이 노래를 아기인 자신에게 불러 줄 수 있겠냐는 말에 작은 목소리로 따라 부르기 시작했다. 예쁜 화성을 넣어 반주를 해 주자 좀 더 목소리를 가다듬고 불렀다. 내가 한 번은 아기에게, 또 한 번은 어린이에게, 또 한 번은 청소년기의 자신에게 불러 주자고 하자 고개를 크게 끄덕이며 최선을 다해 불렀다. 그 모습은 마치 어린 자신에게 보상을 해 주려는 것으로 보였고, 마더링(mothering)을 그대로 나타냈다. 그리고 말미에 내가 허밍으로 부르자 함께 허밍을 하고, 마지막 음을 반복해서 불러 그라운딩하는 것으로 마쳤다. 그녀는 세션을 통해 '해 볼만하다'는 것을 알게 되었다고 했고 사랑받는 느낌이 들었다고 했다. 보컬홀딩을 통해 그녀의 오랜 감정들과 상처들을 허용하기 시작하면서 진짜 자기를 보는 마음의 거울을 준비했다고 볼 수 있다.

열세 번째~열다섯 번째 세션: 내면의 상처와 현실의 문제 연결하기

열 번이 넘는 세션을 거치면서 Y는 큰 통찰을 하나 얻게 되었다. 엄마와의 관계가 상사에 대한 감정으로 연결되어 있다는 것이었다. 특히 열세 번째~열다섯 번째 세션에서는 자유연상가창을 시도하게 되었는데, 이는 치료사가 먼저 제안하기 이전에 Y가 먼저 보컬홀딩에 가사를 말하게 되면서 자연스럽게 시작하게 되었다.

회사에서 매우 인정받는 팀장인 Y는 유독 직속상사의 말에 예민했다. 장난으로 한 말에도 금방 서운했고, 상사가 다른 사람을 칭찬하면 못 견디게 화가 나기도 했다. 그 앞에서는 표현을 못했지만 회사 밖으로 가서 소리를 지르기도 했고, 회의 시간에 자기도 모르게 소리 내어 우는 바람에 직원들 앞에서 창피스러운 순간도 있었다고 했다. 그 감정이 계속 남아 있었기 때문에 우리의 보컬홀딩은 그 지점에서 시작되었다.

특별히 열세 번째 세션부터는 Y가 직접 두 개의 코드 느낌을 제안했고, 그 느낌대로 진행했다. 연주가 시작되고 호흡을 하자 Y는 한 박자씩 '서운해, 서운해, 서운해'를 단 선율로 반복했다. 그것이 잠시 끊겼을 때 나는 이중자아가 되어 1인칭으로 '나는 서운해, 서운해'를 그녀가 되어 노래했다. 한참 후 그녀는 같은 선율로 '사랑받고 싶어'라고 노래했다. 나는 그대로 미러링했다. "엄마가 나를 봐 주지 않아. 상무님도 나를 봐 주지 않아. 사랑받고 싶어. 필요한 게 많은데 주지도 않고 혼자 알아서 하라고 해. 난 아직 어린데. 난 아직 도움이 필요한데. 슬퍼. 울고 싶어. 울면 싫어할 것 같아. 엄마가 울고 있어. 난 울면 안 돼. 상무님이 보고 있어. 씩씩해야 해"라며 그녀의 노래는 계속되었고, 나는 충분히 미러링해 주었다.

노래와 말이 반복되는 가운데 나는 역전이를 느꼈다. 엄마에게 사랑받고 싶은 어린 아이의 마음에 깊은 외로움과 슬픔이 있음이 느껴졌고, 나는 이것을 그녀의 노래에 사용하기로 했다. "외로워"라고 노래했더니 그녀는 이내 따라했다. "외로워. 혼자야. 혼자 있고 싶지 않아"라는 그녀의 노래에 조금 더 힘을 주어 "혼자 있고 싶지 않아"라고 동음가창했다. 이 부분이 조금 진행된 후 "엄마가 필요해"라고 노래했더니 "엄마가 왔으면 좋겠어. 우유도 주고, 웃어 주고, 더러운 옷도 갈아입혀 주었으면 좋겠어"라며 선율과 외침을 섞어 가며 표현했다. 내가 속도를 빨리하며 촉진하자 매우 큰 목소리로 "엄마!"라고 외쳤고, 10번 정도를 함께 외치는 동안 울음을 터뜨렸다.

그녀가 우는 동안 나는 심호흡을 모델링했고, 두 개의 코드를 계속 유지했다. 그녀의 호흡이 안정을 찾을 무렵 다시 단 선율로 "나는 엄마가 필요해"라고 노래를 시작했더니 그녀는 "나는 상무님이 필요해"라고 노래를 시작했다. 나는 역시 미러링을 해 주었는데, 앞에서 엄마를 찾던 내용과 거의 흡사하게 상무님에게서 느끼는 감정을 표현했다. 상무님께 인정받고 싶은데 인정해 주지 않는 것에 대한 슬픔, 큰일을 혼자 해내야 하는 외로움, 자기보다 다른 직원을 더 칭찬하는 것 같은 서운함을 표현했다. 엄마와 상무님을 동일시하는 것으로 보였고, 이 세션을 거친 후 엄마에 대한 투사를 상무님께 하고 있다는 것을 알게 되었다. 상무님은 평소에 표정이 별로 없고 감정을 잘 드러내지 않는 사람인데 마치 엄마의 오랜 우울감을 보는 것 같다고 했다. 어릴 때부터 엄마를 불편하지 않게 하려고 노력했고, 엄마를 기쁘게 하는 딸이 되기 위해 무척 노력했는데 상무님에게도 비슷한 마음을 느꼈던 것 같다고 했다. 그래서 상무님의 기대에 부응하기 위해 정말 많이 노력했고, 어쩌다 칭찬을 받으면 하늘을 날듯이 기뻤다고 한다. 반면 칭찬을 기대하고 있었는데 반응이 없거나 다른 직원을 칭찬하는 것을 보면 서운하고 화가 나서 어쩔 줄을 몰랐다고 했다.

이 세션을 통해 Y는 자기가 상무님에게 왜 그런 마음이 들었는지를 알게 되었다고 했다. 실제로 세션 이후에 상무님에게 기대하는 마음이 다소 줄고 서운함을 덜 느끼게 되었다고 했다. 상무님은 엄마가 아니라는 것을 스스로에게 여러 번 이야기했다고 했다. 완전히는 아니지만 내면의 상처를 다른 사람에게 투사하는 것이 걷히기 시작했다.

열일곱 번째~스무 번째 세션: 온전한 자기, 진짜 목소리를 찾아서

열일곱 번째 세션은 GIM으로 진행되었는데, 'Sorrow program'을 통해 외로운 자신을 돕는 심상을 경험했다. 성악심리치료를 통해 알게 된 것들을 '심상'을 통해 가시적으로 확인하는 것뿐만 아니라 어른인 자신이 아기, 유아, 청소년이었던 시절에 자신이 필요로 했던 것을 음악 속에서 찾아 제공해 주었다. 이후의 세션은 치료사가 불러 주는 노래와 보컬홀딩, 자유연상가창을 반복하며 그녀가 내지 못했던 소리들을 마음껏 표현하는 시간으로 보냈다. 이 과정은 치료사가 정하기보다는 Y가 주제를 정해 시작되었고, 동음가창보다는 서로가 역할을 주고받는 형식의 자유연상가창으로 진행되었다.

한 회기는 충분히 사랑받지 못한 아기인 자신을 위로하는 마음으로, 또 한 회기는 엄마의 눈치를 보느라 예쁜 짓과 노래를 참았던 자기의 소리를 충분히 냈으며, 또 한 회기에서는 사랑받으려고 너무 애썼던 자신에게 너무 애쓰지 않아도 된다는 노래를 불렀다. 그 과정에서 분노의 노래를 부르기도 했고, 아주 따뜻한 노래를 부르기도 했으며, 치료사에게 자기 대신 노래를 불러 달라고 요청하기도 했다. 이때의 세션 중 몇 부분은 Y의 동의 하에 녹음을 하기도 했는데 아이의 마음을 노래할 때에는 아이 같이, 청소년의 자기에게 부를 때에는 어른 같이 부르는 것을 듣고는 스스로 놀라기도 했다. 그게 정말 자기의 진짜 목소리 같다고 말이다. 진짜 자기의 목소리가 뭔지를 알게 되었다고 했다. 이는 치료사로서도 놀라운 경험이었으며 잊을 수 없는 순간들이었다.

스물두 번째: 해맑은 웃음을 향한 출발

우리는 스물두 번째 세션을 끝으로 치료를 종결하게 되었다. Y가 6개월 지방 파견근무가 결정되면서 3주 정도 준비 기간을 가졌는데, 이 기간을 종결 준비 기간으로 보냈다. 나는 종결과제로 자신에게 편지를 써 오도록 했다. 그리고 스스로에게 필요한 것이나 바람이 있는지도 생각해 보게 하였다. 그녀는 A4용지 3장 분량의 빼곡한 편지를 써 왔고, 필요한 말은 '해맑게 웃어, 울어도 돼'였다. 그러면서 우리의 세션 초기에 함께 말놀이를 하면서 까르르 웃었던 때를 얘기했다. 정말 어린아이 같이 해맑게 웃는 것, 울고 싶을 때 웃는 것이 필요하다고 했다. 나는 배경음악을 잔잔히 깔아 주고는 그녀에게 편지를 소리 내어 읽도록 했다. 가끔 울컥해서 멈출 때도 있었지만 그녀는 자신에게 주는 편지를 끝까지 읽어 내려갔다.

나는 그 편지의 주요한 내용들을 즉흥노래로 불러 주었다. 눈을 감고 있던 그녀는 미소를 지었다. 즉흥노래의 말미에 major의 두 개 코드로 반주를 했더니 매우 자연스럽게 "눈치 보지 말고 웃자"라고 노래를 시작했다. 치료사가 동음가창을 하고 미러링을 하다가 "웃는 니가 예뻐"라고 하자 Y는 "웃으니까 진짜 예뻐. 내가 젤 예뻐. 맘껏 웃어도 돼. 너무 보기 좋아"라고 노래하다가 가사 대신 "랄랄랄라"라고 노래 형태를 바꾸었다. 그 분위기도 전환되어 빠른 리듬으로 바뀌었고 흥얼거리는 선율이 익숙했다. 나는 〈예쁜 아기곰〉이라는 동요의 한 부분인 것을 알아챘다. 공교롭게도 이 곡은 내가 Diane Austin과의 성악심리치료 훈련 과정 세션 중에 나의 내면 아이에게 불러 준 곡이기도 했다. 따라서 역전이가 매우 효과적으로 사용될 수 있는 타이밍이었다.

나는 멜로디 라인을 조금 더 크고 재미있게 불렀다. 나의 내면아이에게 불러 주었던 마음을 그대로 담아 Y에게, Y처럼, Y와 함께 불렀다. 그녀는 5~6세의 어린아이 같은 목소리와 미소로 신이 나서 노래를 불렀다. 어깨와 엉덩이를 흔들기도 했고, 똑같이 따라하는 나를 보고 웃기도 했다. 휘파람을 불기도 하다가 까르르 웃기도 했는데 그것은 영락없는 행복한 아이의 모습이었다. 재미를 더해 우는 의성어인 '잉잉잉잉' '엉엉엉엉엉'도 넣어 즐겁게 불렀다. Y는 즐겁게 울음을 노래했다. 그라운딩이 필요할 무렵, 노래의 맨 마지막 가사 "예쁜 아기곰"을 조금 느리게 반복을 하다가 내가 "예쁜 ○○○" 하고 그녀의 이름을 넣자 그녀는 반복해서 불렀다. 속도가 완전히 줄어 마칠 무렵, Y는 노래에 나의 이름을 넣어 "예쁜 장문정"이라고 불러 주며 마무리를 했다. 뭉클했다. 내 눈에도 눈물이 고였다. 서로 안은 후 등을 쓸어 주며 눈에는 눈물이, 얼굴에는 웃음이 가득한 순간이었다.

Y는 아이다운 해맑은 웃음을 갖게 되었고, 형식이나 격식을 갖춘 성공한 커리어 우먼이기보다는 자기 자신으로의 목소리로 노래하고, 자신을 있는 그대로 표현하게 되었다. 그것이 그녀의 진짜 삶으로의 시작이 아닐까 싶다. 함께한 여정이 여기까지였다면, 이제 그녀는 인생을 스스로 항해할 수 있는 순간을 얻은 것 같았다. 그 여정이 서툴고 힘들 수는 있겠지만 이제 Y는 그녀 자신이다. 충분한 자격을 얻었다. 그리고 언제나처럼 최선을 다해 자기의 여정을 살 것을 믿으며 스물두 번의 만남을 마쳤다.

맺음말

Y는 성악심리치료를 통해 맘껏 울지 못하고 소리 내지 못했던 어린 자신의 소리를 낼 수 있었고, 억압했던 감정을 충분히 표현함으로 인해 오랫동안의 감정 문제를 해결해 가기 시작했다. 엄마와의 관계를 직장상사에게 투사하고 있다는 것을 알게

되었으며 완벽히는 아니지만 상당 부분 감정적 갈등을 줄일 수 있었다. 늘 친정 엄마의 기분을 살피고 신경 쓰느라 마음껏 웃고 울지 못했던 자신에게 감정표현을 허용하면서부터 엄마와 더 속 깊은 이야기를 시작하게 되었다고 한다. 이러한 과정에 성악심리치료의 호흡, 보컬홀딩, 자유연상가창은 매우 강력한 방법이 되었다. 특히 충분한 보컬홀딩은 내담자의 감정을 허용하고 지지하여 의식적으로 억압된 것을 해제하는 데 매우 효과적이었다.

성악심리치료는 음악적인 사람이 아니어도 가능하며, 안전한 음악적 환경 안에서 자기를 탐색하고 허용하고 표현하게 한다. Y와의 자유연상가창이 생각보다 빠른 회기에서 자연스럽게 이루어질 수 있었던 것은 보컬홀딩이 잘 이루어졌기 때문이라고 생각한다. 이후 자유연상가창으로 이어지면서 내면의 문제가 직접적으로 표현되고 가장 본질적인 해결이 필요한 부분들이 꺼내어지면서 그녀에게 진짜 치유가 일어나기 시작했던 것이다. 그래서 나는 22회의 세션을 어떤 문제가 해결되었다기보다는 '진짜 치유(real healing)'가 시작되었고, 그것을 완성해 가는 것은 Y의 또 다른 여정임을 말해 두고 싶다.

치유의 과정에는 자신의 상처를 직면하고 겪어 내는 고통이 따른다. 그러나 그 고통을 관통하고 나면 진짜 본연의 나로 살 수 있는 걸음을 걷게 된다. 그 과정을 믿고 '목소리'를 사용한 음악치료의 방법에 용기를 낸 Y에게 고마움을 전하며 이 글을 마친다.

용어 설명

교대비공(交代鼻孔) 양쪽 콧구멍을 번갈아가며 막고 떼면서 시행하는 깊은 호흡의 방법이다.

대상관계이론(object relations theory) 현재의 인간관계는 과거에 형성된 인간관계에서 영향을 받는다는 이론으로, 초기 유아기에서의 양육자와의 관계의 중요성에 대해 강조한다.

심상음악치료(Bonny method of Guided Imagery and Music: GIM) Helen Bonny에 의해 만들어진 음악과 심상을 이용한 음악심리치료이다. 음악을 통해 인간의 무의식, 의식, 다양한 감정적 문제를 탐색할 수 있는 효과적인 치료방법이다.

원형(archetype) 타고난 심리적 행동 유형으로서, 집단무의식, 본능과 연결되어 있으며, 활성화될 경우 행동과 정서로 나타난다.

자유연상(free association) 정신분석 심리치료에서의 방법으로 의식적 통제를 중지시키고 머릿속에 떠오르는 모든 생각, 감정, 바람, 감각, 이미지, 그리고 기억을 아무런 유보 없이 있는 그대로 표현하도록 한다.

차크라(chakra) 인도의 신비적 신체론에서 척추를 따라 생명 에너지가 집적되어 있는 7개의 지점이다.

콤플렉스(complex) 정신의 구성요소로서 이미지, 원상(imagos), 그리고 생각의 집합이다. 하나 또는 그 이상의 원형적 핵심(core)을 둘러싸고 형성되어 있으며, 흔히 정서적 요소에 의해 형성된다.

투사(projection) 받아들일 수 없는 충동이나 생각을 외부 세계로 옮겨 놓는 방어적 정신 과정이다.

페르소나(persona) 그리스 어원의 '가면'을 나타내는 말로, '외적 인격' 또는 '가면을 쓴 인격'을 의미하는 심리학 용어이다.

내면아이(Inner child) 한 개인의 정신 속에서 하나의 독립된 인격체처럼 존재하는 아이의 모습이다.

참고문헌

Austin, D. (2012). 성악심리치료의 이론과 실제(한국성악심리치료사협회 역). 서울: 시그마프레스.

Johari, H. (1996). 차크라(이의영 역). 서울: 하남출판사.

Jung, C. G. (1961). *Memories, Dreams, Reflections*. New York: Vintage Books.

Jung, C. G. (2009). 회상, 꿈, 그리고 사상(이부영 역). 서울: 집문당.

Miller, A. (2010). 천재가 될 수밖에 없는 아이들의 드라마(노선정 역). 서울: 푸른육아.

제18장

언어의 단절-음악, 세상과 소통의 다리가 되다

-실어증 환자를 대상으로 한 신경학적 음악치료-

황지연

일산백병원 재활의학과 음악치료사

임상음악전문가 1급

개요

이 사례는 뇌출혈로 인해 실어증 증세를 보이는 중년의 여자 환자를 치료한 사례이다. 치료사는 손상 받지 않은 오른쪽 뇌의 기능을 활용해 노래 부르기를 주 치료 방법으로 사용하여 환자 자신의 생각, 감정 등을 표현하도록 돕고 악기 연주를 통해 비언어적 의사소통을 하여 감정표출의 기회를 가지도록 도왔다. 갑작스러운 질병으로 인한 충격과 의사소통의 부재를 하나씩 해결해 가면서 음악치료가 생활의 활력소 역할을 하게 된 것을 소개하고자 한다.

내담자 정보

그녀는 한 종합병원의 간호사로 일을 하고 있었고, 두 아이와 든든한 남편이 있는 안정된 가정을 이루고 있었다. 그런데 1996년 7월 갑자기 뇌출혈로 쓰러져 초기에는 의식이 없는 위험한 상황이었다가 차츰 회복을 하였으나 오른쪽 편마비 증세와 실어증이라는 언어장애 증상이 남게 되었다. 언어이해는 아주 간단한 사물을 인지하고 자신의 신변에 관련된 질문에 대한 이해가 가능한 상태이며, 한 가지 지시 따르기만 가능한 수준이었다. 언어표현은 자발적으로 자신의 의사를 거의 표현하지 못하고 사물의 이름을 명명하는 것이 어려워 첫음절 단서를 제공하면 간헐적으로 사물의 이름을 말할 수 있었다. 따라 말하기 수준도 한 단어 수준 이상이 되면 한 음소를 반복하거나 간투사("으……" "저……" "아니 아니" 등등)로 대부분 표현이 되었다. 그녀는 자신이 말을 못한다는 것을 인식하고 말보다는 비언어적으로 의사소통을 하려고 하였다.

그녀가 뇌출혈로 쓰러질 당시 그녀의 아이들은 7세, 5세로 엄마의 손길이 너무나 필요한 시기였는데, 어느 정도의 인지가 가능한 그녀는 아이들과 남편에 대한 미안함과 자신의 상태를 수용하기에는 심적으로도 많이 힘들었던 것 같다. 그래서 다소 우울하기도 하고 자신감이 저하된 모습도 보였다. 발병 후 진료를 봤던 병원에서 지속적으로 운동치료와 작업치료, 언어치료를 받다가 7년 후인 2003년에 내가 근무하는 병원 재활의학과에서 외래 진료를 받으면서 우리의 인연이 시작되었다. 이전 병원에서 치료를 받으면서 지루함을 느끼고 적극적으로 참여를 잘하지 않는다는 보호자의 이야기가 있었고, 의사 선생님의 음악치료 권유로 음악치료사인 나와의 만남이 시작되었다. 나는 그녀에게 음악이 에너지와 즐거움을 주는 하나의 다리가 되기를 바라는 마음으로 치료를 시작하여 그 인연이 벌써 14년이 되어 가고 있다.

치료 방법

실어증 양상을 보이는 그녀를 위한 음악치료적 접근은 신경학적 모델이며, 언어 표현에 제한이 많이 되어 있는 상태라 '말과 언어훈련'에 중심을 둔 신경학적 음악치료를 시행하였으며 심리적인 위축을 가진 그녀를 위해서는 정서적인 지지가 함께 필요하였다.

먼저, 신경학적 음악치료(neurologic music therapy) 중 '말과 언어훈련'의 표준화된 기법은 다음과 같다.

- 멜로디 억양 치료(Melodic Intonation Therapy: MIT)
- 말하기 자극(Speech Stimulation: STIM)
- 리듬적인 말하기 신호(Rhythmic Speech Cueing: RSC)
- 목소리 억양 치료(Vocal Intonation Therapy: VIT)
- 치료적 노래 부르기(Therapeutic Singing: TS)
- 구강훈련과 호흡훈련(Oral Motor and Respiratory Exercises: OMREX)
- 음악을 통한 발달된 말하기와 언어훈련(Developmental Speech and Language Training Through Music: DSLM)
- 음악을 통한 상징적 의사소통 훈련(Symbolic Communication Training Through Music: SYCOM) (Thaut, 2001)

MIT 기법은 좌뇌 손상으로 인해 언어장애를 가진 환자 중 브로카 실어증(Broca's aphasia) 환자에게 효과적인 기법이다. 손상 받지 않은 우뇌반구를 활성화시키는 노래 부르기가 좌뇌반구의 손상된 언어 기능을 대신한다는 가정을 근거로 한다(Kandel & Schwarz, 1985).

브로카 실어증 양상을 가진 그녀에게 가장 많이 사용한 신경학적 모델에서의 치료적 기법은 '말하기 자극(Speech Stimulation: STIM)'이다. 'STIM' 기법은 우리가 일상생활에서 다른 사람들과의 의사소통에서 의식하지 않고 자연스럽게 산출되는 말들이 있는데, 이러한 측면을 이용해 자동화 발화를 촉진하는 것이라고 볼 수 있다. 익숙한 노래의 경우에 'STIM' 기법이 유용한 도구가 된다. 예를 들어, 〈고향의 봄〉 노래를 치료사와 환자가 함께 부르면서 완성한다면, '나의 살던 꽃 피는' 이 부분을 치료사와 함께 부르면서 밑줄 친 부분의 가사를 환자가 자동적으로 부를 수 있도록 돕는 것이다. 이렇게 익숙한 노래를 이용해 말하기를 자극하면서 질문과 대답의 형식으로 만든 노래에도 환자가 응답할 수 있도록 확장하는 단계도 적용하였다. 그리고 '치료적 노래 부르기(Therapeutic Singing: TS)' 기법을 통해 음성의 크기가 제한되어 있고, 호흡의 길이가 짧은 부분을 치료하였다. 실어증으로 말을 잘하지 못하면서 조음기관의 사용이 적어지고 그 기능들도 다소 떨어지면서 침을 흘리거나 말을 하거나 노래를 부를 때 호흡하는 것에도 어려워하는 경향이 있어 관악기를 활용한 '구강훈련과 호흡훈련(Oral Motor and Respiratory Exercises: OMREX)'도 시행하였다.

치료 과정

만남의 첫 단추를 꿰다

커트 머리에 하얀 얼굴을 가진 그녀는 너무 차분하고 인상이 좋아 보였다. 그리고 그녀의 휠체어를 밀면서 치료실로 들어오시는 남편 분도 인자한 미소로 인사하셨던 모습이 정말 인상적이었다. 지금도 두 분은 항상 밝은 표정으로 치료실로 들어오시며 음악치료실 선생님들에게 인사를 하신다.

초기 평가와 보호자 분과의 면담을 통해 환자 분이 간단한 지시를 따를 수 있고, 일상생활에서 많이 접하는 사물들은 잘 인지하고 있으나 말의 속도가 빠르거나 지시가 길어질 경우에는 이해하기 어려워하는 상태라는 것과 언어표현 중 물건의 이름을 말하는 것이 어렵고 스스로 표현하는 부분에 어려움이 많은 상태라는 것을 알게 되었다. 그녀는 언어적으로 표현하는 것에 어려움이 컸지만 글 읽기가 가능하였기 때문에 노래 부르기를 시행할 때 가사를 적극적으로 활용하는 것이 좋을 것 같다는 생각이 들어 치료에 적용하였다. 그리고 음악치료를 받기 전에 다른 병원에서 언어치료를 받으면서 치료에 소극적으로 참여했다는 보호자의 면담 결과를 참고로 그녀가 자발적으로 함께 참여하는 치료를 해야겠다는 생각을 하였다. 치료사 중심이 아닌 환자와 치료사가 함께 만드는 치료 과정이 그녀와의 만남의 첫 단추를 잘 꿸 수 있을 거라 생각했다.

40대 초반인 그녀에게 익숙한 노래인 〈만남〉을 준비했다. 음악을 좋아하는 그녀는 치료사의 기타반주가 시작되자 "오~~오~~" 감탄사로 자신의 감정을 표현하며 좋아했다. 먼저, 가사를 보지 않고 노래 부르기가 어느 정도 가능한지 시도해 보았다. 시작되는 가사를 자발적으로 산출하지는 못하였고, 치료사가 먼저 노래를 시작하면 이어서 부르는 것은 가능하였다. 발음이 정확하지는 않았지만 멜로디는 정확히 기억하고 부르고 있었다. 혼자서 완벽하게 부른 노래는 아니지만 나와의 첫 만남에 부른 노사연의 〈만남〉을 통해 그녀와 나는 함께하기 시작하였다. 노래를 다 부른 후 그녀는 "좋아요~ 좋아요~"라고 말하며 환하게 웃었다. 자동적인 구어는 조금씩 표현할 수 있었기 때문에 좀 더 편안하게 자동 구어를 표현하도록 돕는 것도 그녀가 말을 할 수 있다는 자신감을 키워 주는 중요한 접근이라는 생각도 들었다. 노래의 가사를 제공하지 않으면 발음이 부정확해지고 노래의 시작을 잘하지 못했던 그녀에게 가사를 보고 혼자서 노래를 불러보겠냐고 제의했더니 손을 저으며 못한다고 하였다. 힘들 때에는 도와드린다며 한번 해 보자고 용기를 드리자 혼자서 노래를 부르기 시작하였다. 발병 후 처음으로 혼자서 부르는 노래…… 얼마나 긴장되실까 하는 마음으로 그녀의 노래를 들었다. 크게 심호흡하며 시작하는 그녀의 목소리는 많이 떨렸다. 치료사의 도움 없이 혼자서 노래를 시작하였다. 물론 중간중간에 자동구어처럼 다른 표현들이 나오기는 했지만 끝까지 혼자서 노래를 불렀다. 혼자서 노래를 부른 후 부끄러워하면서도 만족하는 모습도 보였다.

서로를 알아가기

서로의 이름과 고향을 소개하는 시간을 가졌다. '내 이름은 ○○○, 고향은 ○○입니다'라는 짧은 가사에 단순한 멜로디를 입혀 반복해서 표현하도록 했다. 자발적으로 자신을 소개하기 힘든 그녀에게 멜로디를 이용해 자기를 소개하도록 했다. 먼저, 나의 이름과 고향을 소개하면서 나의 고향에 대한 이야기도 간단히 하며 교류를 하였다. 가사를 보여 주자, 그녀는 자기소개 노래를 시작하였다. 조금씩 머뭇머뭇하며 표현했지만 자신의 이름과 고향을 다른 사람들이 알아들을 수 있게 표현해 주었다. 그 다음 단계로 가사 중에 이름과 고향 부분의 가사를 가린 후 불러보도록 했다. 가사가 제공되지 않자 노래는 이어지지 못했다. 그녀에게 실패를 수용하게 하고 싶었다. 표현을 잘 못하더라도, 발음이 좋지 않더라도, 상황에 맞지 않는 표현이 나왔더라도 누군가와 교류를 했다는 것이 정말 중요하다는 것을 느끼게 하고 싶었다. 그녀가 자신을 소개하는 것을 스스로 할 수 있도록 단계적으로 도와드렸다. 먼저 이름과 고향의 첫 글자를 제공해서 혼자서 하도록 돕고 소거하는 방식을 도입했다. 몇 번의 반복을 통해 그녀는 자신의 이름과 고향을 가사 없이 혼자서 표현해 냈다. 자기 자신을 소개한 후 그녀에게 그녀의 가족을 소개해 보자는 제의를 하고 가사를 드리면서 다음 주에 만나서 얘기해 달라고 하였다. 그녀는 언어표현이 안 되면서 가족과의 언어적인 교류가 거의 없는 상태여서 가족을 소개하는 과제를 통해 가족과의 의사소통의 다리를 만들어 드리고 싶었다. 가족을 소개하는 노래는 그룹 비틀즈(Beatles)의 〈Ob-La-Di, Ob-La-Da〉의 멜로디에 가사를 덧붙였다.

-나의 가족-
나의 남편 이름은 (○○○)
(음식) 제일 좋아하죠
남편은 시간 나면 (취미)를 해요
별명은 ( )예요
라라라 라라라 라라랄 라~ 나의 남편 ○○○

그녀에게 있어 남편과 아이들을 소개한다는 것은 정말 어려운 과제일 수 있었다. 가족을 소개하는 것이 목적이라기보다는 이 과제를 통해서 남편과 대화를 하게 되고 아이들의 이름을 한 번 더 불러보게 되는 것을 통해 가족과의 교류를 시작해 보고자 했던 것이다. 일주일 뒤, 가족을 소개하는 가사를 남편 분과 함께 만들어 오셨다. 이 가사를 만들면서 가족 각자가 좋아하는 음식, 취미와 어릴 때, 또는 현재의 별명을 얘기하면서 어땠는지 물었을 때 좋았다고 그녀는 대답하였다. 〈Ob-La-

Di, Ob-La-Da〉의 멜로디에 가족을 소개하는 가사를 실어 노래를 부를 때 그녀의 어깨는 들썩들썩 춤을 추고 있었다. 이 노래를 부를 때, 마지막 부분('나의 남편')을 페르마타(fermata)로 반주를 해 주며 남편과 아이들의 이름을 자발적으로 표현할 수 있는 안전한 환경을 제공해 주었다. 이 활동을 통해 그녀의 남편과 아이들의 이름을 함께 알게 되면서 더 많은 이야기를 이끌어 낼 수 있는 통로가 만들어졌다.

악기로 내 마음을 표현해요

실어증으로 인해 언어표현이 제한되는 환자들을 대할 때 치료사로서 실수하는 부분이 그들에게 말을 잘할 수 있도록 도우려고 하는 것이라는 생각이 든다. 의사소통은 언어로도 하지만 비언어적인 방법, 즉 표정, 몸짓, 억양, 글, 그림, 악기(음악) 등으로도 할 수 있다.

그녀가 믿는 종교는 기독교여서 찬송가 또는 가스펠송을 이용해 색깔악보 연주를 메탈로폰, 호른, 터치벨, 전자피아노로 하면서 자신의 신앙을 고백하고 위로받는 시간을 가지기도 하고, 리드미컬한 노래에 맞춰 춤을 추면서 ventilation하는 기회를 가지기도 하였다. 그리고 랩으로 질병으로 인해 불편한 자신의 상태에 대한 속상함, 남편에게 하고 싶은 말, 아이들에게 하고 싶은 말 등을 만들어 자신의 감정을 표출하기도 하였다. 특히 질병으로 인해 불편한 자신의 상태에 대한 랩을 만들면서 우울한 마음으로 표정이 어두워지기도 하고 한숨을 쉬기도 했지만 랩을 만들고 직접 부르면서 점점 표정이 밝아지고 목소리도 커지면서 억눌러 왔던 감정을 밖으로 표출하는 좋은 기회를 가지기도 했다.

말을 하거나 노래를 할 때 그녀의 목소리는 작고 자신이 없었기 때문에 악기로 대신 큰 소리를 내면서 자신 있게 표현하는 기회를 가지도록 하였다. 타악기로 리듬연주를 시도하면서 음악의 흐름에 따라 크고 작게, 빠르고 느리게 마음껏 연주를 하면서 그녀는 점점 자신 있게 소리를 내기 시작했다.

호흡, 발성훈련을 통해 자신감을 키워요

그녀는 노래 한 곡을 부를 때에도 호흡능력이 떨어져 힘들어하고 간헐적으로 강직이 오기도 했다. 발성 길이도 5초 정도로 매우 짧았다. 음의 강도도 약하고 높은 음을 부르지 못하였다. 기본적으로 복식호흡을 먼저 훈련하였다. 숨을 내쉬는 것을 돕는 호기근인 복근을 발성을 할 때 눌러 주면서 감각자극을 하고 풍선을 활용해 공기의 흐름을 설명해 드렸다. 리코더와 호른을 이용해 호흡훈련을 하고, 멜로디언으로 단음을 연주하는 것과 화음을 연주하는 것을 통해 호흡의 강도를 느끼도록 도왔다. 그리고 여러 가지 휘슬을 이용해 호흡훈련을 하였다. 그리고 익숙한 노래를 색깔악보로 만들어 호른 연주를 하였는데, 이때 박을 길게 유지하면서 호흡의 길이를 늘려나가도록 도왔다.

다양한 활동을 함께해요

그녀는 주어진 한 가지 과제는 수행을 잘하였다. 노래 부르기를 하거나 색깔(숫자, 리듬)악보를 보고 멜로디 악기나 타악기를 연주하는 것은 이제 어렵지 않고 즐거운 활동이었다. 그런데 노래를 부르면서 색깔(숫자, 리듬)악보를 보고 악기를 연주하는 것은 그녀에게는 어려운 작업이었다. 노래만 부르고 악기연주를 안 하거나 악기연주를 하느라 노래를 전혀 부르지 못하였다. 내재 박 연주를 통해 노래를 부르면서 타악기를 연주하고, 익숙한 노래를 부르며 치료사와 주고받기 구조로 타악기나 멜로디 악기를 연주하는 것을 통해 두 가지 활동을 동시에 수행하면서 다감각적인 훈련을 하였다. 그리고 합주를 통해 자신의 차례에만 연주하거나 함께 연주하는 경험을 가지고 듀엣으로 노래를 부르면서 화음을 경험하고 그 느낌을 표현하는 활동을 하기도 하였다. 그리고 지휘자의 역할을 하면서 각 사람에게 어울리는 악기를 제시해 주고 시작과 종결, 빠르기, 크기를 조절하는 역할을 스스로 하면서 자신감을 가지고 즐거워하였다.

슬픈 감정도 표현해요

그녀는 항상 밝았다. 가끔 다리나 팔이 저려 와서 힘들어할 때를 제외하고는 항상 웃고 "괜찮아요~" "좋아요~"라는 표현을 하는 스마일 여인이었다. 그러한 그녀와의 만남이 계속되면서 우리의 나이도 조금씩 더 많아졌고, 그녀의 아이들도 성장하게 되었다. 아이들이 성장하면서 아이들은 바빠지고 엄마와의 의사소통이 안 되는 것으로 인해 대화의 시간은 점점 줄어들었다. 이로 인해 그녀는 외롭고 서운한 마음이 있는 것 같았다. 여러 가지 상황이 이해는 가지만 마음이 힘든 그런 시간이 오는 것 같았다. 딸에게, 아들에게, 남편에게 잔소리도 하고 아이들이 대들기도 하는 그런 일상이 그녀에게는 없었다. 그래서 그런 마음을 표현해 줄 노래가 없을까 고민하던 중 양희은의 〈엄마가 딸에게〉라는 노래를 들으면서 그녀 생각이 많이 났다. 아이의 엄마이기도 하고, 엄마의 딸이기도 한 그녀가 이 노래를 들으면 속상한 마음이 많이 들고 눈물을 많이 흘려서 힘들어할 것 같다는 생각도 들었다. 우리는 살아오면서 나의 힘듦과 우울한 감정을 너무 숨기면서 심리적으로 더 힘들어진다. 의도적으로 표현하지 않을 수도, 그녀처럼 표현할 수 없는 상태일 수도 있지만…….

엄마가 딸에게(노래 양희은)

난 잠시 눈을 붙인 줄만 알았는데 벌써 늙어 있었고
넌 항상 어린 아이일 줄만 알았는데 벌써 어른이 다 되었고
난 삶에 대해 아직도 잘 모르기에 너에게 해 줄 말이 없지만
네가 좀 더 행복해지기를 원하는 마음에 내 가슴 속을 뒤져 할 말을 찾지

공부해라 아냐 그건 너무 교과서야
성실해라 나도 그러지 못했잖아
사랑해라 아냐 그건 너무 어려워
너의 삶을 살아라!

난 한참 세상 살았는 줄만 알았는데 아직 열다섯이고
난 항상 예쁜 딸로 머물고 싶었지만 이미 미운 털이 박혔고

난 삶에 대해 아직도 잘 모르기에 알고픈 일들 정말 많지만
엄만 또 늘 같은 말만 되풀이하며 내 마음의 문을 더 굳게 닫지

공부해라 그게 중요한 건 나도 알아
성실해라 나도 애쓰고 있잖아요
사랑해라 더는 상처받고 싶지 않아
나의 삶을 살게 해 줘!

공부해라 아냐 그건 너무 교과서야
성실해라 나도 그러지 못했잖아
사랑해라 아냐 그건 너무 어려워
너의 삶을 살아라!

내가 좀 더 좋은 엄마가 되지 못했던 걸 용서해 줄 수 있겠니?
넌 나보다는 좋은 엄마가 되겠다고 약속해 주겠니?

랄 라랄 라랄 라랄 라랄 라랄 라라 라랄 라라 라랄라
랄 라랄 라랄 라랄 라랄 라랄 라라 라랄 라라 라랄 라랄라

양희은의 〈엄마가 딸에게〉라는 노래는 가사를 보며 노래를 듣는 것에 우리는 집중했다. 우리는 이 노래를 들으며 함께 눈물을 흘리고 있었다. 그녀는 직접 소리를 내어 부르며 표현하지는 않았지만 충분히 자녀를 바라보며 말해 주고 싶은 것을 말하지 못하는 우울한 마음을 눈물로 표현하고, 이 노래로 대신 딸과 아들에게 말하고 있다는 느낌을 받는 듯하였다. 이 세션을 마무리하면서 "요즘 좀 그래요"라고 말하며 그녀는 내 손을 꼭 잡았다. 이 짧은 말 속에 그녀의 마음이 와 닿았다. 나는 "이 노래를 듣고 많이 힘들었어요?"라고 물었다. 그녀는 고개를 끄덕이며 "좋았어요"라고 말했다. "힘들었지만 내 마음을 표현한 것 같아 좋았어요?"라고 묻자 웃으며 그렇다고 대답하였다.

익숙함에서 새로움으로

그녀는 내가 음악치료사로 16년째 풀타임(full time)으로 일을 하면서 가장 오랫동안 치료한 환자이다. 그러다 보니 나와의 만남에서는 이제 편안함을 가지고 표현도 좀 더 잘 되고 자발적으로 표현하려는 노력도 많이 보였다. 그래서 이제는 다른 치료사와의 만남을 통해 새로운 대화를 하도록 하고 싶었다. 같이 근무하는 다른 치료사가 그녀의 치료를 맡는 것으로 결정하였다. 다른 선생님들과의 만남에서도 언어적으로 표현하려고 노력하고, 치료에 적극적으로 참여하며 즐거워하고 있다는 얘기를 들었다. 최근 그녀를 치료하는 선생님의 휴가로 약 2년 만에 그녀를 치료실에서 만났다. 가끔씩 치료실로 오는 그녀를 대기실에서 만나 얘기도 나누고 했지만 치료를 다시 한 건 정말 오랜만이었다. 어떤 음악으로 대화를 나눌까 고민하면서 치료세션을 준비하였다. 살아가면서 어떤 말을 가장 듣고 싶은지에 대해서 서로 노래로 대화를 나누었는데, 그녀는 바로 "건강해"라는 말을 가장 듣고 싶다고 하며 나에게도 "건강해"라며 축복된 말을 해 주었다. 그녀의 건강이 잘 유지되어 지금처럼 자신의 생각을 간단하지만 잘 표현할 수 있는 삶을 살기를 바란다.

이 글을 쓰면서 치료사인 내가 바라보는 음악치료를 한 내용과 대상자의 반응을 이야기했지만 14년 동안 실어증으로 언어표현이 잘 안 되는 그녀를 치료실로 모시고 온 남편이 바라보는 음악치료는 어땠을까하는 생각이 들어 조심스럽게 그녀의 남편에게 몇 가지 질문을 드려도 될지 여쭤 보았는데 감사하게 허락해 주셨다. 다음은 음악치료를 받으면서 그녀의 남편이 느낀 점을 보내 주신 내용이다.

Q1. 가족의 발병으로 인해 발병 초기에 환자 분과 남편 분의 심리적 상태 또는 환자 분의 증상은 어땠나요?

A. 1996년 7월 말에 뇌출혈로 쓰러져 초기에는 의식이 깨어나지 않은 상태로 생사를 장담하지 못해서 그 당시 7세, 5세였던 아이들을 보면서 그저 막막하다는 생각을 하였습니다. 그로부터 차츰 회복 증세를 보였으나 오른쪽 편마비 증세와 인지력 부족, 본인이 생각하는 바를 제대로 표현하지 못하는 언어장애 상태가 되었습니다.

Q2. 처음 음악치료를 받기 전에 음악치료가 어떤 치료라고 생각하셨는지, 음악치료를 받으면서 음악치료를 어떻게 이해하게 되었나요?

A. 음악치료를 받기 전 타 병원에서 언어치료를 받았는데 딱딱한 치료로 지루함은 물론 큰 치료 효과를 보지 못했는데, 음악치료를 접하고부터 치료 시간에 재미를 느껴서 인지 흥미를 보이고 그로 인해 서서히 치료 효과도 보고 있습니다.

Q3. 환자 분이 음악치료를 받으면서 보호자로서 느꼈던 점과 환자 분의 반응은 어땠나요?

A. 우선 표현력이 다양해졌고, 이동 중에 간판이나 표지판을 읽는 능력이 향상되었으며 전에는 다른 사람에게 표현하는 것이 많이 위축되어 있었는데 이제는 표현하려는 의지가 강해졌습니다.

Q4. 지금까지 10년을 넘게 음악치료를 계속 받고 계신데, 환자에게 있어 음악치료는 어떤 역할을 하고 있는지, 그리고 어떤 역할을 해 주길 기대하나요?

A. 음악치료는 치료라기보다는 유쾌한 놀이를 하는 것 같아 생활에도 활력소가 되고 있고, 앞으로도 지속적인 흥미 유발을 통해 자연스럽게 치료 효과를 볼 수 있게 되기를 기대합니다.

Q5. 가사를 만들어서 노래를 부르고 가족에 대한 표현, 자신의 감정 또는 생각을 표현하게 한 활동이나 보호자 분을 치료실에 들어오게 해서 노래를 직접 불러 드린 활동이 있는데 그 활동을 통해 어떤 느낌이 들었나요?

A. 평소에는 대화가 잘 안 되는 면도 있고 표현하기가 쑥스러운 부분도 있었는데 노래를 통해 간접적으로나마 표현을 하게 됨으로써 환자도 스트레스가 해소되는 것 같고 무언가를 해냈다는 큰 만족감을 갖는 것 같습니다.

Q6. 음악치료사인 저와 환자 분과의 만남을 한마디로 표현한다면?

A. 물론 초기에는 치료사와 환자로서의 만남이었지만 오랜 시간의 만남을 통하여 이젠 가족 이상의 애정관계로 발전한 것 같습니다.

맺음말

사람은 누군가와 소통을 하면서 살아간다. 그 소통이 얼마나 소중한지는 잘 깨닫지 못하다가 그 소통이 무엇인가에 의해 차단될 때 답답해 하고 힘들어하게 된다. 질병에 의해 다른 사람들과의 소통이 차단되었을 때 힘들어하는 환자 분들에게 음악을 통해 언어적 · 정서적 소통을 돕게 되었을 때 정말 큰 감사를 느끼게 된다. 치료사로서 환자와의 진정한 소통을 위해 음악을 정말 값지게 사용할 수 있도록 노력하는 진정성 있는 음악치료사로 계속 성장하고 싶다.

용어 설명

실어증(aphasia) 신경계 손상으로 인하여 상대방의 말을 이해하지 못하거나 말을 하고 싶어도 제대로 표현할 수 없는 증상을 말한다.

브로카 실어증(Broca's aphasia) 좌뇌의 브로카 영역, 즉 말을 산출하는 영역이 손상되어 다른 사람의 말을 이해하는 데 크게 어려움은 없지만 말을 유창하게 하지 못하는 실어증 유형이다.

페르마타(fermata) 악곡의 표정에 변화를 주기 위하여 곡의 중간이나 마지막 등에서 박자의 운동을 잠시 늦추거나 멈추도록 지시하는 기호이다.

참고문헌

Kandel, E., & Schwarz, J. (1985). *Principles of neural science*. New York: Elsevier.

Thaut, M. H. (2001). *Neurologic Music Therapy*. Conference presentation for continuing education credits. Midwestern Regional Chapter of the American Music Therapy Association Annual Conference. Kansas City, MO.

음악치료 임상사례집

21인의 음악치료사가 들려주는 임상이야기

제4부

노인 사례연구

Korean Case Studies of Music Therapy

제19장

건강한 노년을 위한 아름다운 멜로디

-인지 기능 증진을 위해 적용된 신경학적 음악치료-

고범석

한세대학교 대학원 음악치료 강사

임상음악전문가 1급

개요

이 사례는 치매 예방 차원에서 인지건강을 위해 적용된 개별음악치료 프로그램에 대한 사례이다. 프로그램의 장기적 진행에 있어 중재 프로토콜의 수립 및 적용, 그리고 프로그램 참여로 인한 변화에 대한 평가의 예를 제시하였다. 이 사례를 통해 키보드 연주 개별 프로그램과 같은 치료적 음악활동이 노인의 인지기능 증진에 도움이 될 수 있음을 확인할 수 있었다.

내담자 정보

성공적 노화(successful aging)와 전 생애 발달(life-span development)의 관점에서 건강한 노년을 위한 프로그램의 개발과 활용에 대한 논의가 활발히 이루어지고 있다. 치매 예방을 위한 인지건강수칙으로 적극적인 인지적 활동 수행과 사회 활동이 강조되고 있는데(나덕렬, 2012; 이윤환 외, 2009), 음악적 경험은 노인의 인지 및 심리사회적 건강 증진에 도움이 될 수 있다(한가영, 오영삼, 김영선, 2016; Hanna-Pladdy & MacKay, 2011; Lehmberg & Fung, 2010).

이 사례는 치매 예방을 위한 인지건강 증진을 위해 12개월 이상 지속적으로 이루어진 개별음악치료 프로그램에 대한 사례이다. 키보드 연주 개별 프로그램에 참여한 내담자(63세, 여)는 신경심리검사와 치매임상평가 결과, 주관적 기억장애(Subjective Memory Impairment: SMI)로 진단받았다. 정밀검진 기록에 따르면 시계를 보고 뒤돌아서면 몇 시 몇 분인지 잊을 때가 있고 대문을 안 잠그고 다닐 때가 많았다고 한다. 진단 후 기관의 치매예방 그룹 프로그램에 적극적으로 참여하였으며 키보드 연주에 대한 높은 욕구와 의지를 보여 키보드 연주 개별 프로그램에 참여하게 되었다.

치료 방법

키보드 연주 개별 프로그램은 키보드를 이용하여 음계(scale) 및 노래의 멜로디를 연주하는 활동으로 인지기능, 특히 기억력과 집행기능 증진을 위해 시행되었다. 피아노 연주는 노화에 따른 인지적 감퇴의 완화를 위한 인지중재로서 사용될 수 있다(Bugos, Perlstein, McCrae, Brophy, & Bedenbaugh, 2007; Seinfeld, Figueroa, Ortiz-Gil, & Sanchez-Vives, 2013). 이 사례에서는 키보드 연주의 효과적인 치료적 적용을 위해 신경학적 음악치료 테크닉인 음악적 기억술 훈련(Musical Mnemonics Training: MMT)과 음악적 집행기능 훈련(Musical Executive Function Training: MEFT)을 적용하였다. 음악적 기억술 훈련은 시간적으로 구조화된 음악적 패턴을 통해 기억의 저장 및 인출을 효과적으로 수행할 수 있도록 하며, 음악적 집행기능 훈련은 음악적 맥락 안에서 조직화, 문제해결, 의사결정과 같은 집행기능 기술을 훈련할 수 있는 기회를 제공한다(Thaut, 2005).

치료 과정

주 1회, 30분으로 2010년 6월부터 20개월 동안 지속적으로 진행된 개별 프로그램으로, 이 사례의 구체적인 내용은 인지기능 평가가 이루어진 2011년 9월 47회기까지의 프로그램에 대한 내용이다. 기관에서의 세션은 주 1회 이루어졌으나 집에서 지속적으로 연습할 수 있도록 제시되었다. 구조화된 중재 프로토콜에 따라 프로그램은 음계 연습과 선호하는 노래의 멜로디를 기억하여 연주하는 활동으로 구성되었는데, 음악적 규칙에 따른 연주에 있어 패턴 변화의 수용 및 곡 진행과 관련된 음악기호(되돌이표) 규칙의 실제적 시행을 통해 음악적 경험 안에서 인지기능, 특히 기억력과 집행기능 증진에 도움이 될 수 있도록 고려하여 적용하였다. 악보 사용과 관련해서는 초기에는 음이름 악보를 사용하여 보다 쉽게 접근할 수 있도록 고려하였고, 이 후 오선보 악보를 읽는 방법에 대한 학습 후 오선보 악보를 사용하였다. 노래의 사용에 있어 난이도를 고려한 단계적 적용이 이루어졌는데, 오음계의 〈아리랑〉을 시작으로 점음표 또는 셋잇단음표가 들어간 노래가 단계적으로 사용되었다. 치료사는 음계 또는 노래의 멜로디를 함께 연주하거나 화음을 연주하며 적절한 큐와 음악적 강화를 제공하였다. 특히 고정박(steady beat)의 사용을 통해 일정한 음악적 구조 안에서 시간적 안정성을 제공하고 예견성 강화를 위한 예비박 제시를 통해 성공적 경험을 보다 높이고자 하였다. 치료 내용에 대한 기록에 있어서는 세션진보기록을 통해 음악적 과제 수행의 정도를 기록하였다.

1~6번째 세션: 멜로디 연주에 조금씩 다가가기

초기 세션에서는 음계 연습과 〈아리랑〉의 멜로디 연주가 중점적으로 이루어졌다. 음계 연습에 있어 '도 → 솔' '솔 → 도'의 순서로 오른손, 왼손 각각을 연습한 후

도			레	도	레	파			솔	파	솔
라		솔	라	파	레	도			레	도	레
파			솔	파	솔	라	솔	파	레	도	레
파			솔	파		파					

도	도	도		솔		미	미	미		도	
도	미	솔		솔		파	미	레			
레	미	파		파		미	레	미		도	
도	미	레		솔		시	레	도			

그림 19-1 음이름 악보의 예(좌: 〈아리랑〉, 우: 〈클레멘타인〉)

양손으로 함께 연주하는 단계로 진행되었다. 4번째 세션에서 특히 양손으로 함께 연주하는 데 있어 어려워하는 모습을 보이기도 하였는데, 보다 주의집중을 요구하는 양손 동시연주 과제가 인지적 측면에서 더욱 고려되어 적용되었다. 이후 음계 연주에 있어 한 옥타브 '도 → 도'를 제시된 손가락 순서로 연주하는 과제가 제시되었다. 오음계로 이루어진 〈아리랑〉의 멜로디 연주에 있어서는 2번째 세션에서 음이 연속적으로 나오는 '라솔파레도레' 부분([그림 19-1] 참조)의 수행을 특히 어려워하는 모습을 보이기도 하였다. 계명을 외워서 멜로디를 노래하며 동시에 연주하는 과제가 기억력 증진의 측면에서 의미있게 고려되어 적용되었다. 〈아리랑〉의 멜로디 연주에 있어 오른손뿐만 아니라 왼손으로도 연주하여 볼 수 있도록 제시되었는데, 6번째 세션에서 인지적 난이도를 높여 양손으로 함께 연주하여 보는 시도에서는 수행에 어려움을 보이기도 하였다.

7~20번째 세션: 반복연습, 그리고 기억에 새겨지는 멜로디

음계 연습과 〈아리랑〉 외에 〈오빠 생각〉(최순애 작사, 박태준 작곡), 〈클레멘타인〉(몬트로제 작사 · 작곡), 〈즐거운 나의 집〉(비숍 작곡)이 한 곡씩 추가되면서 진행되었는데, 특히 음이름 악보의 사용에 있어 〈클레멘타인〉에서 옥타브가 다른 음의 경우 색에 변화를 주어 시각적으로 명확히 구별될 수 있도록 하였으며 음이름의 간격과 크기 또한 명확히 구별될 수 있도록 조정하였다([그림 19-1] 참조). 13번째 세션에서 〈클레멘타인〉이 처음 사용되었는데, 단계적 적용으로 〈아리랑〉을 먼저 연주하여 본 데 있어 이전보다 수행도가 낮은 모습을 보였다. 이는 새로운 곡의 연습을 위해 상대적으로 많은 시간을 할애하여 나타난 결과로 사료되었다. 이를 통해 기존에 연주하였던 곡의 계속적인 반복연습이 특히 기억력 유지의 측면에서 고려되어야 한다는 점을 확인할 수 있었다. 18번째 세션에서는 기존에 학습했던 손가락의 순서가 집에서 혼자 연습하는 과정에서 바뀐 부분이 있었다. 최적의 연주를 위해 수정이 필요하다고 판단되어 다시 수정하는 과정을 가졌는데, 이를 위한 반복연습이 필요하였다.

21~47번째 세션: 멜로디 연주, 그리고 변화의 수용

내담자가 선호하는 대중가요인 〈여자의 일생〉(한산도 작사, 백영호 작곡, 이미자 노래), 〈가는 세월〉(김광정 작사 · 작곡, 서유석 노래), 〈인생〉(조운파 작사, 손정우 작곡, 김성환 노래)이 한 곡씩 더 추가되면서 진행되었는데, 특히 21번째 세션부터 사용된 〈여자의 일생〉에서는 음악적 규칙에 따른 연주에 있어 음악적 패턴 변화의 수용을 통해 집행기능과 관련된 요소가 더욱 강조되어 적용되었다. 21번째 세션에서 〈여자의 일생〉 오선 악보의 멜로디 계명을 읽어 보는 데 있어 '시'에서 다음 옥타브 '라'로 도약 진행하는 부분([그림 19-2-A] 참조)을 어려워하는 모습을 보여 이 부분에서 정확한 수행이 이루어질 수 있도록 반복하여 진행되었다. 집에서의 과제로 오선 악보의 음표 아래에 계명을 적어 오는 과제가 제시되었는데, 다음 세션에서 수행의 정확성이 확인되었다. 27번째 세션에서는 〈여자의 일생〉 멜로디를 연주하는 데 있어 점음표 부분과 팔분쉼표로 시작하는 마디에서의 연주 타이밍이 부정확한 수행의 모습을 보였는데, 특히 쉼표로 시작하는 마디([그림 19-2-B] 참조)에서의 연주 타이밍의 경우 규칙의 변화를 수용하는 전두엽 억제 기능의 측면에서 적절한 수행이 이루어질 수 있도록 언어적 큐의 제시가 고려되어 적용되었다. 〈가는 세월〉의 경우에는 음악기호 되돌이표에 따른 곡의 진행을 기억하여 정확하게 마디를 찾아 연주해

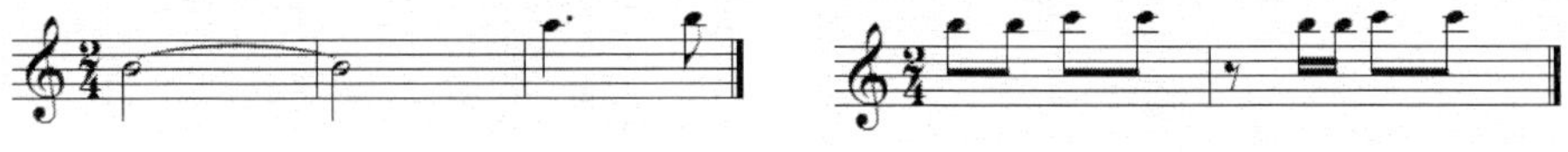

A. 멜로디의 도약 진행 부분　　B. 쉼표로 시작하는 마디의 예

그림 19-2 〈여자의 일생〉 오선 악보의 예

가는 과정을 통해 집행기능의 측면에서 계획을 세우고 실행하는 능력 및 사고의 유연성을 연습할 수 있는 기회를 제공하는 부분을 고려하여 적용되었고, 이에 대한 적절한 수행이 이루어졌다.

치료 평가

키보드 연주 개별 프로그램이 기억력 및 집행기능에 미치는 영향에 대한 평가에 있어 35번째 세션에서 비디오 녹화를 통한 수행도 분석을 실시하였다. 이 세션에서는 음계 연습과 〈아리랑〉 〈여자의 일생〉의 멜로디 연주, 〈가는 세월〉의 소개가 이루어졌다. 수행도 분석은 중점적으로 이루어진 〈여자의 일생〉 멜로디 연주의 내용 일부를 선정하여 분석하였는데, 패턴 변화의 수용과 관련하여 팔분쉼표로 시작하는 마디에서의 연주 시작 타이밍이 정확한지 평가하였다. 곡의 처음부터 끝까지 전체 34마디 중 팔분쉼표로 시작하는 마디는 다섯 마디로 5번의 시도에 몇 번의 정확한 수행이 이루어졌는지 빈도기록법으로 데이터를 수집하였다(〈표 19-1〉 참조). 〈여자의 일생〉 멜로디 연주는 총 10회의 시행이 이루어졌는데, 1, 2, 5, 6, 7, 9번째 시행에서는 치료사가 멜로디를 함께 연주하며 언어적 큐와 고정박을 제공하였고, 3, 4, 8, 10번째 시행에서는 치료사가 화음 연주를 통한 음악적 강화를 제공하며 최소한의 언어적 큐를 제공하였다. 특히 8번째 시행과 9번째 시행 사이에 약 5분 동안의 〈가는 세월〉에 대한 소개를 적용하여 휴지기 이후 수행의 정도를 9, 10번째 시행에서 평가하였다. 비디오 분석 결과, 2번째 시행에서 쉼표 부분에서 연주를 시작하는 1회의 부정확한 수행을 보인 것 외에 모든 시도에서 연주 시작 타이밍에 있어 정확한 수행의 모습을 보였다. 특히 치료사가 화음을 연주하며 도움의 정도를 줄인 3, 4, 8, 10번째 시행에서도 정확한 수행을 유지하는 모습을 확인할 수 있었다. 〈여자의 일생〉 연주의 경우, 21번째 세션부터 시작하여 비디오 녹화가 이루어진 35번째 세션까지 총 15회의 세션 동안 지속적으로 이루어졌는데, 비디오 녹화를 통한 수행도 분석을 통해 지속적인 연습을 통한 정확한 수행의 유지를 객관적 데이터로 확인할 수 있었다.

◆ 표 19-1 ◆ 수행도 분석: 연주 타이밍의 정확도 평가

시행 시기	1	2	3	4	5	6	7	8	9	10
수행/시도	5/5	4/5	5/5	5/5	5/5	5/5	5/5	5/5	5/5	5/5

47번째 세션에서는 음악적 과제 수행 능력의 일반적 인지기능으로의 일반화 여부에 대한 평가의 필요와 내담자의 현재 인지기능 상태에 대한 파악을 위해 신경심리평가도구를 통한 인지기능 평가를 실시하였다. 키보드 연주 개별 프로그램이 인지기능에 미치는 즉각적인 효과의 가능성을 확인하기 위해 한국판 노인형 기호잇기검사(Korean Version of Trail Making Test for Elderly Persons: K-TMT-e; 이한승, 진주희, 이병화, 강연욱, 나덕렬, 2007)를 사용하여 인지기능 평가를 실시하였다. 이 평가는 47번째 세션 전후로 실시되었는데, 내담자가 주관적인 기억력 감퇴를 호소한 데 대하여 내담자의 현재 인지기능의 정도를 파악하기 위한 평가로서의 측면 또한 가지고 있다. 한국판 노인형 기호잇기검사는 A형과 B형 두 부분으로 나뉘어져 있는데, A형은 숫자(1~15)를 순서대로 찾아서 선으로 연결시키는 과제이며, B형은 숫자(1~8)와 문자(요일: 월~일)를 번갈아 가면서 순서대로 연결하는 과제이다(이한승 외, 2007). A형과 B형 모두 시지각 능력, 지속적인 주의집중능력이 요구되는데, 특히 B형은 주의력 전환과 작업 기억력 등 A형보다 복잡한 정신기능이 더 필요하다(박재설 외, 2007). 평가 지표로는 A형과 B형 각각의 수행시간이 기본적으로 사용되며, A형에 비해 B형에서 추가로 요구되는 인지기능의 정도를 측정하기 위한 지표로 수행시간차(B-A)와 비율(B/A)이 사용되고 있는데, 특히 B형의 수행시간과 B형과 A형의 수행시간차(B-A)는 임상적으로 전두엽/집행기능을 평가하는 데 유용하다(이한승 외, 2007).

47번째 세션 전후로 한국판 노인형 기호잇기검사를 실시한 결과는 〈표 19-2〉와 같다. A형의 수행시간은 사전 검사에서는 43.90초, 사후 검사에서는 35.88초로 수행시간이 8.02초 감소되었다. B형의 수행시간은 사전 검사에서는 103.03초, 사후 검사에서는 79.00초로 수행시간이 24.03초 감소되었는데, 수행 내용에 있어 사전 검사에서 특히 숫자 7 이후 부분에서 수행 실수 수정으로 인해 시간이 보다 소요되었다. B형과 A형의 수행시간차(B-A)는 사전 검사에서는 59.13초, 사후 검사에서는 43.12초로 수행시간차가 16.01초 감소되었다. B형의 수행시간과 B형과 A형의 수

행시간차(B-A) 결과를 토대로 할 때, 키보드 연주 개별 프로그램이 인지기능, 특히 집행기능에 미치는 즉각적 효과에 대한 가능성을 확인할 수 있었다. 또한 평가 결과를 토대로 내담자의 현재 인지기능에 대한 의미 있는 정보를 얻을 수 있었다. 한국판 노인형 기호잇기검사의 개발과 타당화 연구(이한승 외, 2007)에서 제시된 정상군과 치매환자군의 점수 비교에 따르면, B형의 수행시간은 정상군에서는 평균 63.45±53.50, 치매환자군에서는 평균 217.00±102.10이었다. B형과 A형의 수행시간차(B-A)는 정상군에서는 평균 34.11±46.33, 치매환자군에서는 평균 150.91±89.96이었다. 평균값을 고려할 때 키보드 연주 개별 프로그램에 참여한 내담자는 정상군에 가까운 점수를 유지하고 있다고 사료된다.

표 19-2 한국판 노인형 기호잇기검사 평가 결과

	사전 검사	사후 검사	변화량(사후-사전)
A형의 수행시간	43.90	35.88	-8.02
B형의 수행시간	103.03	79.00	-24.03
B형과 A형의 수행시간차(B-A)	59.13	43.12	-16.01

주) 수행시간 단위: 초(sec)

맺음말

이 사례는 성공적 노화를 위한 예방적 차원에서 진행된 키보드 연주 개별 프로그램에 대한 사례이다. 치매 예방을 위한 인지건강 증진의 측면에서 프로그램이 진행되었는데, 치료적 음악활동의 지속적 참여가 노인의 인지기능 증진에 도움이 될 수 있음을 확인할 수 있었다. 이 사례를 통해 장기적으로 진행되는 프로그램의 효과적이고 체계적인 적용을 위한 중재 프로토콜의 수립과 장기적 프로그램 효과의 평가에 대한 실질적 고민에서 비롯된 평가의 예를 제시하고자 하였다.

구조화된 중재 프로토콜에 따라 프로그램을 음계 연습과 선호하는 노래의 멜로디를 기억하여 연주하는 활동으로 단계적으로 구성하여 적용하였는데, 이러한 중재 프로토콜의 수립은 중재를 체계적으로 적용할 수 있는 토대가 된다. 특히 프로그램이 장기적으로 진행될 경우 중재 프로토콜은 다양한 음악적 활동을 사용하는 데 있어 내용적 일관성을 확보하는 데 도움이 된다. Koger, Chapin과 Brotons(1999)는 치매환자를 위한 음악치료 중재에 대한 문헌고찰에서 가장 효과적인 테크닉을 파악하고 토대가 되는 메커니즘을 확인하기 위해 중재 프로토콜의 체계적 다양화가 필수적이라고 제시하였다. 여러 음악치료 임상연구(Haneishi, 2001; Kim, 2010; Pasiali, LaGasse, & Penn, 2014)에서도 구체적이고 체계적인 중재 프로토콜이 적용되어 왔다. 이 사례를 통해 중재 프로토콜의 체계적 수립과 적용이 근거 중심 실행(evidence-based practice)의 측면에서 더욱 고려될 필요가 있음을 확인할 수 있었다.

치료 평가에 있어 비디오 녹화를 통한 수행도 분석을 통해 지속적인 연습을 통한 정확한 수행의 유지를 객관적 데이터로 확인할 수 있었으나 35번째 세션에 대해서만 분석이 이루어져 세션 진행에 따른 변화의 경향성은 확인하지 못한 제한점이 있다. 그리고 한국판 노인형 기호잇기검사를 사용한 평가에 있어서는 47번째 세션 전후로 평가가 이루어졌기 때문에 프로그램의 장기적인 효과에 대한 평가가 이루어지지 못한 제한점이 있다. 하지만 평가 결과를 통해 키보드 연주 개별 프로그램이 인지기능에 미치는 즉각적 효과에 대한 가능성을 확인할 수 있었으며, 내담자의 검사 점수가 정상군에 가까운 점수를 유지하고 있는 점을 통해 내담자의 현재 인지기능 상태를 확인할 수 있었다는 점에서 의의가 있다. 내담자가 주관적인 기억력 감퇴를 호소하여 내담자의 현재 인지기능 상태에 대한 평가가 필요한 시점이었고, 이와 함께 프로그램 효과의 평가에 대한 고민이 있었던 시점이었다. 이에 관련 문헌(박재설 외, 2007; 이한승 외, 2007; Thaut et al., 2009)에 대한 검토를 토대로 한국판 노인형 기호잇기검사를 선택하여 인지기능 평가에 사용하였으며 즉각적 효과의 평가를 위한 세션 전후 평가의 방식을 사용하였는데, 평가에 대한 실질적 고민에서 비롯된 평가의 예를 제시하였다는 점에서 의의가 있다고 생각한다.

앞으로 성공적 노화를 위한 예방적 차원에서의 음악치료 프로그램이 보다 다양하게 개발되어 적용될 필요가 있으며, 프로그램 효과 평가에 대한 지속적인 고민이 더욱 필요할 것으로 사료된다.

용어 설명

전 생애 발달(life-span development) 생애 전체에 걸쳐 발달이 이루어진다는 관점으로, 발달의 개념에 성숙이 주를 이루는 성장 과정은 물론 감퇴와 성숙이 함께하는 노화 과정도 함축되어 있다(김애순, 2012).

주관적 기억장애(Subjective Memory Impairment: SMI) 주관적으로 기억력 저하를 호소하지만 객관적인 인지검사 수행에서는 정상 범주에 속하는 경우로, 경도인지장애(Mild Cognitive Impairment: MCI)의 전구증상일 가능성이 있다(강미애, 백용매, 2014; 송민지, 강연욱, 2011).

참고문헌

강미애, 백용매(2014). 주관적 기억 장애와 경도 인지 장애의 신경인지기능 특성 비교. *Journal of the Korean Geriatrics Society, 18*(1), 7-15.

김애순(2012). **장 · 노년 심리학**. 서울: 시그마프레스.

나덕렬(2012). **뇌美인**. 경기: 위즈덤하우스.

박재설, 강연욱, 이한승, 김윤중, 마효일, 이병철(2007). 한국판 노인형 기호잇기검사의 유용성: 전두엽 기능 장애의 탐지. *Dementia and Neurocognitive Disorders, 6*(1), 12-17.

송민지, 강연욱(2011). 주관적 기억장애의 기억문제 호소 양상과 인지기능 및 정서 특성. *Dementia and Neurocognitive Disorders, 10*(4), 125-136.

이윤환, 나덕렬, 정해관, 홍창형, 백종환, 김진희, 김시헌, 김윤구(2009). 치매예방을 위한 생활습관. *Annals of Geriatric Medicine and Research, 13*(2), 61-68.

이한승, 진주희, 이병화, 강연욱, 나덕렬(2007). 한국판 노인형 기호잇기검사의 개발과 타당화 연구. *Dementia and Neurocognitive Disorders, 6*(2), 54-66.

한가영, 오영삼, 김영선(2016). 음악 활동이 노인의 건강노화에 미치는 영향. **보건사회연구, 36**(3), 363-392.

Bugos, J. A., Perlstein, W. M., McCrae, C. S., Brophy, T. S., & Bedenbaugh, P. H. (2007).

Individualized piano instruction enhances executive functioning and working memory in older adults. *Aging and Mental Health, 11*(4), 464-471.

Haneishi, E. (2001). Effects of a music therapy voice treatment on speech intelligibility, vocal acoustic measures, and mood of individuals with Parkinson's disease. *Journal of Music Therapy, 38*(4), 273-290.

Hanna-Pladdy, B., & MacKay, A. (2011). The relation between instrumental musical activity and cognitive aging. *Neuropsychology, 25*(3), 378-386.

Kim, S. J. (2010). Music therapy protocol development to enhance swallowing training for stroke patients with dysphagia. *Journal of Music Therapy, 47*(2), 102-119.

Koger, S. M., Chapin, K., & Brotons, M. (1999). Is music therapy an effective intervention for dementia? A meta-analytic review of literature. *Journal of Music Therapy, 36*(1), 2-15.

Lehmberg, L. J., & Fung, C. V. (2010). Benefits of music participation for senior citizens: A review of the literature. *Music Education Research International, 4*(1), 19-30.

Pasiali, V., LaGasse, A. B., & Penn, S. L. (2014). The effect of musical attention control training on attention skills of adolescents with neuro-developmental delays: A pilot study. *Journal of music therapy, 51*(4), 333-354.

Seinfeld, S., Figueroa, H., Ortiz-Gil, J., & Sanchez-Vives, M. V. (2013). Effects of music learning and piano practice on cognitive function, mood and quality of life in older adults. *Frontiers in Psychology, 4*, 810. doi:10.3389/fpsyg.2013.00810

Thaut, M. H. (2005). *Rhythm, music, and the brain: Scientific foundations and clinical applications*. New York: Routledge.

Thaut, M. H., Gardiner, J. C., Holmberg, D., Horwitz, J., Kent, L., Andrews, G., Donelan, B., & McIntosh, G. R. (2009). Neurologic music therapy improves executive function and emotional adjustment in traumatic brain injury rehabilitation. *Annals of the New York Academy of Sciences, 1169*(1), 406-416.

제20장

92세 치매노인의 삶의 활력을 찾아서

–알츠하이머 치매노인의 우울 감소를 위한 음악치료–

양윤정

서울요양원 주야간보호센터 음악치료 강사

임상음악전문가 1급

개요

이 사례연구는 알츠하이머 치매 진단을 받은 92세의 여성노인이 음악 치료를 통하여 우울감을 감소시키고 삶의 만족감을 찾는 모습을 보여 준다. 총 5개월 동안 그룹치료 활동을 통하여 노래 부르기, 가사토의, 다양한 악기연주 활동을 하였고, 후반 11회에는 개인치료와 그룹치료를 병행한 적극적인 음악치료 접근을 통해 노인은 기관과 가정에서 한층 밝아진 모습으로 다른 사람들과 교류하는 모습을 볼 수 있었다.

내담자 정보

S 어르신은 S시에 소재하고 있는 A주간보호센터를 이용하면서 음악치료 그룹에서 만났다. 센터를 이용한 약 2개월 정도의 기간 동안 주 1회씩 그룹음악치료 세션을 받고 있었다. S 어르신은 남편과 사별한 지 10년이 되었으며, 3년 전부터 막내딸과 함께 생활을 하고 있다. 무릎이 좋지 않아 25년 전에 무릎 수술을 하셨고 관절염 약을 드시다 최근에 끊었으며 알츠하이머 치매 진단을 받은 상태로 요로결석 수술과 낙상 등의 경험으로 우울이 심해져서 집에 계시는 것보다 기관에 다니는 것이 좋겠다는 가족의 결정으로 주간보호센터를 이용하게 되었다.

S 어르신의 첫인상은 기품 있어 보이는 외모로 92세의 나이로 보이지 않았다. 약간 긴 커트머리에 연한 갈색의 머리색이 더 젊어 보이게 하는 듯했다. 안경을 쓰고 단아한 옷차림에 지팡이를 짚고 다니시는데, 걸음이 약간 느리며 조심해서 걷는 모습이다. 목소리가 작으며 음성이 약간 거친 느낌이 있기는 하나 언어적 이해나 표현에 큰 문제는 없어 보였다. 약간 마른 보통의 체격으로 무표정한 얼굴로 그룹에서 조용한 편이다. 겉으로 감정을 잘 표현하지 않았고 말소리도 크지 않아 눈에 잘 띄지 않고 주로 조용하게 앉아 계신 편이다. 그룹에서 S 어르신의 목소리가 거의 드러나지 않았고 자신의 차례에 독창으로 노래 부르는 것은 거의 거부하였으며 그룹 합창을 할 때에만 조그맣게 참여하셨다. 그룹에서는 잘 안 웃는 편이며 다른 사람과 교류하는 모습도 거의 보이지 않았다. 어두워 보이는 표정과 그룹에 잘 융화되지 못하는 모습에 우울과 삶의 만족도 척도검사를 실시하였다. 척도검사 결과, 음악치료사는 기관과 보호자와의 협의 끝에 개인세션을 하기로 결정하고 이후 적극적인 상호작용이 시작되었는데 11주 동안 주 1회 그룹음악치료와 주 1회 개인세션을 병행하였다.

치료 방법

S 어르신은 외양적으로는 기품을 유지하고 있지만 최근 들어 기억력 저하가 점차 심해지고 있다. 심신의 노화로 인한 신체적 · 정신적 스트레스와 초기 치매에서 오

는 기억력 감소, 인지기능 저하에서 오는 자각으로 인해 자존감이 낮아지고 자신감이 없어졌으며 이러한 것들이 쌓이면서 정서적으로 우울이 심해져 생활에 어려움을 느끼는 것으로 보인다.

그룹음악치료 세션은 주 1회 50분 동안 20~30여 명의 그룹원과 함께 노래 부르기 위주의 활동으로 진행되었다. 그룹원은 평균 80~90세의 남녀 어르신이 1:3 정도의 비율로 참여하였다. 노래 부르기, 노래가사 토의 및 회상과 악기연주를 중심으로 인지적 재활 및 긍정적 정서 향상을 목적으로 진행하였다. 세션은 매회 반가운 인사 노래를 부르며 시작되고 4박의 리듬에 맞춰 박수를 치면서 온몸운동으로 시작한다. 도입부에는 간단한 동요나 잘 알려진 가곡 등을 부르며 준비한다. 모든 참가자는 치료사의 키보드 반주에 맞춰 프로그램실 앞쪽에 위치한 가사보를 보며 노래를 부른다.

그룹원은 서너 그룹으로 나눠 각 그룹에서 노래를 부른다. 매주 프로그램은 다른 주제로 진행된다. 그룹원의 정서에 맞는 옛날 노래를 비롯하여 다양한 노래를 부른다. 주로 트로트 곡들이 주를 이루며, 어르신들에게 친숙한 민요, 동요, 가곡 등 여러 장르의 곡이 모두 사용된다. 시기적으로는 1940~1950년대의 곡들뿐 아니라 최근에 유행한 곡까지 포함되었다. 어르신들이 선호하는 곡으로 트로트 종류의 곡과 민요를 많이 불렀다. 합창, 그룹별 노래 부르기, 그리고 독창 등 다양한 방법으로 노래를 부른다. 그리고 곡의 가사에 대해 배경이나 주인공에 대해 이야기를 나눈다. S 어르신은 그룹에서 자신의 의견을 잘 표현하지 않고, 그룹에서의 모습은 수동적이고 소극적이다. 그룹에서는 다양한 악기연주를 할 때 S 어르신은 적극적으로 악기를 선택하거나 자신 있게 노래를 부르지 않고 무표정한 얼굴로 소극적으로 참여하는데 틀리거나 잘 못할까 봐 걱정하였다. 월 1회 근처 어린이집에서 7세 어린이들이 방문하여 음악치료 통합수업에 함께하는 날에도 어르신은 아동들에게 큰 관심을 표현하지 않았다.

개인세션은 30~40분 정도로 이루어지는데, 음악감상과 긴장이완, 노래 부르기, 가사토의, 악기연주 등으로 진행되었으며, 매주 다른 주제로 노래를 부르고 이야기를 나누었다.

개인과 그룹에서 주로 사용되는 **노래 부르기**는 노인음악치료에서 가장 많이 사용되고 있는 활동이다. 노래 부르기에서는 다양한 형태의 노래를 사용하는데, S 어르신이 선호하는 곡들 중 가사토의의 여지가 있는 노래들을 선곡하였다.

노래 부르기는 대상자가 자신에게 의미 있는 노래를 통하여 자신의 삶을 돌아보고 과거와 현재의 내적 갈등을 자연스럽게 드러내며 현재 자신의 마음의 감정을 파악하고 돌아보도록 한다(정현주 외, 2006). 노래 가사를 통하여 지난 인생을 회상하도록 하며, 자신의 본래의 모습과 본인이 추구하던 삶을 다시 돌아보고 또한 자신의 생각을 대화를 통해 표현함으로써 갇혀 있던 현재에서 벗어나 인생이라는 큰 틀에서 자신의 모습을 돌아보게 하였다.

노래 부르기와 가사토의 외에 그룹에서는 **악기연주 활동**을 많이 사용하였다. 소고, 마라카스, 리듬스틱 등의 악기들을 사용하였고, 개인세션에서는 오션드럼, 핑거심벌 같은 자신의 소리를 표현할 수 있는 악기를 사용하였다.

그룹세션에서는 거의 실시하지 못하였으나 개인세션에서는 **음악감상과 긴장이완**을 시도하였다. 어르신이 자신의 심상을 구체적으로 언어로 표현하기가 어려워 심상음악치료(GIM) 세션을 적극적으로 진행하지는 못하였지만 음악을 감상하고 자신의 느낌을 표현하는 것은 가능하였다. S 어르신은 음악을 감상하고 난 후 자신의 느낌을 "무어라 표현할 수는 없지만 느껴지는 아련한 것이 있다"라는 말로 표현하셨고, 긴장이완의 실시는 정서적 안정에 효과적인 것으로 보였다.

본 치료사는 개인 음악치료 세션을 통하여, 첫째, 대상자에게 충분한 배려와 지지를 바탕으로 안전한 음악적 구조 안에서 긍정적인 경험을 하도록 하였다. 그리고 둘째, 음악감상과 심상, 호흡을 통하여 신체적, 심리적으로 편해지도록 긴장이완을 유도하였다. 셋째, 노래 가사토의를 통하여 자신을 포현하고 내면을 확인할 수 있는 기회를 제공하였다. 넷째, 노래 부르기를 통하여 자신의 소리가 외부로 표출하고 자신의 목소리를 확인할 수 있는 통로를 제공하였다. 다섯째, 그룹치료를 통하여 음악을 매개로 다른 사람과 소통하도록 하였다. 음악적 환경 안에서의 긍정적인 경험은 위축된 대상자로 하여금 세상에 대한 경계를 무너뜨리게 하며 자신에 대한 비하와 자격지심을 되돌리는 계기가 되었다. 이러한 노래 부르기 치료는 다양한 형태의 노래를 사용하여 대상자의 삶의 질을 향상시키는 데 도움을 준다(정현주 외, 2006).

치료 과정

그룹음악치료를 받는 주간보호센터 이용자 중 몇몇 분을 선정하여 한국판 노인 우울 척도(KDS-KR)와 삶의 만족도 척도로 사전 · 사후 검사를 실시하여 우울과 삶에 대한 만족도 정도를 알아보았다. 사전척도 검사에서 S 어르신은 우울 척도에서 심한 정도의 우울 상태를 나타내었으며, 삶의 만족도도 낮은 수준을 나타내어 개인 음악치료 세션의 대상자로 선정되었다. 11주 동안 주 1회의 그룹세션 외에 주 1회의 개인세션을 병행하여 세션이 진행되었다(〈표 20-1〉 참조).

◈ **표 20-1** ◈ **음악치료 세션 구성(총 11회)**

1단계: 1~3차 세션	2단계: 4~7차 세션	3단계: 8~11차 세션
라포 형성 및 긴장이완	기억 회상을 통한 자아 발견	긍정적 마음의 회복

개인음악치료 세션에서는 30~40분 동안 긴장이완을 위한 음악감상과 심상, 복식호흡이 시행되었고, 노래 부르기와 가사 토의하기, 악기연주 활동이 진행되었다. 조용하며 분리된 공간에서 세션이 진행되었고, 개인적인 이야기를 많이 나눌 수 있어서 치료사와의 라포도 깊이 형성되고, 대상자의 정서적 배출도 비교적 자유로울 수 있었다. 전체 세션 계획은 3단계로 나누어 1단계는 1~3차 세션으로 라포 형성 및 긴장이완, 2단계는 4~7차 세션으로 기억 회상을 중심으로 노래 가사토의를 통한 자아 발견을 주제로 진행하였다. 3단계는 8~11차 세션으로 긍정적 마음의 회복을 주제로 음악 세션 내에서 긍정적 경험을 하도록 하였다.

1단계: 라포 형성 및 긴장이완

1차 개인세션

개인세션 첫 세션에서 프로그램을 설명하고 참여 의사를 묻자 하고 싶은 생각은 있으나 자신은 부족하고 수준이 낮고 음악적 능력이 없고 90살이 넘은 나이라 어려울 것이라는 이야기를 반복하여 계속 말씀하셨다. 그러나 프로그램이 본격적으로 시작되자 큰 거부감 없이 노래를 부르고 악기연주를 하는 등 자연스럽게 참여하였다. 노래를 부르고 노래의 분위기를 묻자 "아름답고 분위기가 있다"고 대답하셨으며, 음악에 대해서도 긍정적 표현을 하셨다. 또한 〈섬집 아기〉 노래에 맞춰 손과 손목 등을 사용하여 움직이는 오션드럼을 사용한 악기의 연주에 참여하셨는데, 노래부르기와 손동작의 협응이 잘되며 소리가 참 좋고 바다 분위기가 난다고 좋아하셨다. 악기소리에서 안정감을 찾는 것 같았다.

S 어르신은 〈오빠생각〉 〈고향무정〉 등의 노래를 부르고 어린 시절에 대한 기억이 떠오르셨는지 어린 시절의 자신의 집에 대하여 말씀하셨다. 어르신의 어린 시절은 아버지가 지방의 유지로서 부유하게 생활하였으며 청주 지방에서 손꼽히는 집안이었다고 하셨다. 학교는 당시 한국 사람들은 웬만해서는 갈 수 없는 제일 좋다는 일본학교를 다녔다고 하시며 그 사실을 자랑스러워하였고, 졸업하고 짧지만 교편생활을 하셨다. 그 후 일본 유학을 다녀오신 분과 결혼하였는데, 결혼생활에 대해서는 잘 된 것은 아니라고 불만족함을 이야기하셨다. 자신의 나이가 90세가 넘는다는 것은 알고 있으나 정확하게 얼마인지 기억나지 않는다고 하였다. 세션을 마치고 만족감을 표현하시고는 계속 세션을 지속하기로 약속하셨다. S 어르신은 노래를 부르고 악기연주를 하고 이야기하는 것에 큰 어려움이 없으나 자신이 할 수 없을 것이라는 생각이 강하여 반복하여 말씀하셨고, 개인세션에 대해 부담스러워하는 듯 얼굴표정이 조금 굳어 보였다. S 어르신은 어린 시절에 대해서는 좋은 추억과 자부심을 가지고 있었으나 그에 비해 현재에는 자신감이 많이 떨어지고 현재 자신의 모습에 대한 아쉬움이 많았다.

2차 개인세션

긴장이완과 호흡을 하고 〈The green room〉 음악을 감상하며 심상을 떠올렸다. 심상에 대해 자신의 느낌을 구체적으로 표현하기는 어려우나 감정 상태는 몸이 편하고 기분이 좋고 이미지가 떠오른다고 표현하였다. 사용된 노래는 〈메기의 추억〉과 〈행복〉이었다. 주제는 '행복'에 대한 이야기였는데, 가족의 행복을 이야기하셨고 같이 사는 딸에 대해 말씀하셨다. 노래 가사 토의 중에 자신의 늙음, 노망, 정신없음이나 주책없음에 대해 걱정하였고, 노래를 잘 못 부르는 것에 대해 반복하여 미안해하였다. 어르신은 개인세션하는 것이 다른 사람(치료사)에게 미안한 일이라고 생각하시는 것 같았다. 또한 자신이 잘 못하는 것 같아 계속 미안하다고 하셨다. 〈메기의 추억〉 가사 토의에서 자신이 나이가 많아서 자식들에게 걱정을 끼치는 것에 대해 이야기하였다. 2남 2녀 중 막내딸에 대해 이야기하시며 천사같이 착하고 자랑스럽다고 하시며 생각할수록 행복하다고 하셨다. 세션 마무리 부분에 이렇게 자신이 치료사와 개인적으로 세션을 받는 것에 대해 미안하면서도 이 시간이 행복하고 좋다고 하셨다.

어르신은 2번째 세션에서 긴장이완과 심상을 경험하셨는데, 비교적 자연스럽게 편안하게 받아들이셨고 '행복'에 대한 주제에서 자식들과 가족에 대한 말씀을 하시며 표정이 밝아지셨다.

3차 개인세션

이전 시간보다 조금 편안한 얼굴로 프로그램실에 들어오셨다. 처음보다 긴장이 풀린 듯 보였다. 주제는 '가족'에 관한 것이었는데, 결혼하기 전 가족에 대한 이야기를 나누며 가정이 화목하고 부유하여 부족한 것이 없었고 자신이 가장 삶에서 보람된 것은 결혼 전에 1년 반 정도 교편생활을 했던 것인데 짧았지만 인생에서 가장 보람되었던 일이었고 그만두게 되어 많이 아쉬웠다고 하셨다. 결혼 후 생각보다 남편이 잘 되지 못한 것에 대해 안타깝다고 말씀하셨다. 결혼 이전까지의 삶은 본인이 바라던 대로의 삶이었는데, 결혼 후의 삶은 마음대로 되지 않았다고 하였다.

S 어르신은 자신은 집에서 살림하는 것보다 밖에서 사회활동하는 것에 더 재미를 느끼는 것 같다는 말씀을 하셨다. 앞날에 대한 희망에 대한 질문에는 아무것도 없다고 이야기하셨다. 이 나이에는 그럴 수밖에 없다고 하며 단호하게 부정적 표현을 하셨다. 어르신은 연세가 많으시기 때문에 미래에 대해서는 희망보다는 부정적인 생각이 강한 것 같다. 삶에 대해서 결혼 전 인생 초반부는 성공적이나 결혼 이후부터는 마음대로 되지 않아서 삶이 마음대로 되는 것은 아니라고 하시며 이제는 희망보다는 정리해야 하는 시기라고 이야기하셨다. 3차까지의 세션을 통해 어르신은 치료사와 라포를 형성하고 이제는 조금 편안한 표정으로 노래를 부르고 이야기를 나눌 수 있게 되었다.

2단계: 기억 회상을 통한 자아 발견

4차 개인세션

'인생에서 행복하던 시절'에 대한 주제로 이야기를 나누었다. 이제는 프로그램실에 들어오실 때 약간 즐거운 얼굴로 기다렸다는 듯 들어오셨다. 자신의 어린 시절 이야기를 할 때 부유하게 잘 살았다는 것을 강조하며 자주 반복하여 이야기하셨다. 그때는 남부럽지 않게 살았고 꿈도 이루고 행복하게 살았다고 하셨다. 꿈을 이룬 시기는 17세 때이며 교편을 잡으며 선생님이 되고 싶던 꿈을 이루어서 좋았고 인생에서 가장 행복하던 시기라고 말씀하셨다. S 어르신은 결혼하고 남편에 대한 실망과 자신의 꿈을 포기하고 살림을 해야 하는 것에 대해 좋지 않았다고 자신의 생각을 분명하게 이야기하였다. 노래 부르기 활동에서 자신은 음치이고 노래 부를 줄 모르는 사람이라고 계속해서 표현하였고 자신이 없어서 작은 소리로 노래를 부르기 때문에 바로 옆에 앉아 있어도 잘 들리지 않았다. 치료사는 여러 번 반복하며 크게 부르도록 유도하였고 녹음하여 들려드리자 매우 부끄러워 하셨다. S 어르신은 실제로는 92세의 연세인데 비해 맑고 고운 음색을 가지고 있었으며 비교적 음정도 정확하고 아름답게 노래를 부를 수 있었다. 그러나 자신감이 너무 없어서 소리를 밖으로 낼 수가 없었다. 호흡을 하도록 유도하고 소리를 낼 수 있도록 지속적으로 격려하는 것이 필요하였다. 또한 노래 가사를 통하여 인생에서 행복하던 시절의 기억을 되살리고 자신에 대한 재조명을 하도록 하였다.

5차 개인세션

'사랑'에 대한 주제로 이야기를 나누었다. 〈사랑이란 두 글자〉라는 노래를 부르며 노래의 가사에 대해 이야기를 나누며 '슬프고 행복하다'라는 가사가 마음에 든다고 하셨다. 부부간의 사랑보다는 자식에 대한 사랑에 대해 이야기하였다. 〈유정천리〉의 가사를 이야기하면서도 주인공의 사랑이야기에 안타까워하셨다. 노래를 부르며 아직 자신은 음치라고 강하게 말씀하시나 세션에서 녹음하고 노래 부르는 과정을 반복하며 이전보다는 조금씩 소리에 힘이 느껴지는 듯하였다. 그룹세션에서는 절대 잡지 않던 마이크를 처음으로 잡고 노래를 부르게 되었다. 그 모습은 이전보다 자신감이 향상되었다는 것을 나타내며 그룹 참여의 태도도 조금 더 적극적인 모습으로 변화하고 있었다.

6차 개인세션

혼자 개인세션 받는 것에 대한 부담감을 너무 크게 느껴서 그룹원 중 한 분이 함께 노래 부르기에 참여하도록 하였다. 다른 사람과 함께 세션하자 S 어르신은 함께 참여하는 동료의 주장과 태도에 힘입어 자신도 조금 더 자신 있게 긍정적인 표현을 하였다. '좋아하는 것'에 대해 이야기를 나누었는데, 자신이 좋아하는 것은 뜨개질하고 손으로 만드는 것에 소질이 있다고 이야기하였다. 〈secret garden〉 #5 음악감상 후에 떠오르는 것이 분명히 있으나 표현하는 것이 어렵다고 하셨다. 또한 두 분이 함께 노래를 부르자 좀 더 큰 소리로 노래를 부르며 부담이 작아져 좋다고 하셨다. S 어르신에게는 동료 어르신이 자극제도 되고 본인에게 집중되는 부담감도 더는 역할이 되었다.

7차 개인세션

7차 세션은 6차 세션까지의 세션에서 보인 부정적 표현에서 긍정적 표현으로 변화되기 시작하는 시점이다. 또한 개인세션 시간을 통해 자신에게 "특별히 가르쳐 주니 좋다"는 표현을 하시며 적극적으로 열심히 참여하였다. 주제는 '청춘'에 대한 노래와 이야기였다. 이전보다 목소리에 조금씩 힘이 들어가기 시작하였다.

3단계: 긍정적 마음의 회복

8차 개인세션

'결혼생활'에 대한 이야기를 나누었다. 결혼생활에 대해서는 마음대로 되는 것이 아니라는 말씀을 많이 하셨다. 구체적으로 어떤 일이 있었는지에 대해서는 이야기하지 않으시나 '행복'이라는 이야기에 만족감이 많지 않으며 항상 부족함이 있다고 하셨다. 자신은 늘 인생에 대한 아쉬움이 있고 마음먹은 대로 되지 않아 어렵다는 이야기를 하셨다. 세션이 끝나고 악보를 챙겨나가며 "이렇게 노래 부르는 것이 좋다"라는 말씀을 하시며 입가에 미소를 띠셨다.

9차 개인세션

'나의 옛 시절'에 대한 주제로 이야기를 나누었다. 이전보다 목소리에 조금 더 힘이 생긴 듯하다. 긍정적 표현이 조금씩 늘어가고 있다. 여전히 인생에서 결혼은 부정적이나 결혼 이전 생활은 만족하며 행복하고 좋았다고 하셨다. 또한 개인세션을 하며 특별히 자신을 가르쳐 주셔서 좋다고 하시며 더욱 열심히 참여하셨다.

10차 개인세션

'내가 좋아하는 것'에 대해 이야기를 나누었는데, 예전보다는 현재가 더 좋다고 하시며 자신은 재주가 별로 없다고 하셨다. 그러나 자신은 음치인데 개인수업을 해서 너무 좋고 감사하다고 거듭 말씀하셨다.

11차 개인세션

'나의 인생'을 주제로 〈이별의 부산정거장〉〈돌아와요 부산항에〉 노래의 가사에 대해 이야기를 나누었다. 처음보다는 수용하는 태도의 변화가 눈에 띄며 노랫소리도 커지고 이전보다 적극적인 자세로 참여하셨다. 피난 가던 이야기 등 여러 가지 이야기를 하셨는데, 잘 기억나지 않는 부분도 많았다. 간간히 "어렵다"라는 말씀을 많이 하셨으나 이전보다 노래도 열심히 부르고 적극적인 자세로 참여하셨다.

11회 세션을 마치며 소감을 물어보자 '노래 부르기' 활동에 대해 긍정적으로 이야기하며 자신이 개별적으로 배우고 표현하는 데 도움이 되었다고 하셨다.

그룹세션은 총 5개월간 진행되었는데, S 어르신은 그룹세션보다는 개인세션에서 친밀감과 안정감을 느꼈고 치료적 효과도 더 있었던 것으로 보였다. 개인세션을 실시한 11주 동안 치료사와 지난날의 인생을 노래를 통해 돌아보며 정리하였다. 반복하여 등장한 이야기 중 주요한 사건은 부유했던 어린 시절, 너무 짧았던 교편생활, 결혼생활의 어려움과 아쉬움, 인생이 마음대로 되지 않음, 자신의 부족함, 기대에 못 미친 남편에 대한 여섯 가지의 부정적 표현과 현재 생활의 행복함, 노래 부르기를 통한 자신감 회복, 음악활동을 통한 성취감의 세 가지의 긍정적 표현의 아홉 가지 이슈로 나누었다.

초반부에 자신의 부족함과 부유했던 어린 시절, 인생이 마음대로 되지 않음에 대한 부정적 표현을 많이 하였다면 후반부로 갈수록 현재 생활의 행복함을 표현하는 횟수가 증가하였다. 7회 세션부터 부정적 표현에서 긍정적 표현으로 변화의 모습이 보이기 시작하였다(〈표 20-2〉 참조).

◆ **표 20-2** ◆ **표현의 변화 양상**

구분	반복 등장하는 주제	1차	2차	3차	4차	5차	6차	7차	8차	9차	10차	11차
부정적 표현	현재보다 부유했던 어린 시절	○		○	○					○		
	너무 짧았던 교편생활(아쉬움)	○		○	○							
	결혼생활의 어려움과 아쉬움				○					○		
	인생이 마음대로 되지 않음	○		○	○				○			
	자신의 부족함	○	○	○	○	○			○		○	
	기대에 못 미친 남편	○		○								
긍정적 표현	현재 생활의 만족감, 행복함		○				○	○		○	○	○
	노래 부르기를 통한 자신감의 회복							○	○			○
	음악활동을 통한 성취감							○			○	○

사전과 사후에 한국 노인 우울 척도(GDS-KR)와 삶의 만족도 검사를 실시하였다. 한국판 노인우울 척도는 Yesavage 등(1983)이 개발한 노인용 우울 척도(Geriatric Depression Scale: GDS)를 정인과 등(1997)이 한국에 맞춰 표준화한 척도를 사용하였다(이주희, 2000; 이정원, 2013). 우울 척도는 30문항으로 구성되었고, 모든 문항은 '예/아니요'로 응답하며 정서적 불편감, 비관적 사고 및 불행감, 신체적 약화 및 기력 쇠퇴, 인지기능 저하, 사회적 관심과 활동 저하로 구성되었다. 14~18점은 경계선 수준 및 경도의 우울증, 19~21점은 중등도의 우울증, 22점 이상은 심도의 우울증으로 분류된다(이정원, 2013).

생활만족도 검사는 자신의 생활 중에 느끼는 주관적인 만족감을 평가하는 것이다. 과거와 현재의 삶과 활동의 전망에 대한 긍정적인 태도를 반영하는 개념으로, 윤진(1982)이 개발하고 최정아(1991)가 수정 보완한 도구를 사용하였고, 점수가 높을수록 생활만족도가 증가한 것으로 해석한다(구민재, 2008).

◈ **표 20-3** ◈ **한국판 노인우울 및 생활만족도 척도: 사전사후 검사**

척도 점수 비교	사전	사후
노인 우울 척도	22	16
생활만족도 척도	16	21

S 어르신은 사전검사에서 노인 우울 척도는 심한 우울의 정도를 나타내고 삶의 만족도도 낮은 점수를 나타냈다. 고령의 나이와 노화로 인한 신체적 장애, 무릎 수술이나 낙상 등의 경험으로 센터 이용 이전부터 심각한 우울의 증상을 보이던 S 어르신은 그룹과 개별음악치료 프로그램에 적극 참여하여 긍정적인 변화를 나타냈다.

S 어르신은 자기비하와 소외감을 느끼고 그룹에 잘 적응하지 못하고 우울감을 느끼던 상황에서 개인세션을 통하여 특별한 긍정적 지지를 받으며 자신의 지난날을 돌아보고 현재의 상황에 적응해 가며 음악활동을 통해 만족감과 성취감을 얻는 긍정적인 모습을 보였다.

개인세션을 진행하며 S 어르신은 그룹세션에서도 이전보다 긍정적인 태도로 적극적으로 참여하셨으며, 또한 결과적으로 그룹세션에서나 주간보호센터 생활 모두에서 긍정적인 모습으로 변화된 모습을 보여 주었다. 이전보다 훨씬 밝아진 얼굴로 센터 내에서 다른 사람들과 교류하는 모습을 볼 수 있으며 웃는 얼굴도 자주 볼 수 있었다.

맺음말

치매환자 중 많은 비중을 차지하는 알츠하이머병은 기억력 감퇴를 포함한 인지기능의 악화가 점진적으로 진행되는 병이다. 알츠하이머 대상자들은 초기에 기억력 저하가 두드러지는 것이 특징이며, 특징적인 정동 증상에서는 우울이 치매대상자의 40~50%로 매우 흔한 증상을 보이며, 우울증은 치매 초기에 많이 발생하게 된다(박명화 외, 2015).

알츠하이머는 대뇌피질에 아밀로이드반과 신경섬유다발이 축적되어 생긴 뇌손상으로 인해 인간의 정신과 행동 조절에 중요한 뇌 신경전달물질의 결핍이 나타나는데, 특히 뇌손상으로 인한 세로토닌과 노르에피네프린의 결핍은 우울증의 원인이 된다(박명화 외, 2015).

치매환자는 초기에 인지기능 저하를 자각하면서 좌절감, 비애감, 울고 싶은 감정, 자기비하 감정 등을 느끼며 이런 감정들로 인해 우울증이 생길 수 있는데, S 어르신은 망상이나 환청, 수면장애, 배회, 초조, 불안 등의 심각한 증세를 보이는 것은 아니나 인지기능의 저하 자각으로 인한 좌절감과 자기비하 등이 심한 것으로 보였다.

치매 진단 이후 환자는 일반적으로 자신에게 일어나고 있는 일에 대해 이해하고 있어도 스스로 통제하기 어렵고 무기력하며 어떤 의지도 없는 상태에 있는 자기 자신을 발견하게 되며, 또한 우울로 인해 심각한 건강상의 문제들이 나타나기도 한다고 한다.

S 어르신은 우울증의 문제가 식욕 저하나 수면 방해, 약 복용 등의 일상생활 수행의 어려움 등의 문제가 조금씩 나타나고 있는 과정으로, 이는 점차적으로 의미 있고 삶의 질에 기여했던 활동 등의 참여가 불가능해질 수 있으며, 일상생활에서의 무감동이나 자살에 대한 생각 등으로 발전해 나갈 수 있는 가능성이 있다. 우울증의 일차적 치료는 약물이지만 음악치료 같은 중재들은 성공적인 경험과 성취감을 위한 기회를 제공하여 우울한 상황에서도 삶의 질을 증진시킬 수 있도록 한다.

치매 초기 단계에 음악을 사용하는 것은 두려움과 우울 증상을 경감시킬 수 있는데, 이는 Ashida에 의하면 음악이 시간을 구조화할 뿐 아니라 치매환자가 여전히 성공적으로 수행할 수 있는 활동에 의미 있게 참여할 수 있는 기회를 제공하기 때문이다(Clair & Jenny Memmott, 2009).

노인들은 익숙한 노래와 활동, 그리고 개인적으로 공감할 수 있는 가사, 익숙한 기술을 사용할 때 효과적인 참여가 이루어진다. 노래 부르기 활동은 주위를 환기시켜 줄 뿐 아니라 기분을 긍정적으로 변화시켜 준다. 또한 예전의 기억을 일깨우고 다른 사람과의 대화에 참여하는 기회를 제공한다. 목소리를 통해 다시금 자신을 확인시키고 자신감을 얻게 한다. 또한 음악을 사용한 친숙한 활동에 성공적으로 참여하는 경험을 통해 만족감을 얻게 하며 행복함을 느낄 수 있게 한다.

또한 음악은 우울, 두려움, 불안한 상태에서 벗어나게 하는데, 음악을 감상하며 호흡을 통해 긴장이완을 돕고 관심을 이끄는 음악활동을 통해 부정적인 생각에서 벗어나 불안감을 떨쳐 버리도록 한다.

S 어르신은 90대이지만 음악을 감상하며 편안하게 의자에 기대어 앉은 자세에서 심상을 떠올릴 수 있었다. 치료사의 요구를 잘 이해하고 잘 따르셨다. 특히 긴장이완을 하도록 하고 심상을 떠올리도록 하는 치료사의 지시에 비록 구체적인 말로 표현하기는 어렵다고 하였지만, 이미지가 떠오르는 것을 경험하였다.

GIM 세션 같이 연속해서 심상을 이어 나가기는 어려웠지만 긴장이완에는 효과적이었던 것으로 보인다. 또한 복식호흡과 음악감상으로 시작하는 세션은 대상자에게 안정감을 주었으며 음악감상을 하니 마음이 편하다고 좋아하셨고, 자극이 되어 노래 부르기에도 열심히 참여하였다.

대상자 개인에 맞춘 다양한 주제는 과거의 회상을 불러일으켜 기억과 정서를 자연스럽게 자극하여 자신의 삶을 돌아보고 확인하는 계기가 되었다. 노래 가사 토의에서는 노래를 부르며 가사에 대해 이야기로 나누고 '행복'에 초점을 맞추어 감정을 확인하였다. S 어르신은 세션 초반부에 부정적인 우울 상태로 자신은 아무것도 할 수 없다고 하였고 음치라고 표현하였다. 또한 나이가 너무 많아서 할 수 없다는 부정적 표현을 지속적으로 하며 자신 없는 모습을 보였다. 이런 모습은 세션 중반부 정도까지 꽤 오랜 기간 지속되었는데, 7회 세션부터 점차 긍정적 표현으로 변화하는 모습이 보이기 시작하였다.

S 어르신은 소외감이나 좌절감을 느끼던 생활에서 개인세션과 그룹세션을 통하여 치료사와 가까워진 거리만큼 친근감을 느꼈으리라 생각된다. 노화와 치매로 인한 상실감과 초기 치매의 영향으로 우울하고 부정적으로 느껴지는 삶에서 긍정적 음악적 경험과 노래 부르기 등의 음악활동을 통해 즐거움을 다시 깨닫고 행복함을 찾게 되었다. 치료사와의 라포 형성, 음악감상과 긴장이완, 노래 가사 토의를 통하여 기억 회상을 도와 자신을 재발견하고 점차 긍정적인 마음을 회복하게 되었다.

높은 연령으로 점차 심해지는 기억력 저하와 여러 가지 면에서 치매가 진행되고 있는 상황에서 노인의 우울한 정서에 음악치료는 친밀감을 제공하고 다양한 기법으로 접근한다. 이를 통해 자신의 삶을 돌아보고 또 내면 속에서 자신이 하고 싶었던 것들, 좋아하던 것들, 그리고 진정으로 의미 있는 것들을 일깨워 주는 역할을 한다.

용어 설명

치매 다양한 후천적 원인으로 기억, 언어, 판단력 등의 여러 영역의 인지기능에 장애가 생겨 일상생활을 제대로 수행하지 못하는 임상 증후군을 말한다. 정상적으로 생활해 오던 사람이 다양한 원인에 인해 뇌기능이 손상되면서 이전에 비해 인지기능이 지속적이고 전반적으로 저하되어 일상생활에 상당한 지장이 나타나고 있는 상태를 말한다(박명화 외, 2015).

알츠하이머병 치매를 일으키는 가장 흔한 퇴행성 뇌질환으로, 서서히 발병하여 기억력을 포함한 인지기능의 악화가 점진적으로 진행되는 병이다. 초기에는 기억력이 문제가 되나 점차 진행되며 언어기능이나 판단력 등 여러 인지기능의 이상을 동반하다가 결국에는 모든 일상생활을 상실하게 된다(서울대학교병원 N의학정보).

우울 의욕 저하와 우울감을 주요 증상으로 하여 다양한 인지 및 정신 신체적 증상을 일으켜 일상 기능의 저하를 가져오는 질환이다.

참고문헌

구민재 (2008). 그룹노래심리치료 프로그램이 시설노인의 생활만족도에 미치는 영향. 이화여자대학교 대학원 석사학위논문.

박명화, 김정란, 송준아, 윤종철, 정원미, 홍(손)귀령(2015). **치매전문교육 기본교재: 프로그램 관리자(개정판)**. 서울 : 보건복지부. 중앙치매센터. 국민건강보험공단.

윤진(1982). 노인생활만족도 척도제작 연구. 한국심리학회 총회 초록집.

이정원(2013). 치매환자에 대한 조호자 학대의 발생률과 위험요인들. 이화여자대학교 대학원 석사학위논문.

이주희(2000). 집단음악프로그램이 시설노인의 우울에 미치는 영향. 연세대학교 간호학과 석사학위논문.

정인과, 곽동일, 신동균, 이민수, 이현수, 김진영(1997). 노인우울척도(Geriatric Depression Scale)의 신뢰도, 타당도 연구. **신경정신의학**, 36(1), 103-112.

정현주, 김영신, 최미환, 조혜진, 노주희, 김동민, 김진아, 문소영, 곽은미, 배민정, 김승아, 김신희, 이수연, Summer, L., Scheiby, B., Austin, D. (2006). **음악치료 기법과 모델**. 서울: 학지사.

최정아(1991). 사회적 지원망과 노인의 생활만족도. 한양대학교 대학원 석사학위논문.

Clair, A. A., & Jenny Memmott, J. (2009). **노인음악치료**(노인음악치료연구회 역). 서울: 시그마프레스.

Bruscia, K. E. (1999). **42인의 세계적 음악치료사가 들려주는 음악치료 이야기**(권혜경, 송진숙, 김미진 공역). 서울: 권혜경 음악치료센터.

Yesavage, J. A., Brink, T. L., Rose, T. L., Lum, O., Huang, V., Adey, M. B., & Leirer, V. O. (1983). Development and validation of a geriatric depression screening scale: A preliminary report. *Journal of Psychiatric Research 17*, 37-49.

서울대학교병원 N의학정보. http://snuh.org

음악치료 임상사례집

21인의 음악치료사가 들려주는 임상이야기

제5부
호스피스 사례연구

Korean Case Studies of Music Therapy

제21장

여보, 그동안 나와 함께 살아 줘서 고마웠소

-아름다운 이별을 준비하는 과정: 호스피스 음악치료-

김은정

고려대학교 구로병원 호스피스 · 완화의료센터 음악치료사
음악치료학 박사

개요

본 사례는 '아름다운 이별을 준비하는 과정'에서 폐암 말기인 55세 환자의 죽음에 대한 수용과 가족과의 관계 회복을 위한 호스피스 음악치료 과정의 기록이다. 환자는 폐암 진단 이후 완치에 대한 의지를 강하게 지니고 있었으며 신체적, 심리/사회적, 그리고 영적으로 매우 힘든 상황이었다. 환자는 두려움, 불안, 우울, 무기력, 그리고 통증 등을 심하게 느끼고 있었으며, 원래부터 잦았던 아내와의 갈등이 발병 이후 더욱 심화되었다. 이런 상황 속에서 환자는 2010년 7월 23일부터 같은 해 10월 3일까지 총 15회의 음악치료를 진행하였고, 이틀 후 10월 5일 새벽 4시 30분에 임종하여 음악치료를 종결하였다. 환자는 호스피스 음악치료를 통해 죽음을 받아들이게 되었고, 아내에게 용서를 구하면서 갈등을 해결하여 예전과 같은 관계를 회복하였다. 동시에 남겨질 아내가 홀로서기를 잘할 수 있기를 바라는 마음으로 호스피스 음악치료를 통해 자신의 삶을 잘 정리하고 싶어 하였다. 따라서 본 사례는 아름다운 이별을 준비하는 과정에서 환자와 아내, 그리고 가족 모두가 삶을 잘 마무리할 수 있도록 호스피스 음악치료를 통해 중재한 사례이다.

내담자 정보

환자 개인 정보

환자는 55세이며, 종교는 기독교이다. 어려운 가정형편의 집에서 자랐으며, 고등학교 졸업 후 상경해 여러 지방의 공사현장 등에서 일을 하면서 인테리어 기술을 배웠다. 사랑하는 아내를 만나 결혼을 했으나 환자의 독단적인 성격과 경제적 어려움 등으로 인해 아내와 잦은 다툼이 있었다. 환자는 가족의 경제적인 문제를 해결하는 것이 행복이라 생각하고 이를 위해 가족을 한국에 남겨 두고 홀로 아프리카 북부에 위치한 리비아에 가서 오랜 기간 건축 기술자로 근무하였다. 리비아에서 일을 하며 가족의 경제적인 문제는 점차 안정이 되었고, 처음으로 보금자리도 마련할 수 있었다. 그러나 환자는 건강에 이상을 느껴 한국으로 귀국한 후 병원 검진을 받은 후, 말기암이라는 진단을 받게 되었다. 보금자리를 마련한 지 불과 두 달 만의 일이었다. 자신의 병을 받아들이지 않은 환자는 확진 이후에도 재활 운동과 치료를 받으며 완치에 대한 의지를 버리지 않았다.

이름(성별/나이)	L(M/55)
진단명	폐암
종교	기독교
거주지	서울
학력	고등학교 졸업
직업 / 가계	발병 前 자영업(인테리어 공사) / 월 150만 원 정도(환자의 딸)
경제적 수준	중간
발병 시기	2009년 2월
가족	아내, 딸, 아들
입원 후 1차 상담(상담사)	2010년 7월 23일

의료 정보

2009년 2월 간헐적인 흉부 통증으로 A병원에서 컴퓨터 단층촬영(Computed Tomography: CT) 검사 결과 종양이 발견되었다. 결과를 믿지 못했던 환자는 다른 병원은 물론 본원에서도 재검사를 받았으나 최종 폐암 진단을 받았다. 그 후 환자는 전이 가능성이 있어 수술을 받지 않고 B병원에서 항암치료(chemotherapy treatment)를 실시하였다. 그러나 항암치료 중 Back Pain이 발생하였고, 자기공명명상법(Magnetic Resonance Imaging: MRI) 검사 결과 상 뇌 및 척추에 전이된 소견이 보여 방사선치료(radiation treatment)를 실시하였다. 그럼에도 불구하고 환자는 증상이 호전되지 않았다. 뿐만 아니라 쇠약감(general weakness)이 악화되어 증상 완화 및 통증 관리를 위해 본원 호스피스·완화의료병동으로 입원을 권유받아 2010년 7월 21일부터 8월 11일까지 입원하게 되었다. 이후 재원 기간 제한으로 입원과 퇴원을 3회 반복하게 되었고, 그해 10월 5일 새벽에 임종하였다.

가족 정보

환자는 재혼한 부부 사이에서 태어났다. 환자에게는 2명의 형과 1명의 누나가 있었으나 모두 아버지와 전처 사이에서 태어난 이복형제들이었다. 부모에게 환자는 막내였지만 다른 형제들에게는 형제로 인정받지 못한 채 따돌림을 당했고 늘 외톨이였다. 환자는 자신의 성장 과정이 자기중심적인 성격 형성에 큰 영향을 미치게 되었다고 회고했다. 성인이 되어 결혼을 하고 1남 1녀의 자식을 두게 되었지만 여전히 그의 삶은 순탄하지 않았다. 결혼 이후에도 아내와 다툼이 잦았고, 다툼의 원인 중 상당 부분은 경제적인 문제 때문이었다. 이를 해결하기 위해 환자는 리비아로 건너가 건축기사로 오랜 기간 동안 일을 하게 되었다.

자기중심적인 성격이 환자 스스로를 독단적이고 독선적인 사람으로 만들었고, 이는 가족 사이의 관계를 단절시키는 요소가 되었다. 물론 환자 본인도 알고 있었고, 이런 가족 간의 관계가 올바르지 못하다는 것을 인지하고 있었지만 이 상황을 어떻게 개선하고, 가족에게 다가가야 할지 방법을 알지 못했다. 그나마 경제적인 어려움을 극복하고 생활이 안정되면서 집을 마련했으나 두 달 후에 환자의 병을 확인

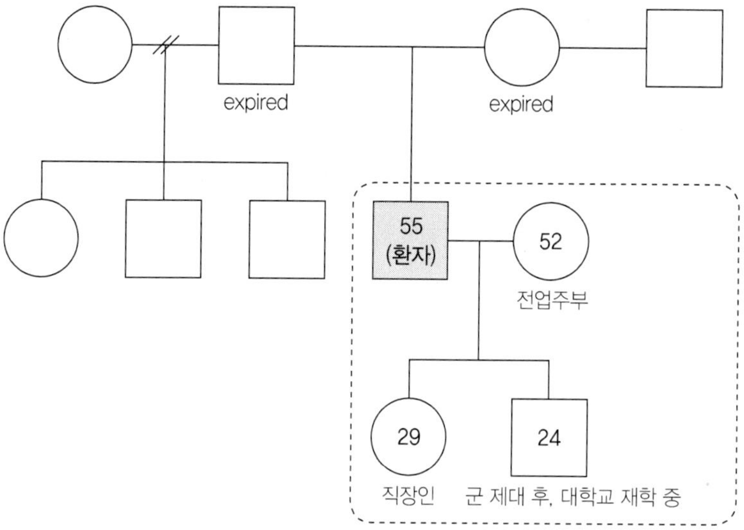

그림 21-1 **환자 가족 가계도**

하게 되었고, 이 소식은 환자의 가족에게 충격을 주었다.

치료 방법

호스피스 음악치료

호스피스 음악치료는 다양한 증상의 환자를 대상으로 능동적/수동적 음악치료 방법을 활용하여 삶의 마지막 순간까지도 음악치료를 적용할 수 있다(김은정, 2016). 능동적인 방법으로는 노래 부르기, 가사토의, 악기연주, 작사, 작곡, 음악과 동작, 그리고 즉흥연주 등이 있으며, 수동적인 방법으로는 음악감상이 대표적이다. 또한 환자가 임종 전까지 살아 있는 신체 잔존 기관인 청각 기능을 사용해서 환자의 활력 징후(vital sign) 변화에도 도움을 줄 수 있다. 청각은 삶이 얼마 남지 않은 환자에게 마지막까지 남아 있는 신체 잔존 기능이다. 호스피스 음악치료는 마지막까지 남아 있는 감각인 청각을 통해 환자에게 안정감과 편안함을 줄 수 있다(Curtis, 1986; Dimaio, 2010; Magill, 2001). 다음은 환자에게 적용된 음악치료 활동과 특징 및 효과이다(〈표 21-1〉 참조).

◆ 표 21-1 ◆ 호스피스 음악치료에 적용된 음악활동의 특징 및 효과

음악활동	특징 및 효과
노래 부르기 & 가사 토의 (sing & song discussion)	• 폐활량 증가, 산소 공급과 혈액 순환의 촉진 • 삶에서 느낄 수 있는 많은 감정과 내용을 담은 가사를 통해 자신의 감정을 표출하고 인식 • 병원이라는 제한된 환경 안에서 가족이나 타인들과 함께 교제하며 관계를 향상 • 긍정적이고 희망적인 가사의 노래를 다 함께 부르는 과정을 통해 환자에게 현재의 상황을 극복하고 이겨 나갈 수 있는 자신감을 갖도록 지원
노래를 통한 가사만들기 (song writing)	• 말로 하기 어려웠던 사랑, 위로, 기대, 희망 등의 메시지 전달 • 현재 자신의 감정이나 생각을 가사로 만들거나 자신의 삶을 돌아보고 이를 가사로 옮겨 자서전적 노래(Song biography)를 만듦으로서 자신을 성찰하고 표현 • 환자가 선택하거나 가사를 바꾸어 부른 노래들을 녹음하여 가족이나 의미 있는 사람에게 선물하는 기회 제공(노래 패러디, 노래 콜라주)
음악감상 (listening)	• 심호흡과 이완법을 습득하여 생활에 적용 • 음악을 들으며 평온하고 아름다운 이미지를 상상하고 느끼도록 하여 심리적 안정과 신체적 이완 유도 • 고통 지각 감소 • 삶에 대한 회고와 죽음에 대한 통찰력 강화
노래 회상 (music life review)	• 선호하는 노래와 관련된 회상을 유도하여 환자와 가족 간의 친밀한 관계를 향상시켜 미해결된 관계의 문제를 마무리 지을 수 있는 기회를 제공 • 가사와 관련된 삶의 기억과 경험을 상기하고 환자와 가족의 삶을 지지해 주며 친밀한 유대감 형성 • 스트레스를 낮추고 슬픔을 감소하며 삶의 가치와 자존감 향상
즉흥연주 (improvisation)	• 다양한 악기나 환자가 선호하는 악기를 사용해서 환자의 기분이나 상태를 연주로 자유롭게 표현하여 환자가 자신의 감정을 표현
악기 연주 (playing)	• 악기 즉흥연주를 통해 자신의 감정 상태를 표현하도록 하고, 이를 긍정적인 연주의 형태로 점차적으로 변화시켜 환자 감정의 긍정적 변화 유도 • 가족이나 동료, 의료진들과 함께 악기 연주를 함으로써 사회적 관계를 촉진하고 자긍심을 향상 • 가족에게는 감동적 추억을 남길 수 있는 경험 제공 • 리듬을 사용한 악기연주는 환자의 저하된 에너지 레벨을 상승시키고 동료들과의 일체감을 경험하며 현실적 감각을 촉진
음악과 동작 (music & movement)	• 신체를 음악에 맞춰 움직이도록 하여 무기력감을 감소시키고 정서 상태를 음악의 리듬에 동조하도록 지원 • 입원 생활로 인해 저하된 신체 기능을 회복시키고 활력 증진

호스피스 음악치료의 대상은 일반 음악치료의 대상과 달리 죽음을 앞두고 있는 환자라는 특수성을 전제로 하고 있기 때문에 환자에 대한 접근부터 달라야 한다. 생이 얼마 남지 않은 환자에게 시행착오 없이 최선의 음악치료를 제공하기 위해서는 환자의 신체 · 심리/사회 · 영적 상태에 대해 세심한 진단평가가 필수적이다. 그리고 그 결과를 면밀히 분석하여 환자에 대한 총체적 이해를 바탕으로 환자가 해결하고 싶어 하는 가장 중요한 문제를 파악하고, 짧은 회기 또는 주어진 시간 동안 이를 해결하기 위한 음악치료의 목적과 목표를 설정해야 한다. 다음은 호스피스 음악치료를 진행하는 절차를 순서도로 나타낸 것이다([그림 21-2] 참조).

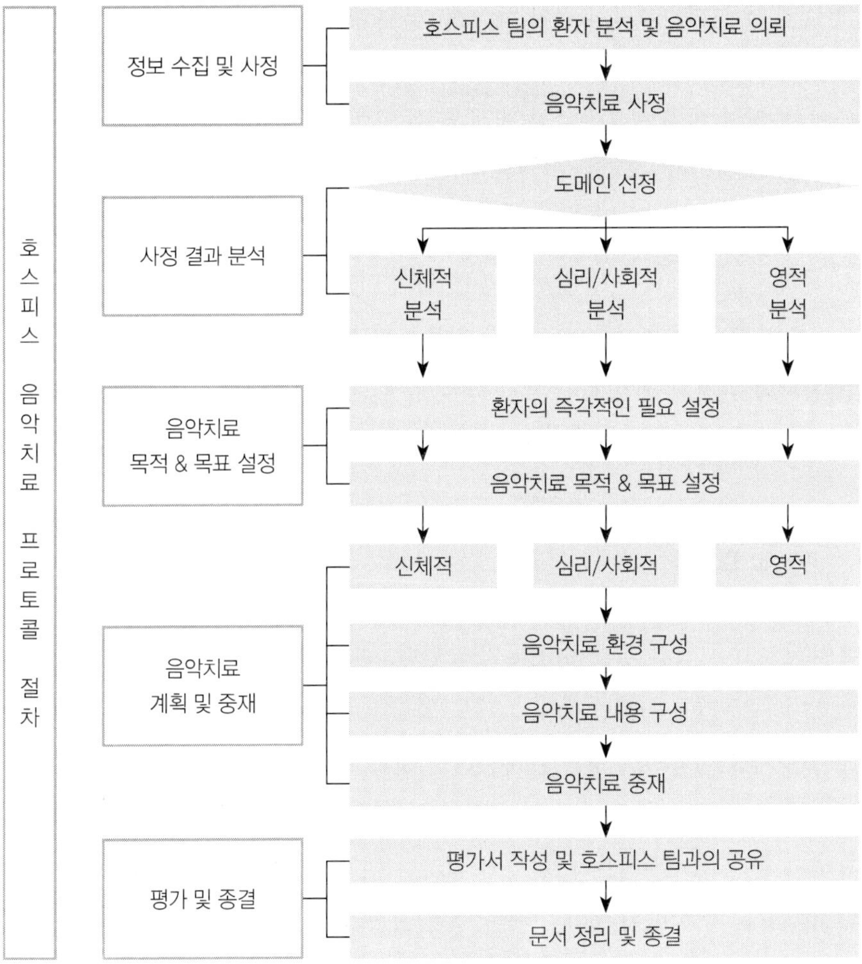

그림 21-2 **호스피스 음악치료 절차**

출처: 김은정(2016).

치료 과정

라포 형성

환자에게 받은 첫인상은 당당함이었다. 보통 병원을 내원하는 환자들은 부축을 받거나 휠체어에 의지하는 경우가 많았다. 하지만 그는 다른 환자들과는 확연히 달랐다. 내가 처음 봤을 때의 환자의 모습은 두 발로 당당히 걸어 들어왔으며 치료를 통해서 자신이 완치되어 건강해질 수 있다고 확신했다. 환자의 모습은 오랜 기간 항암 치료로 인해 머리카락이 거의 사라진 상태였고, 55세라는 나이가 믿어지지 않을 만큼 지쳐 보였다. 그럼에도 그에게서는 휠체어를 탄다거나 부축을 받는다는 등의 일반적인 말기 암 환자의 모습을 찾아볼 수 없었다. 오히려 완치될 수 있다는 강한 의지를 볼 수 있었다. 과도한 의지와 희망은 그것이 성과가 없거나 좌절되었을 때 더 큰 절망으로 나타나기도 한다. 음악치료사인 나는 그런 모습이 우려가 되었다. 호스피스 음악치료의 목표는 병을 완치하는 것이 아니라 환자와 가족에게 적용되는 음악중재를 통해 환자와 가족의 관계를 회복시키고 삶을 잘 마무리하는 것에 있다. 하지만 환자의 의지는 완치에 있었다. 그렇게 첫 회기 세션은 호스피스 음악치료 본연의 목표와는 상관없이 환자가 원하는 방식대로 시작되었다.

1단계: 후회

음악치료의 시작은 결코 순조롭지 않았다. 환자는 적극적으로 음악치료에 참여하였으며, 누군가를 위하는 듯이 노래도 열심히 불렀다. 하지만 환자가 원하는 호스피스 음악치료는 자신의 병을 완치하려는 것과 아내에게 용서를 구해 좋지 못한 관계를 회복하고 싶은 것에 있었다. 아내와의 관계 회복을 위한 목적은 호스피스 음악치료에서 접근이 가능했으나, 환자가 원하는 또 다른 목적인 병의 완치는 호스피스 음악치료의 목적과 맞지 않아 진행할 수가 없었다.

호스피스 음악치료는 고통 가운데 힘들어하는 환자를 위해 삶의 마지막 여정을 아름답고 행복하게 할 수 있도록 돕는 것으로, 환자와 가족의 삶의 질을 높이고 마지막을 잘 마무리할 수 있도록 도와주는 것을 목적으로 접근하고 있다(김은정, 2016). 또한 환자의 통증 완화뿐만 아니라 가족 간의 단절되어 있는 관계를 음악을 통해 회복시켜 주는 과정이기도 하다(Binns-Turner et al., 2011). 즉, 단순히 음악을 감상하거나, 노래만 부르는 것이 아니라 사람들과의 관계, 과거와의 관계, 감정과의 관계, 미래에 대한 두려움, 삶에 대한 정리, 현재 남아 있는 시간을 가족과 함께 의미 있게 보내기 등을 모두 풀어내야 하는 하나의 종합적인 과정인 것이다.

나는 환자와 가족이 원하는 것이 무엇인지를 파악하였다. 그리고 세션을 통해 라포 형성을 한 후 음악치료에서 환자와 아내가 보인 반응을 토대로 진단평가를 하였고, 본격적으로 호스피스 음악치료를 시작할 수 있었다. 하지만 음악치료가 시작되었음에도 불구하고 정작 환자와 가족은 서로의 부정적인 마음들을 쉽게 풀려고 하지 않았다. 그중 가장 큰 문제는 가족에 대한 회복을 하려는 것보다 자신의 완치에 대한 의지였다. 발병 전부터 아내와의 사이가 좋지 않았음은 물론 스스로가 치료될 수 있다는 믿음이 가족 사이의 대화를 단절시키는 요소가 되고 있었다. 모두가 함께 마음을 열고 속 깊은 이야기를 나누어야 하는 시기였지만, 환자는 완치를 위한 노력에만 신경을 쓸 뿐 가족과 나누는 대화를 등한시하고 있었던 것이다. 게다가 가족과 함께하고 소통이 동반되어야 할 음악치료는 일방적으로 환자 중심으로 흐르고 있었다. 나는 이 문제의 해결을 위해 우선 가족의 이야기를 들어야 할 필요가 있었다.

먼저, 호스피스 음악치료를 진행하는 과정에서 환자, 그리고 환자의 아내와 심리적인 표현을 통해 현재 어떤 감정인지, 서로에게 무엇을 바라고 있는지에 대한 감정을 파악하였다. 때로는 부부와 함께하기도 하고, 때로는 각자의 삶에 대한 힘든 부분을 인터뷰를 통해 따로 파악하기도 하였다. 이를 통해 가족 사이에 쌓인 벽의 존재를 조금씩 알게 되었다. 호스피스 음악치료에서 중요한 것은 음악적 자극만 주는 것이 아니라 환자와 가족의 문제의 핵심을 파악하고 관계를 회복할 수 있도록 음악심리치료를 통해 세션을 진행하는 것이다(Bruscia, 2006).

나는 호스피스 음악치료에서 환자와 가족의 감정을 파악할 수 있도록 음악 안에서 그들의 다양한 심리적 표현을 통해서 좀 더 깊은 내면을 들여다보았다. 먼저, 환자는 아주 오래전부터 외골수로 살아왔다는 것을 알게 되었다. 아내가 생각하고 있는 환자는 타인과의 소통이 원활하지 않은 것은 물론 많은 것을 환자 본인 중심으로 생각하고 판단하는 성향이 강한 사람이라고 생각하고 있었다. 좋게 보면 자신감이었지만 나쁘게 보면 스스로를 외톨이로 만드는 셈이었다. 이런 성격 문제로 환자와 아내는 자주 의견 충돌을 보였고, 이는 환자의 발병 이전부터 있어 왔던 문제였다. 아니 어쩌면 결혼 후 얼마 되지 않아서부터이었을지도 모른다. 환자 가족에게는 일반적 가정불화의 원인인 경제적인 문제 이외에도 가족 간의 의사소통에 다양한 문제가 있었고, 음악치료 세션에서 파악된 초기 문제의 원인은 환자 본인의 성장 과정 중에 형성된 자기중심적인 성격이었다. 뿐만 아니라 아내의 외향적인 성격도 자기중심적인 환자와의 관계 발전에는 큰 도움이 되지 못했다.

딸과 아들은 환자가 늘 무섭고 엄마에게 소리를 지르며 자신이 원하는 대로 살아오신 분이라는 부정적인 생각을 갖고 있음을 표현하였다. 이런 환자의 성격은 자녀와의 관계에서도 긍정적이지 못한 결과로 나타났으며, 성장한 딸은 직장을 다니며 가족의 생계를 책임지는 역할까지 소화하느라 힘겨운 상태였다. 아들은 군대를 다녀와 복학하지 않은 채 환자의 병간호를 도와주고 있었지만, 소극적인 성격 탓에 환자와 대화를 나누는 모습이 자주 보이지는 않았다. 게다가 그동안 겪었던 아버지에 대한 기억으로 인해 쉽게 마음의 문을 열지 못했다. 집안의 생계를 유지하고 있는 딸은 결국 음악치료 중재 시 한 번도 참여하지 못했다.

호스피스 음악치료 과정 중에 감정을 표현하고 솔직한 대화와 의사소통은 매우 중요한 요소임에도 불구하고 대화가 없는 음악치료가 이어지고 있었다. 그리고 환자와 아내는 대화의 단절이 문제가 되고 있다는 사실을 서로가 충분히 인지하고 있었다.

> 새로 마련한 집에서 행복하게 살아야 하는데 그러지 못했어요. 가장 가깝게, 가장 정답게 살아야 할 부부가 싸움질이나 하고 티격태격이나 하는 그 상황이 그때는 왜 그렇게 싫고 미워했는지 지금은 너무……. (환자)

> 남편이 처음으로 집을 마련해서 좋다고 했는데 그 집에서 눈만 뜨면 싸움만 했던 기억이 나요. 아프고 나서는 눈물만 흘렸지만 지금은 모든 게 후회가 되네요. (아내)

두 사람은 서로 후회하고 있었다. 가족 사이에 쌓인 두꺼운 벽을 애써 외면해 왔던 것을 후회하고 있었다. 무엇보다도 환자와 아내는 서로와의 잦은 다툼을 이야기했다. 집을 마련하고 경제적으로 안정이 되었음에도 서로 다퉜던 기억을 꺼내며 당시의 일을 후회했다.

2단계: 추억

호스피스 음악치료를 통해 가족 간의 관계를 회복하는 것은 중요하다. 왜냐하면 삶이 얼마 남지 않은 환자에게 가족은 마지막을 함께 나눌 수 있는 유일한 존재이기 때문이다. 환자도 그러한 부분을 알고 있었다. 더욱이 자신 때문에 고생한 아내에게 미안한 마음을 표현하고 관계를 회복하고 싶어 했다. 하지만 환자와 아내는 서로 사이가 좋지 않았다. 그러나 분명 과거 언젠가는 서로 사랑했고, 그래서 결혼을 했을 것이다. 그런 과거의 감정을 다시 되찾는 것이 필요했고, 추억의 감정들을 끄집어내기 위한 음악중재를 통해 환자와 많은 이야기를 나누고 노력했다. 환자는 호스피스 음악치료를 통해 그동안 자신을 배려해 주던 아내의 모습을 조금씩 떠올렸다. 어렵고 힘들었던 시절 언제나 자신의 곁을 지켜 주던 아내의 모습을 음악 안에서 기억해 낸 것이다. 현실의 각박함은 사람들의 사이를 멀어지게 만들지만 기억 속에는 여전히 가족에 대한 추억이 각인(刻印)되어 있다.

기억의 왜곡을 동반한 일종의 도피심리인 므두셀라증후군(methuselah syndrome)은 사람들이 힘들 때 좋았던 과거로 회귀(回歸)하려는 경향이다. 하지만 실제로 시간을 거슬러 돌아갈 수 없기 때문에 좋았던 기억을 떠올리고 그리워하면서 복합적인 감정을 느끼게 되는데, 이러한 향수에 젖는 것은 일종의 퇴행심리라고도 볼 수 있다. 현실을 부정하고 과거로 돌아가고 싶은 환자의 마음처럼 말이다. 환자도 므두셀라증후군에서 말하는 것처럼 좋은 기억만을 추억으로 남기고 싶어 하였다. 환자에게도 분명 좋은 아름다운 기억하고 싶은 추억이 있었다. 그렇게 남은 기억을 환자는 음악치료를 통해 소중히 꺼내어 떠올렸으며, 그 추억은 아내와의 아름다운 사랑의 순간이었다.

환자와 아내는 통금이라는 시간적 제약은 물론 과거에 손을 마음대로 잡을 수도 없었고, 사랑하는 감정의 언어적 표현을 하는 것도 성격적으로 할 수 없었다. 이런 여러 가지 제약으로 인해 지금보다 어렵고 힘들었지만 돌이켜보면 오히려 더 행복했다고 말했다. 아이러니하게도 그들은 경제적으로 형편이 조금씩 나아지면서 행복도 조금씩 멀어져 갔다. 그렇게 멀어진 감정을 음악중재를 통해 조금씩 회복하고 있었고, 자신들이 잊었던 행복에 대한 기억들을 떠올리고 있었다. 이 단계에서 환자는 아내에게 추억을 회상할 수 있는 노래를 선택했고 자신이 그 시절로 돌아가서 그때의 감정으로 아내에게 노래를 직접 불러 주었다. 아내는 어색했지만 남편의 마음을 조금씩 받아들이는 날도 있었고, 그렇지 못한 날도 있었다. 하지만 환자는 일관된 감정으로 아내에게 조금씩 자신의 감정을 노래의 가사를 통해서 전달하였다. 음악치료에서 사용되는 방법 중에서 노래 회상은 말기암 환자와 가족 사이의 관계 회복에 매우 긍정적인 역할을 한다(김유림, 2009). 또한 노래의 가사는 환자와 아내가 서로의 감정표현을 하는 것을 도우며, 이 단계에서 매우 중요한 요소라고 볼 수 있다(김은정, 2016).

사랑하는 마음보다(노래 김세환/작사 · 작곡 송창식)

사랑하는 마음보다 더 좋은 건 없을 걸
사랑받는 그 순간보다 흐뭇한 건 없을 걸
사랑의 눈길보다 정다운 건 없을 걸
스쳐 닿는 그 손끝보다 짜릿한 건 없을 걸

혼자선 알 수 없는 야릇한 기쁨
천만번 더 들어도 기분 좋은 말 사랑해
사랑하는 마음보다 신나는 건 없을 걸
밀려오는 그 마음보다 포근한 건 없을 걸

어릴 때 남편을 만났어요. 남편은 복잡한 집안 환경 때문에 혼자서 돈을 벌어야 했고 열심히 살았지요. 그 덕분에 많이 걷고 적게 먹고 데이트했지만 그때만큼 행복했던 시간은 없었던 것 같아요. 그 당시에는 통금 시간도 있었고, 요즘 젊은 사람들처럼 손을 마음대로 잡을 수 있는 시대가 아니었지요. 남산도 걸어서 올라가고 분수대도 가 보고 그때 추억을 생각하니 남편이 보고 싶네요. (아내)

아내는 알뜰한 사람이었지요. 나를 위해 늘 간식을 챙겨 왔고, 걷는 걸 좋아한다며 경복궁, 창경궁, 어린이대공원, 남산 등…… 늘 걸어다녔어요. 처음 만났을 때에는 높은 구두를 신고 왔는데 어느 순간 보니 운동화를 신고 나옵디다. 그게 참 마음에 들지 않았는데 지금 생각해 보면 아내가 나를 위해 배려를 했는데 그것도 모르고 불평만 했으니 많이 미안하네요. 그런데 지금 이렇게 선생님과 음악을 듣고 노래를 부르니까 그때 그 시절이 요즘 생각이 많이 납니다. 연애 때도 생활이 어려웠지만 결혼하고도 어려웠는데 나는 연애 때 내 아내를 보고 싶어서 늘 마음 설렜던 그 시절이 더 좋았소. 이젠 추억이 되었지만……. (환자)

젊었을 때 환자와 그의 아내는 고궁이나 놀이공원, 남산 등을 거닐며 데이트를 했다. 환자는 그 시절을 회상하며 아내가 운동화를 신고 나왔던 것을 기억하고 있었다. 돈이 없어 변변한 데이트를 하는 것도 힘들었던 시절이었다. 걷는 것이 유일한 데이트였던 그 시절에 아내의 작은 배려를 환자는 기억하고 있었다. 남산부터 명동까지 걸으면서 느꼈던 서로에 대한 긍정적인 기억과 명동에 와서 지금의 아내와 함께 들었던 7080세대의 음악들, 통기타 연주 소리와 라이브, 그리고 쉘부르……. 환자는 현재 상태와 다르게 음악치료 중재에서만큼은 자신이 아내와 행복했던 시간들을 떠올리면서 긍정적인 반응을 언어적, 비언어적으로 표현하였다. 하지만 음악치료가 끝나면 환자는 자신이 처한 현실 속에서 과거의 아름다운 추억을 떠올릴 여유조차도 갖지 못했다.

그들은 사랑하는 사이였다. 그리고 지금도 그 사랑은 변하지 않았다. 그저 사랑을 말하기에 현실이 너무 그들을 힘겹게 만들기 때문이었고, 그런 현실 속에서 서로의 무너짐을 보여 주고 싶지 않았기 때문에 부정적인 감정만 남아 있게 되었을 것이다. 추억을 떠올릴 수 있는 여유는 일부러 만들어야만 생기는 것은 아니다. 추억을 떠올릴 시간이 따로 있는 것도 아니다. 추억은 언제 어느 곳에서나 떠올려야 한다. 그때가 힘들고 어려운 시기라면 더욱더 필요한 것이다. 아름다운 사랑에 대한 추억은 마지막 여행길을 따뜻하게 비추어 준다. 특히 환자와 그의 아내처럼 역경이 많은 사랑일수록 기억에 오래 남는다. 어쩌면 추억은 자신의 인생을 되돌아보면서 떠날 준비를 할 때 마지막 가는 길을 밝히는 등불이 될지도 모른다. 그래서 좋은 추억을 가지고 있는 인생은 결코 외롭지 않다. 환자 또한 알고 있었고, 그 부분을 음악치료를 통해서 잘 마무리하고 싶어 하였다. 2단계에서 진행했던 회기가 거의 마무리되어 가고 있을 무렵 아내는 남편과 연애 시절 좋아했던 노래가 떠오른다고 하면서 지금 불러보는 것이 가능하냐고 물어봤다. 나는 반주를 바로 시작했고, 부부는 손을 잡고 연애 시절을 회상하면서 노래를 부르기 시작했다.

사랑하는 그대에게(노래 유심초/작사 · 작곡 남화용)

사랑한단 말 한마디 못하지만 그대를 사랑하오
그대 위해 기도하지 못하지만 그대를 사랑하오
다시는 돌아오지 않는다 해도 그대를 사랑하오

사랑이란 얼마나 참아야 하는지
나의 사랑 그대여 내 마음 알아요
가슴 속을 파고드는 그리움이 눈물 되어 흘러도
내 모습 그대에게 잊혀져도 그대를 사랑하오

사랑이란 얼마나 참아야 하는지
나의 사랑 그대여 내 마음 알아요
가슴 속을 파고드는 그리움이 눈물되어 흘러도
내 모습 그대에게 잊혀져도 그대를 사랑하오
그대를 사~랑~하~오~

환자와 아내는 음악치료 시간을 통해 결혼 전 연애 시절을 떠올리게 되었고, 향수처럼 기억나는 둘만의 추억을 이야기했다. 그렇게 사랑을 확인하면서부터 환자와 아내는 서로를 바라보며 눈물을 흘리는 경우가 많아졌다. 음악치료 회기가 진행되면서 두 부부는 서로의 마음을 조금씩 이해하려고 노력하였다. 그리고 싸우고 다투던 감정이 이제는 조금씩 서로를 이해하게 되었고 배려하고 싶고 서로를 생각하고 싶은 감정으로 변하기 시작했다.

3단계: 죽음

아름다운 추억은 현재에 대한 불만이나 부족함을 인지하는 계기가 되기도 하며, 이런 감정은 상대적 박탈감이나 후회로 다가오기 쉽다. 아름다웠던 과거를 지키지 못한 것에 대한 아쉬움이 커지기 때문이다. 환자와 그의 아내 역시 현실을 살아오면서 싸우기에만 바빴던 지난 시간들을 스스로 후회하고 있었다. 경제적인 여건이 조금씩 나아졌음에도 불구하고, 오히려 서로에 대한 격한 감정들을 쏟아내며 주고받은 상처들을 안타까워했다. 하지만 환자와 가족은 남은 시간을 후회하며 보내기보다 함께 새로운 아름다운 추억을 만들며 삶을 마무리해야 했다. 환자의 가족도 이를 알고 있었지만 어떻게 시작해야 할지 방법을 모를 뿐이었으며, 혹여나 실수를 하여 또 다른 상처를 주고받게 될까 두려워하고 있었다. 음악을 통해 이러한 두려움을 이겨 내고 마음을 열어 소중한 추억을 쌓을 수 있도록 돕는 것이 호스피스 음악치료의 중요한 역할 중 하나이다.

2단계에서는 음악치료에 사용된 여러 다양한 방법을 통해 추억을 공유하였다. 하지만 환자는 3단계에서 죽음에 대한 자신의 생각을 표현하기 시작하였다. 이유는 시간이 흐를수록 컨디션이 점점 나빠지는 것을 스스로 느꼈기 때문이다. 환자는 더 이상 할 수 있는 것이 아무것도 없다고 생각하면서 심리적으로 불안감과 우울감을 표현하기 시작했다. 그리고 음악치료를 진행하려고 하면 활력을 느끼기보다는 무기력한 상태로 있거나, 수동적으로 음악감상을 하려는 반응을 보였다. 환자는 현재 상태에서 자신의 모든 것을 정지시키고 싶었는지 아무것도 하려고 하지 않았다.

특히 환자는 기독교인이었는데, 자신에게 병이 생긴 것에 대해 신을 원망하고 있었다. 열심히 살려고 노력했고, 고생 끝에 이제야 조금 살만해진 자신에게 왜 이런 일이 생긴 것인지 억울해 하기도 했다. 그리고 아직 해야 할 일이 많은 것에 대한 안타까움도 있었다. 또한 환자는 아내와 가족에게 모질게 대했던 자신 스스로를 용서하지 못하고 있었다. 그저 돈만 있으면 가족이 행복할 것이라 생각했던, 그래서 가족과 속 깊은 이야기를 하지 못했던 것을 자책하고 있었다.

일반적으로 사람들은 죽음을 인생의 종착역으로 받아들인다. 죽음을 두려워하는 이유는 자신이 알고 있는 세상을 끝내고, 자신이 전혀 모르는 세상으로 가는 것에 대한 불안 때문이다. 죽음은 누구에게나 두려운 일이지만 독불장군으로 살아온 사람일수록 죽음을 감지한 순간 더 많이 흔들리는 모습을 보이게 된다. 환자는 음악치료 시간에 자신의 심리적인 부분을 표현했다. 환자는 죽음을 현실로 받아들이기 힘겨워 했으며, 아직도 하지 못한 일들에 대한 생각이 환자의 머릿속을 채우고 있었다. 자식들의 결혼, 손자의 얼굴도 보지 못한다는 것이 환자에게는 크나큰 고통이었다. 하지만 환자는 조금씩 현실을 깨닫고 있었다. 자신을 바라보는 가족의 얼굴을 바라보고 있었다. 그들과 이야기하지 못한 시간들을 아쉬워하며 그렇게 조금씩 자신의 죽음을 받아들이고 있었다.

> 음악치료사 선생님! 나는 내가 최고다! 라며 세상에서 내가 가장 잘난 사람인 듯 안하무인으로 살아왔소. 그런 자존심마저도 없고 일에 대한 열정도 없었다면 돈을 못 벌었을 테고, 내 아내와 자녀에게 아무런 재산도 주지 못하고 이 세상을 떠났을지도 모르겠지요. 하지만 그런 마음은 어디 갔는지 죽음을 기다리는 내 심정은 너무나 두렵고 무섭소. 아직도 해야 할 일도 많고 딸과 아들이 결혼하는 것도 보고 손자도 보고 싶은데 이렇게 가야 하는 게 너무나 원망스럽고 두렵기만 하오. 하지만 이제는 생각이 바뀌었소. [……]
>
> 김은정 선생님! 사람은 죽으면 결국 티끌이 되지요. 우주의 티끌…… 나는 아무리 생각해도 그이상의 의미를 못 찾겠소. 몽상이나 환상을 믿지도 않고, 지금 나에게 죽음은 그저 하나의 현상으로 밖에 보이지 않군요. 선생님은 죽음을 어떻게 생각하시오? (환자)

음악치료 세션 중에 환자는 나에게 죽음을 어떻게 생각하느냐고 질문하며, 자신에게 죽음은 그저 하나의 현상으로밖에 느껴지지 않는다고 말했다. 환자의 질문에서 나는 환자가 자신의 죽음을 두려워하고 있다는 것을 느낄 수 있었다. 환자는 라포 형성부터 2단계까지 아내와 함께 세션에 참여하였으나, 3단계인 죽음에 대한 시간만큼은 자신의 생각을 표현하고, 자신의 내면을 들여다보며 혼자만의 시간에 집중하고 싶어 했다. 4단계에서는 환자가 좋아하는 음악을 가지고 수동적으로 감상을 하며 자신의 감정을 표현하였으며, 앞으로 가족과 어떻게 잘 마무리를 하고 싶은지, 환자가 없더라도 어떻게 살아가면 좋겠는지에 대한 자신의 생각을 음악 안에서 표현하였다. 이 단계에서 마지막으로 환자는 남겨질 가족에게 전해 줄 음악선물을 고민하였다.

4단계: 연결고리

시간이 흐르고 음악치료 회기가 진행될수록 환자는 자신이 그동안 가족에게 잘 해 주지 못한 것에 대한 미안한 마음에 괴로워하였다. 하지만 환자는 이러한 감정을 그대로 두는 것이 아니라 의미 있게 잘 정리하고 싶어 음악치료 중재 시 다양한 시도를 하였다. 환자가 마음을 열기 시작한 덕분에 환자의 가족도 환자와 마지막 시간을 잘 보낼 수 있었다. 환자와 가족은 임종하는 순간부터 그 이후 장례절차까지 가족과 함께 상의하면서 마지막을 차분히 준비하였다. 음악치료에서 보인 아내의 감정은 처음과 다르게 환자를 대하는 태도, 감정, 언어적 표현 등이 긍정적으로 바뀌었다. 환자의 아내는 치료사에게 음악치료를 하면서 환자와 이야기도 많이 하게 되었고, 소원하던 아이들과의 관계도 조금씩 회복하고 있다며 감사함을 전했다. 게다가 아내는 늘 화내고 신경질 부리던 남편이 요즘처럼 편안해 보인 적이 없다는 말도 덧붙일 정도로 여유도 느껴졌다.

나는 아내의 손을 꼭 잡아 주었다. 삶의 마지막에서 되찾게 된 가족의 사랑은 인생이라는 시간의 축에서 보면 늦은 것인지도 모른다. 하지만 그들이 함께 공유하는 모든 순간들은 충분히 중요하고 소중한 시간이며, 남겨진 가족에게는 오랫동안 간직될 선물일 것이다(Gordon & Clements cortés, 2013).

환자가 처음 입원할 때 보였던 강한 완치 의지는 더 이상 느껴지지 않았다. 하지만 오히려 표정은 많이 편안해져 있었다. 환자는 나를 찾아와 힘겹게 쪽지를 내밀었다. 그 쪽지에는 아내에게 불러 주고 싶은 노래가 적혀 있었다. 쪽지에 적힌 노래 곡목 리스트는 아내에게 마지막 선물을 해 주고 싶은 환자의 마음이 고스란히 담겨 있었다. 환자는 3단계 죽음을 이야기하고 표현했던 호스피스 음악치료 과정에 참여하는 동안 고민을 많이 했다고 하였다. 환자는 아내에게 미안한 감정과 사랑하는 마음을 꼭 전하고 싶다고 하였으며, 그 노래가 자신의 감정을 대신해 줄 것이라고 했다. 메리암의 음악의 사회적 기능 열 가지 중 하나로 음악은 감정표현을 하게 돕는다고 하였는데(최병철, 2006), 환자는 자신의 감정을 아내에게 노래의 가사를 통해서 전하고 싶어 했다.

그렇게 음악치료 때마다 환자는 아내를 위해 노래를 불렀다. 병마와 싸우는 순간에도 환자는 아내를 위해 있는 힘을 다해 노래를 불렀고, 환자의 아내는 남편의 감정을 전달받고 진정한 눈물을 흘렸다. 그리고 환자는 단 한 사람, 사랑하는 아내를 위해 고통 속에서도 마지막까지 노래를 부르기 위해 쉽게 삶의 끈을 놓지 못했다.

암 진단을 받고, 몸은 점점 안 좋아지고 어떻게 해야 할지 막막했는데 남편이 음악치료를 받고 나면서부터는 남편과 저 사이에 조금씩 이야기도 하고, 화도 덜 내고 그러더라고요. 선생님 말씀처럼 음악은 마법 같았어요. 그 후로 생각을 많이 하게 된 것 같아요. 이제껏 살면서 나한테 사랑한다. 뭐 그런 말 한 번도 안 했던 사람이 노래 부르면서 그런 말도 다 하고. 애들하고도 사실 살갑게 대하지는 않았는데 조금씩 얘기도 하고 그러더라고요. 음악치료가 그이를 편안하게 해 준 것 같아요. 치료를 받으면서 차분하게 하나둘 정리하는 걸 보니까 마음이 짠하더라고요. 그래도 화내고 신경질 부리던 거에 비하면 정말 좋아진 거죠. 그렇게 음악치료가 큰 도움이 되었죠. 다 선생님 덕분이에요. (아내)

암 진단을 받게 되면 온갖 세상이 부정적으로 보이고 절망하게 되죠. 그런 분들에게는 사실 암을 직접 치료하는 것도 중요하지만 심리적인 치료도 상당히 중요한 것 같아요. 우리 남편을 보면 알 수 있듯이 그런 것을 제대로 잡아 주는 게 음악치료가 아닌가 생각해요. 사회복지사 선생님도 말씀하셨잖아요. 남편이 직접 음악치료를 하고 싶다고 했고, 가족에게 퉁명스럽던 남편이 시간이 지나면서 조금씩 마음을 열어서 좋았다고요……. 쌓이고, 맺히고, 억울한 것들도 많고, 하고 싶은 것들도 많았을 텐데 그런 것들을 모두 놓아야 한다는 게 쉽지 않잖아요. 그런데도 음악치료를 통해 가족과 함께 노래도 부르고, 노래도 만들고, 악기도 연주하고, 옛날이야기도 하면서 마음도 차분해지고, 처음과 다르게 조금씩 긍정적인 모습과 생각들로 바뀌어 가는 남편을 보면서 제 모습도 변한 것 같아요. 그 후 남편은 죽음을 바라보는 시선도 바뀌었고, 다만 가족 곁을 떠나야 한다는 것만큼은 쉽게 받아들이기 어려웠을 거예요. 그래도 결국 마지막까지 꿋꿋하게 오히려 가족을 위로하는 모습을 보니까 음악치료가 없었으면 어땠을까 하는 생각도 하게 돼요. 그만큼 음악치료가 남편과 우리 가족에게 행복을 전해 준 고마운 선물 같아요. 감사합니다. 선생님. (아내)

5단계: 미안해…… 그리고 사랑해

음악치료의 마지막 시간, 프로그램실에는 휠체어에 앉은 환자와 그의 손을 꼭 잡은 아내가 옆에 앉아 있었다. 둘은 눈을 감고 있었고, 결혼행진곡이 조용하게 흘러나왔다. 환자의 머리카락은 항암치료의 부작용으로 인해 찾아볼 수 없었지만 마지막을 예견이라도 하듯이 아내를 잡은 손만큼은 어느 때보다도 강인해 보였다. 과거 오랫동안 잡지 못했던 아내의 손을 다시는 놓지 않겠다는 의지였다. 그렇게 두 사람은 손을 꼭 잡은 채 프로그램실 안에서 들리는 둘만을 위한 결혼행진곡을 듣고 있었다. 부부의 눈에는 사랑했던 과거의 추억들이 떠오르는 듯 눈물이 맺혀 있었다. 그렇게 두 사람은 새로운 결혼식을 올렸다. 결혼행진곡이 끝나고 환자는 힘겨웠지만 작은 악기를 흔들며 아내를 위해 자신만의 노래를 불렀다. 목소리는 끊어질 듯 힘겨웠지만 그의 노래는 귀로 듣는 노래가 아니라 마음으로 듣는 노래였다.

아내에게 바치는 노래(노래 하수영/작사 조윤파, 작곡 임종수)

젖은 손이 애처로워 살며시 잡아본 순간
거칠어진 손마디가 너무나도 안타까웠소
시린 손끝에 뜨거운 정성 고이 접어 다져온 이 행복
여민 옷깃에 스미는 바람 땀방울로 씻어온 나날들
나는 다시 태어나도 당신만을 사랑하리라

미운 투정 고운 투정 말없이 웃어 넘기고
거울처럼 마주보며 살아온 꿈같은 세월
가는 세월에 고운 얼굴은 잔주름이 하나둘 늘어도
내가 아니면 누가 살피랴 나 하나만 믿어 온 당신을
나는 다시 태어나도 당신만을 사랑하리라

환자의 목소리는 기운이 없어서 들릴 듯 말 듯 한 소절 한 소절 이어졌다. 하지만 분명 그는 노래를 부르고 있었고, 아내는 남편이 불러 주는 노래를 듣고 있었다. 노래가 끝이 났다.

여보. 당신을 사랑했소. 지금도 사랑하오.
앞으로도 영원히 사랑할 것이오. 사랑합니다.
그동안 나와 함께 살아줘서 고마웠소. (환자)

노래를 마친 환자는 마지막 기운을 다해 아내에게 말했다. 아내에게 사랑한다는 말 한마디조차 제대로 해 주지 못할 만큼 버거운 삶을 살았던 환자였다. 그런 그가 진심을 담아 아내에게 사랑한다는 말을 건넸다. 아내는 아무 말도 하지 못하고 고개를 숙이고 눈물만 흘릴 뿐이었다. 어쩌면 조금만 더 일찍 이런 시간을 가졌더라면 하고 아쉬워할지도 모른다. 그러나 서로를 떠나보내는 마지막에 이런 시간조차 갖지 못하는 사람들은 더욱 많다. 두 사람의 사랑은 늦은 것이 아니다. 이미 충분히 갖고 있었지만 다시 확인하는 사랑이었다.

맺음말

호스피스 음악치료는 소중한 사람들과의 관계를 회복하고 삶의 마지막을 잘 정리하여 의미 있는 임종을 맞이하게 해 주는 데 그 의미가 크다. 살면서 잘못된 관계를 회복시켜 줌으로써 아픔과 고통, 그리고 두려움 속에서 마지막을 맞이하는 것이 아니라 편안함과 사랑 속에서 마지막을 맞이하게 만드는 과정이다. 환자의 아내는 나에게 남편과의 관계 회복이 무엇보다도 고마웠다고 감사인사를 전했다. 아내는 무엇보다도 남편에게 사랑한다는 말을 들은 것에 고마워했다. 환자와 아내가 말한 것처럼 음악은 정말 마법일까? 마법일 수도 있다. 하지만 호스피스 음악치료에서의 이러한 마법 같은 일은 음악치료사가 음악치료 중재를 잘했을 경우에 자주 일어난다.

살면서 소중한 사람들에게 사랑한다는 말을 건넨 적이 몇 번이나 있을까? 신기하게도 사랑이라는 말은 가장 익숙하면서도 한편으로는 가장 입 밖으로 내기 어려운 말이다. 그리고 가족이나 형제처럼 가까우면 가까울수록 더욱 말하기 어렵다. 특히 나이가 지긋한 부모 세대라면 더더욱 그러할 것이다. 나는 모두에게 권하고 싶다. 지금 주변을 돌아보면 가족이 보일 것이다. 가족이 옆에 없다면 전화기를 집어 들어도 좋다. 남편, 아내, 부모님, 형제, 자매에게 전화를 걸어 사랑한다는 말을 해 보자.

어색해도 좋다. 손발이 오그라들어도 좋다. 뭘 잘못 먹었냐는 구박을 들어도 좋다. 사랑한다는 말 한마디는 말을 한 사람도, 그 말을 들은 사람도 하루 종일 좋은 기분을 만들어 줄 것이다. 그리고 그 시간은 나중에 다가올 이별의 순간에 분명 소중한 추억으로 기억될 것이다.

에필로그

환자가 세상을 떠난 지 5년이 흘렀다. 그리고 사별가족 모임이 있는 날, 환자의 딸이 모임에 참석해 있었다. 그리고 그녀가 아버지와 함께 보낸 시간들의 소중함을 이야기했다. 예전에는 성격이 불같았던 아버지에게 쉽게 다가가지 못해 대화를 할 엄두를 내지 못했다고 했다. 그러나 음악치료를 통해 짧은 시간이나마 솔직한 이야기를 나눌 수 있어 좋았다는 것이다. 그녀는 음악치료가 죽음을 준비할 수 있는 기회라는 사실을 더 많은 환자와 가족이 알았으면 좋겠다고 말해 주었다. 그녀는 성장해 있었다. 가족 사이의 관계도 좋다고 이야기해 주었다. 가족을 잃은 다른 많은 사람이 상실감으로 고통스러운 시간을 보내는 것과는 달랐다. 그녀는 아버지의 죽음을 충분히 슬퍼했다. 하지만 그것을 고통으로만 간직하지는 않았다. 오히려 아버지를 오래 기억할 수 있게 된 시간이었다며 나에게 감사인사를 건넸다. 그렇게 돌아가는 그녀의 뒷모습을 바라보면서 음악치료가 해 줄 수 있는 많은 가능성을 다시 생각해 본다.

사별가족 편지

선생님, 안녕하세요.

그날 모임에서 진심으로 감사드려요. 제가 회사에 있는 동안 가족과 이런 시간들을 보내셨군요. 그제가 아버지 기일이었어요. 벌써 5년이 흘렀네요. 오랜 병상에서 가족이 많이 지쳐갈 때쯤 돌아가셔서 슬퍼할 여력이 없었던 것 같아요. 지금은 좀 더 붙잡아 볼걸…… 이라는 후회가 많이 드네요. 하고 싶은 말, 앞으로 잘 살아가는 방법들, 아버지가 계시면 여쭙고 싶은 말들이 이렇게나 많은데 성격이 워낙 불 같으셔서 병상에 계실 때 심기 거스르지 않으려 눈치만 보느라 그 아까운 시간을 보내 버린 게 너무 후회가 돼요. 암은 죽음을 준비할 수 있는 병이라고 그리죠. 하지만 음악치료를 통해서 아버지가 많이 웃으시고 엄마와 관계도 회복하셔서 두 분 다 행복해 하셨어요. 선생님께 부탁드리고 싶은 말은 그걸 모르는 다른 가족들에게 꼭 전해 주세요. 음악치료 시간은 아픔의 시간이고 지옥의 시간이고 후회의 시간이 아니라 사랑하는 사람과 이별 준비를 할 수 있는 시간이라고요…….

음악치료 시간에 아버지의 모습이 담긴 영상을 보내 주셔서 감사합니다. 꿈에도 그리던 아버지의 모습과 목소리를 들으니 잠시나마 그때로 돌아간 듯했어요. 정말 너무나 감사드립니다. 수고하세요.

2015. 10. 7. 환자의 딸 글 중에서

용어 설명

호스피스 음악치료 말기암 환자의 신체적, 심리적, 사회적, 그리고 영적 고통을 완화하고 환자와 가족 및 주변인들과의 유대 관계 형성을 도우며 삶의 마지막 여정을 아름답게 마무리할 수 있도록 음악치료를 적용하는 것이다.

활력 징후(vital sign) 대상자의 체온, 호흡, 맥박, 혈압 등의 측정값을 말하며, 이를 통하여 환자의 건강 상태 변화를 파악할 수 있다.

라포 형성 '마음의 유대'란 뜻으로 서로의 마음이 연결된 상태, 즉 서로 마음이 통하는 상태를 뜻한다. 라포가 형성되면 호감과 신뢰심이 생기고 비로소 깊은 마음속의 사연까지 언어화할 수 있게 되며, 이것은 신뢰와 친근감으로 이루어진 인간관계에서만 가능하다. 라포를 형성하기 위해서는 타인의 감정, 사고, 경험을 이해할 수 있는 공감대 형성을 위하여 노력하여야 한다. 라포 형성의 방법으로는 미러링(mirroring), 백트랙킹(backtracking), 호흡의 리듬 및 음조 맞추기 등이 있다.

각인 세상에 처음 태어났을 때 시각적 · 청각적 · 촉각적 경험을 하게 되는 대상에게 모든 주의와 관심이 집중되어 그것을 쫓는 학습의 한 형태이다.

므두셀라증후군(methuselah syndrome) 과거의 나쁜 일은 잊어버리고, 좋은 것만 기억하려는 기억 편향성의 경향성을 가리키는 용어이다. 다시 말해 추억을 아름답게 포장하거나 나쁜 기억은 지우고 좋은 기억만 남기려는 심리이다.

참고문헌

김유림(2009). 말기암 환자의 '희로애락(喜怒哀樂)' 인생회고를 위한 노래심리치료. 성신여자대학교 음악치료대학원 미간행 석사학위논문.

김은정(2016). 호스피스 말기암 환자를 위한 음악치료 프로토콜 개발 및 효과검증. 한세대학교 일반대학원 미간행 박사학위논문.

최병철(2006). **음악치료학**. 서울: 학지사.

Binns-Turner, P. G., Wilson, L. L., Pryor, E. R., Boyd, G. L., & Prickett, C. A. (2011). Perioperative music and its effects on anxiety, hemodynamics, and pain in women undergoing mastectomy. *The Journal of the American Association of Nurse Anesthetists Journal Online, 79*(4), S21-S27.

Bruscia, K. E. (2006). **음악심리치료의 역동성**(최병철, 김영신 공역). 서울: 학지사.

Curtis, S. L. (1986). The effect of music on pain relief and relaxation of the terminally ill. *Journal of Music Therapy, 23*(1), 10-24.

Dimaio, L. (2010). Music Therapy Entrainment: A Humanistic Music Therapist's Perspective of Using Music Therapy Entrainment with Hospice Clients Experiencing Pain. *Music Therapy Perspectives, 28*(2), 106-115.

Gordon, M., & Clements-Cortés, A. (2013). Music at the end of life: Bringing comfort and saying goodbye through song and story. *Annals of Long-Term Care: Clinical Care and Aging, 21*(11), 24-29.

Magill, L. (2001). The use of music therapy to address the suffering in advanced cancer pain. *Journal of Palliative Care, 17*(3), 167-172.

제22장

내 돌아가는 길의 노래

-호스피스 환자와의 음악치료-

남궁지숙

숙명여자대학교 음악치료학 박사

숙명여자대학교 음악치료대학원 임상실습 슈퍼바이저

개요

이 사례들은 종말기 환자들이 음악을 통해 자신의 욕구(need)를 충족해 가는 과정을 서술한 것이다. 음악은 자기를 구현하고 스스로를 치유하고 자신과 타인의 삶에 기여하고 서로를 연결하고, 그리고 지금 이 순간 놀이에 참여하고 싶은 욕구와 만나도록 도왔다. "음악은 현실의 테두리 밖으로 영혼을 가만히 옮겨다 놓고 현실 속 나를 저만치서 바라보게 한다"는 Nietzche(2004)의 말처럼 음악은 환자들을 현실 밖 공간으로 데리고 가 두렵고 불안한 현실 속 자신을 바라보게 하였고 그들의 영혼을 위로하였다.

내담자 정보

이 기관은 중증 종말기 환자가 임종을 거의 앞두고 입원하는 곳이기 때문에 음악치료는 1회의 단기 세션으로 끝나는 경우가 대부분이며, 세 차례 이상 같은 환자를 만나는 것은 매우 드문 일이다. 기관 및 대상의 특수성으로 한 사례를 지속적으로 관찰하는 것은 불가능하므로 음악이 종말기 환자에게 어떤 의미이고, 어떤 욕구를 채워 주는지를 깊이 경험할 수 있었던 개별 · 가족 · 공동체 음악치료 사례에 대해 기술하였다. 그리고 각 환자의 배경 정보는 각 사례의 시작 부분에 간단하게 제시하였다.

치료 방법

나는 종말기 환자에게 노래를 중심으로 비폭력 대화(Nonviolent Communication)를 접목하여 적용한다. 내가 일하는 호스피스 기관은 개인 혹은 공동 병실에서 음악치료가 시행되어 여건상 다양한 음악활동을 적용하는 것이 어렵기 때문에 라이브로 내가 노래를 들려주거나, 환자와 함께 노래를 하거나, 간혹 환자가 연주하는 기타나 키보드에 맞춰 내가 노래를 한다. 참고로, 나는 환자에게 무리가 되지 않는다면 환자가 노래하며 참여하는 방식을 선호하는 편인데, 그 이유는 들려지는 노래를 감상할 때보다 직접 노래할 때 더 깊이 자신의 진실한 감정과 만나는 것을 볼 수 있기 때문이다.

호스피스 의료 환경에서 노래의 유용성은 다음과 같다.

첫째, 노래는 환자의 감정을 공감하고 다양한 감정을 담는 안전한 그릇(container)이 된다. 대부분의 인간은 엄마 뱃속에서부터 태어나 성장하고 죽을 때까지 노래를 듣는다. 노래는 인간의 역사를 말하는 능력이 있다는 Austin(2008)의 말처럼 노래에는 시공간을 초월한 삶의 이야기가 담겨 있고 다양한 인간의 감정이 내포되어 있다. 따라서 호스피스 의료 환경에 포함된 폭 넓은 연령대의 환자들은 그들 개개인이 느낄 수 있는 다양한 감정과 부정 및 소외, 분노, 협상, 우울, 수용의 단계를 거치면서

(최병철, 1999) 느낄 수 있는 복잡한 감정을 노래에 투사함으로써 자연스럽게 공감받고 노래 안에서 안전하게 표현하도록 돕는다.

둘째, 노래는 가슴의 길을 열어 환자가 알아차리지 못하거나 스스로 허용하지 않은 감정을 알아차리도록 돕는다. 나는 직업이 약사인 60대 남성 환자 A를 통해 이러한 노래의 가치를 분명하게 느낄 수 있었다. 2017년 5월 16일, 4인 병실에서 나는 A의 맞은편 침대에 있던 환자에게 〈누군가 널 위해 기도하네〉라는 노래를 들려준 후 A의 침대로 갔다. A는 기타를 들고 있던 나를 보자 꿈속에서 〈누군가 널 위해 기도하네〉라는 노래를 자신에게 불러주는 듯하였고, 그 순간 샘물이 흐르듯 목부터 뭔가 흐르기 시작하더니 막혀 있던 것이 뚫리는 듯한 느낌이 들었다고 하였다. A는 평생 자식들을 돌보고 아픈 사람들에게 약을 지어 주느라 정작 자신을 돌보는 시간은 갖지 못했다고 눈물을 흘리며 이야기하였다. 이렇게 음악은 자연스럽게 환자의 가슴으로 스며들어 자신이 무엇을 느끼는지, 무엇을 애석해 하는지, 무엇을 안타까워하는지 등을 알아차리도록 돕는다.

셋째, 건강했을 때 즐겨 부르던 노래는 몸에 기억된 과거의 건강했을 때의 상태를 떠올리게 하여 현재 시점에서 재경험하도록 돕는다. 나는 종말기 환자에게 되도록 어린 시절이나 젊은 시절과 같이 건강했을 때 즐겨 부르던 노래를 떠올려 보도록 유도한다. 이러한 노래를 현재 시점에서 재경험하는 것은 건강했던 시절의 몸의 기억을 떠오르도록 하여 몇 십 년 동안 지켜온 건강을 잃어버리면서 생긴 몸의 충격을 완화시켜 주고 몸의 활기를 되찾아 준다고 나는 믿는다.

마지막으로, 노래는 환자가 생활하는 공간의 에너지를 변형시킨다. 종말기 환자가 생활하고 있는 병실에 들어가면 처음에는 묵직한 공기가 정체되어 있는 것 같은 상상이 될 때가 있다. 그러나 노래가 시작되면 노래와 기타 소리의 진동이 공기를 타고 그 공간에 흐르면서 공기가 순환되고 생기가 도는 듯한 느낌이 든다. 이렇게 변형된 에너지는 같은 병실에 있는 환자들의 에너지와도 공명하면서 음악치료를 원하지 않는다고 말하였던 환자들의 자발적인 참여를 유도하기도 한다.

노래가 끝나면 자연스럽게 환자 및 보호자와 대화를 하게 된다. 이때 나는 비폭력 대화(Nonviolent Communication: NVC) 모델을 기반으로 대화한다(Rosenberg, 2014). 비폭력 대화란 우리 마음 안에서 폭력이 가라앉고 우리의 본성인 연민(compassion)이 우러나오는 방식으로 타인과 유대 관계를 맺도록 돕는 구체적인 대화 방법이며,

사람과 사람, 가슴과 가슴을 연결하려는 의도가 있다(Rosenberg, 2003). 나는 환자를 분석하기보다 공감하고 환자가 현재 관찰한 것에 대해 어떻게 느끼며, 그 느낌이 어떤 욕구가 있는지에 초점을 두고 소통하면서, 환자의 가슴과 연결하기 위해 노력한다. 과거나 미래가 아닌 현재에 초점을 두고 대화하는 것은 환자가 현재의 삶에 대한 의미를 발견하고 현재의 삶을 수용하도록 도울 수 있다.

치료 과정

음악치료는 대체로 다음과 같은 다섯 단계로 진행된다.

1단계, '치료사'가 내적으로 '준비'하는 단계로 음악치료 시작 전 치료사로서 환자의 반응을 온전히 담아 주고 치료사이기에 앞서 한 인간으로서 나를 보호하기 위해 잠시라도 나의 현재 상태를 알아차리는 시간을 갖는다. 종말기 환자를 만날 때 내가 더 주의를 기울이는 과정이다. 그라운딩(grounding)하려는 의도를 가지고 호흡하기, 기도하기, 신체 감각을 느끼고 알아차리기, 발 밑으로 뿌리가 자라나는 이미지 상상하기 등 다양한 방법으로 시간과 상황에 맞춰 실행한다.

2단계, '환자'의 현재 상태를 '파악'하는 단계로 사회복지사에게 오늘 음악치료를 받을 수 있을 정도의 신체적 상태를 보이는 환자 리스트를 제공받는다. 리스트에 있는 환자를 중심으로 참여 의사를 물어보나, 수면 중이거나 갑자기 통증이 심해져 참여가 어렵거나 음악치료를 원하지 않는 등의 경우가 있기 때문에 실제 어떤 환자가 참여하게 될지는 매우 유동적이다.

3단계, 노래를 '경험'하는 단계로 종말기 환자들에게는 노래를 떠올리는 것부터가 노래를 경험하는 것이다. "노래 좋아하세요?"라는 말을 건넨 후 참여 의사가 있는 환자와 음악치료를 시작한다. 먼저 인사를 나눈 후 환자의 음악적 선호도를 파악한다. 특히 첫 곡이 환자의 마음에 접촉될 경우, 참여 의사가 낮은 환자도 적극적으로 참여하는 경향을 보이고, 환자와 치료사의 라포 형성에도 긍정적인 영향을 미치므로 첫 곡은 매우 중요하다. 또한 언제 어떤 환자가 어떤 노래를 요청할지 알 수 없기 때문에 치료사로서 할 수 있는 최선은 일어나는 일에 반응하는 것뿐이다. 의식이 있는 환자의 경우 노래책을 제공하거나 환자와 비슷한 연령대가 좋아하는 가수의 이름을 알려 주는 등 가능하면 환자가 노래를 선택하도록 지원한다. 대부분 첫 곡을 선택하는 것은 어려워하나 다음 곡부터는 쉽게 선택하는 경향을 보인다. 노래가 또 다른 노래에 말을 거는 것 같다. 반면, 의식이 불명료하거나 기억력이 저하된 환자의 경우 환자의 신체적/심리정서적인 상태, 성별, 연령대, 고향, 보호자의 의견, 공간의 분위기, 날씨 등을 고려하여 직관에 따라 노래를 선택한다. 나는 실제 환자들이 요청했던 곡들을 모아 악보집을 만들었는데 이 악보집은 예상했던 것보다 상당히 유용하다.

노래를 할 때 나는 대부분 기타로 반주한다. 기타는 음량 조절, 환자와의 물리적 거리 조절 그리고 이동이 용이하기 때문에 공동 병실에서 음악치료가 진행될 경우 키보드보다 효과적이다.

노래를 함께 부르거나 들려준 후에는 현재 느껴지는 감정, 노래와 관련된 기억 속 장면이나 연상되는 이야기, 현재 하고 싶은 것 등에 대해 질문하고 환자가 편안히 이야기하도록 자연스러운 분위기를 조성한다. 간혹 가벼운 유머를 건네는 것이 긴장된 분위기를 이완시키는데 도움이 될 때도 있다. 한편, 언어로 소통하는 것이 불가능하고 의식이 불명료한 환자의 보호자들은 종종 나에게 "안 듣는 것 같아도 다 듣고 있어요"라고 이야기한다. 나 역시 겉으로 드러나는 행위가 없어도 내면에서는 무엇인가가 일어나고 있다는 것을 느낄 수 있다.

4단계, 경험을 '수렴'하는 단계로 환자가 이 시간을 안전하게 마무리하도록 돕기 위해 되도록 가사 내용이 긍정적이고 분위기가 밝은 곡이나 종교 노래를 마지막으로 부른다. 때에 따라 환자의 가슴에 손을 얹거나 가슴을 토닥이면서 자장가 같은 동요를 들려주기도 한다. 여기에는 특별한 의도가 있다. 나는 종말기 환자들을 보면 그들이 태어난 곳, 엄마 품으로 다시 돌아가는 길이 연상된다. 엄마 품에서 들었던 노래와 가벼운 신체 접촉은 그 어린 시절의 기억을 떠오르게 하여 혼자 그 길로 돌아가고 있을 환자들에게 작은 위안과 돌봄이 되는 것 같다. 때론 환자와 파이팅을 하거나 손을 잡는 등 가벼운 접촉을 하면서 헤어진다. 가벼운 접촉은 움직임이 거의 없던 환자도 움직이게 하고 무표정하던 환자도 웃게 한다.

죽음의 강으로 내몰린 바로 그 순간 삶이 더욱 분명하게 보인다(Kubler-Ross & Kessler, 2006)는 말처럼 죽음을 앞둔 순간 우리는 우리의 진실, 즉 우리가 진정으로 원하는 것과 마주하게 된다. 우리가 진정으로 원하는 것, 즉 욕구는 누구에게

나 있는 보편적인 것으로 우리의 모든 행동은 어떤 욕구를 충족하기 위한 시도이다(Rosenberg, 2014). 종말기 환자들이 음악을 통해 어떤 욕구를 충족시켜 가는지에 대해 살펴본 다음의 사례는 삶에서 참으로 소중한 것이 무엇인지에 대해 죽음을 앞둔 사람들이 남겨진 사람들에게 들려주는 귀한 지혜의 선물이다.

개별음악치료

노래는 내가 살아있음을 나타내는 징표이고, 나를 구현하는 빛나는 순간과 만나도록 한다.

L은 버킷 림프종으로 진단받은 80세 남성이며, 내가 이 호스피스 병동에서 음악치료를 하면서 유일하게 3번 만난 환자이다. 2016년 5월 10일, L을 처음 만났으며 L은 4인 병실의 침대에 앉아 기타를 메고 들어간 나를 보며 환하게 웃었다. 함께 있던 L의 부인은 L이 전문 성악가는 아니나 교황님 앞에서 노래를 부른 적이 있다고 하였다. L은 장르를 불문하고 모든 노래를 좋아하며 평소 가곡을 즐겨 불렀다고 하였다. 화창한 날씨를 고려하여 첫 곡으로 〈시월의 어느 멋진 날에〉를 부르기 시작하자 L은 눈을 감고 노래를 음미하듯 허밍으로 부르기 시작하였다. 그 허밍 소리는 마치 춤을 추듯 자유롭게 들렸다. 노래가 끝나자 L은 〈선구자〉와 〈보리밭〉이 부르고 싶은데 병에 걸려 높은 음이 잘 올라가지 않을 것 같다며 내게 불러 달라고 요청하였다. 난 할 수 있는 만큼만 해 보라고 L에게 제안하였고, L은 동의하였다. L은 노래하는 중 가끔 숨을 몰아쉬기는 하였으나 두 곡 모두 가사를 기억하여 끝까지 불렀다. L의 노랫소리는 불규칙한 호흡으로 인해 강해졌다 약해졌다를 반복하였으나 그 노랫소리가 나에게는 매우 표현적이고 역동적으로 들렸다. 노래 후 병실 안에 있던 사람들이 박수를 치자 L은 흡족한 듯 웃었다. 온 마음을 담아 노래할 때의 목소리가 얼마나 아름다운지를 느낄 수 있었다.

L을 다시 만나게 된 건 두 달여가 지난 2016년 7월 14일이었다. L의 모습은 두 달 전에 비해 매우 쇠약해진 듯 보였고 눈을 감고 누워 있었으며 마치 목석처럼 미동도 거의 없었다. L의 부인이 선생님이 노래 들려주러 왔다고 하자 L은 감고 있던 눈을 힘겨운 듯 천천히 뜨고 나를 보며 살짝 미소 지었다. L의 눈동자는 움직임이 거의

없었고 의식도 불명료한 상태로 보였다. L에게 어떤 노래를 듣고 싶냐고 물으니 L의 부인은 L이 이제 말을 잘 못한다며 지난번에 불러 주었던 노래를 들려 달라고 하였다. L에게 지난번에 함께 불렀던 노래가 좋으시냐고 물으니 천천히 고개를 끄덕였다. 〈보리밭〉 〈그 집 앞〉 〈선구자〉를 들려주자 말하기도 힘들어하던 L이 노래 중간중간 한 소절 정도를 부르고 쉬고를 반복하며 웃기도 하였다. L의 노랫소리는 아주 작았고 힘이 없었으며 L이 노래를 하기 위해 얼마나 애쓰고 있는지를 짐작할 수 있었다. 이러한 L의 모습에서 문득 이제 날 수 없는 새가 아직은 날 수 있다고 작게 날갯짓하는 모습이 연상되었다. 순간 나는 뭉클했다. L의 부인은 "아이고 저 양반이 눈도 뜨고 노래도 하고 웃네. 계속 눈만 감고 있더니만…… 안 아플 땐 매일매일 노래하고 노래도 잘했는데……"라며 기쁜 듯, 애석한 듯 웃다 울다 하였다. 노래가 끝난 후 L이 더 힘을 냈으면 하는 바람에 손을 잡고 엄지를 먼저 눕히는 엄지 싸움을 제안하자 L은 고개를 끄덕였다. 엄지 싸움이 시작되자 L은 엄지에 힘을 주고 놀이에 집중하였다. 엄지 싸움에서 L이 이기자 L은 웃었다. "놀이가 아닌 것은 아무것도 하지 말라"는 Campbell(Rosenberg, 2015에서 재인용)의 말이 스쳐 갔다. 세션이 끝난 후 나는 L을 다시 보지 못할 수도 있을 것이라는 생각이 들었다.

7월 21일, 다행히 L을 다시 만날 수 있었고 지난주보다 상태도 좋아 보였다. 내가 인사를 하자 L은 침대에 앉아 나에게 손을 흔들며 미소를 지었다. 좋다, 싫다 등 간단한 언어적 의사표현도 가능하였다. L이 요청한 〈선구자〉를 노래하기 시작하자 L은 세 소절 정도 매우 작고 힘없는 목소리로 노래하더니 "하고 싶어"라고 들릴 듯 말 듯한 목소리로 말하였다. 이 말을 듣고 나는 먹먹해졌고 L의 부인은 "이 양반이 오늘은 말도 하네"라고 말하며 울먹였다. L에게 노래 부를 때 기분이 어떠냐고 물으니 L은 "좋지"라며 이전보다 큰 목소리로 힘을 주어 말하였다. 그 목소리에서 난 L이 얼마나 노래하고 싶은지, 또 얼마나 살고 싶은지 알 것 같았다. 그리고 L은 예전처럼 그렇게 노래할 수 없다는 것에 대한 절망감을 느끼는 듯 보였다. 놀라운 것은 내가 만났던 환자 대부분이 그럼에도 불구하고 노래를 한다는 것이다. 노래를 한다는 것은 L에게 자신이 살아있음을 나타내는 징표처럼 보였고, L은 노래를 통해 자기를 구현하고 있었다. 그리고 L은 노래 안에 현재 자신의 감정을 담아내고 있었다.

7월 28일, 네 번째 L을 방문하러 갔을 때 L은 임종실에 들어가 있었다. 난 기도로 L의 마지막을 함께하였다.

가족음악치료

음악은 스스로 생기를 회복하게 하고 반창고가 되어 가족의 마음을 치유한다.

2016년 11월 22일, 간암 말기 진단을 받은 16세 청소년 K와 K의 어머니를 만났다. 간암 가족력도 없고 담배나 술을 하지도 않았던 K가 왜 간암이 걸렸는지 모두 의아해 하는 상황이었다. 내가 처음 K를 찾아갔을 때 K는 4인실에서 커튼을 사방으로 치고 어머니와 함께 있었다. K는 침대 옆 의자에 앉아 있었고 몸에 힘이 하나도 없어 보였으며 얼굴은 무표정하였다. 그 공간의 공기는 말을 거는 것이 약간 부담될 정도로 무겁게 느껴졌다. 내가 K에게 노래를 좋아하냐고 물으니 K는 고개를 끄덕였다. K의 어머니는 K가 중학교 1학년 때부터 기타를 배웠고, 중학교 3학년 때 '데○ 밴드'라는 이름으로 밴드활동을 했다고 하였다. K는 그 밴드에서 보컬과 기타를 맡았고 리더였다고 했다. K에게 '데○ 밴드'라는 이름의 의미를 묻자 K는 다른 사람의 마음에 밴드를 붙여 주듯 상처 입은 마음을 치유해 주는 음악을 하는 그룹이라는 의미가 있다고 하였다. K에게 기타 반주를 부탁하자 처음에는 배에 통증이 있어 연주하기 어렵다고 하였으나 할 수 있는 만큼만 해도 된다고 하니 수락하였다. K가 기억하고 있는 노래가 없다고 하여 K에게 기타 악보를 주며 어머니를 위해 〈시월의 어느 멋진 날에〉를 연주해 보기를 제안하자 K는 나에게 자신이 기타를 연주하는 동안 노래를 해 달라고 하였다. 연주가 계속될수록 힘이 없어 보이던 K의 손에 힘이 더 들어가고 연주 소리가 더 커지는 것을 들을 수 있었다. 노래가 끝나자 함께 있던 사회복지사들과 자원봉사자들이 K에게 연주를 잘한다며 박수를 쳤다. K의 어머니는 K가 아픈 뒤로는 기타를 연주한 적이 없었는데 이렇게 다시 연주하게 될 줄은 몰랐다며 환하게 웃었고 노래가 정말 아름답다고 하였다. 덧붙여 K의 어머니는 K가 약 때문에 오전에는 대부분 잠을 자는데 지금은 깨어 있어서 더 좋다고 하였다. K는 어머니와 주변인들의 반응에 미소 지었고 어머니와 주변인들에게 신청곡을 받자는 나의 제안에 동의하였다. K는 이후 〈만남〉 〈본능적으로〉 등 세 곡을 더 연주하였다. K에게 오랜만에 기타를 연주하니 기분이 어떠냐고 물으니 K는 "좋아요"라고 짧게 답하며 웃었다. 나는 K에게 병동에 기타가 있으니 원하면 언제라도 가져다 연주해도 된다고 말하였고 사회복지사에게도 K가 원할 때 언제라도 기타를 사용할 수 있도록 해 달라고 부탁하였다. K에게 다음주 화요일에 다시 볼 수 있으면 보자고 하니 퇴원해서 집에 갈 거라고 하였다. 세션이 진행될수록 세션이 시작될 무렵에 비해 이 공간의 분위기가 가볍고 밝게 느껴졌으며 K의 표정도 부드러워지고 말수도 많아진 것을 관찰할 수 있었다.

다시 K를 만난 것은 12월 20일이었다. K는 지난번 입원했을 때보다 힘이 없고 지쳐 보였으며 어깨 통증으로 약을 막 투여한 상태였다. K의 어머니도 지난번에 만났을 때에 비해 야위어 보였다. 가족과 함께하는 음악치료의 경우 가족 또한 돌봄의 대상이 된다. K가 바로 연주하는 것은 어려울 것 같아 간단한 대화로 시작하였다. K에게 지금 무엇이 가장 하고 싶은지 묻자 K는 게임을 하고 싶다고 하였다. 나는 이 또래 청소년이 게임을 얼마나 좋아하는지 알고 있고, 또 그것은 내가 도와줄 수 없는 부분이기에 안타까웠다. 나는 K에게 나에게 말해 준 것에 대한 고마움과 내가 도와줄 수 없는 것에 대한 안타까움을 표현한 뒤 어떤 노래를 듣고 싶냐고 물었다. K는 기도 노래를 해 달라고 하였다. 나는 〈예수 내 기쁨〉〈소원〉〈아무것도 너를〉을 진심을 담아 기도하는 마음으로 K와 K의 어머니를 위해 노래하였다. K는 내게 기도해 주어 고맙다고 하였다. K에게 "하나님께 무엇이라 기도했는지 물어봐도 돼요?"라고 하니 K는 "살게 해 달라고요"라고 이야기하였다. 순간 내 가슴이 찡해지는 것이 느껴졌고 나는 잠시 말없이 K를 바라보았다. K의 눈빛과 표정에서 슬픔, 절망감, 두려움 등이 복합적으로 느껴졌다. 난 누군가의 너무나 간절한 소망을 내가 너무 쉽게 물어본 것은 아닌가 하는 생각에 K에게 미안해졌고 물어보지 말걸 그랬다는 생각이 순간 스쳤다. 그리고 K가 그 말을 나에게 들려줄 만큼 나를 믿어 주는 것 같아서 K에게 고마웠다.

난 K에게 활기를 채우는 것이 필요하다고 생각되어 지난번에 연주했던 〈시월의 어느 멋진 날에〉를 연주해 보자고 제안하였다. K는 어깨 통증이 심해 연주하지 못하겠다며 나에게 들려줄 것을 요청하였다. 노래가 끝난 후 K의 어머니에게 K가 사랑스러웠던 순간의 장면을 들려 달라고 하자 K의 어머니는 K를 바라보며 K가 태어났을 때 천사 같았다고 이야기하였다. 그리고 K의 어머니는 몇 년 전 자신이 우울증에 걸려 온 세상이 어두워 보였을 때 K에게 피자를 사 주며 자신의 마음을 털어놓은 적이 있는데, 10세 정도 밖에 안 된 K가 자신의 마음을 이해하는 것 같았다며 딸 같이 살가운 아들이라고 하였다. 이에 K가 자신이 어렸을 때라 잘 기억나지 않지만 그

땐 그냥 피자가 좋았던 것 같다고 하여 우리는 함께 웃었다. K의 어머니에게 "K가 어렸을 적에 어떤 노래를 불러 주셨어요?"라고 물으니 〈섬마을〉을 자장가로 불러 주었다고 하였다. K의 어머니는 K를 바라보며 〈섬마을〉을 불러 주었고 노래를 들은 후 K는 어릴 적 엄마가 불러 주던 기억이 난다고 하였다. 가족음악치료 시 서로에 대한 의미있고 긍정적인 기억들을 떠올리고 표현하도록 하는 것은 그 기억의 장면을 통해 가족 구성원 서로서로를 재연결시키고 관계를 회복하도록 돕는다. K에게 마지막으로 나에게 요청하고 싶은 것이 있냐고 물으니 K는 통증이 심해 다음주에도 집에 갈 수 없을 것 같다며 다음주에는 신나는 노래를 들려 달라고 하였다. K는 세션 중 종종 왼쪽 어깨 통증을 호소하였으나 노래를 들은 후 박수도 치고 미소도 보이고 간혹 자신의 마음도 표현하는 등 활기를 조금 찾은 듯 보였다. 노래는 K의 통증을 잠시 잊게 해 주는 것 같았다.

12월 27일, 세 번째 방문했을 때 K는 퇴원한 상태였다. 사회복지사의 말에 의하면, K는 크리스마스 날 병동 내에서 열린 작은 음악회에서 K의 어머니가 좋아하는 〈시월의 어느 멋진 날에〉와 〈풍선〉을 기타로 연주하였으며 K의 기타 연주에 맞춰 관객이 노래를 불렀다고 했다. 그리고 사람들의 응원과 지지에 K는 무척 만족해 하였고 주변에서 연주를 잘한다고 칭찬하니 더 으쓱해 했다고 했다. 다시 K의 소식을 듣게 된 것은 2017년 1월 23일, 사회복지사는 나에게 K가 하늘나라로 갔다고 알려 주었다. K는 끝까지 삶에 대한 의지를 보였고 결국 호스피스 병동이 아닌 K암센터에서 항암치료를 받는 중에 임종하였다고 했다. K의 어머니가 전해준 바에 의하면, K가 평소에 하지 않던 행복하다는 말을 호스피스 병동에 있을 때 두 번이나 하였고 통증이 있어 힘들 때에도 기타와 관련된 이야기만 나오면 끝없이 이야기하였다고 했다. K에게 기타와 노래는 K 스스로 자신의 마음을 치유하는 치유제였고 기타를 연주하던 K의 모습은 이 세상에 남겨진 K의 어머니 마음에 K가 붙여 준 '데○ 밴드'였을 것이라는 생각이 든다.

공동체 음악치료

노래는 서로를 연결하고, 서로의 삶에 기여하도록 하며, 연금술사가 되어 이 공간을 놀이 공간으로 변형시킨다.

2016년 10월 11일, 4인 병실에서 전혀 예상하지 못했던 작은 음악회가 열렸다. 공동 병실에서는 간혹 일어나는 일이기도 하다. 음악회는 Y의 제안에 의해 자연스럽고 즉흥적으로 시작되었다. Y는 폐암에 걸린 40대 남성이고 지난주에 나와 함께 노래했다. 지난주에 Y가 선곡하는 것을 매우 어려워하였기에 나는 원하는 노래가 있으면 다음주에 알려 달라고 Y에게 제안했다. Y는 지난주 나의 제안을 기억하고 있었으며 지난 시간에 불렀던 〈일어나〉라는 노래를 부르고 싶다고 하였다. Y와 함께 이 노래를 부르고 있을 때 다른 침대의 커튼이 하나둘씩 젖혀졌고 병실에 있던 사람들이 노래의 리듬을 타거나 노래를 따라 부르며 관심을 보이기 시작하였다. 이 순간 나는 서로 단절되고 닫혀 있던 마음의 문이 조금씩 열리는 듯한 상상이 되었다. 음악이 만들어 낸 마법 같은 순간이었다.

노래가 끝난 후 병실에 있던 사람들이 Y의 선곡이 좋았다며 긍정적인 반응을 보이자 Y는 미소를 지었고 이전보다 표정도 밝아 보였다. Y는 나에게 병실에 있는 사람들과 함께할 수 있는 노래를 하고 싶다며 노래책을 한참 뒤적이더니 〈사랑으로〉라는 노래를 선택하였다. 병실에 있는 사람들 대부분이 〈사랑으로〉를 함께 노래하였고 어떤 사람들은 리듬에 맞춰 춤을 추기도 하였다. Y는 병실에 있던 사람들의 반응이 지지가 되었는지 다음 곡을 빠르게 선택하였다. Y는 〈만남〉이라는 노래를 가리키며 나에게 "이 노래를 사람들이 어려워하지 않을까요?"라고 물었다. 나는 Y의 마음을 반영한 후 대부분 알고 있는 노래일 거라고 대답하였다. Y는 다른 사람을 배려하고 있었고 다른 사람과 함께 즐거움을 느끼기를 원하는 것 같았다. 순간 내가 만났던 많은 환자가 병실에서 함께 생활하고 있는 다른 환자의 안정에 방해가 될까봐 염려하고 있었다는 것이 떠올랐다. 나는 드러난 모습은 다르나 다른 사람과 함께 즐거움을 느끼고 싶은 마음과 다른 사람의 안정을 지켜주고 싶은 마음은 결국 서로에게 기여하고자 하는 우리의 본성이라는 생각이 들었다. Y는 노래를 통해 사람들의 삶에 기여하였고 사람들과 연결되었으며 선택의 자유와 선택에 대한 확신을 경험하였을 것이다.

노래가 끝난 후 음악회는 계속 되었다. 다음으로 초대된 사람은 맞은편 침대에 있던 80대 여성 N이었다. N의 간병인은 N이 동요를 200곡이나 알고 있고 멜로디를 오른손으로 연주할 수 있다고 하였다. N은 좋고 싫음을 표현할 정도의 의사소통만 가능한 상태였다. N에게 키보드를 연주하고 싶은지 묻자 N은 하고 싶다며 고개를 끄덕였고 곧 N의 키보드 연주회가 시작되었다. 병실에 있던 사람들은 N이 연주를 준비하는 과정을 숨죽이고 보고 있었고 그 순간 나에게 약간 긴장감이 느껴졌다. 키보드를 침대 위에 놓고 N에게 어떤 손가락으로 연주하겠냐고 묻자 N은 검지 손가락을 내밀었다. N의 손에서 힘이 거의 느껴지지 않아 내가 N의 검지 손가락 아래에 나의 손가락을 대고 살짝 지원하자 N의 손가락에 힘이 들어가는 것이 느껴졌다. N은 〈섬마을〉 〈학교종이 땡땡땡〉 〈고향의 봄〉을 연주하였고 이 순간 N은 온전히 음악에 몰입하는 듯 보였다. 연주가 끝나자 병실의 사람들은 N을 향해 환호하며 박수를 쳤다.

마지막으로 초대된 사람은 50대 여성인 P의 아들이었다. P의 아들은 엄마에게 〈당신은 사랑받기 위해〉라는 노래를 들려주고 싶다고 하였다. 노래가 끝나자 P는 아들의 노랫소리를 처음 들어본다며 아들의 노랫소리를 들을 수 있어서 기쁘고 아들에게 고맙다고 하였다. P의 아들은 엄마에게 노래를 통해 자신의 마음을 전하였으며 P와 P의 아들에게 새로운 추억이 또 하나 만들어지는 순간이었다.

병실의 작은 음악회가 끝난 후 나는 "우리가 하는 일이 어떻게 삶에 기여하게 되는지 알게 될 때 우리가 무엇을 하든지 놀이가 될 것이다"(Rosenberg, 2014)라는 말이 떠올랐다. 환자들은 자신의 삶, 타인의 삶, 가족의 삶에 기여하고 있었으며 그 순간, 그 공간은 우리의 놀이 공간이 되었다. 음악은 연금술사가 되어 병실을 놀이 공간으로 변형시킨 것이다.

맺음말

앞의 사례에서 볼 수 있듯, 음악은 지금 이 순간 환자가 원하는 것을 충족시켜 주었고 주어진 운명을 받아들일 수밖에 없는 무력하고 두려운 시간을 창조적인 몰입의 시간으로 전환하도록 안내하였다. 언제 죽음과 마주하게 될지 예측할 수 없는 상황에서 환자들은 음악을 통해 자기를 구현하고 치유하고 놀고 서로를 연결하고 자신과 타인의 삶에 기여하고 싶은 욕구와 만나고 있었다. 이렇게 채워진 시간은 누구에게나 동등하게 주어지는 양적인 시간이 깨지고 환자 스스로 시간을 여는 질적인 시간이 확장되는 순간이다. 즉, 음악은 측정 가능한 물리적인 시간인 크로노스

(chronos)에 의미를 부여하여 주관적인 경험의 시간인 카이로스(kairos) 안에 환자들을 존재하게 한 것이다(김승중, 2017).

종말기 환자에게 음악치료를 제공하는 치료사로서 내가 중요하게 생각하는 세 가지가 있다.

첫째, 삶과 죽음에 대해 숙고하는 시간을 꾸준히 갖는 것이다. 이러한 시간을 통해 치료사는 삶과 죽음에 대한 철학을 갖게 되며, 삶과 죽음에 대한 치료사의 철학은 환자를 대하는 치료사의 태도와 깊이를 결정하는 주요한 요인이 된다. 나는 자아초월적인(transpersonal) 작업을 통해 수많은 에고(ego)의 죽음을 경험하는 과정에서 죽음도 삶이고, 삶과 죽음은 순환하며, 죽음은 재탄생하기 위한 여정이라는 배움을 얻었다. 신체적 사망이 '존재의 끝'을 의미하지 않으며, 죽음은 소멸이 아니라 의식의 장엄한 여행이자 다른 존재 상태로의 변화라는 Grof(2008)의 의견에 동의한다. 이러한 삶과 죽음에 대한 나의 철학은 환자의 고통과 어둠 속에 빛이 있다는 믿음으로 환자를 마주하게 하였다.

둘째, 치료사와 환자의 진실한 경험, 즉 영성(spirituality)을 귀하게 여기는 것이다. 치료사의 영성은 눈빛, 몸짓, 목소리, 침묵, 에너지 등을 통해 환자에게 전해지며, 환자의 진실한 경험을 촉진한다. 이것이 가능해지면 치료사의 가슴과 환자의 가슴이 만나고 치료사의 욕구를 채우기보다 환자가 원하는 것에 주의를 기울이게 되며, 환자가 얼마 남지 않은 이 시간을 무엇을 위해 쓰고 싶어 하는지를 더 잘 알아차릴 수 있다.

셋째, 치료사 자신을 돌보기 위한 시간을 갖는 것이다. 종말기 환자를 만나는 과정에서 치료사 또한 심리적인 어려움, 대리 외상 등을 겪을 수 있으므로(McInnis-Dittrich, 2009) 치료사 자신을 돌봄으로써 스스로를 보호할 필요가 있다. 치료사가 자신을 돌보는 일은 환자를 돌보는 일이기도 하다. 치료사의 내적 상태는 환자에게 영향을 주기 때문이다. 나는 나를 돌보기 시작하면서 나를 더 사랑하게 되었고 내 안에 사랑과 돌봄의 에너지가 채워지는 것을 느낄 수 있었으며 환자를 더 사랑하게 되었다.

아이러니하게도 호스피스 의료 환경에서 일하는 음악치료사는 그 사람의 인생에서 가장 행복했던 순간을 들을 수 있고 그 순간을 떠올리고 있는 사람과 함께할 수 있는 특별한 경험을 선사받는다. 나의 예상과 달리 나는 환자와 만나는 시간 동안 죽음보다 삶에 대해 이야기한다. 내가 의도한 것이 아니다. 나는 그들이 음악으로든, 이야기로든 자신의 위대한 삶의 한 페이지를 들려준다는 것 그리고 그 삶의 한 페이지에 내가 함께할 수 있다는 것에 굉장히 감사한다. 죽음이 다가오는 순간 즈음에서 부르던 남편의 노랫소리, 어머니가 좋아하는 곡을 연주하던 아들의 기타 소리, 어머니가 아들에게 들려주던 자장가 소리, 처음으로 어머니에게 들려주었던 아들의 노랫소리……. 이 소리와 그 순간의 풍경이 남아 있는 가족에게 생동하는 삶의 한 페이지가 되었으면 좋겠다고 나는 노래한다.

용어 설명

종말기 환자 생명에 치명적인 질병으로 인해 회복할 가망이 없는 경우를 말한다.

참고문헌

김승중 (2017). **한국인이 캐낸 그리스 문명**. 서울: 통나무.

최병철 (1999). **음악치료학**. 서울: 학지사.

Austin, D. (2008). *The theory and practice of vocal psychotherapy: Songs of the self*. Philadelphia: Jessica Kingsley.

Grof, S. (2008). **코스믹 게임**(김우종 역). 서울: 정신세계사.

Jung, C. G. (2012). **C. G. Jung의 회상, 꿈, 그리고 사상**(이부영 역). 서울: 집문당.

Kubler-Ross, E., & Kessler, D. (2006). **인생수업**(류시화 역). 경기: 이레.

McInnis-Dittrich, K. (2009). *Social work with older adults: A biopsychosocial approach to assessment and intervention*. Boston: Pearson Education, Inc.

Nietzsche, F. W. (2004). **아침놀**(박찬국 역). 서울: 책세상.

Rosenberg, M. B. (2014). **비폭력 대화**(캐서린 한 역). 서울: 한국NVC센터.

Rosenberg, M. B. (2015). **비폭력 대화 NVC와 영성**. 서울: 한국NVC센터.

찾아보기

저자 소개

이난복(Lee, Nan Bok)

nanboklee@naver.com

숙명여자대학교에서 임상음악치료 석사학위(2000)와 음악치료학 박사학위(2011)를 취득하였습니다. 임상음악전문가 1급, 음악중재전문가, 심상음악치료전문가(GIM Fellow, FAMI), GIM Primary Trainer, Vocal psychotherapist, 가정/성폭력 전문상담원 외 자격을 가지고 이난복음악치료연구소에서 정신건강문제를 가진 사람들에게 대인관계 문제, 공황장애, 우울, 불안장애, 트라우마 치유, 자기이해, 스트레스 관리, 내적/영적 치유와 성장 등에 관한 다양한 음악심리치료를 제공하고 있습니다. 또한 숙명여자대학교 음악치료대학원에서 겸임교수로 재직하고 있으며, GIM Primary Trainer로서 GIM Fellow 양성을 위한 교육 제공 및 (사)한국음악치료학회, (사)전국음악치료사협회 이사를 맡고 있습니다. 이난복음악치료연구소(031-716-1212)는 음악치료 전문기관으로서 음악치료 석・박사의 전문가들이 장애아동재활 및 지역사회서비스, 교육청 바우처 등 다양한 대상자의 특성에 따른 음악치료 프로그램들을 제공하기 위해 노력하고 있습니다. 또한 음악치료 및 GIM에 대한 임상 및 연구를 지속적으로 해 오고 있습니다.

강민정(Kang, Min Jeong)

ewha26@gmail.com

이화여자대학교 교육대학원에서 음악치료교육을 전공하였습니다. 현재 재직 중인 성동장애인종합복지관은 인지학습치료, 언어치료, 물리치료, 작업치료, 놀이치료 등 다양한 재활서비스와 직업재활시설 및 평생대학프로그램 등 장애인의 생애 전반에 걸친 재활과 자립을 도모할 수 있는 장애인을 위한 종합서비스를 제공하고 있습니다. 음악치료실에서는 저자를 포함한 2명의 음악치료사가 지적장애, 자폐성장애, 신체장애, 정서장애를 가진 아동, 청소년, 성인을 위한 음악치료를 진행하고 있으며, 장애로 어려움을 겪는 아동들과 함께 음악 안에서 그들의 성장을 지켜보고 놀라운 경험을 나누고 있습니다. 그 결실로 2013년부터 음악을 사랑하고 재능이 있는 발달 장애 청소년들로 구성된 '성동어울림 오케스트라'를 결성하여 활발한 연주활동을 펼치고 있습니다.

고범석(Ko, Bum Suk)

kbs5k@hanmail.net

숙명여자대학교 음악치료대학원에서 임상음악치료 석사학위를 취득하고 한세대학교 일반대학원 음악과 음악치료 박사과정을 수료하였습니다. 음악치료사로서 서울특별시 은평구 치매안심센터,

삼성노블카운티 등 여러 노인음악치료 임상환경에서 개별 및 소그룹, 대그룹 음악치료를 다양하게 시행해 왔으며 신경학적 음악치료(Neurologic Music Therapy) 훈련 과정을 이수하여 보다 전문적인 치료 제공을 위해 노력해 왔습니다. 현재 음악치료사로서 뿐만 아니라 한세대학교 대학원에서 노인음악치료 과목 강사로 학생들과 노인음악치료의 이론 및 실제에 대한 최신 지견을 함께 나누고 있습니다.

곽은미(Kwak, Eunmi Emily)
emkwak@gmail.com

미국 캔자스대학교(University of Kansas)와 미시간주립대학교(Michigan State University)에서 음악치료학전공으로 석사, 박사 학위를 취득하였습니다. 신경학적 음악치료(NMT) 펠로우이자 Village Music Circles(VMC) 승인 드럼서클 퍼실리테이터이며, 윌리엄스 증후군 치료와 연구에 깊은 관심을 가지고 있습니다. 현재 (사)전국음악치료사협회, 한국음악치료교육학회 이사로 재직 중이며, 임상음악치료 전문기관인 한빛음악심리상담센터(02-458-1342)와 음악을 통한 삶의 질 향상을 목적으로 커뮤니티음악치료를 지향하는 한빛음악공작소(02-436-6655)의 대표를 맡고 있습니다. 현재 음악치료사이자 슈퍼바이저, 드럼서클 퍼실리테이터이자 훈련가로 활발히 활동 중이며, 대학원 강의를 통해 후학 양성에도 힘쓰고 있습니다.

김명신(Kim, Myeong Shin)
jesuslove77@seoul.go.kr

숙명여자대학교 음악치료대학원에서 석사학위를 취득하고, 숙명여자대학교에서 음악치료 박사과정을 수료하였습니다. 2007년부터 현재까지 서울특별시 어린이병원 음악치료사로 근무하고 있으며, 숙명여자대학교 음악치료대학원 초빙우대교수로 강의하고 있습니다. 어린이병원은 서울시에 소속된 공공의료기관으로 의료 세팅 안에서의 음악치료 역할을 활발히 수행하고 있습니다. 또한 장애아동을 돌보는 부모와 가족 정서지원을 위해 GIM심상음악치료를 적용하고 있는 심상음악치료전문가(GIM Fellow, FAMI)입니다.

김성애(Kim, Sung Ae)
koreasulab@naver.com

숙명여자대학교 음악치료대학원에서 석사학위를 취득하고 박사과정을 수료하였습니다. 2010년부터 현재까지 고려수의료재단 부설 고려수치료연구소 소장으로 근무하고 있으며, 숙명여자대학교에서 초빙대우교수로 신경재활음악치료를 강의하고 있습니다. 고려수치료연구소는 음악이 신경언어, 신경인지에 미치는 영향을 연구하고 여러 영역의 치료사들과 협업하여 임상에 적용하는 기관입니다.

김성희(Kim, Sung Hee)
km00480@hanmail.net

숙명여자대학교 음악치료대학원에서 석사학위를 취득하고 숙명여자대학교 음악학과에서 임상음악치료학 박사과정을 수료하였으며, 뇌교육종합대학원대학교 상담심리학 박사과정을 수료하였습니다. 임상음악전문가 1급, 음악중재전문가, 심상음악치료전문가(GIM Fellow, FAMI), 한국상담학회 정회원, 한국상담심리학회 회원, 한국가족상담협회 회원, MBTI 강사, AP양육코칭 지도자(국제자격), 국가공인 브레인트레이너로 활동하고 있으며 『정신역동 음악치료』(공역, 학지사, 2008)를 번역하였습니다. 숙명여자대학교 슈퍼바이저 강사, 충남대학교, 가톨릭대학교 사회교육원 강사, 명지대학교 콘서바토리에 출강하였습니다. 현재 한국음악치료학회 음악치료강사, 임상슈퍼바이저, 전국음악치료사협회 자격위원, 김성희음악치료연구소의 대표로 활동하고 있습니다.

김소진(Kim, So Jin)
ksjmt720@hanmail.net

숙명여자대학교 음악치료대학원에서 임상음악치료전공 석사학위를 취득하였습니다. 임상음악전문가 1급, 심상음악치료전문가(GIM Fellow, FAMI), GIM Primary Trainer, 아름다운음악치료센터(032-432-5550) 대표로 활동하고 있습니다. 덕성여자대학교, 인천가톨릭대학교에서 10여 년 동안 강의를 진행하였고, 현재 GIM Primary Trainer로서 GIM 심상음악치료 전문가 양성을 위한 전 과정 교육을 실시하고 있습니다. 아름다운음악치료센터는 음악치료 전문기관으로서 지역자활센터, 인성복지부, 한국아동청소년 그룹 홈 협의회를 통하여 지역치료서비스를 지원하고 있습니다. 우울, 불안, 트라우마, 공황, 분노장애 등을 중심적으로 다루는 임상적 GIM치료와 많은 사례를 통한 연구를 지속하고 있으며, 특히 청소년 발달 심리 상담과 정체성 문제, 학업 및 또래 집단 문제의 이해와 해결을 돕기 위하여 연구와 치료에 심혈을 기울이고 있습니다.

김은정(Kim, Eun Jung)
purewhiteej@naver.com

2008년 성신여자대학교 음악치료대학원 석사학위와 2016년 한세대학교 일반대학원 음악치료학 박사학위를 취득하였습니다. 호스피스 음악치료사가 되고 싶어서 음악치료를 시작하게 되었으며, 미국에서 Hilliard 박사가 직접 강의하는 4개 교육 과정을 모두 수료하여 우리나라에서는 처음으로

HPMT(Hospice and Palliative Care Music Therapy) 자격을 취득하였습니다. 한세대학교에서 다년간 음악치료 실습강의, 오르프 강의 그리고 임상에서 인턴을 양성해 왔으며, 현재는 제주대학교에서 음악치료개론 강의를 하고 있습니다. 고려대학교 구로병원에서 음악치료사로 12년째 음악치료 임상을 해 오고 있으며, 한국 호스피스 · 완화의료학회 기획위원회/홍보위원회 위원으로 활동 중입니다. 2019년 중앙호스피스에서 주관하는 분야별 돌봄 제공자 양성과정 운영사업에 공모하여 선정된 '호스피스 전문 음악치료사 양성과정'의 교육을 담당하며 그동안의 임상경험과 지식을 나누고 있습니다. 저술 논문으로는 「음악치료가 암환자 기분상태에 미치는 영향에 관한 연구」(2014), 「2014년 보건복지부 지정 54개 호스피스 · 완화의료 기관 내 음악치료 현황」(2016), 「호스피스 말기암환자를 위한 음악치료 프로토콜 개발 및 효과검증」(2016), 「한국의 호스피스 음악치료」(2018)가 있으며, 『호스피스 · 완화의료 교과서』(군자출판사, 2018) 저술에 공동저자로 참여하였으며, Hilliard 박사의 저서 『호스피스 완화의료 음악치료』(군자출판사, 2019)를 번역하였습니다.

김지현(Kim, Ji Hyun)

happymom1008@hanmail.net

숙명여자대학교 임상음악치료전공으로 석사학위를 취득하고 숙명여자대학교 치료전공 박사과정을 수료하였습니다. 현재 숙명여자대학교 원격대학원 임상음악치료학과 임상슈퍼바이저이자 대구사이버대학교 놀이치료학과 강사이며 들풀음악치료센터 원장으로 재직 중입니다. 들풀음악치료센터는 2009년 9월에 개원하여, 지난 10년 동안 대구와 경북에서 음악치료 전문기관으로 성장하여 전문적인 음악치료 서비스를 제공하고 있습니다. 현재 경산에 중방점과 중산점을 운영하고 있으며, 장애아동 음악치료(보건복지부바우처, 교육청 치료지원 등)와 외부기관에 여러 대상(우울증 청소년집단, 위탁모, 교도소성폭행사범, 일반아동, 성폭력피해청소년, 취약계층 아동, 장애아동부모교육, 등)을 위한 다양한 프로그램을 통해 음악이 주는 힘을 함께 경험하고 있습니다. 현재는 전문적으로 음악치료를 전공한 치료사들과 함께 대구 · 경북 지역을 기반으로 하여 음악치료방법에 대해서 연구하고 개발하여 더욱더 전문적인 치료를 제공하고자 노력하고 있습니다.

나윤정(Na, Yun Jung)

031jungwon@naver.com

명지대학교 사회교육대학원 음악치료학과 석사, 명지대학교 대학원 아동학과 아동학 박사과정을 수료하였습니다. 명지대학교 음악치료학과 임상강사로 대학원생들을 지도하였습니다. 한국예술심리교육학회 임상감독 음악심리상담사, 사단법인 희망예술기지 경기남부대표를 지냈습니다. 현재 한국음악치료심리재활학회 이사와 정원아동청소년발달센터에서 소장을 맡고 있으며, 장애아동을 대상으로 하는 음악치료를 주로 하고 있습니다.

남궁지숙(Namkoong, Ji Sook)
smtshu522@gmail.com

숙명여자대학교에서 임상음악치료 석사학위 및 음악치료학 박사학위를 취득하였습니다. 음악치료사로서 심상음악치료전문가(GIM Fellow, FAMI), 성악심리치료 그리고 표현예술을 중심으로 임상을 제공해 오고 있으며, 숙명여자대학교 음악치료대학원에서 실습 슈퍼비전을 담당하고 있습니다. 또한 진실한 경험, 즉 영성(spirituality)을 귀하게 여기고 죽음도 삶이라는 관점으로 현재 가톨릭 의료기관의 호스피스 병동에서 음악과 함께 중증 종말기 환자들을 만나고 있습니다.

박혜영(Park, Hye Young)
mtherapisthy@naver.com

명지대학교에서 음악치료학 석사와 아동학 박사(아동 · 가족심리치료전공) 학위를 취득하였습니다. 다수의 학교와 기관에서 장애아동과 청소년을 대상으로 음악치료를 진행하며 장애아동의 부모상담과 부모교육에 관심을 가지게 되었습니다. 심리치료와 음악치료를 접목한 부모-자녀 관계치료 프로그램으로 박사학위논문을 진행하기도 하였습니다. 현재 엔스텝언어심리연구소 소장으로 재직 중이며 명지대학교 음악치료학과에서 학생들을 가르치고 있습니다.

양윤정(Yang, Yoon Jung)
yyoonj@hanmail.net

숙명여자대학교 음악치료대학원에서 석사학위를 취득하였습니다. 2003년부터 다수의 주간보호센터, 요양원, 복지관 및 기관(삼성 노블카운티, 한국문화예술진흥원 등)에서 음악치료 활동을 하여 왔습니다. 현재 YMCA 은학의 집, 구립송파노인요양센터, 국민건강보호공단, 서울요양원 등에서 치매와 뇌졸중 등 노인질환을 가진 대상뿐 아니라 다양한 어르신을 대상으로 음악치료사로 활동하고 있습니다. 임상음악전문가 1급이며 심상음악치료전문가(GIM Fellow, FAMI)입니다.

음승희(Eum, Seung Hee)
gilbut2@hanmail.net

숙명여자대학교 음악치료대학원 석사학위 취득 후, 미시간주립대학교(Michigan State University) 음악치료학 석사학위 취득 및 박사과정 수료, 이후 숙명여자대학교 음악치료학 박사과정을 수료하였습니다. 심상음악치료전문가(GIM Fellow, FAMI)로서 정신건강 분야, 특히 페미니스트 음악치료 관점에서 임상을 제공하고 있습니다. 또한 분석적 음악치료(Analytical Music Therapy: AMT) Entry level을 수료하였습니다. 이난복음악치료연구소 부소장 및 숙명여자대학교(초빙대우교수), 명지대학교(겸임교수), 경기대학교(겸임교수)에 재직 중입니다.

이드보라(Lee, Debora)

debora1973@hanmail.net

숙명여자대학교에서 임상음악치료 석사학위 및 음악치료학 박사학위를 취득하였으며, 대구대학교에서 특수교육학 언어·청각장애교육전공 석사학위와 박사학위를 취득하였습니다. 이드보라 음악치료연구소 소장으로 난청아동뿐만 아니라 인공와우이식아동 등 다양한 장애아동들에게 음악치료를 제공하였으며, 음악과 노래로 장애아동들이 말을 할 수 있도록 하는 음악치료프로그램을 연구해 오고 있습니다. 또한 심상음악치료전문가(GIM Fellow)가 되기 위한 전 훈련과정을 수료하였습니다. 현재는 동아대학교 대학원 음악문화학과 음악치료학전공 교수로서 후진을 양성하고 있습니다.

이지우(Lee, Ji Woo)

leektjok7343@hanmail.net

숙명여자대학교 음악치료전공 석사학위와 박사학위를 받았으며 언어치료전공 석사학위와 박사학위를 취득하였습니다. 음악치료와 언어치료를 전공하였기 때문에 20년간의 임상 경험을 바탕으로 언어문제를 가진 대상자에게 음악치료적인 접근을 통해 언어문제를 해결하는 연구를 하고 있습니다. 또한 심상음악치료전문가(GIM Follower, FAMI), Vocal Psychotherapy 전문가로 활동하고 있습니다. 현재 동아대학교 음악치료학 전공 석사 및 박사과정 후진을 양성하고 있습니다.

장문정(Jang, Moon Jung)

purejmj@naver.com

숙명여자대학교에서 음악치료전공 석·박사 과정을 공부하였으며, 심상음악치료전문가(FAMI), 성악심리치료사(AVPT)라는 작은 특별함으로 내담자들을 만나고 있습니다. 한결같은 따뜻함으로 내담자를 만나고, 삶의 여러 순간을 음악으로 담아내고 싶은 음악치료사입니다. 심리적인 문제와 정신건강에 도움이 필요한 청소년·성인들과 오랫동안 임상을 함께 하고 있습니다. 숙명여자대학교 음악치료센터 선임연구원을 거쳐 명지병원 예술치유센터에서 정신과 전담 음악치료사 및 인턴십 슈퍼바이저로 근무하였습니다. 현재는 숙명여자대학교 음악치료대학원 초빙대우교수로 학생들을 가르치면서, 뮤직앤마인드 음악치료연구소와 명지병원 예술치유센터의 협력음악치료사로 일하고 있습니다.

지은미(Ji, Eun Mi)
agnesjem@hanmail.net

숙명여자대학교 음악치료대학원에서 임상음악치료 석사학위를 취득하였습니다. 지음심리치료교육연구소 대표로 음악치료와 심상음악치료전문가(FAMI)로 활동하고 있으며 GIM Primary Trainer로 심상음악심리치료사를 양성하고 있습니다. 지음심리치료교육연구소는 음악치료, 미술치료, 언어치료, 놀이치료, 모래놀이치료, 가족치료와 심상음악치료를 전공한 전문치료사로 구성되어 있으며 아동, 청소년, 성인, 노인을 대상으로 심리적, 신체적으로 건강하고 보다 나은 행복한 삶을 위해 노력하는 전문치료기관입니다.

황성하(Hwang, Sung Ha)
hshnrmt@rapha-nrmt.com

연세대학교에서 작곡을 전공하고, 성신여자대학교에서 음악치료학 석사학위를 취득하였습니다. 이후 다양한 임상활동을 하며 노도프-로빈스 음악치료(Nordoff-Robbins Music Therapy, NRMT) 레벨 1 훈련을 받았으며 지금은 레벨 2 훈련 중에 있습니다. 현재 인제대학교 음악학과 음악치료 전공 겸임교수, 성신여자대학교 음악치료학과 겸임교수로 재직 중이며, 라파 노도프-로빈스 음악치료 클리닉(Rapha: Nordoff-Robbins Music Therapy Clinic, www.rapha-nrmt.com) 원장을 지내고 있습니다. 라파 노도프-로빈스 음악치료 클리닉은 장애인과 비장애인이 함께 존귀한 가운데 삶을 행복하고 가치 있게 살아갈 수 있도록 하며, 건강하게 스스로를 사랑하고 서로 사랑하여 다른 사람들과 더불어 행복한 가정과 사회를 세울 수 있도록 기여하고자 설립되었으며, 한국 노도프-로빈스 음악치료 협회와 세계 노도프-로빈스 음악치료 협회에서 인증을 받은 노도프-로빈스 음악치료 전문 임상기관입니다.

황지연(Hwang, Ji Youn)
grace-mt@hanmail.net

숙명여자대학교 음악치료대학원(임상음악치료전공)에서 석사학위 취득 후, 인제대학교 일산백병원 재활의학과 음악치료사로 2001년 7월부터 현재까지 임상에서 열정을 가지고 환자들을 치료하고 있습니다. 2005년 경기도 복지연구사업 활성화를 위한 우수 논문 및 사례관리에서 논문부분 최우수상을 수상하였습니다. 명지대학교 사회교육대학원 음악치료학과 강사로 임상분석 및 음악치료철학 강의를 하였으며, 성신여자대학교와 이화여자대학교 대학원 음악치료 전공 학생들의 슈퍼바이저로 일하였습니다. 숙명여자대학교 음악치료대학원에서 7년간 신경재활음악치료 강의를 하였으며, 2002년부터 현재까지 인턴 강사로 학생들을 가르치고 있습니다. 언어재활사 1급 자격을 갖추고 있으며 음악을 통해 언어적 측면의 향상을 돕는 치료에 관심을 가지고 지속적으로 임상에 적용하며 연구하고 있습니다.

음악치료 임상사례집
21인의 음악치료사가 들려주는 임상이야기
Korean Case Studies of Music Therapy

2020년 7월 15일 1판 1쇄 발행
2023년 3월 20일 1판 2쇄 발행

지은이 • 이난복 · 강민정 · 고범석 · 곽은미 · 김명신 · 김성애 · 김성희
김소진 · 김은정 · 김지현 · 나윤정 · 남궁지숙 · 박혜영 · 양윤정
음승희 · 이드보라 · 이지우 · 장문정 · 지은미 · 황성하 · 황지연

펴낸이 • 김 진 환

펴낸곳 • (주) 학지사
04031 서울특별시 마포구 양화로 15길 20 마인드월드빌딩 5층

대표전화 • 02) 330-5114 팩스 • 02) 324-2345

등록번호 • 제313-2006-000265호

홈페이지 • http://www.hakjisa.co.kr
페이스북 • https://www.facebook.com/hakjisabook

ISBN 978-89-997-2119-9 93180

정가 **25,000**원